INHALT

W0365517

Reiseplanung

Okavango-Delta (S. 86), Botswana

Reiseziele

Heißluftballon, Sossusvlei (S. 275), Namibia

Praktisches

Storybook

Skelettküste (S. 251), Namibia

WILLKOMMEN IN NAMIBIA & BOTSWANA

Irgendwann stieß ich auf ein unglaublich schönes Foto von Namibias Skelettküste: mit dem in Nebel gehüllten Saum des Meeres, Schiffswracks und einer Wüste, die direkt ans Meer grenzt. Und ich nahm mir vor, eines Tages einmal dort hinzufahren. Inzwischen lebe ich in Namibia, und die Wirklichkeit ist so einzigartig wie das Bild: epische Landschaften und eine reiche Tierwelt inmitten einer leeren Weite und das Gefühl von Raum. Ich fühle mich hier sehr wohl. Es ist immer noch ein junges Land, voller Stolz auf das Erreichte. Und es gibt hier diese spürbare Energie, vor allem in Windhoek: Man arbeitet gemeinsam daran, das Land bestmöglich in die Zukunft zu führen.

Mary Fitzpatrick

Seit fast drei Jahrzehnten reist Mary durch Afrika; sie lebt dort und schreibt über diesen faszinierenden Kontinent.

Am liebsten ist mir die Einsamkeit und Schönheit der Skelettküste: das Donnern der Brandung, die Tiere der Wüste, die Dünen und die herrliche Abgeschiedenheit. Namibia in Perfektion!

LIEBLINGSPLÄTZE

Hier schlägt für unsere Autorinnen und Expertinnen das Herz von Namibia & Botswana.

TRAVELVOLO/SHUTTERSTOCK ©

Im Schatten eines Baines-Baobabs zu sitzen ist eine ganz wunderbare Erfahrung. Ringsum der weite, flache **Nxai Pan National Park** – das Raumgefühl ist einfach überwältigend.

Narina Exelby

@narina.exelby

Narina ist als Reiseautorin zwischen dem südlichen Afrika und Südostasien unterwegs.

DIETMAR TEMPS/SHUTTERSTOCK ©

Mit 21 Jahren habe ich mich in die **Victoriafälle** verliebt, ich habe einen Job angenommen und bin geblieben. Inzwischen lebe ich in Sambia, aber eine Fahrt zu den Fällen ist immer noch wie eine Heimkehr.

Sarah Kingdom

@sarah_kingdom_travels

Sarah ist Bergsteigerin und Reiseleiterin, Autorin, Yogalehrerin und Mutter zweier Kinder. Sie lebt auf einer Ranch in Sambia.

HYSERBB/SHUTTERSTOCK ©

Die grenzenlose Freiheit und die surreale Landschaft der **Makgadikgadi-Salzpfannen** ziehen mich immer wieder in ihren Bann. Die Szenerie wechselt ständig ihren Charakter – mal gibt es reichlich Wasser und dann nur Staub: ein wahres Rätsel.

Melanie van Zyl

@melaniejanevz

Melanie ist Bildjournalistin, Rangerin und Vogelkundlerin.

ANGOLA
Kunene River
Okahao
Omuthiya
Etosha National Park
Zelten an einer beleuchteten Wasserstelle (S. 219)
Etosha National Park
Etosha Pan
Tsumeb
Grootfontein
Outjo
Waterberg Plateau National Park
Otjiwarongo
Okakarara
Skeleton Coast National Park
In der ältesten Wüste der Welt sind viele Tiere an diese Umwelt angepasst (S. 251)
Skeleton Coast National Park
Omaruru
Windhoek
Beim Kauf von Kunsthandwerk unterstützt man Künstler und Gemeinschaften vor Ort (S. 201)
Okahandja
Henties Bay
Gobabis
Swakopmund
WINDHOEK
Walvis Bay
Rooibank
NAMIBIA
Namib-Naukluft National Park
Sesriem
Mariental
NamibRand Nature Reserve
Einer der weltweit schönsten Sternenhimmel (S. 277)
Sossusvlei
Namibias berühmte Dünen bei Sonnenauf- oder -untergang besteigen (S. 275)
ATLANTISCHER OZEAN
Lüderitz
Keetmanshoop
Fish River
Fish River Canyon
Richtersveld National Park
|Ai-|Ais
Oranje
Mit dem Kanu entlang der Grenze zwischen Namibia und Südafrika (S. 303)
Oranje River
Noordoewer
SÜDAFRIKA
0
300 km

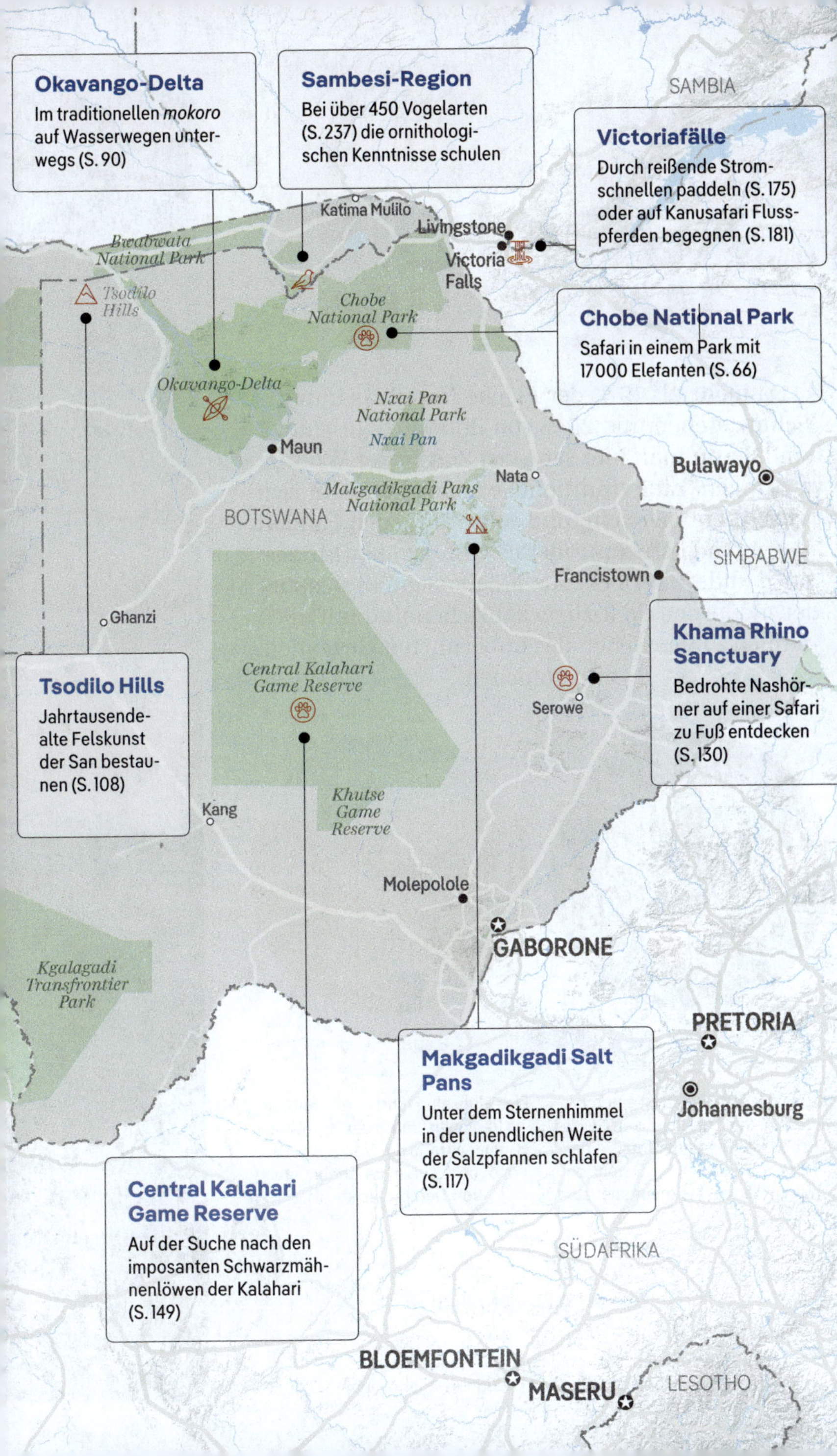
Okavango-Delta
Im traditionellen *mokoro* auf Wasserwegen unterwegs (S. 90)
Sambesi-Region
Bei über 450 Vogelarten (S. 237) die ornithologischen Kenntnisse schulen
Victoriafälle
Durch reißende Stromschnellen paddeln (S. 175) oder auf Kanusafari Flusspferden begegnen (S. 181)
Chobe National Park
Safari in einem Park mit 17000 Elefanten (S. 66)
Khama Rhino Sanctuary
Bedrohte Nashörner auf einer Safari zu Fuß entdecken (S. 130)
Tsodilo Hills
Jahrtausendealte Felskunst der San bestaunen (S. 108)
Makgadikgadi Salt Pans
Unter dem Sternenhimmel in der unendlichen Weite der Salzpfannen schlafen (S. 117)
Central Kalahari Game Reserve
Auf der Suche nach den imposanten Schwarzmähnenlöwen der Kalahari (S. 149)
SAMBIA
Katima Mulilo
Livingstone
Victoria Falls
Bwabwata National Park
Tsodilo Hills
Chobe National Park
Okavango-Delta
Nxai Pan National Park
Nxai Pan
Maun
Nata
Bulawayo
Makgadikgadi Pans National Park
BOTSWANA
SIMBABWE
Francistown
Ghanzi
Central Kalahari Game Reserve
Serowe
Kang
Khutse Game Reserve
Molepolole
GABORONE
Kgalagadi Transfrontier Park
PRETORIA
Johannesburg
SÜDAFRIKA
BLOEMFONTEIN
MASERU
LESOTHO

AUF IN DIE WILDNIS

Da mehr als 19 % der Fläche Namibias unter Schutz stehen und 25 % von Botswana geschützt sind, kann man hier sehr viel Zeit in der Wildnis verbringen. Eine traditionelle Safari kann ein richtiges Abenteuer sein (und sollte auf jeden Fall auf der Agenda stehen), aber es gibt darüber hinaus noch andere verlockende Möglichkeiten, sich aus der modernen Welt zurückzuziehen und mit allen Sinnen in das Leben der unberührten Gegenden einzutauchen.

VON LINKS NACH RECHTS: WANDEL GUIDES/SHUTTERSTOCK ©, MARKUS OBLAENDER/SHUTTERSTOCK ©, JANETTEASCHE/ROOM THE AGENCY/ALAMY STOCK PHOTO ©

Gute Guides

Eine geführte Safari ist empfehlenswert, denn die kundigen Guides geben faszinierende Details über Flora und Fauna preis. Geführten Touren werten das Abenteuer auf.

Luxus-Safaris

Eine Flugsafari führt in sehr entlegene Regionen (und in der Regel auch zu einer ultra-luxuriösen Lodge) und ermöglicht zudem die Beobachtung von Tieren aus der Luft.

Kontakte zu Einheimischen

Safari-Anbieter, die Kontakte zu einheimischen Volksgruppen haben, ermöglichen kulturelle Begegnungen.

Makgadikgadi Salt Pans (S. 114), Botswana

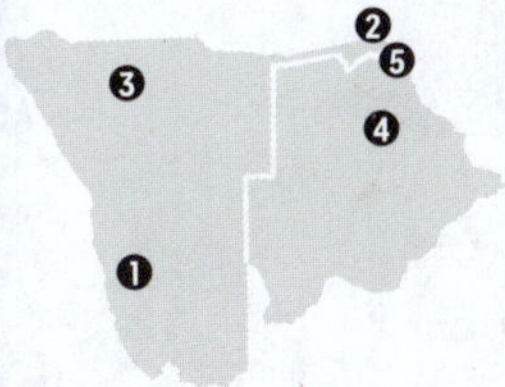

ABENTEUER IN DER WILDNIS

Im **NamibRand Nature Reserve** ❶, einem der weltweit besten Sternenparks, empfiehlt es sich, den nächtlichen Sternenhimmel zu beobachten. (S. 277)

Bei einer **Zambian Horseback Safari** ❷ trifft man auf Gnus, Zebras und Letschwe-Antilopen. (S. 183)

Beim Campen an einem in Flutlicht getauchten Wasserloch im **Etosha National Park** ❸ kann man die bedrohten Spitzmaulnashörner beim Trinken beobachten. (S. 219)

Unterm Sternenhimmel der riesigen Weite der **Makgadikgadi Salt Pans** ❹ lässt es sich wunderbar schlafen. (S. 117)

Auf einer stillen Safari hört man sich in die Geräusche des Dschungels ein. Die **Chobe Game Lodge** ❺ bietet elektrische oder solarbetriebene Boote und Fahrzeuge, sodass man die Klänge der Natur besonders gut wahrnehmen kann. (S. 67)

Flamingos, Walvis Bay (S. 267), Namibia

VON LINKS NACH RECHTS: SERGE GOUJON/SHUTTERSTOCK ©, TRAVELVOLO/SHUTTERSTOCK ©, EFIMOVA ANNA/SHUTTERSTOCK ©

WELT DER VÖGEL

Die vielfältige Natur in Namibia und Botswana zieht eine Vielfalt an Vögeln an. Birdwatching geht das ganze Jahr, und mit den Sommerregen (Oktober bis April) kommen Zugvögel wie der karminrote Bienenfresser, der an den Ufern des Chobe River nistet, die Seeschwalben und Flamingos an der Küste Namibias.

Regionale Arten

Namibia hat nur eine einzige echt endemische Vogelart – die Rotdünenlerche – und 14 fast endemische Arten.

Unzählige Arten

Diese Region gehört zu den besten Birdwatching-Regionen im südlichen Afrika. Über 700 Vogelarten wurden in Namibia verzeichnet und fast 600 in Botswana.

ERLEBNIS BIRDWATCHING

In der **Sambesi-Region**, der besten Birdwatching-Region Namibias mit über 450 Arten kommt man den Vögeln sehr nah. (S. 237)

Im **Nata Bird Sanctuary** ❷ trifft man Fischadler und Flamingos. Hier leben ein Viertel aller Vogelarten Botswanas. (S. 121)

An der **Victoria Falls Safari Lodge** ❸ kann man bedrohte Geier beobachten. (S. 176)

Über 150 000 Zugvögel verbringen den Sommer in der **Walvis Bay** ❹. (S. 269)

Im **Central Kalahari Game Reserve** ❺ kann man Greifvögeln bei der Jagd zuschauen. (S. 140)

GROSSTIERE ERSPÄHEN

In Botswana tummeln sich mehr Elefanten als in irgendeinem anderen Land – und 25 % des Landes ist als Schutzgebiet ausgewiesen. Damit ist Botswana eines der Top-Safariziele Afrikas. Dazu kommen noch die riesigen Herden, die sich an den Wasserlöchern in der Etosha-Pfanne von Namibia sammeln. Die Möglichkeiten zur Beobachtung wilder Tiere sind enorm.

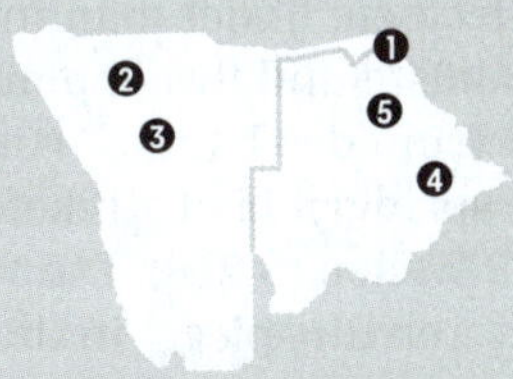

Je nach Jahreszeit

Der Zeitraum Mai bis Oktober ist in der Regel die beste Zeit, um Tiere zu beobachten, weil sie sich an den Wasserlöchern sammeln. Da dann Hochsaison ist, sollte man die Unterkünfte unbedingt im Voraus buchen.

Unter Zeitdruck?

Wer nur wenig Zeit für eine Safari hat, sollte sich zum Okavango-Delta, in den Chobe National Park oder Etosha National Park (Foto) aufmachen, weil dort unvergessliche Begegnungen mit wilden Tieren fast garantiert sind.

TOLLE TIERBEGEGNUNGEN

Im **Chobe National Park** ❶ kann man Elefantenherden bestaunen. Hier leben 17 000 Dickhäuter. (S. 79)

Wer an einem Wasserloch im **Etosha National Park** ❷ parkt, kann beobachten, wenn die Tiere sich nähern. (S. 219)

Im **Okonjima Nature Reserve** ❸ lassen sich Geparden, Leoparden, Schuppentiere und Schabrackenhyänen aufspüren. (S. 212)

Bei einer Wanderung durch das **Khama Rhino Sanctuary** ❹, bekommt man garantiert Nashörner zu sehen. (S. 130)

Das Spektakel von mehr als 20 000 Zebras, die sich in der Regenzeit in der **Nxai Pan** ❺ versammeln, ist ein Muss. (S. 119)

IM URLAUB AKTIV

Aktivitäten, die den Adrenalinspiegel nach oben treiben, findet man immer in Namibia. Die Skelettküste und Swakopmund gelten als Abenteuerzentrum des Landes. Hier geht alles, von Fallschirmspringen bis Fatbikefahren und Surfen auf wilden Wellen (S 258). Die Viktoriafälle treiben den Adrenalinspiegel in die Höhe – Wildwasserrafting und Bungeespringen von einer 111 m hohen Brücke (S. 175) bedürfen keiner besonderen Empfehlung – und in Namibia und Botswana gibt es viele Möglichkeiten zum Wandern, Radfahren und Paddeln.

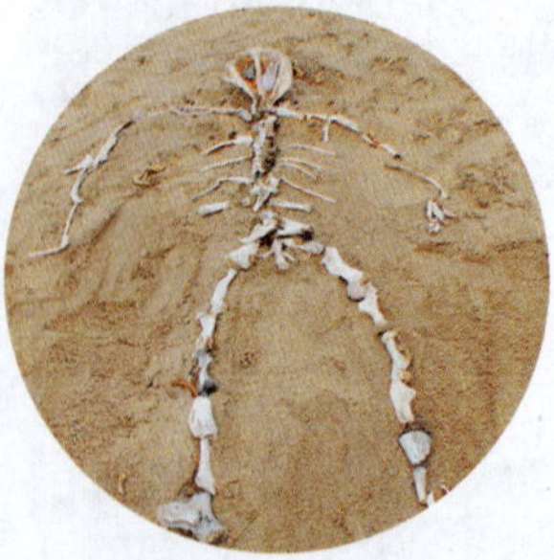

VON LINKS NACH RECHTS: DON SERHIO/SHUTTERSTOCK ©, STANISLAVBELOGLAZOV/SHUTTERSTOCK ©, GREGORIOA/SHUTTERSTOCK ©

Vorbereitet sein!

Hoffe das Beste, aber sei auf das Schlimmste vorbereitet! Schließe vor Reisebeginn eine Reiseversicherung ab und achte darauf, dass sie auch Abenteueraktivitäten abdeckt.

Die richtige Reisezeit

Niedriger Wasserstand (August bis Dezember) ist für Aktivitäten an den Viktoriafällen am besten, weil Stromschnellen und der Devil's Pool bei hohem Wasserstand nicht zugänglich sind.

Richtig gepackt

Im Dschungel: geschlossene Schuhe mit festen Sohlen. Trag neutrale Farben und meide schwarze Kleidung.

Fish River Canyon (S. 295), Namibia

DIE BESTEN AKTIVITÄTEN

Fünf Tage sollte man für eine Trekkingtour durch Namibias berühmten **Fish River Canyon** ❶ einplanen, eine der großartigsten Sehenswürdigkeiten im Süden Afrikas. Es ist ein strapaziöser, aber beglückender Trail – ein Muss für erfahrene Wanderer. (S. 298)

Bei einer Kanu-Safari auf dem **Sambesi** ❷ gleitet man still an Elefanten, Flusspferden und Krokodilen vorbei. (S. 181)

Per Mountainbike geht es durch die atemberaubenden Landschaften des entlegenen **Damaraland** ❸. (Unterwegs trifft man vielleicht auf die berühmten Wüstenelefanten). (S. 225)

Verbinde einen Ausflug in einem *mokoro* (Einbaum) mit einer Wandersafari und erkunde dabei einige Inseln des **Okavango-Delta** ❹ zu Fuß. (S. 90)

Eine Woche per Mountainbike unterwegs! 190 km durch den wilden **Tuli Block** ❺, Heimat für Affenbrotbäume und Elefanten. (S. 138)

WILDE GEWÄSSER

In einer Gegend mit vielen trockenen Landstrichen bieten Erkundungen der Wasserwege in der Wildnis Namibias und Botswanas zusätzliche Spannung. Die unerbittliche Küste Namibias, das Leben spendende Wasser des Okavango-Deltas und natürlich der „donnernde Rauch“ der Viktoriafälle haben ihren besonderen Reiz. Sie sind ein unwiderstehliches Setting für Reisende, die Herzklopfen lieben oder ihre Reise geruhsamer angehen wollen.

Angeln gehen

Namibia: Nördlich von Swakopmund kann man *kabeljous*, Marmorbrassen und *galjoens* (Schwarzbrassen) fangen. Fliegenfischer zieht es in die Sambesi-Region.

Wechsel der Jahreszeiten

Die Regenzeit – ideal zum Fotografieren – geht von Dezember bis März. Die trockenen Monate – ideal zum Beobachten der Tiere – gehen von Mai bis etwa September.

Sensationelle Sichtungen

Im Chobe National Park tummeln sich in den trockenen Monaten (Mai bis Oktober) Unmengen von Tieren.

VON LINKS NACH RECHTS: SEAN GRANT MILLS/SHUTTERSTOCK ©, KIRILL TRUBITSYN/SHUTTERSTOCK ©, ROGER DE LA HARPE/SHUTTERSTOCK ©

Okavango-Delta (S. 86), Botswana

ERLEBNISSE AUF DEM WASSER

Lass dich in einem *mokoro* im Schilf des **Okavango-Delta** ❶ treiben und schau dir die Welt aus dem Blickwinkel der Tiere an der Wasseroberfläche an. (S. 90)

Schwebe in einem Ultraleichtflieger über die **Viktoriafälle** ❷ oder spring in einen Hubschrauber und fliege über die Fälle und über die Stromschnellen des Sambesi in der Batoka Gorge. (S. 175)

Paddle auf dem **Oranje** ❸ und campe in zerklüfteten Cany ons: ein wahrlich Ehrfurcht erregendes Erlebnis. (S. 303)

Spüre den Rhythmus der Wellen im Okavango-Delta auf einem Hausboot in der **Okavango Panhandle** ❹ – ein hervorragender Ausgangspunkt für Angler und Vogelkundler. (S. 112)

Bei einer Kreuzfahrt auf den sich schlängelnden Flussniederungen des **Chobe River** ❺ kann man mit einem Cocktail bei Sonnenuntergang die Tiere der Wildnis Botswanas beobachten. (S. 70)

Armbänder, Namibia

VON LINKS NACH RECHTS: KAREEN BROODRYK/SHUTTERSTOCK ©, CHRIS BURT/SHUTTERSTOCK ©, GASTON PICCINETTI/SHUTTERSTOCK ©

TOLL SHOPPEN

Von geschnitzten Holzskulpturen bis zu Ohrringen aus Straußeneiern, findet man hier eine Vielfalt an kunsthandwerklichen Souvenirs. Die erschwinglichen kunsthandwerklichen Artikel sind nicht nur tolle Erinnerungsstücke, sondern ermöglichen den Einheimischen und Künstlern der Region ein Einkommen.

Vorsicht beim Einkaufen

Es gibt schöne Lederprodukte aus der Region – aber Vorsicht: So manches Leder stammt von Kudus, Krokodilen oder anderen geschützten Tierarten. Also besser genau prüfen!

Wertvolle Dinge

Edelsteine wie Malachit, Amethyst, Jaspis und Aquamarin sind beliebte Souvenirs aus Namibia. Die besten Juweliere gibt es in Windhoek und Swakopmund.

SCHÖNE EINKAUFSERLEBNISSE

Wer Taschen, Musikinstrumente und Textilien bei **Gantsi Craft** ❶ in Ghanzi kauft, unterstützt das Volk der San. (S. 141)

Im **Elephant's Walk Shopping & Artist's Village** ❷ kann man Künstler und Kunsthandwerker aus der Region treffen. (S. 176)

Im **Namibia Craft Centre** ❸ können Reisende Kunsthandwerk aus ganz Namibia kaufen. (S. 200)

Beim **Kuru Art Project** ❹ findet man moderne Interpretationen der Felskunst der San. (S. 141)

Im **Mukuni Park Curio Market** ❺ werden kunsthandwerkliche Souvenirs aus Sambia feilgeboten. (S. 185)

BESONDERE TIERE

Obwohl die Big Five oft an oberste Stelle auf der Wunschliste der Safarigänger stehen, gibt es noch ganz besondere Tiere in Namibia und Botswana. Die extremen Bedingungen in dieser Region – lange, trockene Monate und ausgedörrte Landstriche – haben manche Arten gezwungen, sich an die klimatischen Bedingungen anzupassen. Sie in ihrem natürlichen Lebensraum zu beobachten, ist aufregend.

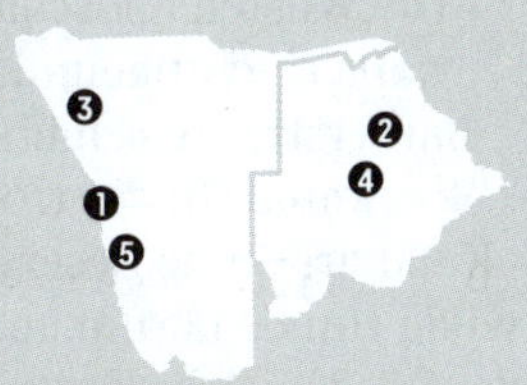

Die Little Five

Hast du schon die Big Five gesehen? Dann begib dich auf die Suche nach den Little Five des südlichen Afrikas: Ameisenlöwen, Riesenkäfer (Foto), Elefantenspitzmäuse, Büffelweber und Pantherschildkröten.

Wüstenvögel

Das Central Kalahari Game Reserve ist bekannt für seine Vogelarten, die an die Wüste angepasst sind. Dazu zählen der Kalahariheckensänger (Foto) und das Nama-Flughuhn, das 60 km weit fliegt, um Wasser zu suchen und dieses dann in seinen Federn speichert, um es zu seinen Küken zurückzubringen.

TIERBEGEGNUNGEN

In den Dünen der **Namib** ❶ erfährt man von einem Guide viel über so kleine Tiere wie Geckos, Spinnen, Skorpione, die sich an das Leben hier angepasst haben. (S. 264)

In den **Makgadikgadi Salt Pans** ❷ kann man sich unter eine Kolonie Erdmännchen mischen. (S. 116)

In **Damaraland** ❸ findet man an die Wüste angepasste Elefanten, die ihren Speisezettel mit den Jahreszeiten ändern. (S. 229)

Im **Central Kalahari Game Reserve** ❹ kann man Rudel Schwarzmähnenlöwen bei der Jagd beobachten. (S. 149)

Die Spießböcke im **Namib-Naukluft National Park** ❺ haben ihre Verhaltensmuster angepasst, um Wasser zu sparen. (S. 272)

ZIELE IN DER WÜSTE

Die Wüstenlandschaften in Namibia und Botswana sind unheimlich schön. Die zeitlose Kalahari erstreckt sich über mehr als 70 % der Fläche Botswanas. In der trockenen Savanne des Central Kalahari Game Reserve treiben sich Geparden und wilde Hunde herum, und in der Kgalagadi formt sich der Sand zu ockerfarbenen Dünen. Die Wanderdünen der Wüste Namib, die zwischen der Atlantikküste und Namibias Großer Randstufe liegen, gehören zu den ältesten der Welt. Sie sind Ödland, wo sich an die Wüste angepasste Arten tummeln.

Das perfekte Foto

Am Deadvlei, wo ausgedörrte Kameldornbäume aus dem weißen Ton aufragen und es ockerfarbene Dünen gibt, kann man das typische Namibia-Foto machen.

Windskulpturen

Die Dünen Namibias werden ständig vom Wind verändert – aber nicht alle sind gleich. Infos zu den verschiedenen Dünenarten in der Namib siehe S. 276.

Die grüne Wüste

Die Kalahari bekommt im Sommer Regenfälle ab (November bis März) und kann in dieser Zeit grün sein.

VON LINKS NACH RECHTS: TLF IMAGES/SHUTTERSTOCK ©, PEOPLEIMAGES.COM - YURI A/SHUTTERSTOCK ©, ZARUBA ONDREJ/SHUTTERSTOCK ©

Sossusvlei (S. 275), Namibia

ERLEBNISSE IN DER WÜSTE

Es lohnt sich, bei Sonnenaufgang oder -untergang die berühmten **Sossusvlei-Dünen** ❶ zu erklimmen. Sie thronen mehr als 300 m über den darunter liegenden Schichten. (S. 275)

Eine Wanderung durch die **Kalahari** ❷ mit Buschmännern der San ist sehr empfehlenswert. Man lernt viel über deren Traditionen und Überlebenstechniken. (S. 142)

Eine Ballonfahrt über die kargen Berge und windgepeitschten Wüsten des wunderschönen **Namib-Naukluft National Park** ❸ lohnt sich immer. (S. 272)

Bei einem Panoramaflug von Swakopmund schwebt man über die sich schlängelnden Dünen der **Namib-Wüste** ❹ und sieht, wo sie auf den Atlantik treffen. (S. 259)

Ruhe dich im Schatten der mächtigen Affenbrotbäume aus und genieße die atemberaubenden Ausblicke auf die Wildnis der **Nxai Pan** ❶. (S. 122)

MENSCHEN DAMALS & HEUTE

Das wohl bekannteste Volk der Region sind die San, die seit über 30 000 Jahren in dieser Gegend leben. Ihre Vorfahren malten die Geschichten ihrer spirituellen Welt auf Felsen, und seither haben Menschen verschiedenster Kulturen ihre jeweils eigenen Spuren in diesem trockenen Landstrich hinterlassen. Es ist faszinierend, die Traditionen und das Erbe dieser Region, von der farbenfrohen Kleidung der Herero-Frauen bis zu den Geschmacksrichtungen der modernen Stadt Maun, zu erleben.

VON LINKS NACH RECHTS: LAWRENCETSAONEBAHITI/SHUTTERSTOCK ©, INGEHOGENBIJL/SHUTTERSTOCK ©, RADEK BOROVKA/SHUTTERSTOCK ©

Die Sprachen

Alle Einwohner Botswanas werden Batswana (Plural) oder Motswana (Singular) genannt. Englisch ist zwar die offizielle Sprache, aber fast alle sprechen Setswana.

Stärke durch Vielfalt

Namibia gehört zu den am dünnsten besiedelten Ländern der Erde, aber seine Menschen sind sehr vielfältig. Es gibt hier zwölf größere ethnische Gruppen und in Botswana acht.

Menschen fotografieren

Die Menschen freuen sich in der Regel, wenn man sie fotografieren will, aber es gilt wie immer die Regel: Bitte vor dem Fotografieren um Erlaubnis fragen!

Felszeichnungen, Tsodilo Hills (S. 108), Botswana

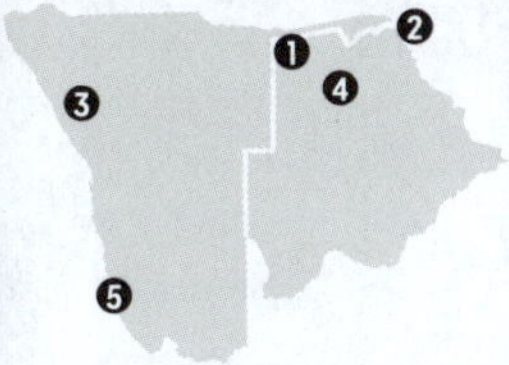

KULTUR ERLEBEN

Ein Besuch der mystischen **Tsodilo Hills** ❶ ist wie eine Reise in die Vergangenheit. Sie werden oft als „Louvre der Wüste" bezeichnet, weil hier so viele Felsenkunstwerke zu bewundern sind. (S. 108)

Kauf in regionalen Märkten ein und lern die sambische Küche bei einer African Culture & Cooking Tour in **Livingstone** ❷ kennen. (S. 179)

Erkunde im **Damara Living Museum** ❸ die verloren gegangene Kultur der Damara, eines der ältesten Völker Namibias. (S. 228)

Bei einem Rundgang durch **Maun** ❹ taucht man in die regionale Kultur ein und erfährt vieles über Traditionen, Bräuche, Essen und Kunst. (S. 88)

Bei einem Gang durch die historische Kolonialstadt **Lüderitz** ❺ treffen Reisende auf viele Beispiele deutscher Jugendstilarchitektur. (S. 286)

STÄDTE & REGIONEN

Entdecke dein Sehnsuchtsziel.

Namibia

ERHEBENDE LANDSCHAFTEN UND DIE FASZINIERENDE GESCHICHTE DER MENSCHEN

Die entlegenen, wilden Landschaften Namibias sind atemberaubend schön. In einem Land voller Kontraste – als da sind die malerischen, windgepeitschten Wüstenregionen an der Atlantikküste und im Namib-Naukluft National Park sowie die grünen Feuchtgebiete der Sambesi-Region, das Flachland im Etosha National Park und die großartigen Täler im Fish River Canyon – ist die einzige Gemeinsamkeit das Gefühl der Einsamkeit. Die Felsenkunst in Damaraland, das Volk der Himba im Kaokoveld und die interessante Kolonialarchitektur in Windhoek und Lüderitz geben Hinweise zur Geschichte der Menschen.

S. 189

Victoriafälle

DER DONNERNDE RAUCH

Die Victoriafälle gelten als die größten Wasserfälle der Erde und sind daher ein Muss für jeden, der diese Region bereist. Ob man nun in Livingstone in Sambia untergebracht ist oder in der Stadt Victoria Falls in Simbabwe, man wird in jedem Fall die tollen Aktivitäten erleben können, für die diese Region bekannt ist, darunter Bungee-Jumping, Wildwasserrafting, in einen Pool am Rande der Fälle springen oder einfach nur die großartige Sicht auf den „donnernden Rauch", wie das Volk der Batonga den Ort mit dem Begriff „Mosi-oa-Tunya" bezeichnet, genießen.

S. 167

Botswana

EIN UNVERGLEICHLICHES ZIEL FÜR ABENTEUER IN DER WILDNIS

Botswana ist zweifelsfrei eines der weltweit besten Reiseziele für Safaris: Von den verzweigten Wasserwegen des bekannten Okavango-Deltas bis hin zu den riesigen trockenen Ebenen der Kalahari bietet die atemberaubende Wildnis des Landes vielen Wildtieren einen Lebensraum. Es gibt über 50 000 Elefanten im Chobe National Park, Schwarzmähnenlöwen in der Kalahari, mindestens 350 Vogelarten im Tuli Block und mehr als 20 000 Zebras, die zwischen den Niederungen des Chobe River und den Makgadikgadi Pans hin- und herwandern.

S. 61

JAN-DIRK-HANSEN/SHUTTERSTOCK ©

Zebras, Etosha National Park (S. 218), Namibia

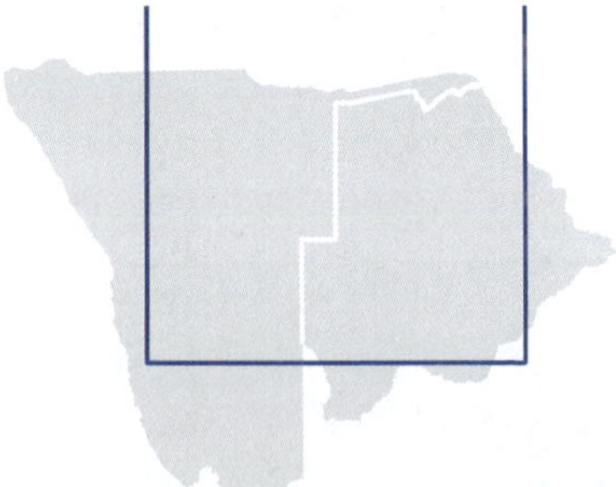

REISEROUTEN

Wildnis im Norden

Dauer: 8–10 Tage **Strecke:** 1700 km

Freu dich auf wilde Tiere in verschiedener Umgebung. Von Windhoek führt die Route zum Etosha National Park und in die Region Sambesi mit Lodges am Fluss und Bootstouren. Dann geht es in den Chobe National Park in Botswana mit den Victoriafällen als großem Finale.

1

WINDHOEK 2 TAGE

Bleibe zunächst einige Tage in **Windhoek** (S. 194), genieß das zwanglose städtische Flair und deck dich mit frischen Vorräten für deine bevorstehende Reise ein. Am ersten Tag könnte man eine Tour durch Katutura machen, gefolgt von einem Besuch im Independence Memorial Museum oder einem Bummel durch die Innenstadt. Am zweiten Tag locken Kunsthandwerksläden zum Shoppen. Der Tag endet mit einem Sundowner mit Blick über die Stadt.

2

ETOSHA NATIONAL PARK 2 BIS 3 TAGE

Von Windhoek aus ist das Andersson Gate der am nächsten gelegene Eingang zum **Etosha National Park** (S. 218). Da es unweit des in Flutlicht getauchten Wasserlochs Okaukuejo liegt und ideal zur Erkundung des tierreichen südöstlichen Teils des Etosha ist, sollte man mindestens zwei Nächte in der Nähe einplanen, entweder bei Okaukuejo oder bei Halali, und erst dann Richtung Nordosten weiterfahren, um den Etosha am Von Lindequist Gate zu verlassen.

Abstecher: *Von Windhoek aus unterwegs im* ***Okonjima*** *(S. 212) anhalten, um etwas über Geparden und Leoparden zu erfahren. 6 Stunden bis 2 Tage*

ANTON_IVANOV/SHUTTERSTOCK ©, EFIMOVA ANNA/SHUTTERSTOCK ©

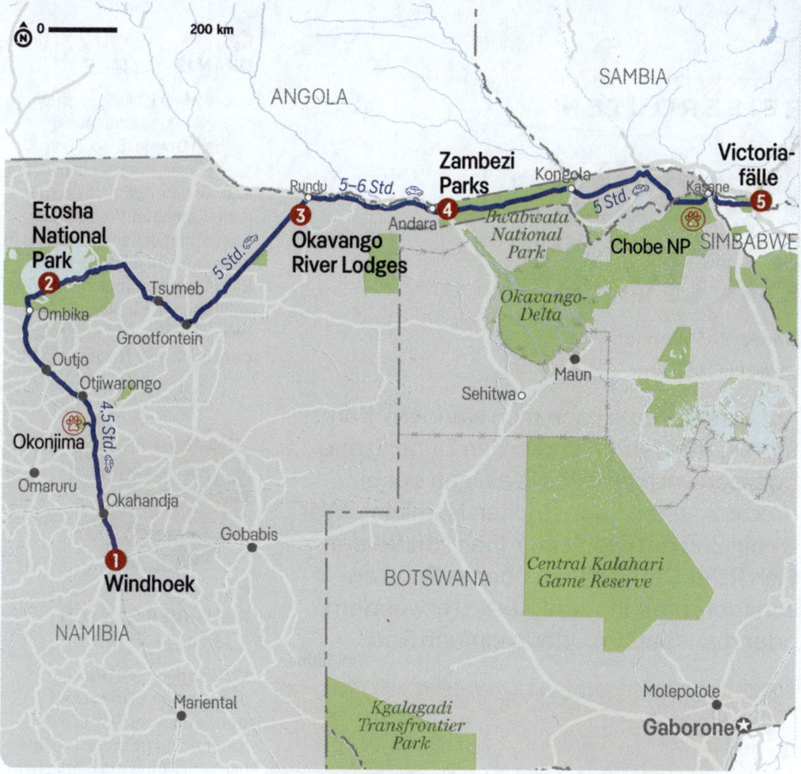

3

OKAVANGO RIVER LODGES 1 BIS 2 TAGE

Nächster Zwischenstopp ist Rundu oberhalb des Okavango River. Hier erstrecken sich östlich und westlich der Stadt die hübschen **Okavango River Lodges** (S. 240). Es bietet sich an, mehr als eine Nacht zu bleiben und das zwanglose, tropische Ambiente in sich aufzunehmen und Bootsausflüge, Sundowner und Entspannung zu genießen.

4

PARKS IN SAMBESI 1 TAG

Weiter geht es durch Sambesi in den **Bwabwata National Park** (S. 240) oder den **Nkasa Rupara National Park** (S 243). Übernachten kann man in einer Lodge am Fluss; alternativ gibt es Campingplätze. Man sollte Zeit einplanen, um Tiere vom Wasser aus zu beobachten; Lodges bieten Bootsausflüge an.

Abstecher: *Elefanten sieht man im* ***Chobe National Park*** *(S. 66, Foto).* *2 Tage*

5

VICTORIAFÄLLE 2 TAGE

Nach all der Fahrerei und den vielen wilden Tieren bilden die **Victoriafälle** (S. 167) eine angenehme Krönung der Reise. Egal, ob man in Simbabwe oder Sambia unterkommt, die gesamte Umgebung ist einladend grün. Es gibt hier viel zu unternehmen, aber man kann auch einfach am Rande der Schlucht auf der simbabwischen Seite entlanglaufen und die Fälle quasi von vorne anschauen.

CLAUDE HUOT/SHUTTERSTOCK ©, FABIO LAMANNA/SHUTTERSTOCK ©, ADWO/SHUTTERSTOCK ©

REISEROUTEN

Namibia aktiv

Dauer: 2–3 Wochen

Strecke: 1650 km

Auf dieser Route kann man wandern, Kanu fahren, Rad fahren und in den Dünen sandboarden,und das alles in einigen der eindrucksvollsten Landstrichen Namibias. Wer wenig Zeit hat, wählt aus: Man könnte den Fish River Canyon vom oberen Rand anschauen, statt ihn komplett zu erwandern, oder man fährt im Urlaub einfach Rad.

Sanddüne

SUGRIT JIRANARAK/SHUTTERSTOCK ©

1

ORANJE 5 TAGE

Noordoewer ist Ausgangspunkt für mehrtägige Kanutouren auf dem **Oranje** (S. 303; Foto s. u.). Für die erste Nacht bietet sich vor dem Aufbruch eins der Kanu-Camps an. Weil die Kanutouren morgens enden, kann man noch am selben Tag zum Fish River Canyon aufbrechen (vorher sollte man sich in Noordoewer mit Proviant eindecken) oder noch eine Nacht bleiben.

2

FISH RIVER CANYON 6 TAGE

Verlass das viele Grün an den Ufern des Oranje und wende dich nordwärts durch zunehmend trockene Gebiete bis nach Hobas am nördlichen Ende des **Fish River Canyon** (S. 295). Man könnte die ersten ein, zwei Nächte im Gondwana Canyon Park verweilen, um sich von der Kanutour auszuruhen, bevor die Wanderung durch den Canyon beginnt.

3

SESRIEM & SOSSUSVLEI 2 TAGE

Nun geht es nach Sesriem und in die Wüstenlandschaften rund um **Sossusvlei** (S. 275) und **Deadvlei** (S. 276). Man kann weiter aktiv bleiben und den Big Daddy oder andere Dünen erklimmen, oder man macht eine kurze Wanderung im **Sesriem Canyon** (S. 274). Alternativ kann man sich auch ausruhen und die Ausblicke von unten genießen. Wer verwöhnt werden möchte, geht in eine der Luxus-Lodges.

BRIAN VAN NIEKERK SA/SHUTTERSTOCK ©

4 SWAKOPMUND

⏱ 2 BIS 3 TAGE

Zwischenstopp ist **Swakopmund** (S 256). Hier bildet die Meeresbriese nach der Hitze eine gute Abkühlung. Es gibt viele Möglichkeiten für Aktivurlaub, darunter Fatbiking, Sandboarding und Wüstenwanderungen.

Abstecher: *Wer Küstenblicke liebt, sollte eine Fat-Bike-Exkursion in* ***Sandwich Harbour*** *(S. 271) machen.* ⏱ *8 Stunden*

5 DAMARALAND

⏱ 2 ODER MEHR TAGE

Landeinwärts stößt man auf **Damaraland** (S. 223). Diese Reiseroute besteht aus einer kürzeren Radtour rund um Brandberg und Twyfelfontein; es gibt auch längere Radtouren, besonders Richtung Norden rund um Palmwag.

Abstecher 1: *Auf dem Weg nach Damaraland kann man die Seehunde (Foto) im* ***Cape Cross Seal Reserve*** *(S. 252) besuchen.* ⏱ *4 Stunden*

Abstecher 2: *Eine Radtour rund um* ***Palmwag*** *(S. 231).* ⏱ *4 Tage*

6 WINDHOEK ⏱ 1 TAG

Den letzten Tag kann man in **Windhoek** (S. 194) verbringen. Hier genießt man die bescheidenen Annehmlichkeiten der Stadt, bevor man wieder nach Hause fliegt oder seine Reise anderswo fortsetzt.

ARTUSH/SHUTTERSTOCK ©

RICKSON DAVI LIEBANO/SHUTTERSTOCK ©

Vater und Sohn, Ghanzi (S. 141), Botswana

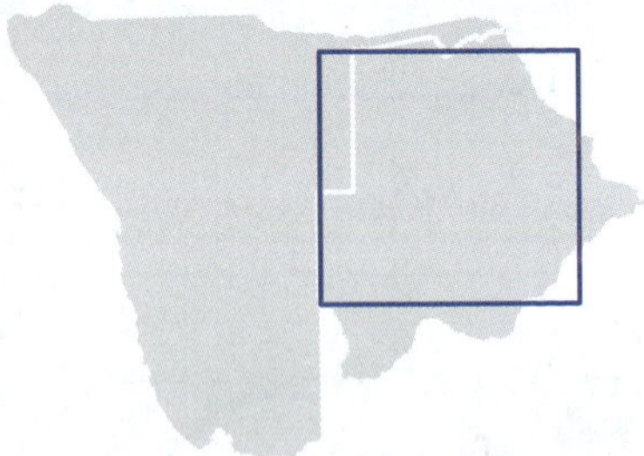

REISEROUTEN

Unbekanntes Botswana

Dauer: 6–8 Tage **Strecke:** 1400 km

Diese ausgefallene Route bietet die Möglichkeit, ein wenig von der Kalahari zu sehen, Tiere zu beobachten, die San zu treffen und die Unesco-Welterbestätte Tsodilo Hills zu besichtigen – alles an Strecken, die weitab von den normalen Touristenwegen liegen. Sie eignet sich aber gut, um sie mit der Route durch das Sambesi-Gebiet in Namibia oder mit einem Besuch der Victoriafälle zu verbinden.

1

GABORONE 1 TAG

Die Reise beginnt in **Gaborone** (S. 155), der zwanglosen Hauptstadt von Botswana. Obwohl es nicht viel zu sehen gibt, ist es nett hier, man kann seine Vorräte für die Reise aufstocken und die angenehme Atmosphäre genießen.

2

KHUTSE GAME RESERVE 2 BIS 3 TAGE

Trotz seiner Nähe zur Hauptstadt ist das **Khutse Game Reserve** (S. 164) mit seinen mineralisierten Pfannen, die einst den größten Binnensee Afrikas ausmachten, erfreulich einsam und bietet einen guten Einblick in die Kalahari. Genieß die gut gepflegten Trails und erfreu dich an ausgiebigen Beobachtungen von Tieren. Freu dich besonders auf große Antilopenherden und mit etwas Glück auf Löwen (Foto) und die übrigen Raubtiere, die in der Nähe der Antilopen lauern.

LUCIAN COMAN/SHUTTERSTOCK ©, ARUNA KALUTANTHRI/SHUTTERSTOCK ©

3

D'KAR 1 BIS 2 TAGE

Von den einsamen Gebieten im Khutse geht es nun in nordwestlicher Richtung zum Kulturzentrum der San in **D'kar** (S. 141). Die Strecke ist zwar etwas weit dorthin, aber sehr lohnend, wenn man sich für die Kultur der San, die Begegnungen mit ihnen und ihr wunderschönes Kunsthandwerk interessiert. Ideal für einen Besuch ist der August, wenn in D'kar das Kuru Dance Festival stattfindet.

4

TSODILO HILLS 2 TAGE

Den Abschluss der etwas anderen Reiseroute durch Botswana bilden die **Tsodilo Hills** (S. 108) im äußersten Nordwesten des Landes. Die Gegend ist für ihre Schönheit bekannt, besonders aber wegen ihrer über 4000 Felsmalereien (Foto), die von den Einheimischen verehrt werden. Von Tsodilo geht es direkt über den Grenzübergang Mohembo in die Region Sambesi in Namibia. Alternativ kann man auch ins Moremi Game Reserve fahren.

LAWRENCETSAONEBAHITI/SHUTTERSTOCK ©, PETR BONEK/SHUTTERSTOCK ©

STEPHAN ROEGER/SHUTTERSTOCK ©

Frau in einem Einbaum, Okavango-Delta (S. 86), Botswana

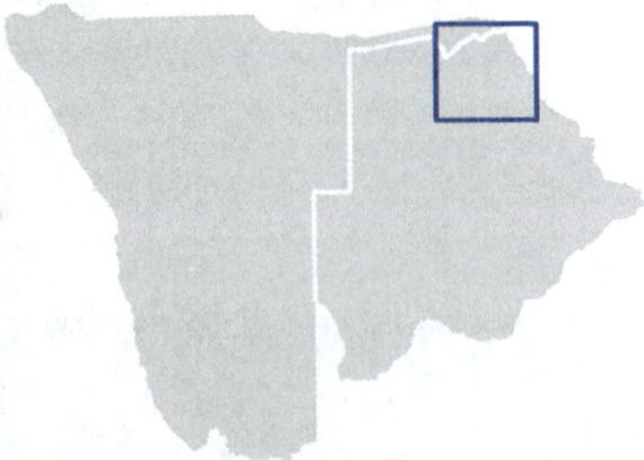

REISEROUTEN

Okavango-Delta & Victoriafälle

Dauer: 7 Tage **Strecke:** 500 km

Wer in diese Gegend reisen möchte, aber nur noch wenig Zeit hat, sollte sich auf die Victoriafälle konzentrieren. Es gibt dort außer den Fällen selbst Wildparks, Unmengen an Aktivitäten und die Möglichkeit, die Atmosphäre in zwei Ländern zu erleben (Simbabwe und Sambia). Am Ende könnte eine Exkursion in den Chobe National Park stehen.

1

MAUN & OKAVANGO-DELTA 2 TAGE

Es gibt kaum einen schöneren Einstieg in eine Safari im Süden Afrikas als einen Besuch im **Okavango-Delta** (S. 86) mit dem Moremi Game Reserve (Foto). Nach Ankunft in **Maun** (S. 88) geht es zum Camp. Von dort sollte man sich entweder zu Fuß, in einem *mokoro* (Einbaum), mit einem fahrbaren Untersatz oder mit einer Kombi aus allen dreien dieser schönen Gegend nähern.

2

CHOBE NATIONAL PARK 2 TAGE

Vom Zentrum des Deltas geht es in die Gegend von Savuti im **Chobe National Park** (S. 66). Hier locken weite Ebenen und Felsen mit wilden Tieren. Eine Attraktion von Savuti sind die Leoparden und andere Raubtiere. Nordostwärts geht es über Kachikau zur Chobe Riverfront und nach Kasane mit schönen Landschaften und Möglichkeiten, die Tiere vom Wasser aus zu sehen.

BRIAN DIVELBISS/SHUTTERSTOCK ©, ONDREJ PROSICKY/SHUTTERSTOCK ©

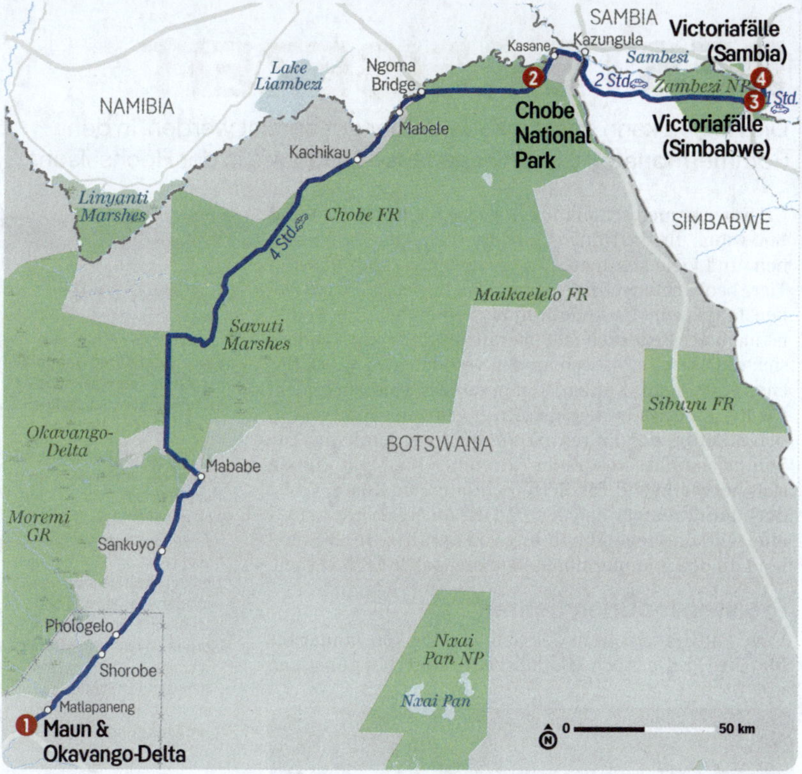

3

VICTORIAFÄLLE (SIMBABWE) 2 TAGE

Nach einer wunderschönen Tiersafari geht es nach Simbabwe mit den **Victoriafällen** (S. 170). Hier heißen kühle, feuchte Luft und wunderschönes Grün die Besucher willkommen. Zuerst wollen viele die Fälle von den Aussichtspunkten am Fußweg entlang der Schlucht erkunden. Danach bieten sich noch weitere spannende Aktivitäten an, darunter sogar die Möglichkeit zur Tierbeobachtung unweit der Fälle.

4

VICTORIAFÄLLE (SAMBIA) 1 TAG

Am Ende der Reise steht eine Exkursion nach Livingstone in Sambia, wo man eine ganz andere Sicht auf die **Victoriafälle** (S. 179) bekommen kann, indem man ein abenteuerliches Bad im Devil's Pool nimmt. Nach der Erkundung der Fälle kann man das herausragende Livingstone Museum besuchen, bevor die Reise weiter oder zurück nach Hause geht.

TORSTEN REUTER/SHUTTERSTOCK ©, E2DAN/SHUTTERSTOCK ©

BESTE REISEZEIT

Die Region kann das ganze Jahr über gut bereist werden. In den Sommermonaten ist es hier genauso schön wie in der Hochsaison.

Urlauber kamen schon immer gerne nach Namibia und Botswana, um die Dünen und die wilden Tiere zu bestaunen, und viele kommen immer wieder. Wer am liebsten Tiere beobachten möchte, kommt am besten in der trockenen Jahreszeit von Ende Juni bis September. Der Boden ist nach der Regenzeit fast überall ausgetrocknet, sodass sich die Tiere in Massen an den verbliebenen Wasserlöchern sammeln. Kühlere Temperaturen sind auch ideal für Reisen etwa in den Fish River Canyon, wo es zu anderen Zeiten des Jahres extrem heiß werden kann. Die Sommermonate von Ende November bis März eignen sich hervorragend für Reisen entlang der Küste. Es ist dort dann weniger nebelig, und die Meeresbriese bringt eine willkommene Abkühlung von der Hitze im Binnenland. In den Sommermonaten kann es aber auch regnen.

Preiswerter Übernachten

Viele Lodges senken in der Nebensaison von Januar bis Mai ihre Preise. Auch Mietfahrzeuge sind eher günstiger.

LOCAL TIPP

FLIEGEN

Wenn Wayne van der Linde nicht durch Namibia reist, spielt er in einer Band namens Nostalgie mit. @nostalgienam

In Sossusvlei führen trockene Nachmittagswinde dazu, dass man sich bei der Ankunft eher schlecht fühlt. Aber nach Sonnenuntergang legen sich die Winde und der klare Nachthimmel mit den Sternen ist überwältigend. Am nächsten Morgen erwacht ein frischer Tag mit roten, am Horizont aufragenden Sanddünen, mit einem feurigem Himmel im Osten und Heißluftballons am Himmel.

Die Milchstraße, Sossusvlei (S. 275), Namibia

LINKS: YONGYUT KUMSRI/SHUTTERSTOCK ©
RECHTS: MAREK POPLAWSKI/SHUTTERSTOCK ©

BENGUELASTROM

Der Benguelastrom fließt nördlich des Kaps der Guten Hoffnung und hat großen Einfluss auf Klima und Ökosysteme der Region. Sein kaltes, nährstoffreiches Wasser zieht Fische an. Er ist dafür verantwortlich, dass es an der Küste nicht regnet und sich Nebel bilden, die das Leben in der Namib ermöglichen.

Reisewetter im Jahresverlauf (Botswana/Namibia)

JANUAR	FEBRUAR	MÄRZ	APRIL	MAI	JUNI
Temp. Max.: **33/29 °C**	Temp. Max.: **32/28 °C**	Temp. Max.: **31/26 °C**	Temp. Max.: **28/25 °C**	Temp. Max.: **26/23 °C**	Temp. Max.: **23/20 °C**
Regentage: **6/14**	Regentage: **5/16**	Regentage: **5/15**	Regentage: **3/9**	Regentage: **2/2**	Regentage: **1/0**

REICHLICH SONNE

Mit rund 300 Sonnentagen im Jahr gehört Namibia zu den sonnigsten Flecken der Erde, eng gefolgt von Botswana. Wer viel Zeit in dieser Region verbringt, wird von einem ständig blauen Himmel und den Sonnentagen verwöhnt. Wenn es doch mal regnet, sind es oft kurze, lokal begrenzte starke Gewitter.

Festivals ...

Das **Maitisong Festival** (S. 342) in Gaborone ist ein Highlight für Musik-, Tanz-, und Theaterfreunde. Das Programm findet draußen an verschiedenen Orten in der Hauptstadt statt. **März und April**

Der **Unabhängigkeitstag von Namibia** wird in großem Stil in Windhoek gefeiert: mit einer Parade und Sportveranstaltungen plus kleineren Events an anderen Orten des Landes – alle erinnern an den Tag, als Namibia 1990 das Joch der südafrikanischen Herrschaft abwerfen konnte. **21. März**

Oshituthi Shomagongo (S. 234) ist ein zwei- bis dreitägiges Fest des namibischen Volkes der Ovambo zu Ehren des Elefantenbaums. Traditionen und Kultur werden ausgelassen gefeiert. Der Veranstaltungsort wechselt jedes Jahr, konzentriert sich jedoch auf Orte im Norden Namibias. **März/April**

Triff deutsche und nicht deutsche Namibier in Windhoek, um mit ihnen das berühmte **Oktoberfest** in der Variante der südlichen Halbkugel zu feiern. **Oktober**

... und noch mehr Festivals

Am **Heroes' Day** gedenkt Namibia derer, die im Unabhängigkeitskrieg, der am 26. August 1966 begann, ihr Leben ließen. Die Hauptfeierlichkeiten finden in Windhoek und Omugulugwombashe (S. 235) statt, weil dort die ersten Schüsse fielen. **26. August**

Das **Maun Festival** dauert zwei Tage. Bei den Feierlichkeiten werden die reichen kulturellen Wurzeln Botswanas mit Musik und Tanz geehrt, und es wird Geld für die Schulen vor Ort gesammelt. **April**

Das dreitägige **Kuru Dance Festival** wird bei D'kar in der botswanischen Kalahari gefeiert und ehrt mit Tanz und Musik die traditionelle Kultur der San. **August**

Windhoeks **/Ae //Gams Arts and Cultural Festival** führt alle ethnischen Gruppen Namibias zusammen. **April**

LOCAL TIPP

MOUNTAIN-BIKING

Martin Nghilifavali Jr. in Windhoek ist ein Mountainbike-Experte und Fahrradtechniker. @m_dreadman

Ich liebe Mountainbiking im Winter, weil die Trails und das Gras dann trocken sind und ein kühles Lüftchen weht. Das ist auch so, wenn wir nachts fahren. Der Winter ist auch die Zeit zum Kaffeetrinken: Alle Fahrer treffen sich nach dem Biken und tauschen sich über die Fahrten des Tages und neue Trails aus.

NamibRand Nature Reserve (S. 277)

KÜHLE NÄCHTE

Die Nächte können mancherorts sehr kalt werden, besonders in der Wüste. Im tiefsten Winter kommt es in Teilen Namibias und im Südwesten Botswanas vor, dass Wasserflaschen, die außerhalb des Zeltes geblieben sind, über Nacht gefrieren.

JULI	AUGUST	SEPTEMBER	OKTOBER	NOVEMBER	DEZEMBER
Temp. Max.: **23/20 °C**	Temp. Max.: **26/24 °C**	Temp. Max.: **30/27 °C**	Temp. Max.: **32/30 °C**	Temp. Max.: **32/30 °C**	Temp. Max.: **33/29 °C**
Regentage: **1/0**	Regentage: **1/0**	Regentage: **2/2**	Regentage: **2/4**	Regentage: **5/7**	Regentage: **6/12**

LINKS: BENEDICTE MARTINEZ JAMART PHOTOGRAPHY ©, RECHTS: HERB KLEIN/SHUTTERSTOCK ©

Campingplatz Khwai (S. 97), Moremi Game Reserve, Botswana

BESTENS VORBEREITET AUF NAMIBIA & BOTSWANA

Nützliches zum Vorbereiten und Einstimmen.

Kleidung

Schichten Selbst im Sommer kann es nach Einbruch der Dunkelheit kühl werden, besonders wenn man in einem offenen Safari-Fahrzeug unterwegs ist. Im Winter kann es wunderbar sonnig sein – also sollte man eine warme untere Schicht einpacken und zusätzlich lockere, leichte Kleidung, die man darüber tragen kann. Eine winddichte Jacke ist im Winter ideal. Lange Hosen und Ärmel sind ein guter Schutz gegen Moskitos.

Hüte Die afrikanische Sonne scheint brutal, sodass ein Sonnenhut sehr wichtig ist. Eine Mütze schützt den Kopf im Winter und in der Übergangszeit.

Sarong Ein Sarong ist sehr nützlich als Schal oder Schattenspender.

Etikette

Die richtige Begrüßung ist wichtig. Man begrüßt immer erst die Älteren.

Respekt ist ganz wesentlich, besonders gegenüber Religion und älteren Menschen.

Drei Schritte des **afrikanische Händeschüttelns**: ein normaler Handschlag, zweitens: die Daumen greifen ineinander und die Finger umschließen den dem Daumen angrenzenden Teil der Hand, drittens: ein normaler Handschlag. Man zeigt großen Respekt, wenn man die linke Hand in den rechten Ellbogen legt.

Wanderschuhe Wer wandern möchte, sollte Schuhe mit festen Sohlen einpacken – im Busch gibt es üble Dornen.

LESEN

Der Ruf der Kalahari (Mark & Delia Owens; 1984) Die Autobiografie zweier amerikanischer Zoologen, die sieben Jahre in der Kalahari gelebt haben.

The Purple Violet of Oshaantu (Neshani Andreas; 2001) Eine Frau in einem namibischen Dorf weigert sich, den Ehemann zu betrauern, wie es erwartet wird.

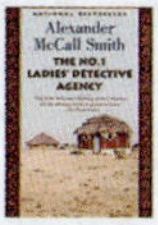

Ein Krokodil für Mma Ramotswe (Alexander McCall Smith; 1998) Der erste Band einer Serie, die auf den Heldentaten einer Detektivin basiert.

Zerstreuung (Lauri Kubuitsile; 2017) Eine junge Herero-Mutter entkommt dem Massaker und findet sich am Ende doch in einem Konzentrationslager wieder.

Downloaden

Botswana Wildlife Guide (27 US$) Ein Naturführer über Säugetiere, Vögel, Fische, Frösche, Reptilien, wirbellose Tiere, Gräser, Bäume und Wildblumen. Er ist übersichtlich und bietet verschiedene Zugänge, um nach Arten zu suchen.

Tracks4Africa (gratis) Das GPS des eigenen Handys verbindet sich mit der Offline-Version dieses kartenbasierten Guides, sodass man immer weiß, wo man sich befindet. Er bietet eher Informationen und Ortung als Navigation und führt Unterkünfte, Tankstellen, Sehenswürdigkeiten, Serviceeinrichtungen und Einkaufsmöglichkeiten auf.

BirdPro (gratis) Diese App zu den Vögeln des südlichen Afrikas hat eine Suchfunktion zu Ort, Form, Farbe, Größe oder Ruf der Vögel. Die Kartenfunktion ermöglicht die Bestimmung der Verbreitung und die monatlichen Wanderbewegungen von Zugvögeln.

eTrees of Southern Africa (18 US$) Eine interaktive Version des *Field Guide to Trees of Southern Africa* mit Bildern, Verbreitung und detaillierten Infos zu 840 Baumarten, die in der Region vorkommen.

Wildlife Southern Africa (8 US$) Beschreibungen, Fotos, Zeichnungen, Laute und Karte zur Verbreitung von 1526 Arten: von Säugetieren zu Insekten, Reptilien, Süßwasserfischen, Gräsern und Bäumen.

Etosha App (gratis) Dieser Führer zum Etosha National Park bietet eine interaktive Karte und Informationen zu Säugetieren. Sie funktioniert auch offline und informiert über die Öffnungs- und Schließzeiten der Eingangstore.

ANSCHAUEN

A United Kingdom (Amma Asante; 2016) Basiert auf der Geschichte von Seretse Khama (Foto), dem Thronfolger des botswanischen Stammes der Bangwato.

Namib: Surviving the Sand Sea (Oliver Halsey; 2019) Ein Dokumentarfilm zur Anpassung von Flora und Fauna an die Lebensbedingungen in der Namib.

Into the Okavango (National-Geographic; 2018) Ein Forschungsteam unternimmt eine Reise durch das Flusssystem, das das Okavango-Delta speist.

Cry of the Kalahari (Andrew St Pierre White; 2020) Ein Dokumentarfilm eines Einzelreisenden, der mit Allrad durch die Kalahari fuhr.

REINHÖREN

Chelete (Gazza; 2019) Der Superhit des Kwaito-Star Namibias, mit einer Millionen Klicks in sechs Monaten (sehr ungewohnt für einen Musiker aus Namibia).

Flying Bantu (flyingbantu.com) Diese Afro-Fusion-Band aus Victoria Falls spielt regelmäßig Gigs in der Stadt (und auch in der weiteren Umgebung).

Kalahari (Maxy KhoiSan; 2000) Einer der größten Hits der botswanischen Sängerin, die wegen ihres AfroPops und ihrer San-Tswana-Musik verehrt wird.

Guardians of the River (Kerllen Costa; 2021) Eine Podcast-Serie über moderne Forschungen und Glaubensinhalte – zum Schutz des Okavango-Deltas.

Safari auf dem Chobe River (S. 70), Botswana

DEN TRIP PLANEN

SAFARIS PLANEN

Eine einzigartige Tierwelt und fantastische Landschaften führen zu magischen Safari-Erlebnissen in Botswana und Namibia. Besonders verlockend ist, dass man in vielen Bereichen der Region mit dem eigenen Auto oder einem Mietwagen losziehen kann. Es gibt auch viele organisierte Touren. Egal, worauf die Wahl fällt, hier folgen einige Gedanken für die Planung und Tipps für die schönsten Erlebnisse.

Vielfalt der Habitate

Namibia, Botswana und die Victoria-Fälle bieten zusammen einige der lohnendsten und vielfältigsten Möglichkeiten zur Tierbeobachtung. Es gibt viele Ziele für Safaris auf dem Wasser und die Wasserwege der Parks in der Sambesi-Region, dem Okavango-Delta und dem Chobe National Park bieten ganz andere Ökosysteme, als man sie in trockeneren Gegenden findet. Hinzu kommt die einzigartige Küstentierwelt an Namibias Atlantikküste mit ihrem Überfluss an Robben und Seevögeln. Diese Kontraste zu erleben, ist eine der großen Faszinationen einer Safari in dieser Region.

Gebiete zur Tierbeobachtung reichen von „einfachen", preisgünstigen Zielen für Selbstfahrer wie dem Etosha National Park bis zu rauen Bereichen wie dem Khaudum National Park oder Teilen des Central Kalahari Game Reserve, wo die Erkundung am besten mit wenigstens zwei voll ausgerüsteten Allradfahrzeugen betrieben wird. Es gibt auch spezielle Ziele wie das Okavango-Delta, kleinere Parks wie den Mosi-oa-Tunya National Park an den Victoria-Fällen und einige – wie die Makgadikgadi Salt Pans oder der Nkasa Rupara National Park –, bei denen zeitweilig die Überflutung schon die Anreise zu einem Abenteuer macht.

An manchen Stellen wie im namibischen Damaraland sind Tiere relativ verstreut und selten, sodass es umso mehr Freude macht, etwas zu entdecken. Andernorts, darunter Chobe Riverfront und Etosha, gibt es so unglaublich viele Tiere, dass sie praktisch zu den Reisenden kommen.

Ergänzt wird die Auswahl an Parks und Habitaten durch eine große Vielfalt an Unterkünften – es gibt alles von den schlichtesten Campingplätzen bis zu luxuriösen Lodges, wo man die Tiere bequem von der Veranda aus beobachten kann.

Selbstfahrer-Safaris

Vor allem Namibia eignet sich perfekt für Selbstfahrer-Safaris. Sie funktionieren am besten in Verbindung mit Camping. Autoverleihfirmen in Namibia und Botswana sind darauf eingestellt. Viele bieten ein oder zwei Dachzelte und einen kleinen Kühlschrank.

Wander-Safaris

Es ist ein tolles Erlebnis, früh aufzuwachen und sich mit einem Guide auf die Spur von Tieren zu begeben. In einigen Gebieten, vor allem Namibias Damaraland, sind Nashörner die größte Attraktion bei geführten Wanderungen. Wenn deine Lodge oder dein Camp geführte Wanderungen anbietet, solltest du die Gelegenheit nützen, denn es ist ein ganz anderer, intimerer Blick auf den Busch. Es werden keine großen Strecken zurückgelegt und man sieht vermutlich weniger Tiere als vom Auto aus, aber es ist eine ganz neue Erfahrung.

MATTHIEU GALLET/SHUTTERSTOCK ©

Gepard, Etosha National Park (S. 218), Namibia

TIPPS FÜR WANDERUNGEN

Beim Wandern in Wüstengebieten kann die Hitze eine Herausforderung sein, aber die Kulisse, die Wildheit und der klare Nachthimmel entschädigen dafür.

Camping Nicht in trockenen Flussbetten campen, besser nach höher gelegenem Grund suchen.

Wasser Pro Person und Tag wenigstens 4 l Wasser einplanen.

Gesundheit Nicht vergessen: guten Sonnenschutz, einen Hut, eine Taschenlampe und ein kleines Erste-Hilfe-Set.

Zeiten Die Wanderung in den frühen Morgen oder den späten Nachmittag verlegen.

Kleidung Für kalte Winternächte ist eine Jacke wichtig.

SAFARI-STIL

Stell dir vor, in einem Luxus-Safarizelt zu relaxen und vom Bett aus in der Ferne Tiere zu sehen. Oder du campst in der Wildnis und hörst die Laute des Buschs beim Einschlafen. Es gibt so viele Möglichkeiten für eine Safari. Hier einige Überlegungen für die Planung:

- **Ambiente** Aufenthalt in oder an einem Park? Wer außerhalb der Parkgrenzen bleibt, versäumt die guten Zeiten zur Tierbeobachtung am frühen Morgen und am Abend. Ist die Umgebung der Unterkunft stimmungsvoll? Wirst du in einer großen Lodge oder in einem intimen privaten Camp sein?
- **Zugang** Wer ungern auf unbefestigten Straßen fährt, sollte Parks und Lodges wählen, die über eine Asphaltstraße oder per Flugzeug erreicht werden können.
- **Aktivitäten** Flusskreuzfahrten, Trips auf einem *mokoro* (Einbaum) und geführte Wanderungen sind eine Abwechslung zur motorisierten Tierbeobachtung. Viele Lodges in Botswana und Namibia bieten diese Möglichkeiten.
- **Gemeinschaftsengagement** Es gibt Veranstalter, die sich aufrichtig und seit Langem für die Gemeinschaften einsetzen, in denen sie arbeiten. Es gibt viele davon in der Region und es lohnt sich, die Reise um ihr Angebot zu planen..

Autofahren im Busch

Große Teile von Namibia und Botswana sind wirklich abgelegen. Ein GPS ist nützlich, idealerweise ist Tracks4Africa schon geladen. Mindestens sollte eine gute Karte mitgeführt werden. Eingefahrenen Spuren zu folgen ist sehr hilfreich, um empfindliche Landschaften und Flora zu schützen. Im trockenen Klima der Region sind Schäden, die durch Off-road-Fahren entstanden sind, noch jahrelang sichtbar.

Bei Regenwetter werden Kiesstraßen zu Morast und Löcher in der Wüste füllen sich mit Wasser. Viele Straßen in Namibia und Botswana, darunter Namibias Kunene-Region, besitzen zementierte Abläufe, aber nicht alle. Daher lohnt es sich, auszusteigen und die Tiefe vor der Querung zu überprüfen.

Beim Fahren an Orten wie der Kalahari-Wüste, oft durch heißes Gras, können Samen schnell den Kühler verschmutzen und dadurch zur Überhitzung führen, vor allem gegen Ende der Trockenzeit. Regelmäßig möglichst viel Pflanzenmaterial vom Kühlergrill entfernen.

Bei Dunkelheit bleibt man am besten stehen und genießt den Blick auf die Sterne – Fahren in der Nacht vermeiden!

TIPPS FÜRS AUTOFAHREN IM BUSCH

Notfallrationen Essen und Wasser mitführen, bei jeder Möglichkeit tanken.

Zu den Gegenständen in einem gut ausgestatteten Auto zählen ein Abschleppseil, eine Schaufel, ein zusätzlicher Keilriemen, Fahrzeugflüssigkeiten, Zündkerzen, Starthilfekabel, Sicherungen, Schläuche, ein guter Wagenheber, zwei Ersatzreifen, eine Pumpe und ein Holzbrett, um es in Sand oder Salz als Grundlage zu verwenden. Ein Schweizer Taschenmesser und eine Rolle Klebeband können auch nützlich sein.

Beim Fahren auf Sand sollte für einen besseren Grip der Reifendruck verringert werden. Auf welligen Straßen langsam beschleunigen, bis die richtige Geschwindigkeit gefunden ist – dann hört das oft lästige Klappern auf.

Bei einer Reifenpanne nicht heftig auf die Bremse treten, sondern so gerade wie möglich weiter steuern und das Auto langsamer werden lassen, bis es zum Halt kommt.

Auf Kies scharfe Kurven und plötzliches Bremsen vermeiden. Wenn die Hinterräder schleudern, sanft bis zur Wiedererlangung der Kontrolle in Richtung des Schleuderns steuern. Wenn die Vorderräder schleudern, das Lenkrad festhalten und gegensteuern. Wenn es staubig ist, Licht einschalten.

EFIMOVA ANNA/SHUTTERSTOCK ©

Moremi Game Reserve (S. 97), Botswana

Tierbeobachtung

Tageszeit Morgen- und Abenddämmerung sind die beste Zeit, deshalb lohnt es sich, zu überlegen, ob man die Basis im Park oder vor seinen Toren wählt. Obwohl es mittags in der Regel zu heiß für Action ist, fühlen sich dann Antilopen am Wasserloch sicherer, und Beutegreifer und Reptilien sind am besten zu sehen.

Wetter Die vorherrschenden Bedingungen können das Beobachtungserlebnis beeinträchtigen. So treiben starke Winde Pflanzenfresser und Vögel in Deckung, deshalb dann vorwiegend in geschützten Bereichen suchen.

Wasser Die meisten Tiere trinken täglich, wenn es Wasser gibt; Wasserlöcher sind die besten Plätze für Beobachtung, vor allem in der Trockenzeit. In den Wüstengebieten Kunene und Damaraland bieten die Becken zeitweise trocken fallender Flüsse gute Möglichkeiten zur Beobachtung.

Nahrungsquellen Bei der Entscheidung, wo man die Zeit verbringt, hilft es, zu wissen, was die verschiedenen Arten fressen. Herden von Pflanzenfressern mit Jungen sind besonders attraktiv für Beutegreifer.

Spuren und Zeichen Auch wenn keine Tiere zu sehen sind, gibt es viele Zeichen ihrer Anwesenheit. Spuren, Kot und Nester geben Hinweise auf Tiere. Viele Großkatzen jagen auf Straßen, deshalb lohnt es sich, dort nach Spuren Ausschau zu halten, wo eine Katze die Verfolgung einer Beute aufgenommen oder sich einen Busch für Schatten gesucht hat.

Ausrüstung Ein Fernglas ist unverzichtbar für die Beobachtung und Identifikation von Tieren.

BESTE SAFARIZIELE FÜR ...

- **Abgelegenheit** Khaudum National Park (S. 239), Central Kalahari Game Reserve (S. 140), Skeleton Coast National Park (S. 253).
- **Barrierefreiheit** Etosha National Park (S. 218), Mosi-oa-Tunya National Park (S. 182), Cape Cross Seal Reserve (S. 252).
- **Abenteuer** Kgalagadi Transfrontier Park (S. 150), Northern Damaraland (S. 229), Kunene Region (S. 246).
- **Einzigartigkeit** Makgadikgadi Pans (S. 114), Damaraland (S. 223), Skeleton Coast National Park (S. 253).
- **Viele Tiere in kurzer Zeit sehen** Chobe Riverfront (S. 71), Moremi Game Reserve (S. 97), Etosha National Park (S. 218).
- **Aktivitäten am Wasser** Okavango-Delta (S. 90), Sambesi-Region (S. 242).
- **Großkatzen** Okonjima Nature Reserve (S. 212), Etosha National Park (S. 221), Chobe National Park (S. 81), Khutse Game Reserve (S. 164).

Weibliche Ranger

Sowohl in Namibia als auch in Botswana gibt es eine kleine, aber stetig wachsende Anzahl weiblicher Ranger, von denen du vielleicht einige auf der Safari triffst. U. a. arbeiten sie in Namibia in Damaraland für Save the Rhino Trust, im ≠Khoadi-//Hôas Conservancy, südwestlich des Etosha National Park, und in Botswanas Okavango-Delta. Auch die botswanische Chobe Game Lodge im Chobe National Park stellt nur weibliche Guides ein, die als „Chobe Angels" (S. 67) arbeiten. Der World Female Ranger Day wird am 23. Juni gefeiert, als Ergänzung zum World Ranger Day am 31. Juli – beide erinnern an und unterstützen die wichtige Arbeit der Ranger beim Schutz der Wildnis.

YAROSLAV ASTAKHOV/SHUTTERSTOCK ©

Rangerin

TIERE

Obwohl weite Gebiete von Botswana und Namibia trocken und von Sand bedeckt sind, ziehen zahlreiche Tiere noch auf ihren angestammten Wegen durch die Region. Beide Länder bieten großartige Möglichkeiten zum Beobachten von Wildtieren, vor allem im Norden, wo die Flüsse Chobe und Okavango eines der bedeutendsten Feuchtgebiet-Ökosysteme der Welt speisen, ebenso um die Etosha-Pfanne, wo ein Netz aus Wasserlöchern große Konzentrationen an Wildtieren anzieht.

Einer der wichtigsten Aspekte bei der Tierbeobachtung in Namibia und Botswana ist die große Vielfalt an Habitaten in der Region, die auch eine beeindruckende Auswahl an Arten garantiert. Jedes Gebiet – von den Etosha-Salzpfannen bis zu den Wasserwegen von Okavango – hat seine eigene Safari-Atmosphäre. Je länger Reisende sich hier aufhalten, desto mehr Feinheiten der Region werden sie erkennen. Im Folgenden ein Überblick über die Arten, die häufig in dieser Region gesichtet werden.

Primaten

In Botswana und Namibia sind nur drei Arten von Primaten beheimatet. Davon ist nur der Bärenpavian weit verbreitet. Diese Paviane besitzen eine große soziale Dynamik. Vielleicht lassen sich bei einer Beobachtung Anzeichen von Freundschaft, Täuschung oder auch Handel in einer Gruppe erkennen.

Bärenpavian

BENEDICTE MARTINEZ JAMART PHOTOGRAPHY ©

Karakal

Löwe

LINKS: ONDREJ PROSICKY/SHUTTERSTOCK ©, RECHTS: TREVOR FAIRBANK/SHUTTERSTOCK ©

Gepard

ELANA ERASMUS/SHUTTERSTOCK ©

Katzen

Dank der guten Augen und Ohren sind Botswanas und Namibias Katzen ausgezeichnete Jäger. Zu den besten Szenen der Region zählen Großkatzen, die Beute machen. Der Karakal ist eine gelbbraune Katze mit langen spitzen Ohren und hohen Hinterbeinen; er kann 3 m hoch springen und Vögel aus der Luft fangen. Leoparden besitzen eine gute Tarnung. Am Tag kann man sie in einem Baum entdecken, wenn dort der Schwanz gezuckt hat, nachts hört man ihr schauriges Knurren. Der Löwe ist Afrikas gefürchtetster Beutegreifer. Geparden sind erstklassige Sprinter, sie erreichen bis zu 112 km/h.

Leopard

ONDREJ PROSICKY/SHUTTERSTOCK ©

Große Säugetiere

Die großen Säugetiere sind bis auf die Giraffen keine Wiederkäuer. Man kann sie in verschiedenen Lebensräumen sehen. Namibia ist Heimat eines Drittels der Spitzmaulnashörner der Welt, obwohl sie in Namibia und Botswana von Wilderei bedroht sind. Die einzigartigen Bergzebras in Zentralnamibia unterscheiden sich von ihren Verwandten in der Savanne durch einen streifenlosen Bauch und eine rotbraune Schnauze.

Das 3000 kg schwere Flusspferd lebt im oder am Wasser. Es ist sehr stark und gefährlich, wenn es gereizt wird. Giraffen scheinen lässig zu bummeln, können aber jedem Angreifer davonlaufen. Elefanten gibt es in den Feuchtgebieten des Chobe National Parks und des Okavango-Deltas. In Namibia leben die einzigartigen Wüstenelefanten von Damaraland.

2630BEN/SHUTTERSTOCK ©

Elefanten

Spitzmaulnashorn

Flusspferd

LINKS TOMAS DRAHOS/SHUTTERSTOCK ©, RECHTS: BENEDICTE MARTINEZ JAMART

LINKS: LEONARD HUGO/SHUTTERSTOCK ©, RECHTS: NWDPH/SHUTTERSTOCK ©

Kaptölpel

Strauß

LUKAS_VEJRIK/SHUTTERSTOCK ©

Brillenpinguine

Vögel

Namibia und Botswana haben eine erstaunliche Zahl an Vögeln jeder Gestalt und Farbe. Der **Kaptölpel** ist ein markant gezeichneter Seevogel, der sich zu Tausenden versammelt, um als Stoßtaucher im Sturzflug Fische aus dem Wasser zu holen.

2,7 m groß und wenigstens 130 kg schwer, sind **Strauße** altertümliche, flugunfähige Vögel. Mit ihrer hohen Geschwindigkeit laufen sie Beutegreifern davon oder sie legen sich flach auf den Boden, um einem Erdhaufen zu gleichen.

Der **Brillenpinguin** ist an seinem eselähnlichen Ruf während der Balz zu erkennen.

Tüpfelhyäne

RCOUSSEMENT/SHUTTERSTOCK ©

Fleischfresser

Außer Katzen gibt es in Botswana und Namibia einige Dutzend Fleischfresser. Der sehr soziale, aber gefährdete **Afrikanische Wildhund** ist ein sehr erfolgreicher Jäger. Riesige Brutkolonien von **Afrikanischen Seebären** gibt es an der namibischen Küste, wo sie sich zum Schutz gegen Hyänen in großer Zahl drängen. Es ist interessant eine Kolonie, eine Zeit lang zu beobachten – es geht turbulent und laut zu.

Die in von Weibchen dominierten Rudeln lebenden **Tüpfelhyänen** sind zähe Kämpfer, die ihre starken Kiefer nutzen, um Beute auszuweiden oder mit Löwen zu kämpfen. Sie sind weit verbreitet, u. a. an Namibias Skelettküste, wo auch Sichtungen der selteneren Schabrackenhyäne möglich sind.

ONDREJ PROSICKY/SHUTTERSTOCK ©

Afrikanischer Wildhund

ARCALU/SHUTTERSTOCK ©

Südafrikanischer Seebär

Greifvögel

In Botswana und Namibia sind rund 70 Arten Falken, Adler, Geier und Eulen beheimatet. Sie ruhen auf Bäumen, schweben hoch oben am Himmel oder sammeln sich um Aas.

Der ikonische Schreiseeadler ist vor allem für seine lauten Rufe bekannt, die zum Synonym für Afrika geworden sind. Er hat eine Flügelspannweite von über 2 m und wird meist bei der Fischjagd oder beim Ruhen auf einem Baum beobachtet. Der Gaukler hat seinen Namen vom französischen Wort für Seiltänzer wegen seines akrobatischen Tiefflugs bekommen. Von Weitem ist er an den weißen Flügeln zu erkennen, von nah sieht man sein scharlachrotes Gesicht.

Der große Ohrengeier mischt sich unter die Greifvögel an einem Aas und bekommt seinen Anteil, bevor die anderen Geier kommen. Sekretäre, die bis zu 1,3 m groß werden, haben den Körper eines Adlers und die Beine eines Kranichs. Es ist bekannt, dass sie auf der Suche nach Schlangen bis zu 20 km am Tag durch die Savanne laufen. Sie töten ihre Beute blitzschnell. Den Silbersinghabicht sieht man manchmal auf Büschen sitzen. Wenn er jagt, lohnt es sich hinzusehen, um vielleicht einen kleinen Jäger wie etwa einen Honigdachs zu entdecken.

LOUIELEA/SHUTTERSTOCK ©

Gaukler

GUDKOV ANDREY/SHUTTERSTOCK ©

Schreiseeadler

Wiederkäuende Säugetiere

Viele der Huftiere der Region leben zu ihrem Schutz in Gruppen. Antilopen sind besonders zahlreich mit mehr als einem Dutzend Arten in der Region. Der **Spießbock** ist eine Wüstenantilope mit 1 m langen Hörnern. Er kann monatelang mit dem kargen Wasser aus Pflanzen überleben und erträgt Temperaturen, die andere Tiere umbringen würden. Im Namib-Naukluft National Park sieht man ihn oft in dramatischer Pose auf einer Düne oder am Straßenrand.

Dank ihrer großen Fortpflanzungsfähigkeit vermehren sich **Impalas** so rasant, dass Beutegreifer nie alle töten können. Die scheue am Wasser lebende **Sitatunga** taucht bei Gefahr unter, sodass sie schwer zu finden ist .

KERTU/SHUTTERSTOCK ©

Spießbock

LINKS BENEDICTE MARTINEZ JAMART PHOTOGRAPHY ©, RECHTS: ROBERT RUSCH/SHUTTERSTOCK ©

Schwarznasenimpala

Sitatunga

LUCIAN COMAN/SHUTTERSTOCK ©

Seswaa

ESSEN WIE DIE LOCALS

Die kulturelle Vielfalt von Botswana und Namibia hat zu einer großen Auswahl an kulinarischen Traditionen geführt.

Die Küche in Namibia und Botswana spiegelt viele Einflüssen wider. Traditionelle Zutaten des Südlichen Afrika wie Maismehl, Tomaten- und Zwiebelsoßen, wilder Spinat und Fleisch dominieren. Überall gibt es Varianten des einfachen *pap* (gekochtem Maisbrei) mit Soße, Gemüse und geschmortem oder gegrilltem Fleisch. Im Deutsch geprägten Namibia wird diese Basis durch Klassiker wie Schnitzel, Eisbein, Würste, leckeres Brot und Gebäck ergänzt. In Botswana haben die Briten ihren Einfluss hinterlassen: englisches Frühstück und Tee – obwohl die Einheimischen auch ihren eigenen Tee haben und genauso oft *rooibos* (Rotbusch-) Tee trinken wie schwarzen Tee.

Sowohl in Namibia als auch in Botswana zeigen die kulinarischen Traditionen eine Verbindung zur Erde und den rauen Landschaften durch Gerichte wie gedünstete oder gebratene Mopane-Raupen, Beeren und Melonen. Im Küstenbereich und Norden Namibias und um Botswanas Okavango-Delta steht oft Fisch auf dem Speiseplan und fast überall findet man getrocknetes Fleisch (*biltong* oder *digwapa*).

Für Fleischliebhaber

Namibia und Botswana sind bekannt für ihr hochwertiges Rindfleisch; das zeigen auch Botswanas Nationalgericht, *seswaa* (langsam gekochte Rindfleischstreifen) und Namibias heiß geliebte *kapana* (gehacktes, gewürztes, gegrilltes Rindfleisch). Im Mittelpunkt des *braai* (Barbecue), das beliebt ist, steht oft Rindfleisch, obwohl

Beste Gerichte aus Botswana und Namibia

SESWAA
Botswanas ausgezeichnetes Rindfleisch, zerkleinert und traditionell gewürzt.

OSHIFIMA UND BOGOBE
Genieße diese und andere sättigende Getreideklassiker.

KAPANA
Heißes, gewürztes Rindfleisch, das in ganz Namibia an Straßenecken verkauft wird.

man auch Kudu- oder Spießbock-Steaks bekommt. *Biltong*, Namibias beliebter Imbiss aus getrocknetem Fleisch, kann mit Rind- oder Wildfleisch zubereitet werden. Anders als *Jerky* wird es nie geräuchert, sondern nur gepökelt und getrocknet. Das Würzen ist entscheidend und jede Farm besitzt ihr geheimes Rezept. Wer *biltong* nicht kennt, kostet es an einem *padstal* (Farm-Stand), die man bei Fahrten im ganzen Land, vor allem im Süden findet. In Botswana heißt das getrocknete Fleisch *digwapa,* dazu wird Fleisch – meist Rind – in Streifen geschnitten und zum Trocknen aufgehängt.

Alles über Getreide

Mais ist in der ganzen Region beliebt und wird meist als *pap* serviert; aber es gibt noch so viele andere Getreidearten zu kosten. *Oshifima,* in Nordnamibia, wird mit Hirsemehl (manchmal gemischt mit Maismehl) zubereitet, während Botswanas *bogobe*-Porridge mit Sorghum-, Mais- oder Hirsemehl gemacht wird. *Pap* und die anderen Getreideklassiker werden nie allein verzehrt, sondern immer mit einer Soße oder mit Fleisch (z. B. *seswaa*) und Gemüse (meist eine Variante von wildem Spinat, gehackt, gewürzt, oft mit Zwiebeln und Tomaten, dann gekocht).

Essen im traditionellen Stil

Die örtlichen Bräuche variieren, doch bei einem traditionellen ländlichen Mahl sitzt man meist in einem Kreis im Zentrum des Familienanwesens; das Essen wird in Gemeinschaftsschüsseln in der Mitte serviert. Mit der rechten Hand wird etwas herausgenommen (z. B. *pap* oder *oshifima*), zu einem kleinen Ball gerollt und in die Soße getunkt. In einigen regionalen Kulturen wie bei den Owambo, wird traditionell zuerst am Tisch den Männern serviert, die Frauen essen später und getrennt im Kochbereich.

LUCIAN COMAN/SHUTTERSTOCK ©

Pap

NDINELAO/SHUTTERSTOCK ©

FOOD-FESTIVALS

Oshituthi Shomagongo (S. 234) Das zwei- bis dreitägige Marula Fruit Festival im März/April ist ein lebhaftes Fest der Tradition und Kultur der Owambo.

Nedbank Swakopmund Food Festival Alljährlich im Dezember mit *kapana, spit braai* und Musik.

Lüderitz Crayfish Festival Findet jährlich Ende April/Anfang Mai statt, mit Musik und reichlich Krebsen.

Letlhafula Cultural Food Festival Dieses Erntefest, das im Mai in Gaborone abgehalten wird, feiert Botswanas traditionelle Küche und Tanz.

Oben: Marula-Frucht

BRAAI
Nicht wirklich ein „Gericht", ist das *braai* (Barbecue) eine regionale Institution.

CHICKEN IN A HOLE
Gefülltes Hähnchen, in einer kleinen Grube langsam gegart.

MOROGO
Ein nahrhaftes, raffiniert gewürztes Spinat-ähnliches Gericht.

ROOIBOS TEE & ZWIEBACK
Dieses lokale Frühstück ist ideal an einem kühlen Morgen.

MOPANE-RAUPEN
Am besten nach Sommerregen, frisch gebraten.

Lokale Spezialitäten

Unbedingt probieren

Braai: Schwer zu sagen, ob ein *Braai* wegen der leckeren Gewürze und dem perfekten Grillen so toll ist, oder wegen der malerischen Kulisse, die es unweigerlich umgibt.
Chicken in a Hole (Botswana): Hähnchen, gefüllt, gewürzt und langsam in einer Grube gegart.
Oshikwiila (Namibia): Flaches Hirsebrot, in der Pfanne gebraten.

Snacks & Streetfood

Kapana (Namibia): Rindfleisch gehackt, gewürzt und gegrillt; in Windhoek besonders gut.
Vetkoek *(magwinya)*: Diese frittierten, leicht süßen Doughnuts gibt es an allen Straßenecken.
Ditloo: Bambara-Erdnüsse; beliebt in Botswana.

Vegetarisch

Wilder Spinat *(omboga, morogo)*: Dieses weit verbreitete Gemüse liefert ein leckeres vegetarisches Essen, gekocht, gewürzt und mit *pap* serviert.
Tsamma-Melone: Die San schneiden sie auf und garen sie in Brei oder Eintopf.
Dikgobe: Sorghum, Mais und Bohnen werden zu einer dicken, Porridge-artigen Konsistenz verkocht.

Braai

Für Mutige

Mopane-Raupen: Es gibt diese sättigende lokale Leckerei in der Region unter verschiedenen Namen *(omagungu, mashonja, macimbi, masotsa)*.
Serobe: Ein Gericht aus Botswana aus gegarten und gut gewürzten Schafkutteln. In Namibia gibt es *matangara* (Kuh- oder Ziegenkutteln).
Smiley: Ein Ziegen- oder Schafkopf, der gekocht wird, bis er zu grinsen scheint. Besonders bei den Herero in Namibia beliebt.

GESCHMACKS-ERLEBNISSE

Die meisten „Geschmackserlebnisse" der Region bieten eher eine verblüffende Kulisse als ein Fünfsterne-Restaurant. Hier sind unsere Favoriten:

Ein Picknick an den dramatischen Dünen von Namibias Sandwich Harbour (S. 271)

Abendessen unter den Sternen in einem Camp bei Sossusvlei (S. 275)

Braai in der Wildnis im Chobe National Park (S. 78)

Frühstück im Herzen des Okavango-Delta im Moremi Game Reserve (S. 97)

Ein Fünfsterne-Mahl bei Sonnenuntergang an Bord des *Royal Livingstone Express* (S. 183)

Rechts: Frau kocht bei einer Hochzeit, Botswana

LINKS: GG-FOTO/SHUTTERSTOCK ©, RECHTS: LAWRENCETSAONEBAHITI/SHUTTERSTOCK ©

SAISONALE KÜCHE

FRÜHLING

Im Frühling wird in Windhoek der berühmte Spargel aus Swakopmund (s. Foto) verkauft. Im restlichen Jahr gibt es ihn nicht. Kenner sagen, dass dies auch die beste Zeit für den Genuss der Austern aus Lüderitz ist.

SOMMER

Jetzt ist Mango-Saison. Und obwohl die meisten Mangos (s. Foto) aus Südafrika importiert werden, sind sie ein Leckerbissen. An den Straßenrändern wird *omajova,* der riesige essbare Termitenpilz verkauft.

HERBST

Nach der Regenzeit wachsen die Kalahari-Trüffeln. Diese Delikatesse kann man roh essen, aber leckerer ist sie gewürzt und gekocht. Jetzt erntet man auch die Mopane-Raupen (s. Foto), getrocknet gibt es sie ganzjährig.

WINTER

Kalte Winterabende sind ideal, um bei einem *Braai* zu sitzen oder *potjiekos* (einen herzhaften Eintopf aus einem dreibeinigen Eisentopf (s. Foto) mit einem Glas Wein zu genießen. Es ist auch die Zeit für die Kürbis-Varianten der Region.

MSGRAFIXX/SHUTTERSTOCK ©, LUCIAN COMAN/SHUTTERSTOCK ©, VO THI THAO LAN/SHUTTERSTOCK ©, DAVID BUZZARD/SHUTTERSTOCK ©

RA.PHOTO/SHUTTERSTOCK ©

Sossusvlei (S. 275), Namibia

OUTDOOR-ERLEBNISSE

Afrika erlebt man am besten auf seinen wilden, offenen Flächen – egal ob bei einem ruhigen Abend am Lagerfeuer oder einer abenteuerlichen Fahrt eine Düne hinunter.

Der Reiz von Botswana, Namibia und Victoria Falls liegt in der natürlichen Umwelt. Während viele Menschen hierher reisen, um die Big Five und andere Tiere zu sehen, macht vor allem das Leben in der Wildnis die Reise unvergesslich. Für jeden gibt es etwas: Schlafen unter den Sternen oder Wandern in einem majestätischen Canyon, Rafting auf Stromschnellen der Klasse V oder Wandern zu Tausenden von Jahren alter Felskunst.

Spazieren & Wandern

Wer gerne läuft, ist in Namibia eindeutig am richtigen Ort. Die Landschaften in diesem Teil der Welt sind einfach großartig und hier zu wandern, gibt ein demütiges Gefühl – ob bei einer mehrtägigen Wanderung wie der anspruchsvollen, 85 km langen Route durch den Fish River Canyon oder einer kürzeren, familienfreundlichen Tour auf dem dramatischen Waterberg Plateau. Obwohl das Land meist ganzjährig trocken ist, unternimmt man mehrtägige Wanderungen am besten in den milden Wintermonaten. Im Sommer unbedingt früh starten, um die sengende Mittagshitze zu meiden.

Botswana bietet Wanderern weniger gute Möglichkeiten als Namibia, doch gibt es hier geführte Wander-Safaris, die belebend sein können. Eine Wanderung mit einheimischen Führern im Okavango-Delta (S. 100), Makgadikgadi Salt Pans (S. 114) und dem Central Kalahari Game Reserve (S. 142) schafft eine enge Verbindung zur Wildnis.

Outdoor-Abenteuer

REITEN
Mische dich unter die Zebra- und Gnuherden um die **Makgadikgadi Salt Pans** (S. 124) oder plansche durchs **Okavango-Delta** (S. 93).

FLIEGENFISCHEN
Durchstreife das **Okavango Panhandle** (S. 113) und fange den herausragenden Raubfisch hier – den Tigerfisch.

MOUNTAINBIKEN
Erforsche die wilde Landschaft von **Tuli Block** (S. 134) – Heimat von Löwen und Baobabbäumen – vom Sattel aus..

FAMILIENABENTEUER

Seebären im **Cape Cross Seal Reserve** (S. 252) an der Skelettküste sehen, über 100 000 am Strand und in der Brandung.

Auf dem Panoramaweg spazieren und durch die Gischt der mächtigen **Victoriafälle** nass werden (S. 174).

Auf dem Sambesi River oberhalb der **Victoriafälle** (S. 176) kreuzen und nach Flusspferden, Vögeln und Elefanten Ausschau halten.

Dinosaurier-Fußabdrücke bei **Kalkfeld** (S. 210) suchen. Die Abdrücke sind rund 170 Millionen Jahre alt.

Kamelreiten mit Desert Explorers in **Swakopmund** (S. 256) durch die Dünen.

Erdmännchen in den **Makgadikgadi Salt Pans** (S. 116) treffen.

Einen Baum umarmen im **Baines Baobabs** (S. 122) und Nxai Pan National Park.

Kanu- & Kajakfahren

Es gibt viele Möglichkeiten auf - nicht in - den wilden Wasserläufen unterwegs zu sein, die diese weitgehend trockene Region durchziehen. Wann und wo, hängt vor allem von der Jahreszeit ab.

Das Okavango-Delta ist ein Paradies für einen ruhigen Trip auf einem *mokoro* (Einbaum), der einen Blick aus der Sicht eines Flusspferdes bietet. Am besten unternimmt man so eine Fahrt, wenn das Wasser hoch steht (und das Wetter trocken ist), meist von Mai bis September. Dagegen ist die Zeit niedrigen Wassers am besten fürs Wildwasser-Rafting am Sambesi (an den Victoriafällen, August bis Dezember), dann ist Zugang zu den Weltklasse-Stromschnellen, für die die Victoriafälle so berühmt sind. Während Wasserspiegel steigen und fallen, kann man ganzjährig eine Flusskreuzfahrt auf dem Sambesi durchführen, aber die Tierbeobachtung ist während der Trockenzeit besser (Juni bis Oktober).

In Namibia bietet Seekajakfahren die Chance, sich den Seebärenkolonien und den Vogelschwärmen in Swakopmund und Walvis Bay zu nähern (November bis April ist eine gute Zeit, weil dann die Zugvögel da sind). Outdoor-begeisterte Familien fahren Kanu auf dem Oranje (nicht im Hochsommer wegen der Hitze) - es ist ein spektakuläres mehrtägiges Abenteuer.

SIMON EEMAN/SHUTTERSTOCK ©

***Mokoro*, Okavango-Delta (S. 86), Botswana**

Camping

Die Vielzahl an preiswerten Campingplätzen in Namibia und Botswana bietet unabhängigen Reisenden eine große Auswahl an Plätzen für eine Übernachtung unter freiem Himmel. Die meisten Supermärkte in Namibia und Botswana verkaufen Campingbedarf wie Kochgeräte und Anzünder.

Vor allem in Maun und Windhoek gibt es Autoverleihfirmen, die ihre Allradfahrzeuge fürs Camping ausrüsten (S. 37) - unbedingt checken, was im Angebot ist.

Namibia ist ein sehr günstiges Ziel für Selbstfahrer und das Camping im Etosha National Park ist herausragend. In Botswana empfiehlt es sich, Erfahrung mit dem Fahren eines Allradfahrzeugs zu haben (vor allem in der Regenzeit).

QUADFAHREN
Mit dem Quad über die Dünen um Namibias Abenteuerhauptstadt **Swakopmund** (S. 258) oder durch die **Makgadikgadi Salt Pans** (S. 117).

PANORAMAFLUG
Erforsche Namibias Küste aus der Luft im Leichtflugzeug oder im Heißluftballon den **Namib-Naukluft National Park** (S. 276).

DUNEBOARDING
Die mächtigen Sandberge bei **Swakopmund** (S. 258) erklimmen und hinunterfahren.

AUF NASHORNSPUREN
Unterwegs mit einem Guide, um bei **Gaborone** (S. 157) und **Serowe** (S. 130) in Botswana Nashörner zu sichten.

ACTION AREAS

Wo die besten Outdoor-Erlebnisse in Botswana und Namibia sind.

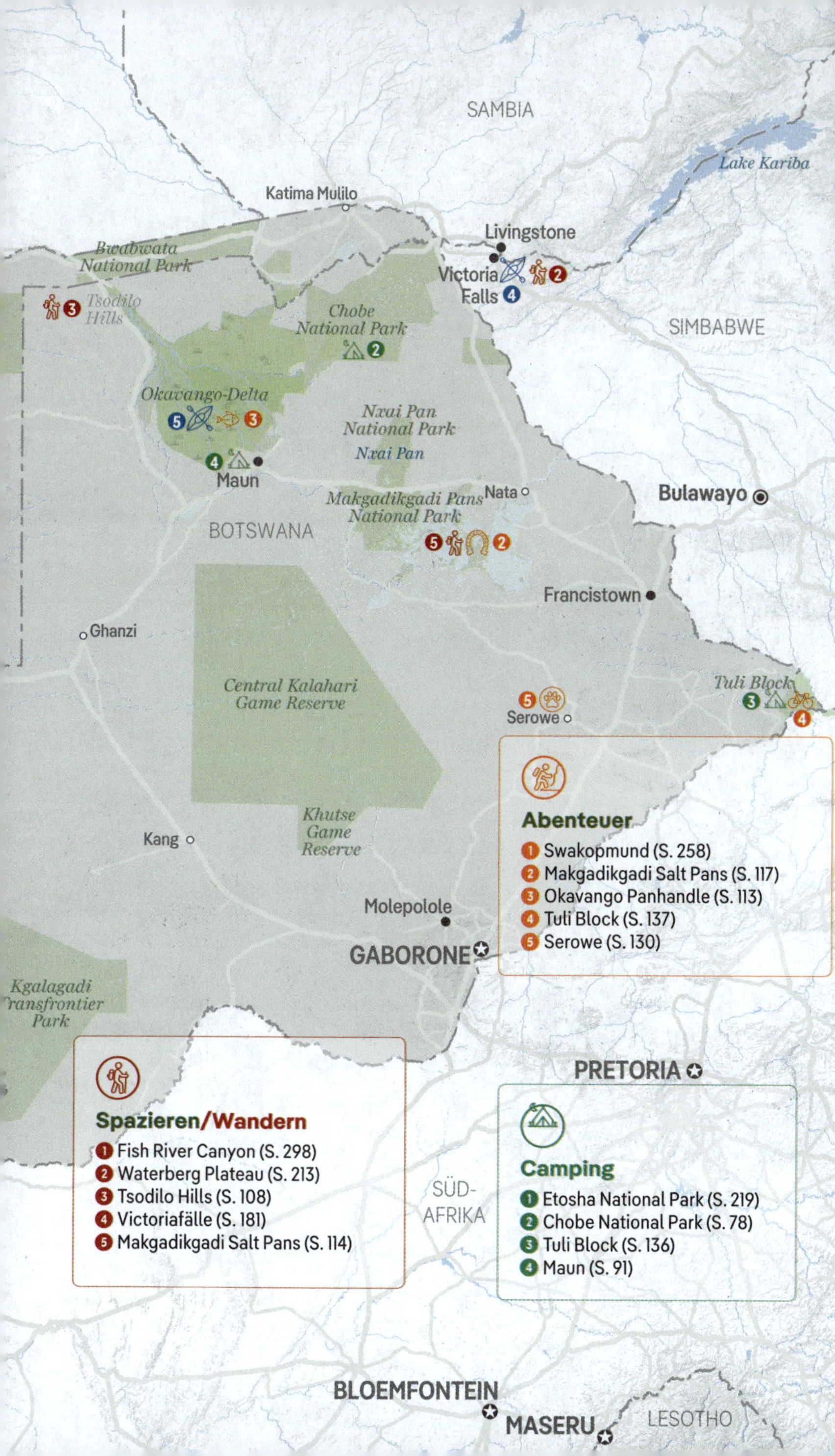
SAMBIA
Lake Kariba
Katima Mulilo
Livingstone
Victoria Falls 4
Bwabwata National Park
Tsodilo Hills 3
Chobe National Park 2
SIMBABWE
Okavango-Delta 5 3
Nxai Pan National Park
Nxai Pan
4 Maun
Nata
Bulawayo
Makgadikgadi Pans National Park 5 2
BOTSWANA
Francistown
Ghanzi
Central Kalahari Game Reserve
Tuli Block 3 4
5 Serowe
Khutse Game Reserve
Kang
Molepolole
GABORONE
Kgalagadi Transfrontier Park
PRETORIA
SÜD-AFRIKA
BLOEMFONTEIN
MASERU
LESOTHO
Abenteuer
1 Swakopmund (S. 258)
2 Makgadikgadi Salt Pans (S. 117)
3 Okavango Panhandle (S. 113)
4 Tuli Block (S. 137)
5 Serowe (S. 130)
Spazieren/Wandern
1 Fish River Canyon (S. 298)
2 Waterberg Plateau (S. 213)
3 Tsodilo Hills (S. 108)
4 Victoriafälle (S. 181)
5 Makgadikgadi Salt Pans (S. 114)
Camping
1 Etosha National Park (S. 219)
2 Chobe National Park (S. 78)
3 Tuli Block (S. 136)
4 Maun (S. 91)

NAMIBIA & BOTSWANA

REISEZIELE

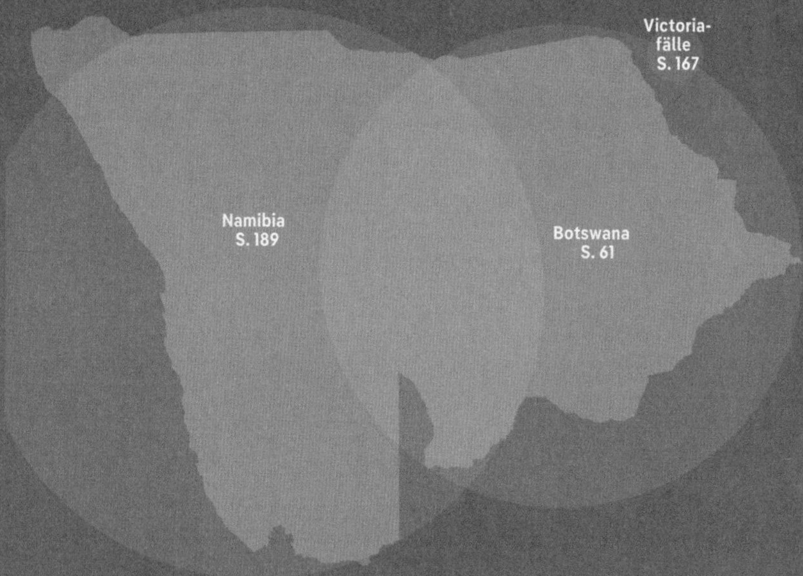

In jeder Region starten wir mit dem perfekten Standort, um die Umgebung zu erkunden. Entdecke einzigartige Erlebnisse, Tipps unserer Autorinnen und Experten, Hintergründe und Empfehlungen.

Elefanten, Chobe National Park (S. 66), Botswana

BENEDICTE MARTINEZ JAMART PHOTOGRAPHY ©

TRAVEL STOCK/SHUTTERSTOCK ©

Okavango-Delta (S. 86)

DIE WICHTIGSTEN ZIELE

CHOBE NATIONAL PARK
Wildtierbeobachtung am Fluss. S. 66

OKAVANGO-DELTA
Das wildeste Feuchtgebiet der Welt. S. 86

MAKGADIKGADI-SALZPFANNEN
Erdmännchen, gewaltige Affenbrotbäume und Zebras. S. 114

SEROWE
Botswanas Nashornpark und historisches Zentrum. S. 128

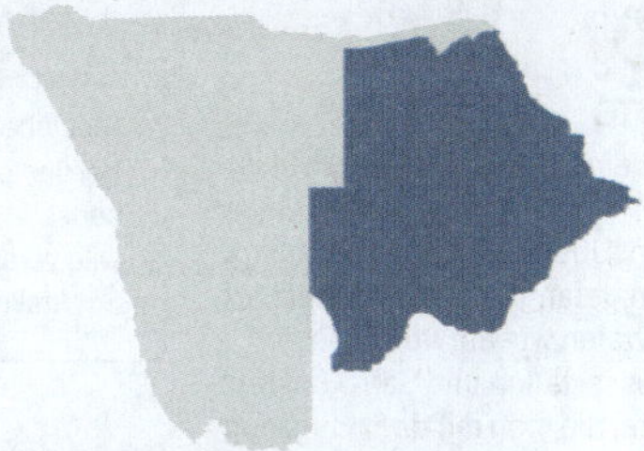

BOTSWANA

HOMELAND DER AHNEN MIT NATÜRLICHEN REICHTÜMERN

Mit einigen der weltweit großartigsten, geschützten Wildnis-Spektakeln in weiten, ursprünglichen Landstrichen ist Botswana das wilde Afrika von seiner allerbesten Seite.

Botswana mit seinen weitläufigen, entlegenen Wildnisgebieten ist eine der tollen Safari-Destinationen des Kontinents, aber die Tiere in ihrer natürlichen Umgebung zu sehen, ist nur ein Teil der Attraktion. In Botswana herrscht auch ein tiefes Gefühl der Humanität. Kultur- wie Outdoor-Fans tauchen auf Nebenstraßen in die heilige Spiritualität ein, die die Menschen seit Jahrtausenden in die Tsodilo Hills zieht.

DEVONJENKIN PHOTOGRAPHY/SHUTTERSTOCK ©

Die gewaltigen Salzpfannen bieten seltene Naturerlebnisse. Von den Affenbrotbäumen der Nxai-Pfanne über die eindrucksvolle Tierwelt von Kgalagadi im Süden zu den Spuren der indigenen San im Central Kalahari Game Reserve – die legendäre Kalahari ist eine Wüste mit unglaublicher Vielfalt. Im unterschätzten Tuli Block weiter westlich kommen Leoparden-Freunde auf ihre Kosten.

Obwohl dieses Land von großen Wüstengebieten bedeckt ist, setzt auch das Wunder des Wassers seine Zeichen. Das alljährliche Hochwasser, vom Regen aus den gebirgigen Wasserscheiden Angolas gespeist, lockt eine unglaublich reiche Tierwelt in und an die Flusssysteme. Hier regieren wilde Kreaturen. Großkatzen und noch größere Elefanten wandern frei durch einen der letzten großen Hotspots für biologische Vielfalt. Ob in einem *mokoro* (Einbaum-Boot) auf dem kristallklaren Wasser, beim wilden Campen in der Natur oder aber in der atemberaubenden Exklusivität einer Luxus-Lodge mitten im Nirgendwo – hier werden Safari-Träume wahr.

Oben: traditionelles Feuermachen

TULI BLOCK
Safaris im (Pferde- oder Fahrrad-)Sattel inmitten von Ruinen.
S. 134

CENTRAL KALAHARI GAME RESERVE
Sternebeobachtung im Homeland der Ahnen.
S. 140

KGALAGADI TRANSFRONTIER PARK
Geländewagentouren und Kamelreiten.
S. 150

GABORONE
Shopping, gute Restaurants und Kunsthandwerk. S. 155

AUTO

Mit einem eigenen Wagen lässt sich Botswana am besten erkunden. Über entlegene Nebenstraßen gelangt man zu versteckten Juwelen wie ehrwürdigen Wasserfällen und San-Kunstateliers, die man mit dem Flugzeug niemals erreichen würde.

GELÄNDEWAGEN

Das ultimative Naturerlebnis bietet ein voll ausgestatteter Geländewagen mit faltbarem Dachzelt und Campingausrüstung. Die Freiheit genießen, wie einst die Safari-Pioniere wild zu campen, und Elefantenherden beobachten, solange man will.

LEICHTFLUGZEUG

Die meisten abgelegenen Lodges und Camps sind mit Charterflügen in sechs-, neun- und zwölfsitzigen Cessnas zu erreichen. Gelandet wird mitten im Nirgendwo (20–50 Flugminuten von Maun entfernt), wo Wildtiere über die Landebahn laufen.

Chobe National Park, S. 66

Hier leben mehr Elefanten – 17 000 bei der letzten Zählung – als irgendwo sonst. Afrikas charismatischtes Großwild versammelt sich in einem wahren Spektakel am Ufer des Chobe-Flusses.

Okavango-Delta, S. 86

In einem *mokoro* schippern, zu einer entlegenen Lodge fliegen oder mitten im Moremi Game Reserve am Lagerfeuer sitzen und Botswanas Top-Fauna beobachten.

Central Kalahari Game Reserve, S. 140

Die Stille und die Sterne einer Nacht in der Kalahari lassen einen ehrfürchtig werden. San-Guides führen durch Wüstengegenden, und vielerorts sind an die Wüste angepasste Tiere zu erspähen.

Kgalagadi Transfrontier Park, S. 150

Ein Offroader-Traum: Einsamkeit, Wüstenszenerien, und nachts ist das Brüllen schwarzmähniger Löwen zu hören.

BASHI KIKIA/SHUTTERSTOCK ©

Erste Orientierung

Botswanas beste Abenteuerplätze sind wild und weitab der Zivilisation – öffentliche Verkehrsmittel kommen da nicht hin. Die meisten Kalahari-Safaris beginnen und enden entweder in Maun oder in Kasane.

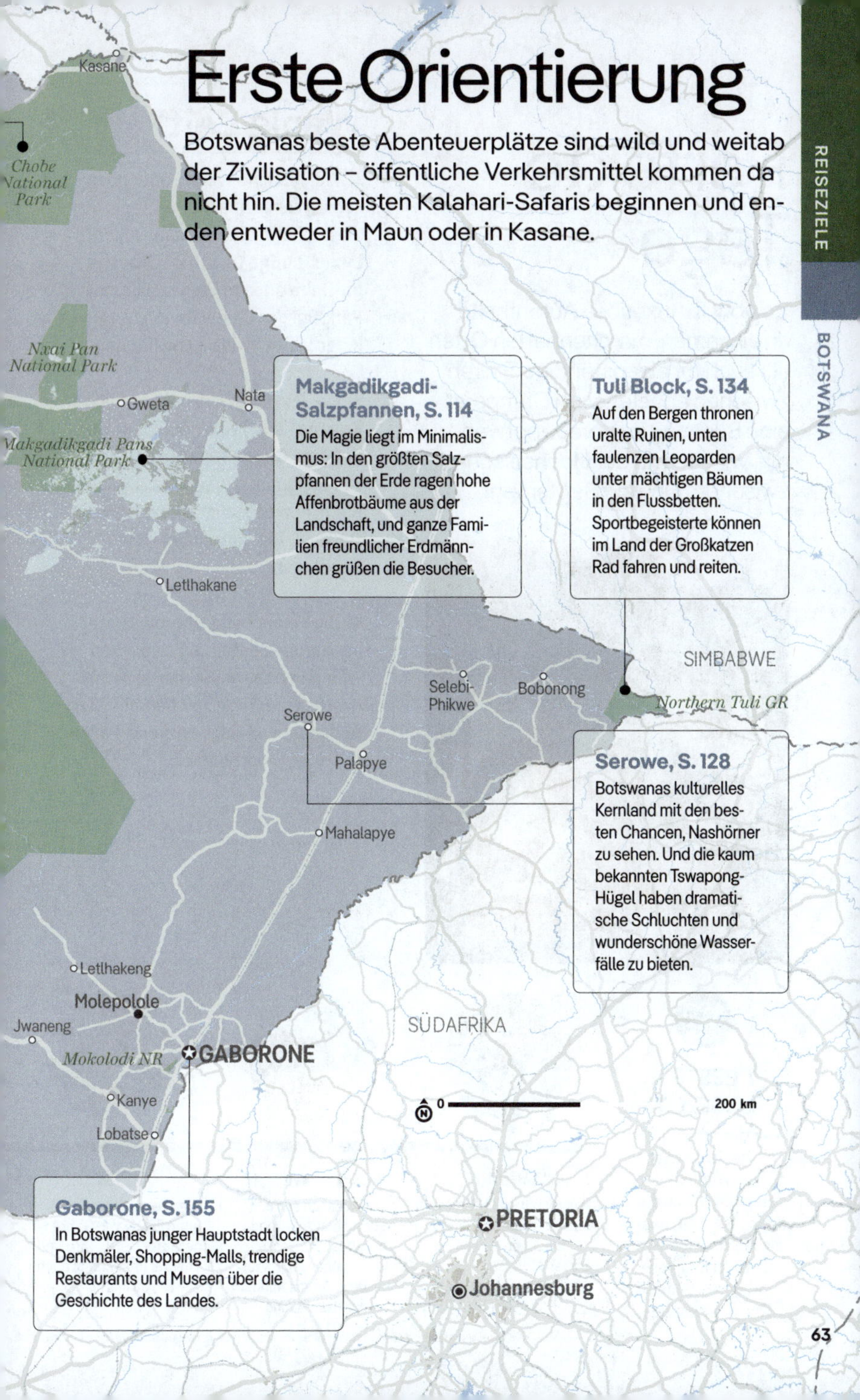

Makgadikgadi-Salzpfannen, S. 114

Die Magie liegt im Minimalismus: In den größten Salzpfannen der Erde ragen hohe Affenbrotbäume aus der Landschaft, und ganze Familien freundlicher Erdmännchen grüßen die Besucher.

Tuli Block, S. 134

Auf den Bergen thronen uralte Ruinen, unten faulenzen Leoparden unter mächtigen Bäumen in den Flussbetten. Sportbegeisterte können im Land der Großkatzen Rad fahren und reiten.

Serowe, S. 128

Botswanas kulturelles Kernland mit den besten Chancen, Nashörner zu sehen. Und die kaum bekannten Tswapong-Hügel haben dramatische Schluchten und wunderschöne Wasserfälle zu bieten.

Gaborone, S. 155

In Botswanas junger Hauptstadt locken Denkmäler, Shopping-Malls, trendige Restaurants und Museen über die Geschichte des Landes.

Perfekte Tage

Sowohl für luxuriöse Aufenthalte an einsamen, märchenhaften Orten als auch für eigenständige Touren zwischen abgelegenen Camps ist eine Buchung im Voraus notwendig, vor allem in der Hochsaison zwischen Juni und September.

GILAD ROSENBERG/SHUTTERSTOCK ©

Wenig Zeit

- Wer nur eine Woche oder noch kürzer hier ist, macht das Beste aus dieser Zeit in einer romantischen **Luxus-Lodge** (S. 101) im Okavango-Delta oder im Chobe National Park, um das überwältigende Tierleben in Botswana zu bestaunen.

- Mit dem Flugzeug geht es nach **Kasane** (S. 75) zu einer **Flussfahrt auf dem Chobe River** (S. 70), der von Elefanten gesäumt ist. Danach fliegt ihr weiter zum **Okavango-Delta** (S. 106) mit seinen vielen Raubtieren.

- Die Versuchung ist groß, zu viel ins knappe Zeitbudget zu packen – für jeden Ort sollte man sich mindestens drei Tage Zeit nehmen, um Aktivitäten wie eine ***Mokoro*-Fahrt** (S. 90) zu unternehmen.

BESTE REISEZEIT

Der trockene Winter ist die Hauptsaison für die Wildtierbeobachtung. Wenn der Regen einsetzt, reisen die meisten Touristen ab, dann folgen die Abenteurer den Tierwanderungen.

JANUAR

Hitze, zeitweise Regen und Vogelbeobachung zeichnen diesen grünen Monat aus. Einige Lodges senken nun die Preise enorm .

FEBRUAR

Die Kalahari erwacht zum Leben, und Regen verwandelt die trockenen Salzpfannen in üppiges Grasland. Zebras wandern zur Nxai-Pfanne.

APRIL

Das zweiwöchige Maitisong Festival in Gaborone bietet Musik, Tanz und Theater (manchmal auch im März).

MIKAELA NILSSON/SHUTTERSTOCK ©, ONDREJ PROSICKY/SHUTTERSTOCK ©, LUCIAN COMAN/SHUTTERSTOCK ©

Einwöchiger leichter Road Trip

- Beeindruckende, relativ preiswerte Wildtierbegegnungen verspricht die Route (für Zweiradantrieb) zwischen Maun und Kasane. Am Anfang steht ein ***Mokoro*-Campausflug** (S. 90) mit zwei Übernachtungen, der in Maun beginnt (da die A3 für ihre vielen Schlaglöcher berüchtigt ist, reichlich Fahrzeit einplanen!), dann mischt man sich unter die **Erdmännchen** (S. 116).

- Weiter geht es nach Nata mit einer geführten Tour zum **Nata Bird Sanctuary** (S. 121) mit der Garantie, Zebras, Gnus und Strauße zu sehen.

- Das letzte Ziel ist Kasane, wo Fluss-Lodges **Sonnenuntergangs-Bootstouren** (S. 75) und frühmorgendliche Ausflüge in den **Chobe National Park** (S. 67) anbieten.

Länger Zeit

- Um die grandiose Wildnis dieses Landes wirklich zu genießen, sollte man zwei Wochen lang im Geländewagen unterwegs sein.

- Auf einer Wandersafari lernt man die Bewohner des **Khama Rhino Sanctuary** (S. 130) kennen, in **Serowe** (S. 128) taucht man in die Landesgeschichte ein, und weiter geht es über Letlhakane – um auf **Kubu Island** (S. 117) eine Nacht unter dem Sternenzelt zu verbringen – zu den **Makgadikgadi-Salzpfannen** (S. 114). Dann steht der **Nxai Pan National Park** (S. 122), Heimat der Baines Baobabs, auf dem Programm.

- Von Maun fährt man gen Norden zu einer klassischen **Allradtour** (S. 76) durch das Okavango-Delta, Savuti und Chobe – immer auf der Suche nach den verbliebenen vier der Big Five.

JUNI
In den kältesten Nächten funkeln die Sterne besonders hell, und afrikanische Wildhunde suchen Erdhöhlen im Okavango-Delta auf.

AUGUST
Der Höhepunkt der Okavango-Fluten ist ideal für Fahrten im *mokoro*, vorbei an durstigen Elefanten, und für das Nkashi Classic.

OKTOBER
Wunderbare Tierbegegnungen – wenn man die Hitze verträgt. Angler bevölkern in der Barben-Saison den Okavango River.

DEZEMBER
Beginn der Regenzeit. Der Geruch der ersten Tropfen, die auf den ausgetrockneten afrikanischen Boden treffen, ist unvergesslich.

ANDRE MARAIS/SHUTTERSTOCK ©, WANDEL GUIDES/SHUTTERSTOCK ©, GUDKOV ANDREY/SHUTTERSTOCK ©, MAX LEWIS 10/SHUTTERSTOCK ©

CHOBE NATIONAL PARK

Im Chobe-Nationalpark, dem am leichtesten zugänglichen Wildnisgebiet in Botswana, sind Wildtierbegegnungen bei minimalem Aufwand möglich. Der für seine großen Elefantenherden (Tausende, am besten vom Boot aus zu sehen) berühmte, 10 700 km² große Park hat zwei besondere Attraktionen: die Chobe Riverfront und Savuti. Erstere bietet die meisten Wildtiere und liegt am Ende einer Asphaltstraße, unweit von Kasane und seinem Flughafen. Neben den mächtigen Dickhäutern sind hier auf den Safaris viele Raubtiere und über 400 Vogelarten zu sehen. Etwas südlich liegen die abgeschiedenen Savuti Marshes. Wer sich in diese abgelegene Region wagt, hat gute Chancen, die durch Naturdokumentationen berühmten Raubtiere zu sehen. Ob mit dem Auto, auf einem Boot, beim Campen unterm Sternenhimmel oder in einer Luxus-Lodge in Kasane – jeder Besucher erliegt dem Charme dieses Nationalparks.

TOP TIPP

Die meisten Unterkünfte bietet Kasane, wo Bootstouren beginnen. Am besten ein Zimmer in Parknähe buchen, denn Chobe ist Botswanas meistbesuchter Nationalpark. Der Sommer ist ideal für die Vogelbeobachtung und ruhigere Safaris; es kann aber regnen.

BENEDICTE MARTINEZ JAMART PHOTOGRAPHY ©

Giraffen

TLF IMAGES/SHUTTERSTOCK ©

Elefanten am Chobe River (S. 70)

Eine stille, umweltschonende Safari

BOTSWANAS EINZIGE TOUR MIT E-ANTRIEB

Der Chobe National Park ist der einzige Ort im Land, der Elektroboote und umgerüstete Allrad-Jeeps bietet, um störungs- und emissionsfrei Tiere zu beobachten. In der **Chobe Game Lodge** erzeugt eine imposante Energiestation aus Sonnenkollektoren Strom für die Jeeps für die Großkatzen-Safaris am Morgen und am Nachmittag. Die Boote sind Selbstversorger: Solarmodule auf dem Dach speisen ein Batteriesystem, das für achtstündige Fahrten auf dem Chobe River reicht (in der Regel dauern sie 3 Std.). Im Gegensatz zu gängigen Motorbooten gleiten diese E-Boote lautlos den Fluss entlang, sodass die Passagiere das Plätschern des Wassers, das Schlürfen der Elefanten am Ufer oder das Eintauchen eines Eisvogels hören, der im Wasser Beute macht.

Die Chobe Game Lodge ist die einzige dauerhaft betriebene Unterkunft im Chobe-Riverfront-Teil des Nationalparks und beschäftigt erfahrene, durchweg weibliche Guides (die liebevoll Chobe Angels genannt werden). Die Lage ziemlich tief im Park erweist sich vor allem in der Hauptsaison als Vorteil, weil die Übernachtungsgäste über eine Stunde Vorsprung vor den Tagesausflüglern aus Kasane haben.

CHOBE ANGELS

Noch vor zehn Jahren beschäftigten viele Unternehmen nur widerwillig Frauen, und in gehobener Stellung waren sie selten anzutreffen. Die Chobe Game Lodge veränderte das durch Stellenausschreibungen, Schulungen und Mentorenschaften, und sie stellte ausschließlich Frauen als Nationalpark-Guides ein: 2012 entstand so das erste durchweg weibliche Guides-Team in Afrika. Besitzer wie Management waren der Ansicht, dass Frauen – und ganz besonders Frauen aus Botswana – in der gesamten Tourismusbranche stärker in Führungspositionen vertreten sein sollten. Die Chobe Angels, die stolz ihre khakifarbene Uniform mit dem weißen Halstuch tragen, rissen traditionelle Geschlechterbarrieren ein und haben heute auch Manegement-Positionen inne. Die Region ist inzwischen eine Hochburg für Frauen mit Jobs in der Wildnisbranche.

UNTERKÜNFTE FÜR UMWELTBEWUSSTE ABENTEURER

Tlouwana Camp
Camp-Guides leiten relaxte Radtouren durchs malerische Dorf Lesoma, 20 km von Kasane entfernt. **$$$**

Ngoma Safari Lodge
Zusammen mit dem Chobe Enclave Conservation Trust organisierte Wandersafaris im Chobe Forest Reserve. **$$$**

Chobe Game Lodge
Die erste Lodge in Botswana (und ein Pionier in ganz Afrika) mit solarbetriebenen Jeeps und Booten. **$$$**

CHOBE NATIONAL PARK

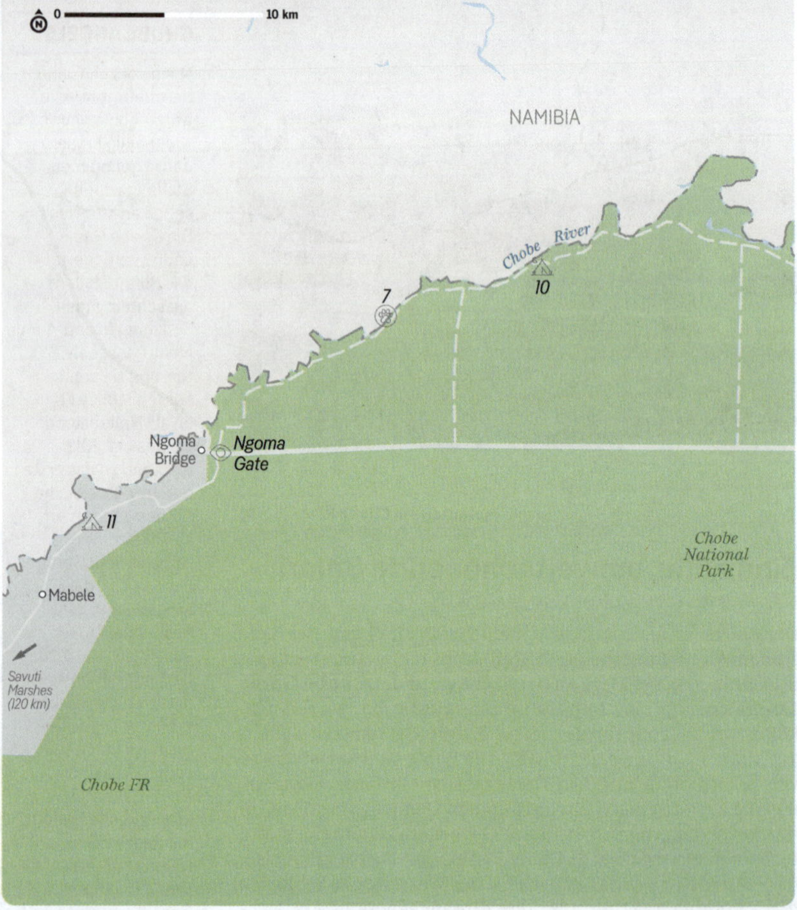

HIGHLIGHTS
1 Chobe Game Lodge

SEHENSWERTES
2 Impalila Island
3 Kasane
4 Kazungula Bridge
5 Lesoma
6 Sedudu Island

AKTIVITÄTEN, KURSE & TOUREN
7 Chobe Riverfront

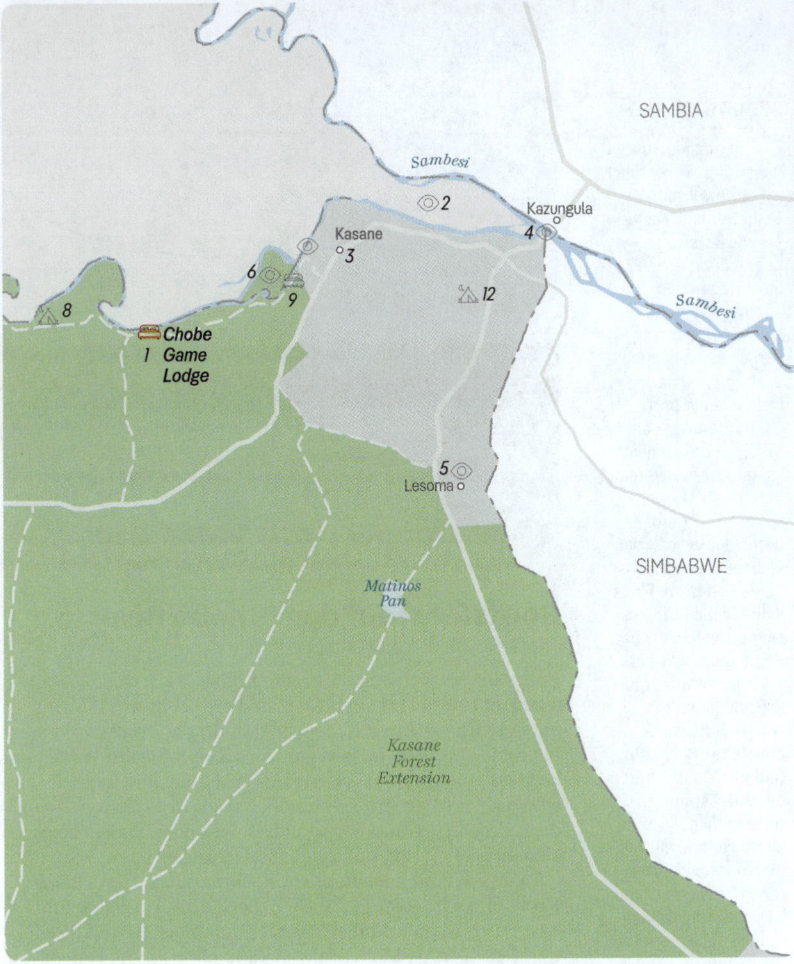

SCHLAFEN
8 andBeyond Chobe Under Canvas
9 Chobe Safari Lodge
10 Ihaha Campsite
11 Muchenje Campsite & Cottages
12 Savuti Campsite

SEDUDU ISLAND

Eine Bootssafari auf dem Chobe River führt zur unbewohnten Sedudu-Insel. Namibia wie Botswana beanspruchten die Insel wegen des üppigen Weidelands für sich. Namibia berief sich auf einen Vertrag zwischen Deutschland und Großbritannien von 1890, der die gemeinsamen Grenzen ihrer Kolonien festlegte. Botswana argumentierte, der Vertrag sei nicht eindeutig. Als beide Seiten am Fluss militärische Präsenz zeigten, wuchsen die Spannungen an, bis 1999 der Internationale Gerichtshof einschritt. Botswana erhielt das Recht auf Sedudu Island, aber der Streit stand typisch für die Grenzstreitigkeiten, mit denen viele afrikanische Länder aufgrund kolonialer Machtkonstrukte noch immer zu tun haben.

T. SCHNEIDER/SHUTTERSTOCK ©

Flagge von Botswana, Sedudu Island

Bootsfahrt auf dem Chobe River

FLUSSSAFARI ZU DEN ELEFANTEN

Botswana hat weltweit die größte Konzentration von Elefanten (etwa 126 000), und am besten sind sie bei Motorboot-Touren auf dem Chobe River zu beobachten. In der Trockenzeit (Juni bis Ende Oktober) versammeln sich Tiere, die auf Wasser angewiesen sind, an den Ufern, und die Fahrten in kleinen achtsitzigen, in solarbetriebenen oder auch in größeren Doppeldeckerbooten garantieren grandiose Anblicke. Zudem kommen sie nahe genug ran, um tolle Fotos zu garantieren.

Außer Elefanten leben im Park viele andere Tiere, darunter Krokodile, Flusspferde, Giraffen, Letschwe-Antilopen und Löwen. Auch Vogelliebhaber kommen vom Boot aus auf ihre Kosten. Geschickte Skipper fahren ganz nahe an die gefiederten Flussbewohner heran. Da gibt es Eisvögel zuhauf (viele Grau- und Riesenfischer, weniger Kobalteisvögel und noch weniger Haubenzwergfischer), Riedscharben und Schlangenhalsvögel sonnen sich im Geäst, Kuhreiher hüpfen auf Flusspferden herum, und auch Bienenfresser, Schattenvögel und viele Schreiseeadler sind zu sehen. Zwischen November und März nisten hier Afrikanische Scherenschnäbel, und das ganze Jahr über sind Störche, Fischreiher, Gänse und Kiebitze omnipräsent.

SAFARITOUREN

Chobe Game Lodge
Die einzige Lodge mit leisen Elektrofahrzeugen, allesamt von weiblichen Guides gesteuert.

Kalahari Tours
Die Leute von Kalahari Tours sind organisiert und kompetent und kennen den Park besser als die meisten anderen.

Bushtracks
Von indigenen Botswanern betriebene, sehr beliebte Agentur. Die Touren beginnen an der Chobe Safari Lodge.

Sich auf dem ruhigen Wasser dieses gewaltigen Flusses treiben zu lassen, ist eine wunderbare Safari-Erfahrung für alle Altersstufen. Die meisten Lodges und Campingplätze bieten dreistündige Bootstouren zu Sonnenuntergang, und nachmittags wimmelt es von Booten, die in den Park hinein- und wieder hinausfahren. Private Törns am frühen Morgen sind kostspieliger, aber herrlich ruhig. Um den grandiosen Sonnenuntergang im Park richtig zu genießen, empfiehlt sich ein Tourunternehmen in der Nähe des Eingangs (die Chobe Safari Lodge liegt am nächsten) oder im Park selbst (wie die Chobe Game Lodge). Die Boote der anderen Anbieter in Kasane müssen erst hierhin fahren.

Das einzige Vierländereck der Welt

TOUREN MIT DEN KAPITÄNEN DER KARTOGRAFIE

Auf der Erde gibt es mehr als 100 Dreiländerecke – Gebiete, in denen drei Staaten aneinanderstoßen –, aber nur einen Ort, an dem die Grenzen von vier Ländern aufeinandertreffen. Aber ist das wirklich so?

Es ist eher ein theoretischer Punkt auf der Landkarte als eine physische Destination. Dennoch: Eine Bootstour zur **Kazungula Bridge**, die Botswana mit Simbabwe und Sambia verbindet und auf Namibia blickt, ist für Geografie- und Architektur-Fans die beste Art und Weise, das Vierländereck abzuhaken (wenngleich einige Experten es als doppeltes Dreiländereck bezeichnen). Botswana und Sambia eröffneten die Straßen- und Eisenbahnbrücke 2021, um die Staus an einem der verkehrsreichsten Grenzübergänge Afrikas zu entschärfen.

Bootstouren hierhin können in den meisten Unterkünften in Kasane gebucht werden. Unbedingt Ferngläser für die Vogelbeobachtung mitnehmen!

Safari an der Chobe Riverfront

WEITSCHWEIFIGE FAHRT AM UFER ENTLANG

Die klassische Wildtierbeobachtung findet in Chobe zwar vom Wasser aus statt, aber da ist es unwahrscheinlich, Leoparden oder Löwen zu sichten. „Game Drives" eignen sich dafür weit besser. Von vielen Lodges starten geführte Touren in robusten, für das Ausspähen extra hoch gebauten Fahrzeugen. Jede Fahrt bietet Chancen, Tiere zu sehen, und der Guide kennt die besten Plätze dafür. Vielleicht jagt gerade ein Löwenrudel einen alten Büffel, oder eine Pavianfamilie putzt sich gegenseitig im Licht der Morgensonne.

Es ist auch möglich, in einem Jeep auf eigene Faust durch die Flussebenen und Wälder entlang der Nordgrenze des Chobe

ÜBERNACHTEN AM FLUSS IM CHOBE-PARK

Chobe Game Lodge
Die Lodge im Nationalpark hat eine beeindruckende Umweltbilanz, und die Aktivitäten hier sind nicht überlaufen. $$$

Chobe Safari Lodge
Die Gästezimmer dieser fabelhaft gelegenen Lodge gleich beim Park wurden 2023 renoviert. $$$

Old House
Behagliche Pension in Familienhand mit beliebtem Restaurant. $$

Chobe Bakwena Lodge
Ökologisch ausgerichtete, auf Stelzen gebaute Chalets mit Strohdach am Chobe River. $$$

Kasane Self-Catering
Die einfachen Cottages in prima Lage haben Küchenzeilen und private Veranden. $$

SAFARITOUREN

Old House
Die Ausflüge dieses Unternehmens in Familienhand sind etwas individueller als manch andere.

African Odyssey
Zuverlässig und pünktlich. Und in den Kaffeepausen gibt es Selbstgebackenes.

River View Lodge
Die hoch gelegene Lodge bietet halb- und ganztägige Abenteuer in einem großen umgebauten Truck.

CHOBES BESTE SAFARI-ERLEBNISSE

Tshepiso „Vivian" Dipuhuphu, Umweltschützerin und Chobe Angel in der **Chobe Game Lodge**, verrät ihre Geheimtipps. @chobegamelodge

Tee trinken unter Affenbrotbäumen
Ich liebe die uralten Affenbrotbäume im Westen, bei Ihaha. Sie bieten sich für eine Pause (samt Zebrabeobachtung) auf einer Safari an.

Scherenschnäbel beobachten
Scherenschnäbel, meine Lieblingsvögel, nisten im September auf den Sandbänken bei Sedudu Island und vor der Chobe Game Lodge. Frühmorgens und spätnachmittags suchen sie im Fluss nach Nahrung.

Im Coffee Chobeano essen
Hier gibt's tolle Lokalküche wie *pap* (Maismehlbrei, ähnlich der Polenta), *morogo* (afrikanischer Spinat) und *seswaa* (Rindfleischgericht).

MEUNIERD/SHUTTERSTOCK ©

Affenbrotbäume (Baobabs)

National Park zu fahren. Hier sind die Straßen besser als weiter drinnen (insbesondere an Orten wie Savuti), und in der Regel sind sie kompakt und fest, jedoch mit einigen Abschnitten mit tiefem Sand. Unbedingt am Parkeingang den Reifendruck auf etwa 1,5 Bar reduzieren!

Die schönsten (und deshalb verkehrsreichsten) Routen beginnen am herrlichen **Sedudu Valley Drive** und folgen dem Fluss bis Serondela. Selbstfahrer lassen jedoch nach einem Kaffee am Picknickplatz die Safarigruppen hinter sich. Hier gibt es ordentliche Sanitäranlagen und die Möglichkeit, sich die Beine zu vertreten – aber vorher die Bäume am Fluss nach Leopardenschwänzen absuchen!

Wer mehr Zeit hat, kann die Schwemmebenen **Puku Flats** erkunden. Die sumpfigen Grasebenen bewohnen die zwei für Chobe typischen Antilopen: der wasserliebende Rote Letschwe und der immer seltener werdende Puku. Im Gesicht ähnelt dieser dem Wasserbock, er hat aber nach innen gebogene Hörner und einen kleinen, gedrungenen Körperbau.

Auf dem Rückweg nach Kasane darf man keinesfalls das **Kalwezi Valley** auslassen (die Guides tun das auch nicht). An Winternachmittagen sind hier viele Tiere auf dem Weg von den Wäldern zum Fluss zu sehen. Große Elefantenfamilien marschieren ans Wasser zum Trinken und Baden. Besu-

WELLNESS IN KASANE

Spa Kwa Maningi
Therapeuten verwöhnen müde Muskeln in der Chobe Safari Lodge, der Chobe Game Lodge und der Chobe Marina Lodge.

Cresta Mowana Safari Resort & Spa
Die herrlichen Massagen und den Infitítypool am Fluss dürfen auch Tagesgäste genießen.

Sanctuary Chobe Chilwero
Nobles Innen-Spa-Bad, Hydrotherapie und ein Behandlungsraum in der Baumkrone; nur für Übernachtungsgäste.

cher sollten respektvollen Abstand halten, denn besonders Mütter beschützen ihre Kälber rigoros. Auch Kudus, Giraffen, Zebras und Büffel sind hier zu sehen.

Für längere Expeditionen geht es am Ihaha-Campingplatz vorbei in Richtung **Ngoma Gate**. Von den Sandpisten am Chobe-Ufer sind grasende Büffelherden und dahinter Namibias Sambesi-Region zu sehen. Auf der Transitstraße fährt man dann zurück gen Kasane. In diesem dichter bewaldeten Gebiet sind auch Rappen- und Pferdeantilopen unterwegs.

Zu den hier heimischen Vögeln gehören Spornkuckuck, Felsentoko und Schalowsturako, der die Feigenbäume am Flussufer liebt. In den hohen Sambesi-Teakbäumen sind auch Spatelracken auszumachen. Die hiesigen Perlhühner, die hier in großen Schwärmen vorkommen, werden liebevoll Chobe-Hühner genannt.

Professionelle Tieraufnahmen

DER PERFEKTE SCHNAPPSCHUSS

Chobes Elefanten tummeln sich für gewöhnlich entspannt am Flussufer und eignen sich prima für Weitwinkel-Schnappschüsse und Smartphone-Videos. Auf einer organisierten Fotosafari mit den modernsten Kameras und fachkundiger Anleitung (für Amateure wie angehende Profis) sind jedoch die besten Tierbilder garantiert.

Pangolin Photo Safaris hat extra für Chobe flache Boote entwickelt, die von sachkundigen Fotoguides gesteuert werden und über ausgeklügelte Kardanaufhängungen verfügen, die alle Vibrationen verhindern. Die Boote fahren behutsam an die Tiere heran; der geduldige Guide weiß genau, welcher Winkel den besten Lichteinfall bietet, und kann nach jahrelanger Beobachtung der Tiere die besten Fotomotive vorhersagen.

Die besten Chancen auf gute Fotos (und die meisten Tiere) am Chobe River bieten sich in der Trockenzeit, wenn Büffelherden und Elefanten regelmäßig durch den Fluss schwimmen (ansonsten eine Seltenheit in Afrika). Die Elefanten benutzen dabei ihren Rüssel als Schnorchel. Manchmal gibt es noch freie Plätze auf Tagestouren, aber in erster Linie bietet Pangolin einwöchige Safaris mit festen Terminen. Das Pangolin Chobe Hotel dient als beeindruckender Schneideraum.

Auf dem Hausboot unterwegs

LEBEN IM RHYTHMUS DES FLUSSES

Einfach auf dem Chobe River entlanggleiten und an einer bei Elefanten beliebten Tränke vor Anker gehen. Wenn die anderen Boote nach Kasane zurückfahren, haben die Gäste eines

DIE RUINEN VON SERONDELA

In den Wäldern von Serondela stehen turmhone Mahagoni- und Teakbäume. Die riesigen Exemplare am Chobe River lockten die Holzindustrie an, die in den 1940er-Jahren florierte. Abholzung und Export dauerten lediglich zehn Jahre an, das Sägewerk wurde 1955 geschlossen, und die Ansiedlungen im Park verschwanden nach und nach. Erst im Jahr 1975 wurde der Park unter Schutz gestellt. Heute sind in der Nähe des Serondela-Picknickplatzes nur noch die Ruinen einer kleinen Siedlung – darunter das Haus des letzten Bewohners, Pop Lamont – und Bahngleise übrig geblieben.

HAUSBOOTE AUF DEM CHOBE RIVER

Zambezi Queen
Das älteste schwimmende Hotel hat 14 Suiten – 10 mit Balkon und 4 mit Privatdeck. **$$$**

Pangolin Voyager
Auf speziell ausgestatteten Booten bauen die Gäste ihre fotografischen Fähigkeiten aus. **$$$**

Chobe Princesses
Diese Hausboote sind kleiner als ihre Schwester, die *Zambezi Queen*, und haben nur 4–5 Gästezimmer. **$$$**

DIE BESTEN RESTAURANTS IN KASANE

Coffee Buzz
Das ab 7 Uhr geöffnete Café bietet pochierte Eier, frisch gepresste Säfte, Monster-Burger und preiswerte Mittagsgerichte. $$

Chobe Bush Lodge
Lamm-*kleftiko* (mariniert und in Backpapier gegart), mit Speck umwickelter Krokodilschwanz und Käsekuchen mit Pekannuss-Karamellsauce. $$$

Old House
Open-Air-Bar-Restaurant mit der besten Pizza der Stadt. $$

Pizza Plus Coffee & Curry
Hier gibt es alles (außer Afrikanisches!). Die Currys sind fantastisch, der Kaffee eher weniger. $$

Thebe River Safaris
Backpacker-Vibes, Salate, Steaks, selbst gemachte Schnitzel und viel Sport im TV. $$

FABIAN PLOCK/SHUTTERSTOCK ©

Hausboot (S. 73)

schwimmenden Hotels den Zuckerwatte-Himmel – und die prächtige Spiegelung im Wasser – für sich allein.

Nach einer Nacht in einer gemütlichen, klimatisierten Kabine fahren die Gäste auf kleinen Booten den Fluss entlang. Im Angebot stehen Touren zum Tigerfischangeln und Vögelbeobachten oder der Besuch eines namibischen Dorfs. Später kann man in der Hausbootunterkunft die Tiere noch von übergroßen Ledersofas, Sonnenliegen und vielleicht sogar von einem Pool aus beobachten.

Das Hausboot **Pangolin Voyager** ist eine tolle Option für Fotobegeisterte und kann exklusiv für Gruppen oder für organisierte Touren mit Pangolin Photo Safaris gebucht werden. Der Zugang zu den Hausbooten muss über Botswana erfolgen, die schwimmenden Häuser sind in der Regel aber in Namibia festgemacht und dort auch regis-

ÜBERNACHTEN AUF DEM OKAVANGO RIVER

Das **Okavango Panhandle** (S. 107) ist ein weiterer Top-Spot für ein paar Nächte auf einem Hausboot. Es gibt weniger Tiere zu sehen, aber Tigerfische zu angeln – mitten im Okavango-Delta.

CAMPING OHNE EIGENE AUSRÜSTUNG

Kalahari Tours
Erfahrene Agentur für mobile Safaris mit einer oder zwei Übernachtungen und einer Bootsfahrt. $$$

AndBeyond Chobe Under Canvas
Luxuriöses Abenteuer, aber günstiger als die meisten dauerhaften Lodges. $$$

Thebe River Safaris
Auf preiswerte Mitmach-Safaris spezialisiert. Die Gäste helfen beim Camp-Aufbau und beim Kochen. $$

triert. Die Gäste werden in Kasane von Booten abgeholt, müssen auf Impalila Island den Zoll passieren und werden dann zum Hausboot gebracht. Die meisten Touren mit Hausbooten umfassen zwei oder drei Nächte.

Geheimtipps für Kasane

DIE WILDESTE STADT IN BOTSWANA

Kasane gilt im Allgemeinen nur als Ausgangsbasis für den Chobe National Park, zwar mit vielen Unterkünften am Fluss, aber kaum anderen Attraktionen. Doch diese naturverbundene Stadt hat ein paar versteckte Sehenswürdigkeiten, die am besten auf einer gemächlichen Autotour oder mit dem Taxi zu entdecken sind.

Den Anfang macht der **Boab Prison Tree** vor der Polizeiwache. Im dickbäuchigen Affenbrotbaum wurden im späten 19. Jh. Gefangene eingesperrt. Später diente er als Postamt, Verwaltungssitz der Justiz und zum Austausch von Arbeitskräften zwischen Nord-Botswana und Südafrika.

Weiter geht es zum Spar-Supermarkt in der **Hunters Mall**. Der Name dieses Einkaufszentrums reflektiert die Ursprünge des Fremdenverkehrs in der Region, als es in den 1960er-Jahren als Zentrale von Hunter's Africa diente – drinnen gibt es noch immer **Hunter's Pub & Grill** mit Steaks, Eiern und Pommes frites. Die eigentliche Attraktion befindet sich aber draußen: Ein wahrer Regenbogen aus **Marktständen** bietet am Straßenrand farbenfrohe Waxprints, Kunsthandwerk aus Holz, getrocknete Süßwasserfische und getrocknete Mopane-Raupen, eine lokale Delikatesse. Im **Coffee Buzz** gleich dahinter gibt es Secondhandbücher und gute Biere.

Viele Städte haben Radwege, Kasane hat Wildtierkorridore. Tiere aus dem Chobe National Park gelangen ungehindert in die Stadt und können sich hier frei bewegen. Warzenschweine laufen durch die Straßen, und Löwen faulenzen gern auf der Piste beim Flughafen. Die meisten Tiere nutzen die Korridore jedoch, um am Chobe River ihren Durst zu stillen. Diese ausgeschilderten Wege der hiesigen NGO Elephants Without Borders verbinden den einst zusammenhängenden Lebensraum, den der Mensch zerschnitten hat. Einer dieser Korridore befindet sich bei den **Kasane Hot Springs**.

Schöne Korbwaren gibt es bei **Chobe Women Arts & Craft Multipurpose Cooperatives**, wo die Weberinnen gern ihr Handwerk vorführen. Und in der **Chobe Safari Lodge** befindet sich neben dem Tourschalter ein kleines Geschichtsmuseum. Der Tag klingt dann bei einem kühlen St-Louis-Lager-Bier in der **Sedudu Sunset Bar** beim Campingplatz aus, während sich die Abenddämmerung über den Fluss legt.

IMPALILA ISLAND

Wer den Chobe River überqueren und in Namibia ein Hausboot besteigen will, muss auf Impalila (zuweilen Mpalila geschrieben) Island den Zoll passieren. Diese Flussinsel zwischen den Flüssen Chobe und Sambesi ist der äußerste Punkt Namibias und der Sambesi-Region und diente früher als Militärbasis der South African Defence Force. Heute befinden sich auf der Insel traditionelle Gehöfte, die von der Fischerei und vom Tourismus leben, und exklusive Lodges. Einige Unterkünfte in Kasane bieten Halbtagestouren mit namibischen Guides in diese Fischerdörfer, wo noch immer Ochsen die Pflüge ziehen und mit dem *mekoro* (Einbaum-Boot) gefischt wird.

ÜBERNACHTEN IM LESOMA VALLEY

Tlouwana Camp
Im Preis für die geräumigen Zelte sind Aktivitäten wie eine Tour zu den Victoria Falls und Nachtfahrten inklusive. **$$$**

Senyati Safari Camp
Behagliche (aber einfache) Hütten und Campingplätze mit jeweils eigenen Sanitäranlagen. **$**

Elephant Valley Lodge
Beim Abendessen können die Hausgäste am beleuchteten Wasserloch Elefanten beobachten. **$$$**

ROAD TRIP

Die längste Abkürzung

Der kürzeste Weg zwischen Maun und Kasane führt durch die legendären Savuti Marshes. Mit dem Allrad-Wohnmobil geht es von einem Campingplatz zum nächsten – am Lagerfeuer unterm Sternenhimmel fühlt man sich eins mit diesem faszinierenden Land. Die Strecke misst eigentlich 300 km, aber mit Abstechern, um Löwenspuren zu folgen, kann sie auch doppelt so lang werden. Ideal sind fünf Tage.

1 Ghoha Gate

Nach dem Einkaufen in Kasane, einer wunderbaren Bootssafari bei Sonnenuntergang und dem Abendessen in einem Restaurant fährt man am nächsten Tag auf der Teerstraße zum Ngoma Gate. Am Kavimba Gateway gilt es, die riesigen Affenbrotbäume zu bewundern, ehe es durch Kachikau Village geht. Den Allradantrieb einlegen – die Wege nach Savuti gehören zu den sandigsten des Landes. Das Ghoha Gate markiert nach etwa sechs Stunden schließlich den Beginn der Savuti Marshes.

Fahrstrecke: Vom Ghoha Gate 50 km auf der Sandstraße zum Savuti Campsite fahren. Ein Umweg über Harvey's Pan und Quarry Hill führt zur reizvollen Baobab Gallery. So muss man nicht dieselbe Strecke wieder zurückfahren.

2 Savuti Marshes

Vom Savuti Campsite aus gibt es zwei Optionen: die Wasserstellen im Norden (in der Regel nachmittags lohnend) oder die Savuti Marshes im Süden. Für eine morgendliche Fahrt bietet sich der Savuti Channel an, wo tote Bäume das Ufer säumen. Das

RAINER LESNIEWSKY/SHUTTERSTOCK ©

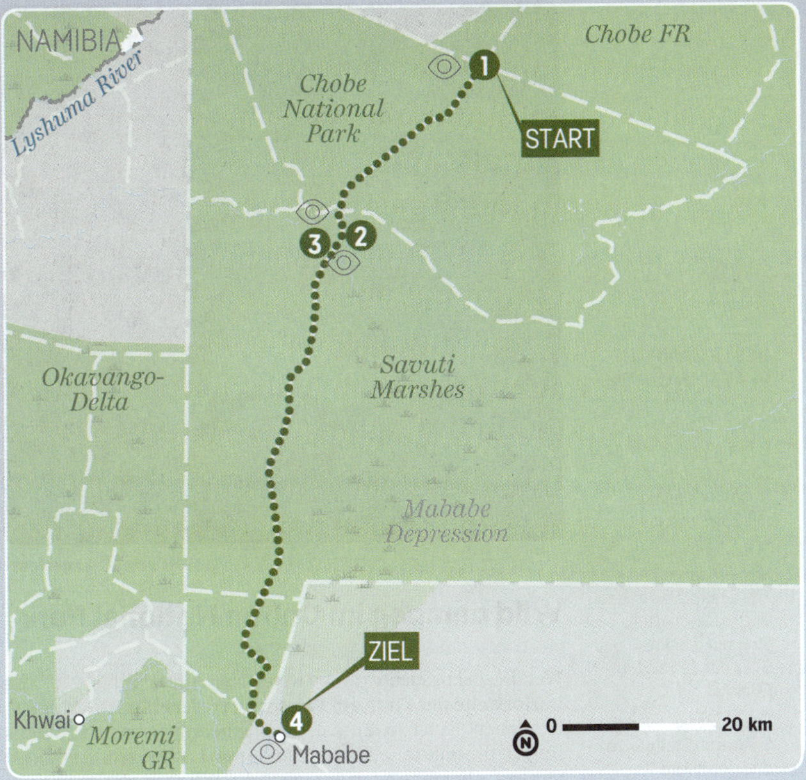

umliegende Sumpfgebiet ist je nach Jahreszeit feucht oder trocken. In diesem Gebiet aus Grasland und Savannenwald machen sich Löwenrudel und Hyänenclans regelmäßig Beute und Territorium streitig. Zurück im Savuti Campsite sind noch ihre eindringlichen Rufe zu hören.

Fahrstrecke: Von den Savuti Marshes um den Leopard Rock fahren, dann die Hauptstraße in Richtung Twin Hills und Ngabi Plain verlassen und schließlich die Bushman Paintings ansteuern. Es sind ungefähr 6 km.

3 Bushman Paintings

Am Bushman Painting Hill, manchmal auch Gobabis Hill oder Gobatse Hill genannt, sind mehrere jahrtausendealte Felsenmalereien der San zu bestaunen. Der 150 m hohe Anstieg ist leicht, aber Vorsicht vor wilden Tieren!

Fahrstrecke: Vom Bushman Paintings Hill zum Mababe Gate sind es 59 km. Für die holprige Straße gen Süden ist Geduld gefordert.

4 Mababe Village

Die Magwikhwe Sand Ridge Road von Savuti zum Mababe Gate kann mühsame vier Stunden dauern, aber die alternative Marsh Road ist noch schlechter. Anschnallen und im Schatten der Mopane-Bäume nach Wildhunden Ausschau halten. Die direkteste Route zurück nach Maun führt durch Mababe Village. Von hier kann man die Khwai Community Concession am Magotho Campsite besuchen oder in der Mogotlho Safari Lodge übernachten.

CLAUDIO SOLDI/SHUTTERSTOCK ©

Lagerfeuer

BESTE CAMPINGPLÄTZE IN CHOBE

Ihaha Campsite
Campingplatz mit Sanitäranlagen. Das Wasser wird mit Solarenergie erwärmt. $

Savuti Campsite
Alle Stellplätze haben Grill und Schatten, aber nur wenige Blick auf den Savuti Channel. $

Chobe Safari Lodge
Schattige Stellplätze, drei gepflegte Sanitäranlagen und Nutzung aller Lodge-Einrichtungen. $

Senyati Safari Camp
Berühmt für die Bar und den Ausguck auf ein von Elefanten besuchtes Wasserloch. $

Muchenje Campsite & Cottages
Vom Besitzer geführte Oase im Westen der Chobe Riverfront. $

Wild campen im Chobe National Park

LAGERFEUER UNTERM STERNENHIMMEL

Wer die viel besuchte Chobe Riverfront hinter sich lässt, kann in Hörweite der Tiere am Wasser viele „Kneif-mich"-Momente erleben. Es ist so fantastisch wie beängstigend und nichts für Zartbesaitete – das Brüllen eines Löwen erinnert einen daran –, aber eine der seltenen Gelegenheiten, die unermessliche Weite der afrikanischen Nacht mit all ihren Geräuschen aufzusaugen, ohne WLAN und Strom. Das Schönste daran: Mitten im Park umgeht man vor und nach jeder Safarifahrt die Warteschlangen der Tagesausflügler.

Der **Ihaha Campsite**, der einzige öffentliche Campingplatz innerhalb des Chobe National Park, liegt malerisch mit Blick über die Chobe-Schwemmebenen bis nach Namibia (manchmal sind jenseits der Grenze Rinder zu sehen). Es gibt eine Sanitäranlage (mit Spültoiletten und meistens auch warmem Wasser zum Duschen) und Grillbereiche. Ein wenig exklusiver ist der Campingplatz der **Botswana Guides Association** (BOGA), zu buchen über Anbieter wie Kalahari Tours. Hier werden den Gästen nach den Safaris lodernde Lagerfeuer, verzehrfertige köstliche Mahlzeiten und bequeme Liegen zum Schlafen geboten.

ÜBERNACHTEN IN NGOMA

Ngoma Safari Lodge
Fünf-Sterne-Suiten, Gemeinde-Partnerschaften und grandiose Aussicht von jeder Veranda. **$$$**

Muchenje Campsite & Cottages
Gut sortierter Laden und hübsche Hütten, 7 km hinter dem Ngoma Gate. **$**

Thobolo's Bush Lodge
Selbstfahrer lieben diesen (teuren) Bushveld-Campingplatz an einem großen Wasserloch. **$$**

Diejenigen, die dem Campen nichts abgewinnen können, könnten bei **andBeyond Chobe Under Canvas** umgestimmt werden. Das prächtige Camp zwischen Bäumen ist im Stil einer mobilen Safari gestaltet und bietet ein authentisches Abenteuer mit einigen der besten Guides der Branche.

Agrotourismus im Lesoma Valley

GELEBTE KOEXISTENZ

Als die Covid-19-Pandemie seine täglichen Touren zu den Victoria Falls und in den Chobe National Park verhinderte, begann Ben Mogotsi, der Eigentümer von Cars & Guides, Landwirtschaft im Einklang mit der Tierwelt zu betreiben. **Ben's Farm** im Lesoma Valley (28 km vom Sedudu Gate und 25 km von Kasane entfernt) hat sich seitdem zu einem einfachen Agrotourismusbetrieb entwickelt und ist eine erfrischende Abwechslung von Kasanes khakifarbenen Lodges.

Da die Farm an einem Wildtierkorridor liegt, bat Ben die NGO Elephants Without Borders (EWB) um Hilfe, als er Tomaten, Spinat, Paprika usw. für seine Familie und Gemeinde anbaute. Das EWB-Team unterstützt Bauern im nördlichen Botswana dabei, in diesem ungezäunten Gebiet mit frei umherstreifenden Elefanten mithilfe des EleSenses-Toolkit Landwirtschaft zu betreiben. Besucher können die solarbetriebenen Drähte und die Blitzlichter, die die Tiere fernhalten, sehen.

Die Gäste schlafen in einfachen Hütten mit Bad und dürfen Obst und Gemüse ernten, ehe sie sich auf Safari begeben. Das **Lesoma Valley** ist eine reizvolle Schlucht am Kasane Forest Reserve und verläuft parallel zur Grenze mit Simbabwe. Vielleicht sind morgens ein Esel und nachmittags eine Rappenantilope zu sehen. Hier nisten auch viele Weißrückengeier, und im trockenen Winter ziehen große Elefantenherden und Büffel auf ihrem Weg von Hwange zum Schwemmland des Chobe River durch, häufig gefolgt von Löwen und Hyänen. Auch Wildhunde lassen sich hier blicken.

Im nahe gelegenen Dorf erinnert das **Lesoma Memorial Monument** an 15 Mitglieder der Botswana Defence Force, die beim schlimmsten Einzelangriff in Botswana während des simbabwischen Befreiungskrieg ums Leben kamen.

Den Menschenmassen entkommen

BESCHAULICHE ALTERNATIVE AM FLUSS

Im Gegensatz zu allen anderen vom Department of Wildlife & National Parks verwalteten Parks braucht man für den Zutritt zur Chobe Riverfront keine Campingplatzreservierung. Man kann sich auch außerhalb des Parks in Kasane oder

ELEFANTEN-PARADIES

Laut dem Chobe National Park Management Plan von 1992 variierte die Elefantendichte von weniger als 1000 Exemplaren Ende der 1890er-Jahre (so berichtet von Frederick Courteney Selous, einem der ersten professionellen Jäger in Afrika) bis zu ca. 60 000 in den 1990er-Jahren. Die Chobe-Region weist noch immer Afrikas höchste Konzentration von Elefanten auf – mit schätzungsweise 30 000 in der weiteren Umgebung und 17 000 im Nationalpark. In ganz Botswana gibt es Elefanten, aber aufgrund der großen Anzahl (v. a. im Juli und August) ist Chobe der beste Platz, um Elefanten (und andere Wildtiere) in freier Wildbahn zu beobachten. Laut aktuellen Statistiken leben in ganz Botswana noch ungefähr 126 000 Elefanten.

ÜBERNACHTEN IN SAVUTI

Savuti Campsite
In dem nicht umzäunten Campingplatz fährt man nachts besser mit dem Auto zur Sanitäranlage. **$**

Savute Safari Lodge
Im Open-Air-Essbereich sitzt man auf Augenhöhe mit Elefanten, die abends ans Wasserloch kommen. **$$$**

Savute Elephant Lodge
Klimatisierte Zimmer, eine Lounge, ein Spa und WLAN bieten Erholung nach einer Buschwanderung. **$$$**

SEAN HEATLEY/SHUTTERSTOCK ©

Löwen, Savuti Marshes

noch weiter weg im Lesoma Valley oder in **Ngoma** ein Zimmer nehmen. Letzteres liegt am Westrand des Nationalparks. Hier gibt es weniger Touristen, aber nicht weniger Wildtiere (wenn auch gelegentlich Rinder ins Blickfeld wandern).

Bei der Fahrt durch Namibias Sambesi-Region oder auf dem Weg gen Süden nach Savuti bietet sich die Muchenje-Gegend für einen Stopp an – vor allem, wenn der Ihaha Campsite in der Hauptsaison ausgebucht ist. Familien mögen die umzäunte Sicherheit von **Muchenje Campsite & Cottages** mit WLAN, Stromanschluss und einem Swimmingpool für ein Bad nach Tagen im Moremi Game Reserve (S. 97). In der Trockenzeit ziehen unzählige Zebras auf ihrer Wanderung zur Nxai Pan durch die Schwemmebenen, und Elefanten wie Büffel nutzen die Wildtierkorridore, um ans Wasser zu gelangen.

Bei Muchenje werden an Straßenständen Korbwaren (manchmal zu besseren Preisen als in Kasane oder Maun) verkauft – nach dem Stand von **Ruth Mangisi** bei der Puma-Tankstelle Ausschau halten. Bei **Mwandi View** kann man Kanutouren zu verschiedenen Plätzen in den Schwemmebenen buchen. Die kostspieligeren Lodges, die die Höhenrücken säumen, bieten auch Wandersafaris an, weil sie außerhalb der Parkgrenzen liegen. Für eine klassische Bootsfahrt muss man jedoch nach Kasane zurückfahren (ca. 1 Std. mit dem Auto).

TRADITIONELLE KLEIDUNG & RESPEKTVOLLE BEGRÜSSUNG

Die Menschen in Botswana legen Wert auf ausführliche Begrüßungen. Ehe man jemanden um Hilfe bittet, sind aus Respekt alle Anwesenden zu grüßen, angefangen bei den Älteren. Zu Frauen sagt man „Dumela, Mma", zu Männern „Dumela, Rra". Bei einer Gruppe reicht „Dumelang". Wer fragt, wie es geht und ob man gut geschlafen hat, sammelt weitere Punkte. In den meisten Touristenorten gelten westliche Bekleidungsnormen, aber in Botswana tragen die Frauen bescheidene Kleidung und knielange Röcke. In Ämtern, Polizeiwachen oder Regierungsgebäuden sollte man sich gegenüber angesehenen Mitgliedern der lokalen Gesellschaft dementsprechend verhalten.

DIE BESTEN RAUBTIER-SPOTS BEI SAVUTI

Pump Pans
Gleich nördlich des Savuti Campsite. Selbstfahrer können warten, bis in der Abenddämmerung Leoparden kommen.

Baobab Stretch Point
Unweit der Bushman Paintings. Besser im Auto bleiben, denn das Gebiet ist für Löwen und Leoparden bekannt.

Marabou Pan
Das Wasserloch am Rand der Savuti Marshes ist bei Raubtieren beliebt. Am besten frühmorgens kommen.

Erkundung der Savuti Marshes

IM HERZEN DES NATIONALPARKS

Savuti innerhalb des Chobe National Park ist ein obligatorischer Halt für alle Allrad-Enthusiasten, die zwischen Kasane und Maun unterwegs sind, aber es ist durchaus auch eine eigenständige Destination. Die wildtierreichen Ebenen, unterbrochen von Felsen, raues, trockenes Terrain und die Tatsache, dass Savuti nur schwer zu erreichen ist, verleihen dem Gebiet eine unheilvolle Aura. Das hat vielleicht auch etwas mit den überaus gesunden Löwen-, Leoparden- und Hyänenpopulationen zu tun – Savuti ist zu Recht für dramatische Raubtier-Action bekannt. In diesem Gebiet, das vom Savuti Channel durchschnitten wird, der unberechenbar und unstet fließt, wird man das Gefühl nicht los, dass jeden Moment irgendetwas passieren kann.

Seit Jahrzehnten ist dieses riesige, offene Gelände bis auf gelegentliche Überschwemmungen in der Regenzeit recht trocken. Aber mit Beginn der Regenzeit machen die Savuti Marshes ihrem Namen wieder Ehre, wenn sich die ausgetrockneten Gräben mit Wasser füllen. Dann verändert der Channel das gesamte Ökosystem und schafft eine Oase mit reichlich Wasser für durstige Tierherden und Wasservögel. Die Marshes liegen zwischen dem Savuti Channel und der Hauptroute zwischen Savuti und Maun; permanente Wasserstellen versorgen die Tiere das ganze Jahr über, und in der Trockenzeit werden sie von zahlreichen Elefanten aufgesucht.

Der Savuti Campsite ist hier der einzige Campingplatz und einer der besten im Land. Die zahlreichen Stellplätze mit Grill überblicken das ausgetrocknete Flussbett. Unser Favorit hier ist das **Paradise Camp**, aber auch die anderen haben Zugang zur Sanitäranlage, die wie eine Festung gestaltet ist, um die Dickhäuter draußen zu halten. In der Nähe befinden sich Luxus-Lodges, häufig am Rand einer Wasserstelle, um beim Nachmittagstee Elefanten beobachten zu können. Die dort organisierten Safaris folgen alle ähnlichen Routen, nebenbei erfährt man Wissenswertes über die Landschaft.

GEOGRAFISCHE KURIOSITÄTEN

Nord-Botswana zeichnet sich durch ungewöhnliche hydrologische Phänomene aus. Der **Selinda Spillway** etwa leitet das Wasser zwischen Okavango-Delta und den Linyanti Marshes hin und her. Und wenn der Sambesi besonders viel Wasser führt, ändert der Chobe River seine Fließrichtung. Das größte Kuriosum aber ist der **Savuti Channel**, der die Savuti Marshes über den Selinda Spillway mit den Linyanti Marshes und dem Okavango-Delta verbindet. Das Verwirrendste ist, dass es keine Ursache zu geben scheint. Manchmal führt er lange Zeit (z. B. 1888–1957 und 1982–2008) kein Wasser. Und 2023 liegen der Savuti Channel und die Marshes erneut trocken.

UNTERWEGS VOR ORT

Kein Zaun trennt Kasane vom Chobe National Park, und nichts hindert die Tiere daran, zwischen dem Reservat und dem Dorf hin und her zu wandern. Es ist in Ordnung, in die Läden in der Nähe zu Fuß zu gehen, aber längere Spaziergänge sollte man vor allem in der Dämmerung meiden. Es gibt Taxis; die Unterkünfte informieren über den Fahrpreis.

Die meisten Lodges organisieren dreistündige Safaris im Chobe National Park, ebenso lange Bootsfahrten entlang der Chobe Riverfront und Tagesausflüge zu den Victoria Falls jenseits der Grenze nach Simbabwe. Vom modernen internationalen Flughafen gibt es Flüge zu den Luxus-Lodges im Okavango-Delta. Man kann auch nach Savuti fliegen, aber das ist von Maun aus meist preiswerter.

Hinweis für Selbstfahrer: Im Chobe National Park ist für alle Strecken entlang des Flusses und nach Savuti Allradantrieb erforderlich, und nur mit entsprechend ausgerüstetem Fahrzeug wird man in den Park hineingelassen. Häufig überqueren Elefanten die Straßen, also langsam fahren – und keinesfalls nachts. Die Pisten im Savuti-Gebiet sind tückisch: tiefer Sand, versteckte Mulden und tiefe Rillen. Hier sind viele Routen von Januar bis März überhaupt nicht passierbar.

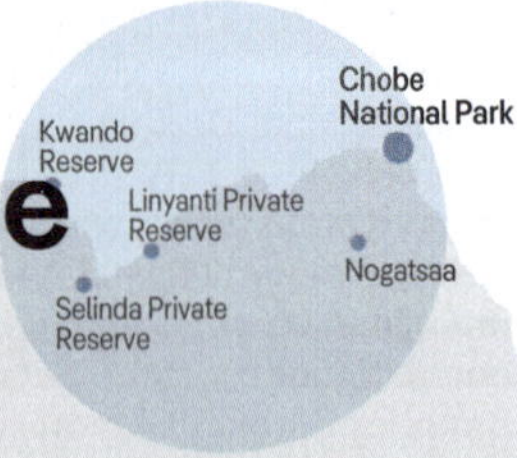

Rund um den Chobe National Park

Wildtiere kommen aus dem nicht umzäunten Nationalpark, die privaten Reservate hier kombinieren Luxus mit Raubtierbeobachtungen.

40 km nördlich von Savuti führt eine Allradpiste zu einem Campingplatz am Linyanti River, wo sich ein Binnendelta der Linyanti-Sümpfe bildet. Südlich, östlich und westlich des beliebten Platzes liegen private Reservate, die in Sachen grandiose Wildtiersichtungen dem Okavango-Delta ähneln, aber exklusiver sind. Die Tiere, die hier frei umherziehen, sind von den hervorragenden Lodges besonders gut zu beobachten. Das Selinda Private Reserve verkörpert Opulenz mit dokumentarfilmwürdigen Raubtierdramen in der Trockenzeit; das Kwando Reserve bietet spezielle Fahrtenleser-Teams und viele Wildhunde; das Linyanti Private Reserve umfasst schöne Waldgebiete und Schwemmland.

TOP TIPP

Elefanten und Büffel wandern auf uralten Pfaden zu den Flüssen. Von August bis Oktober sind besonders große Tieransammlungen und Löwenjagden zu beobachten.

THE LAW OF ADVENTURES/SHUTTERSTOCK ©

Schwemmland des Linyanti River

STEVE ALLEN/SHUTTERSTOCK ©

Impalas

Auf eigene Faust im Linyanti unterwegs

WÄLDER UND WILDWASSER

Knapp an der Grenze zu Namibia bildet der Linyanti River ein rund 900 km² großes Binnendelta, das von Mai bis September vor allem Elefanten und Antilopen wie Kudus und Impalas anlockt. Die mächtigen Wälder in dieser Gegend sind umwerfend schön, insbesondere die kathedralenhaft wirkenden Mopane-Bäume.

Um jedoch an den kaum besuchten nordwestlichen Rand des Chobe National Park (der insgesamt 11 700 km² umfasst) zu gelangen, ist eine lange, anspruchsvolle Fahrt durch Sand vom Savuti Camp oder von Kasane und dem Ngoma Gate erforderlich. Da es hier nur wenige Straßen gibt, ist es mitunter schwierig, Raubtiere aufzuspüren, für die die Linyanti-Region bekannt ist; und in der Regenzeit können die Wege unpassierbar sein. Auf den beschwerlichen Weg hierher machen sich nur bedingungslose Anhänger rauer Wildnis – aber die können dann auch die Savuti Marshes erkunden.

In der Umgebung gibt es ein paar Luxus-Lodges und einen Campingplatz mit schattigen Stellplätzen am Wasser, guter Aussicht und einem Sanitärblock mit warmen Duschen. Nachts machen die Flusspferde sehr viel Lärm.

WIE WÄR'S MIT NOGATSAA?

Östlich von Linyanti und südlich der Chobe Riverfront liegt Nogatsaa, das wegen fehlender Unterkünfte und kleinerer Tieransammlungen seltener aufgesucht wird. Wenn sich die Salzpfannen mit Wasser füllen, sind dennoch viele Tiere zu sehen: Büffel- und Elefantenherden, Riedböcke, Spießböcke, Pferdeantilopen und die seltenen Oribis. Nogatsaa hat keine permanente Wasserzufuhr, aber in den Pfannen kann sich das Wasser monatelang halten.

Nogatsaa ist über die Hauptstraße Maun-Kasane zu erreichen, Allradantrieb ist jedoch Voraussetzung. Der Lehm hier ist unter dem Namen *black cotton soil* (Vertisol) bekannt und macht auch robusten Fahrzeugen zu schaffen. Im Sommer sollte man das Mopane-Waldgebiet daher besser meiden.

ÜBERNACHTEN IN LINYANTI

Camp Linyanti
Sehr komfortabel, aber auch nicht mehr; für Touren auf dem Wasser gibt es einen „Swamp Cruiser". **$$$**

Linyanti Campsites
Die fünf Stellplätze zwischen riesigen Schakalbeerenbäumen haben alle fließendes Wasser und einen Grill. **$**

Linyanti Ebony
Kleines Privatcamp mit vier Zelten – perfekt für die Digital-Detox-Kur einer Familie. **$$$**

THOMAS RETTERATH/SHUTTERSTOCK ©

Afrikanischer Wildhund

Luxus-Lodge und Wildhunde

AUF DEN SPUREN EINER GEFÄHRDETEN ART

Die Reservate **Selinda**, **Kwando** und **Linyanti** nordöstlich des Okavango-Deltas bieten vergleichbare Safaris, jedoch noch exklusiver und noch gastfreundlicher – das 2300 km^2 große Kwando Private Reserve etwa durchqueren höchstens 40 Besucher auf einmal. Die Gegend gilt auch als einer der besten Orte in Botswana, um die gefährdeten Afrikanischen Wildhunde zu sehen, wenngleich das keinesfalls garantiert ist. Von den auch „Bunte Wölfe" genannten Tieren leben nur noch knapp 6600 Exemplare in freier Wildbahn.

Die Wildhunde legen an einem Jagdtag riesige Entfernungen zurück und sind wahnsinnig schnell, sodass es schwierig ist, ihnen zu begegnen. Sie arbeiten auf der Nahrungssuche in zwei- bis 28-köpfigen Rudeln zusammen und stoßen dabei unverwechselbare Laute aus. Oft durchqueren sie Wasserläufe, stürzen sich in dichtes Gebüsch, um Beutetiere aufzuspüren, und hetzen diese über Grasflächen.

Da in den Privatreservaten das Offroad-Fahren erlaubt ist, können erfahrene Guides die Wildhunde strategisch auf der

DIE BESTE ZEIT FÜR AFRIKANISCHE WILDHUNDE

Wie bei allen Wildtiersichtungen ist es häufig pures Glück; aber die beste Chance, Afrikanische Wildhunde zu sehen, hat man zwischen Juni und September (am zuverlässigsten im Juli und August). Dann suchen sie einen Platz (häufig eine alte Erdferkelhöhle), in der die Alpha-Weibchen Welpen zur Welt bringen. Das Rudel bewacht sie abwechselnd drei Monate lang. Jeden Tag gehen sie auf Jagd und kommen zurück, um die Jungen zu füttern, sodass man nur abwarten muss. Den Rest des Jahres ziehen sie umher, dabei gehen sie Löwen und Hyänen geflissentlich aus dem Weg.

ÜBERNACHTEN IN PRIVATRESERVATEN

Lebala Camp
Erfahrene Fährtenleser lotsen die Jeeps zu den Plätzen mit der größten Chance auf Tiersichtungen. **$$$**

DumaTau Camp
Luxuriöse Zelte an einer spektakulären Flusspferd-Lagune und beste Möglichkeiten, Raubtiere zu sehen. **$$$**

Selinda
In dem Camp im ostafrikanischen Retrostil lässt man sich verwöhnen, während Elefanten vorbeischwimmen. **$$$**

Jagd verfolgen. Die Guides lenken die Jeeps geschickt durch das schwierige Gelände, vorne sitzt ein Fährtenleser, der jedes Tiersignal entschlüsseln kann. Das Töten der Beute kann verstörend sein (und das Chaos ist sicherlich nicht jedermanns Sache), aber es ist ein Privileg, diese Raubtiere in ihrem natürlichen Lebensraum zu beobachten.

Die privaten Reservate sind an die Stauseen der Flüsse Kwando und Linyati sowie an den mysteriösen **Selinda Spillway** angebunden. Diese wertvollen Gewässer locken jede Menge Tiere an – von riesigen Elefanten- und Büffelherden bis zu stabilen Populationen verschiedener Tierarten, die im Flachland leben. Zebras, Gnus, Giraffen und viele andere bevölkern die weiten Grasebenen, während Elen- und Pferdeantilopen in den trockeneren Waldgebieten Schutz suchen. Und diese locken wiederum Raubtiere an.

Landtiere sind in der Trockenzeit besser zu sichten, aber der feuchte Sommer ist die Hochsaison für die Vogelbeobachtung, weil dann die Karminspinte an den Flussufern nisten. Die Privatreservate bieten auch Nachtsafaris und Wanderungen.

Südlicher Karminspint

PACO COMO/SHUTTERSTOCK©

FOTOS VON WILDHUNDEN ERBETEN

Man kann auch als Amateurbiologe Tiersichtungen der Botswana Predator Conservation melden. Wenn man einen Afrikanischen Wildhund sieht, dann fotografiert man ihn von beiden Seiten (jedes Tier hat ein individuelles Muster, dem menschlichen Fingerabdruck ähnlich) und schickt die Aufnahmen samt Datum und ungefährem Standort (idealerweise GPS-Koordinaten) per E-Mail an wilddogdispersal@gmail.com. Die Daten werden für das Kavango-Zambesi Africa Wild Dog Dispersal Project verwendet, das die Verteilung der Tiere und die Auswirkung bestimmter Landschaftsmerkmale auf Ausbreitung und Wanderungen der Tiere untersucht. Außerdem werden demografische Parameter wie z. B. Todesrate, Ansiedlungs- und Fortpflanzungserfolge gesammelt.

UNTERWEGS VOR ORT

Die Luxus-Camps in den Privatreservaten Kwando, Linyanti und Selinda sind nur per Leichtflugzeug zu erreichen. Täglich gibt es Flüge zu allen anderen Camps in Okavango und zum Flughafen von Maun (für Weiterflüge nach Central Kalahari, Nxai Pan, Makgadikgadi Pan und Johannesburg) sowie nach Kasane (für Flüge nach Livingstone und Victoria Falls). Wer selbst (mit Allradantrieb) von den Savuti Marshes zum Linyanti Campsite fahren möchte, nimmt besser die längere, aber weniger sandige Route via Ghoha Gate (S. 76).

OKAVANGO-DELTA

Mit unzähligen Beutetieren und deren Fressfeinden sowie Gliederfüßern (ja, bescheidene kleine Termiten haben dieses epische Terrain geformt) ist das Okavango-Delta ein Kunstwerk aus spektakulären Landschaften und außergewöhnlicher Fauna und Flora: 130 Säugetier-, über 450 Vogel- und mehr als 80 Fischarten, 94 verschiedene Libellen und Tausende von Pflanzenspezies. Okavango ist wahrlich eine der weltweit großartigsten Destinationen für Naturbeobachter.

Die Menschen hier haben eine enge Beziehung zu ihrem Okavango River, der sich von Angola über die Kalahari-Wüste ins Okavango-Delta schlängelt. Auf einem traditionellen *mokoro* gleitet man ruhig über die Wasserläufe, aber auch auf Ausritten und Wandersafaris kommen Besucher der unglaublichen Tier- und Pflanzenwelt ganz nahe.

Maun, das Tor zum Okavango-Delta, hat sich zur wichtigsten Safaribasis des Landes entwickelt. In ein bis zwei Tagen erlebt man eine verrückte Mischung aus Buschpiloten, Guides, Tourunternehmern, Campern und Volunteers.

TOP TIPP

Bei der Ankunft in Maun ist kein Wasserwunderland zu erwarten. Für *Mokoro*-Touren muss man eine Stunde gen Norden fahren, drei Stunden sind es zur Wildbeobachtung im Moremi Game Reserve oder Khwai, und zu den besten Wildniserlebnissen sind meist Flüge zu den Luxus-Lodges nötig.

ZARUBA ONDREJ/SHUTTERSTOCK ©

Elefanten

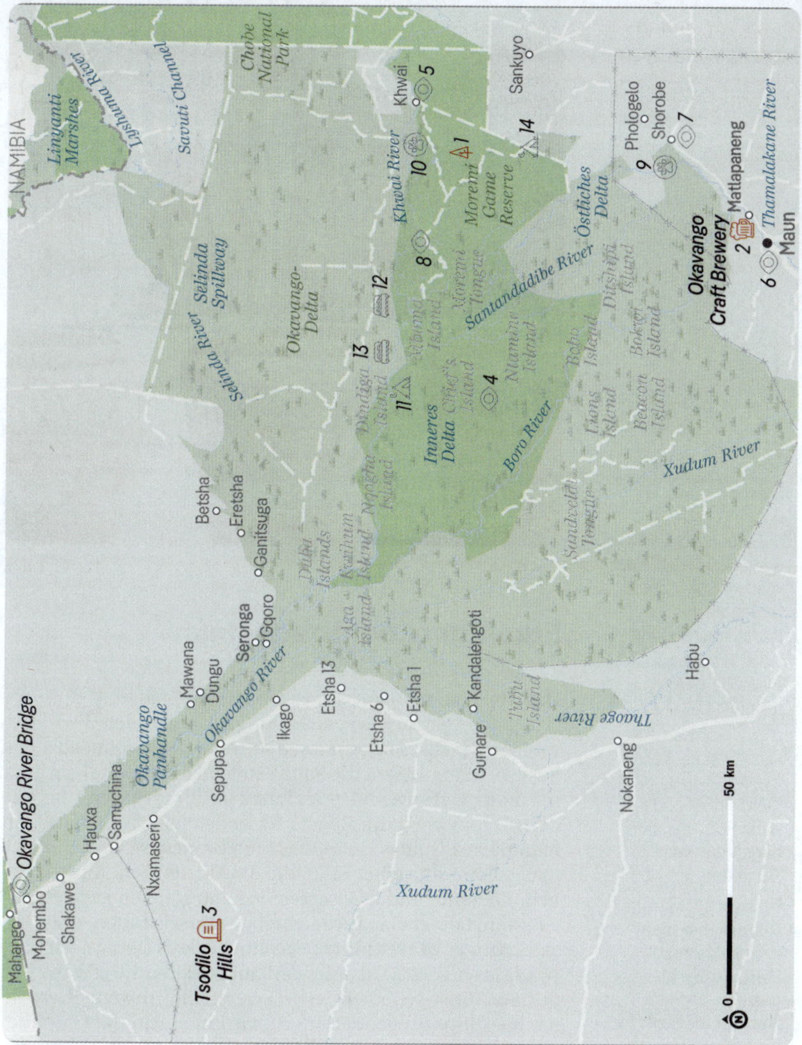

HIGHLIGHTS
1 Moremi Game Reserve
2 Okavango Craft Brewery
3 Tsodilo Hills

SEHENSWERTES
4 Chief's Island
5 Khwai
6 Maun
7 Shorobe
8 Xakanaxa

AKTIVITÄTEN, KURSE & TOUREN
9 Elephant Havens
10 Khwai Private Reserve

SCHLAFEN
11 Camp Okavango
siehe **2** Crocodile Camp
12 Kwara Camp
siehe **6** Maun Lodge
siehe **2** Old Bridge Backpackers
13 Shinde Camp
14 South Gate Campsite

SRIJIT BHAUMICK/SHUTTERSTOCK ©

Markt, Maun

DIE BESTEN CAFÉS IN MAUN

Marc's Eatery
Relaxtes Flair, aber die spannendste Speisekarte der Stadt samt vegetarischen Gerichten und Mittagsmahlzeiten zum Mitnehmen. Am Wochenende geschlossen. **$$**

Duck Café Bar
Fantastischer Kaffee, preiswerte Sandwiches und ein toller Souvenirshop gegenüber vom Flughafen. **$**

Hilary's Coffee Shop
Das beliebte Lokal in einer kleinen Seitenstraße bietet gesunde, täglich wechselnde Kost. **$$**

Dusty Donkey Café
Hier genießt das Safari-Volk Smoothies, Burger und Gebäck. **$$**

Erkundung der Stadt Maun

STRASSENKUNST UND GEWEBTE GESCHICHTEN

Das am Thamalakane River (einem saisonalen Abfluss des Okavango-Deltas) gelegene Maun spielt neben den Wildreservaten in der Umgebung meist die zweite Geige, lohnt aber den Besuch. Man beginnt die Safari auf einer dreistündigen Tour mit **Your Botswana Experience** mit Eindrücken vom modernen Botswana. Im Gegensatz zu den üblichen Safaris mit männlichen Guides bietet die Maun Immersive Tour Einblick in das Botswana einer Frau und die Möglichkeit, Künstlerinnen, Köchinnen und Geschichtenerzählerinnen zu treffen.

Erster Halt ist eine turbulente Autowaschstation, dann ein geschäftiger **Marktplatz** gegenüber Riley's Garage. Eselkarren fahren vorbei, Straßenverkäufer bieten ihre Ware feil, Straßenkunst schmückt viele Ecken, und Anwohner erzählen über ihre Bräuche. Danach wird in einem Café traditionell gespeist, ehe es zum Mitmachen in eine Korb-Kooperative geht. Hier wird die alte Kunst des Korbwebens vorgestellt, und Besucher erfahren alles über die Muster und wovon sie erzählen. Die „Giraffentränen" etwa – von der Mitte ausgehende Rauten – stehen für eine Giraffe, die nach einer langen Jagd dem Dorf ihren Körper opfert.

LOKALKÜCHE IN MAUN

Kwa Ga Ncinci
Berühmt für Chicken-Burger, *seswaa* und ungewöhnliche *Loleme*-Omelettes. **$$**

Planet Culture Cafe
Anwohner lassen sich in dem legeren Café Ochsenschwanz, *morogo* und *mabele* mit Ingwerbier schmecken. **$$**

Thari-E-Ntsho Story Tellers
Interaktiver Kulturabend mit Folklore und traditionellem Büfett mit sieben Gerichten. **$$$**

Kunsthandwerkstour durch Maun

DO-IT-YOURSELF-RUNDGANG

Maun ist nicht nur das Tor zum Okavango-Delta, sondern auch ein Zentrum für Kunsthandwerk. Die ersten Stopps sind vom International Airport leicht zu Fuß zu erreichen.

Den Anfang macht der **Bushman Craft Shop**. Die San-Künstler des Kuru Art Project bemalten die farbenfrohen Außenmauern des Ladens, der viele ihrer Werke sowie Botswana-Reiseführer, Belletristik, Landkarten und lustige T-Shirts im Sortiment hat. In der Duck Café Bar gegenüber befindet sich **Maun Made**. Mit einem selbst gebackenen Croissant in der Hand kann man innovative Artikel checken: Schmuck des Trash to Treasure Glass Recycling Project, Salatbestecke und Löffel aus recycelten Dosen sowie Bilder aus dem Halethaba Artspace (draußen ist ein tolles Wandgemälde von Prince Moyo zu sehen). **Mophane Trading** nebenan führt elegantere Waren (häufig aus Südafrika), etwa eine große Auswahl an Hüten, Mützen, Schmuck, ausgefallene Campingausrüstung und Schuhe. Robuste Reisetaschen findet man bei **Kalahari Kanvas**.

Nächstes Ziel ist das **Nhabe Museum**. Das britische Militär baute das Gebäude 1939 und nutzte es im Zweiten Weltkrieg als Beobachtungsposten. Zugegeben, die Ausstellungen könnten spannender sein, aber der **Sele-le-Sele-Stand** daneben verkauft fröhliche Klamotten, und außen ist ein weiteres Wandgemälde von Prince Moyo zu sehen.

Wer noch Energie hat, geht zu **Liquorama** im Engen-Werkstattkomplex und schaut nach Okavango Gin, der in Maun aus heimischen Pflanzen und reinem Okavango-Wasser gebrannt wird. Hauptzutat sind Mopane-Samen, die die gleichen Spurenelemente enthalten wie Juniper, die Mutter aller Gins.

Dann geht es mit Taxi oder Mietwagen zu **Old Bridge Backpackers** auf eine Pizza (die Speisekarte ist ein weiteres Kunstwerk von Prince Moyo) mit Blick auf den vorbeifließenden Thamalakane River. Auch das **Motsana Centre & the Arts Cafe** in der Nähe eignet sich fürs Mittagessen. Auf dem Weg dorthin lohnt sich ein Blick in **The Space**, einen unscheinbaren Schiffscontainer mit Wechselausstellungen.

Die Suche nach dem perfekten Souvenir führt zur **Shorobe Basket Cooperative** (36 km nördlich von Maun). Botswana ist berühmt für Korbwaren aus den nordwestlichen Regionen des Okavango-Deltas, gefertigt von Wayeyi- und Mbukushu-Frauen. Wie das meiste Kunsthandwerk in Afrika haben auch sie einen praktischen Zweck. Hier, im feuchten Gebiet des Deltas, sind die Körbe so dicht gewebt, dass sie als Bierfässchen und Behälter für Getreide und Samen verwendet

DIE ESEL VON MAUN

In Maun, von den Einwohnern liebevoll Dusty Donkey Town genannt, gab es einst 25 000 Esel. In den 1960er-Jahren teilte die Regierung den Haushalten Ochsen zu, aber ein Ausbruch der Maul- und Klauenseuche in ganz Ngamiland raffte viele dahin, und sie wurden durch robuste Esel ersetzt. 2017 lag der Eselsbestand im ganzen Land laut Statistics Botswana bei 140 000 Exemplaren, aber die Society for the Protection of Animals Abroad (SPANA) schätzt ihn – aufgrund der Trockenheit, dem Handel mit Eselshaut und Arbeitslosigkeit – weit niedriger, auf 80 000–100 000. Die Organisation schätzt, dass Mauns Eselspopulation auf etwa 15 000 geschrumpft ist, es sind aber noch immer so viele, dass der Verband die Tiere mit reflektierenden Ohrmarken versieht, um nächtliche Verkehrsunfälle zu vermeiden.

ÜBERNACHTEN IN MAUN

Waterfront Guesthouse
An der Feuerstelle fühlen sich die Gäste jeden Tag wie auf der Safari. Zum Frühstück gibt es selbst gebackenes Brot. **$$**

Sedia Hotel
Geräumige klimatisierte Suiten an einem stimmungvollen Pool und fabelhaftes Abendessen. **$$**

Maun Studios
Grandiose Selbstversorger-Studios auf einem Familienanwesen am Fluss, nur 10 Min. vom Flughafen. **$$**

ANDERS STOUSTRUP/SHUTTERSTOCK ©

Mokoro

MAUNS BESTE RESTAURANTS

Sedia Riverside Hotel
Würziges Fladenbrot mit Hummus, Lamm-Tagine und leckere Burger in einer beschaulichen Pool-Oase. $$

Tandurei
Eine Institution. Leckere Currys, Knoblauch-Naan, chinesische Gerichte und Überraschendes wie Karotten-Bananen-Kuchen. $$

Taproom der Okavango Brewery
Pub-Kost wie Blumenkohl-Burger im Bierteig, Hirse-Süßkartoffel-Bällchen und herzhafte Pizza. $$

Marc's Eatery
Mit einem Filet vom Weiderind und selbst gemachten Saucen oder gewürzter Butter – oder etwas anderes in dieser Art – kann man nichts falsch machen. $$

werden können. Alle Körbe werden aus Blattfasern der echten Fächerpalme (Mokolwane-Palme) gewebt, die in natürlichen Pflanzenfarben eingeweicht werden. Die unglaublich kunstfertigen Produkte sind eine der wichtigsten Einkommensquellen der Familien auf dem Land.

Mokoro-Tour im Okavango-Delta

BOOTSFAHRT DURCH DIE WASSERREICHE WILDNIS

In den meisten Teilen Afrikas finden Safaris in rumpelnden Jeeps statt. In der Wildnis des Okavango-Deltas lassen sich die stillen, spektakulären Wasserläufe am besten an Bord eines *mokoro* genießen.

Diese Unesco-Welterbestätte umfasst insgesamt 20 000 km², mit einer Pufferzone von weiteren 20 000 km² – und das Schönste an *mekoro* (Plural für *mokoro*) ist, dass man damit in ansosten unerreichbare Sumpfgebiete gelangen kann. Seit Jahrhunderten sind die Menschen im Delta für Transport, Fischfang, Ernte und Jagd auf diese Boote angewiesen. Heute können auch Besucher auf diesen Booten (die inzwischen aus Glasfaser statt aus Holz bestehen, zum Schutz der hohen Leberwurst- und Mahagonibäume) dieses Schwemmland-Labyrinth erkunden.

ÜBERNACHTEN IN MAUN

Maun Lodge
Kostenloser Flughafentransfer, hübsche klimatisierte Chalets und zauberhaftes Aussichtsdeck mit vielen Vögeln. $$

Discovery B&B
Geselliges, traditionellen Hütten nachempfundenes B&B. Die Mahlzeiten werden gemeinsam eingenommen. $$

Queness Inn
Was ihm an Charakter fehlt, macht es durch Lage und Ausstattung (WLAN) wett. Für Selbstversorger. $$

Zwei Personen sitzen in jedem *mokoro*, das erfahrene Guides mithilfe einer langen Stange durch die von pflanzenfressenden Flusspferden geschaffenen Wasserwege navigiert. Still und elegant gleiten die Boote dahin, am Rumpf kräuselt sich das Wasser. Die Passagiere sitzen nur wenige Zentimeter über der glänzenden Wasseroberfläche, in Augenhöhe mit fantastischen Pflanzen und Tieren, von winzigen Angolanischen Riedfröschen bis zu gewaltigen Elefanten, die sich die Seerosen schmecken lassen.

Die meisten Lodges im Delta organisieren *Mokoro*-Ausflüge (vor der Buchung nachfragen, weil sich der Wasserstand saisonal ändert); von Maun aus kann man aber auch selbst ein *Mokoro*-Abenteuer arrangieren. Der **Okavango Kopano Mokoro Community Trust** is eine übergeordnete Vereinigung aller *Mokoro*-Ruderer im Delta mit Sitz in der Konzession NG32 im östlichen Okavango, etwa eine Autostunde nördlich von Maun (je nach Wasserstand). Die Touren reichen von Tagesausflügen (mit einer 2- bis 3-stündigen Jeep-Rundfahrt zum Ausgangspunkt zurück) bis zu mehrtägigen **Campingausflügen** auf Inseln im Schwemmgebiet. Die meisten Touren beinhalten auch geführte Naturwanderungen – also robuste Schuhe und Sonnenschutzmittel mitnehmen.

Die *Mokoro*-Guides kann man auf zwei Arten unterstützen. Entweder bucht man sie direkt im Trust-Büro in Maun und bringt alle Ausrüstung (Zelt, Essen und Kochutensilien) für eine Nacht im Delta selbst mit. Oder man bucht bei einem Anbieter für mobile Safaris, der die Campingausrüstung (bis zu Grubenlatrinen und Schlafliegen) und schmackhaften Mahlzeiten stellt.

DAS NKASHI CLASSIC

Das Nkashi Classic ist ein jährliches *Mokoro*-Rennen, das den schnellsten Staker im Okavango-Delta ermittelt. *Nkashi* ist der lokale Begriff für die lange Stange, mit der das Einbaum-Boot gelenkt und angetrieben wird. 2018 organisierte der Botswana Wild Bird Trust (eine gemeinnützige Organisation) in Maun das erste dieser Rennen, bei denen die Teilnehmer in drei Kategorien antreten: Frauen, Männer und Veteranen. Man kann entweder live zusehen (in der Regel beim Hochwasser im August) oder sich den Film *Nkashi: Race for the Okavango* anschauen, der in Setswana in Zusammenarbeit mit botswanischen Filmschaffenden entstand.

Okavango-Törn im Motorboot

TIEFER INS DELTA EINTAUCHEN

Sie sind vielleicht weniger beschaulich als *mekoro*, aber Motorboote kommen im riesigen Delta besser voran. Sie finden Flusspferde-Becken und schlängeln sich durch geheime Kanäle und erhöhen die Chance, wilde Tiere zu sehen: Wasserliebende Arten wie Letschwes sowie Elefanten und Büffel waten zum Trinken ans Wasser, und Flusspferde, Krokodile und geschmeidige Warane nehmen am Ufer ein Sonnenbad.

FÜR BOOT-FANS

Cruising the Chobe River (S. 70) ist eine der einfachsten und lohnendsten Bootssafaris in ganz Afrika. Auf den Touren gibt es Büffel, Elefanten, Krokodile, Flusspferde und vielleicht sogar Löwen sowie unzählige Vögel zu sehen.

MOKORO-AUSFLÜGE VON MAUN

Delta Rain
Touren mit Verpflegung und Unterkunft oder für Selbstversorger. Start ist am Sitatunga Camp südlich von Maun.

Shangana Safaris
Ähnlich abenteuerlich, aber mit echtem Bett im herrlich gelegenen Basecamp Lazy River Okavango Island Hideaway.

Island Safari Lodge
Von der Anlegestelle dieser Lodge am Thamalakane River legen die *mekoro* in der Hochwassersaison ab.

Klunkerkranich

OKAVANGOS URSPRÜNGE

Eines der größten Binnendeltas der Welt mäandert von Angola nach Botswana. Eine tektonische Senke (oder Depression) im Kalahari-Becken verhindert, dass der Okavango River Richtung Meer fließt. Das Delta ist so flach (nur knapp 2 m Höhenunterschied), dass der Fluss sich auffächert und ein artenreiches Paradies aus Kanälen und Inseln bildet, die je nach Regenfall auftauchen und verschwinden. Hochwasser gibt es meist im Januar und Februar im angolanischen Hochland. In einem Monat fließt das Wasser rund 1200 km weit ins Binnendelta, wo es sich bis Juni ausbreitet. Im Juli und August erreicht es seinen Höchststand – bis zu dreimal so hoch wie in Trockenperioden.

Bei den meisten Lodges im Delta gehören diese Bootstouren zu ihrem All-inclusive-Angebot. Es ist eine Schrulle der Natur, dass das Delta auf dem Höhepunkt der Trockenzeit am meisten Wasser führt. Auf dem Höhepunkt der Überschwemmungssaison (in der Regel im Juli oder August) starten ganztägige Bootssafaris frühmorgens in Maun und halten an einer Insel zum Picknicken. Jacke nicht vergessen, denn auf dem Wasser kann es angesichts der winterlichen Winde frisch werden. Einige Lodges am Thamalakane River bieten auch Flussfahrten bei Sonnenuntergang.

Wer selbst ins Moremi Game Reserve fährt, kann in den Camps **Mboma Island** und **Xakanaka** auch tanken. Dann gibt es noch mobile Camping-Bootssafaris durch die unteren Abschnitte des Deltas mit Übernachtungen auf palmengesäumten Inseln. Und wer Zeit hat, kann sich nach Lodge-zu-Lodge-Bootstouren erkundigen.

Exzellente Vogelbeobachtung

PARADIES FÜRS FEDERVIEH

Botswana ist ein Dorado für Vogelliebhaber. Das Okavango-Delta ist das größte Feuchtgebiet (und das größte Ramsar-Feuchtgebiet) im südlichen Afrika und bietet mehr

MOTORBOOTE MIETEN IN MAUN

Old Bridge Tours & Safaris
Nach dem Frühstück im Old Bridge sieht man einen ganzen Tag lang Wildtiere vorüberziehen.

Thamalakane River Lodge
Ideal gelegen für Sonnenuntergangstouren auf dem schönen Thamalakane River, wenn er genug Wasser führt.

The Bell Frog Inn, Farm & Deli
Die Bootstour lässt sich prima mit einer Mahlzeit und einem Sprung in den krokodilsicheren Süßwasserpool kombinieren.

unterschiedliche Lebensräume als andere Feuchtbiotope in der Region. Am besten sind die Vögel auf einer geführten Safari in einem offenen Jeep zu beobachten.

Wenn es zwischen September und März reichlich regnet, sind mit dem Fernglas viele der 400 Vogelarten zu erspähen, darunter Afrikanische Scherenschnäbel, Bienenfresser und Zwergenten. Einige der Geierarten sind vom Aussterben bedroht, dagegen ist der Klunkerkranich im Okavango-Delta häufig anzutreffen. Der Braunkehlreiher, gilt als „near-endemic" (also nahezu endemisch) – an die 85 % der weltweiten Population leben im Delta.

Auch in der Trockenzeit sind viele Vögel zu sehen. An den wenigen verbliebenen Wasserstellen sind sie meist leichter auszumachen, bei höherem Wasserstand kann man ihnen besonders nahe kommen. Von einem *mokoro* aus sind zwischen Seerosenblättern Blaustirn-Blatthühnchen zu erkennen, Haubenzwergfischer sitzen oft auf Papyrushalmen.

Ein weiteres Highlight ist die **Godikwe Heronry**. In Jahrzehnten aufgehäufter Vogelguano, Wasserfeigenbäume und Papyrusgras-Zerfallsprodukte bilden eine Art Plattform, auf der Tausende von Vogelpaaren in einem (stinkenden und chaotischen) Spektakel nisten. Reiher, Störche, Ibisse und andere Vögel brüten hier ihre Jungen aus. Der Nestbau beginnt meist im August, die Küken schlüpfen im Oktober und November, wenn die Fische im seichteren Wasser leichter zu fangen sind. Die Vogelkolonie ist nur per Boot zu erreichen.

ÜBERLEBEN IM PARADIES

Über die Gefährdung der Godikwe Heronry informiert der Netflix-Dokumentarfilm *Überleben im Paradies: Eine Familiengeschichte*. Das vom Schauspieler Regé-Jean Page erzählte Tierdrama zeichnet die große Dürre von 2019 und die anschließende Erleichterung über das wiederkehrende Wasser im Jahr darauf nach. Dies ist einer der wenigen Naturfilme mit Aufnahmen eines einheimischen Kameramanns, Gaokgonwe Seetsele Nthomiwa, der mit der Natural History Film Unit zusammenarbeitete. In Minute 27:07 ist das Getümmel der Reiherkolonie zu sehen.

Safari im Pferdesattel

AUSRITTE FÜR NEULINGE WIE PROFIS

Über dem hohen Gras im Sattel sitzen, den 360-Grad-Ausblick genießen und wie ein Roter Letschwe durch die Flussaue waten – eine Reitsafari im Okavango-Delta ist ein faszinierendes Erlebnis. Man galoppiert neben Zebraherden und Giraffen her und genießt die atemberaubende Landschaft noch intensiver. Die ruhigen, gut ausgebildeten Pferde durchqueren offenes Grasland, Wälder und seichte Sümpfe, wo sich Antilopen, Kapbüffel, Elefanten und viele andere Tiere zeigen.

Reitsafaris variieren in Dauer (5, 7 oder 10 Tage) und gebotenem Luxus. Ganz gleich, ob man nach einem actionreichen Ausritt in eine klassische Lodge mit Pool zurückkommt oder in einem mobilen Camp jeden Abend unterm Sternenhimmel diniert – im Mittelpunkt des Geschehens stehen immer die Pferde. Dass

FÜR PFERDE-FREUNDE

Für Kenner sind die Reitsafaris in Botswana unübertroffen. Die drei bekanntesten Gebiete dafür sind das Okavango-Delta, die **Makgadikgadi-Salzpfannen** (S. 124) und das **Mashatu Game Reserve** (S. 139) am Limpopo.

ÜBERNACHTEN BEI DER GODIKWE HERONRY

Kwara Camp
Zwischen Bootstouren und Wildtiersafaris locken große Suiten. 6 km von der Heronry entfernt. **$$$**

Shinde Camp
Fantastisches Luxuscamp an einer Lagune mit klassischer Holz-Leinen-Ausstattung. 11 km entfernt. **$$$**

Camp Okavango
Stege verbinden luftige Zimmer zwischen Leberwurst- und Schakalbeerenbäumen. 15 km entfernt. **$$$**

Okavango-Delta (S. 86)

OKAVANGO-JAHRESZEITEN

November & Dezember
In Angola, in den Einzugsgebieten der Flüsse Cubango und Cuito, fällt Niederschlag. Obwohl es auch im Delta regnet, geht der Wasserstand zurück.

Januar & Februar
Der Cubango fließt schneller und erreicht den Okavango River vor dem Cuito. Der Wasserstand im Delta bleibt niedrig.

März & April
Andauernder Niederschlag lässt die Flüsse (in guten Jahren) anschwellen, die über das Panhandle ins Delta fließen.

Mai & Juni Die Überflutung des Okavango-Deltas ist in vollem Gang, und der Wasserstand steigt im ganzen Delta an.

Juli–September
Die Überflutung des Deltas erreicht ihren Höhepunkt und gelangt auch in südöstliche Abschnitte, schwankt aber von Jahr zu Jahr.

man vom Sattel aus Raubkatzen zu sehen bekommt, ist allerdings unwahrscheinlich. Und für die längeren Ausritte müssen die Teilnehmer erfahrene Reiter sein, die sich auch mal selbst aus Schwierigkeiten befreien können.

Kürzere Reitsafaris für Anfänger sind im **Thamo Telele** möglich. In Mauns einzigem privaten Wildreservat leben Zebras, Gnus, Impalas, Spießböcke und eine Herde aus rund 20 geselligen Giraffen (Thamo Telele bedeutet „Langer Hals"). Sichtungen am Wasserloch sind so gut wie sicher. Die kurzen Ausritte bleiben innerhalb des Reservats, längere Reitausflüge führen an traditionellen Viehposten vorbei und folgen dann dem ruhigen Thamalakane River flussabwärts, wo Flusspferde und Krokodile zu sehen sind. In der Mittagszeit wird eine Picknickpause eingelegt.

Auf Flugsafaris hoch hinaus

DIE SÜMPFE AUS DER VOGEPERSPEKTIVE

Wer einmal das Okavango-Delta von oben gesehen hat, sieht die Landschaft nie mehr so wie vorher. Aus der Luft lässt sich diese Großartigkeit besonders gut bewundern – die gewundenen Wasserwege, die sich plötzlich zu gewaltigen Lagunen weiten, in denen üppig grüne Inseln auftauchen. Flüge am

REITSAFARIS IM OKAVANGO-DELTA

Thamo Telele
Die Gäste reiten auf folgsamen Pferden an Giraffen und Zebras vorbei. Eine knappe halbe Stunde von Maun entfernt. **$$$**

Okavango Horse Safaris
Ausritte zwischen Luxus-Lodges, ideal für nichtreitende Begleiter, die lieber im *mokoro* fahren oder wandern. **$$$**

Ride Botswana
David Foot bietet Ausritte mit drei Übernachtungen im Thamo Telele oder abenteuerlichen Camps. **$$$**

frühen Morgen sind weniger böig, und das schwache goldene Morgenlicht wirft Schatten, die die Sichtung von Tieren erleichtern. Reiherschwärme gleiten übers Wasser, Elefanten ziehen durch die Kanäle, und Letschwe-Herden rasten auf den Inseln. Auch Flusspferde, Krokodile, Giraffen und sogar Löwen sind zu sehen. Die Flüge sind manchmal teuer, aber das Erlebnis ist unvergesslich.

Auf Flügen von Lodge zu Lodge kann man ebenfalls diese Aussicht genießen. Alternativ kann man am Maun International Airport, an dem sich mehrere Touranbieter befinden, einen Rundflug buchen. Die Preise richten sich nach der Flugdauer (meist 45 Min. oder 1 Std.) und der Anzahl der Passagiere (3, 5 oder 7 Pers.). Auch Helikopterflüge stehen im Angebot; für Fotografen gibt es Flüge mit ausgehängter Tür („doors-off"), und für feierliche Anlässe werden sogar Stopps (mit Sekt) auf abgelegenen Palmeninseln geboten. Und der Pilot kommentiert während des gesamten Flugs das, was unten zu sehen ist.

Umweltschutz & Koexistenz

ELEFANTENGERECHTE AKTIVITÄTEN

Elefanten sind ein geliebter und fester Bestandteil des Ökosystems von Botswana. Wenn Menschen jedoch in die Lebensräume wild lebender Tiere vordringen, entstehen Konflikte.

Elefantenfreundliche Biere

Die im Hinblick auf die Koexistenz von Mensch und Tier gegründete **Okavango Craft Brewery** produziert einzigartige, preisgekrönte Biere. Sie ist die erste Mikrobrauerei in Nord-Botswana und hat sich mit der lokalen NGO **Ecoexist** zusammengetan, die mit Bauern im Okavango-Panhandle zusammenarbeitet.

Hirse gilt als klimaverträgliches Getreide, das weniger Niederschlag benötigt, die Brauerei kauft sie zu einem höheren Marktpreis ein, um Kleinbauern zu belohnen. Im Gegenzug wenden die Landwirte „elefantengerechte", von Ecoexist empfohlene Anbaupraktiken an. Dazu gehören Maßnahmen, um Elefanten fernzuhalten – etwa Chilischotenrauch zur Abschreckung –, und der Anbau außerhalb der Elefantenkorridore.

Die „elefantenfreundliche" Hirse wird sorgfältig gemälzt (sie schmeckt leicht erdig und nussig) und wird für alle Produkte der Okavango Craft Brewery verwendet, von Indian Pale Ales bis zu Bier-Eiscreme. Besucher können an einer Brauereiführung teilnehmen oder ein *mokoro* (ein Verkostungspaddel mit irischem Stout, Pale Ale und Lager in Probiergläsern) bestellen, um ihr Lieblingsbier herauszufinden. Einige Cafés in Maun und Luxus-Safari-Lodges führen diese Biere ebenfalls.

BESTE AUSBLICKE IN MAUN

Silvester Mafosi, Eigentümer von Travel Pin Africa, stellt seine Top-Tipps für Maun vor (abgesehen von Reitsafaris). @travelpinafrica@travelpinafrica

Old Bridge Backpackers
Der beste Sonnenuntergang der Stadt, weil keine hohen Bäume die Sicht versperren. Bei Anwohnern beliebtes, legeres Lokal.

Maun Lodge
Eine kleine Veranda überblickt den Thamalakane River; und jenseits der Brücke ist die Aussicht noch besser (und es gibt Bier vom Fass).

Crocodile Camp Safari & Spa
Von den Barhockern dieses am Fluss gelegenen Restaurants hat man eine besonders gute Sicht auf die Seerosen im Thamalakane River.

RUNDFLÜGE IN MAUN

Helicopter Horizons
Erfahrene, freundliche Piloten lieben den Nervenkitzel bei unglaublichen Sichtungen genauso wie die Passagiere.

Mack Air
Bei den einstündigen Flügen in einer klimatisierten Cessna Grand Caravan EX hat jeder einen Fensterplatz.

Moremi Air
Auf den langsamen, niedrigen Flügen in kleinen Sechssitzer-Flugzeugen über dem Boro River ist vieles zu erspähen.

Elefanten

TERMITEN ALS BAUHERREN

Elefanten gelten für viele als Gestalter von diesem grünen Garten Eden; und sie spielen auch eine wichtige Rolle in der Ausbreitung und Keimung von Saatgut. Doch es sind die kleinen Inseln, die das Okavango-Delta ausmachen. Tausende 10 m hoher Termitenhügel übersäen die Ebenen. Diese wasserdichten Bauten aus Erde und Termitenspeichel sind Erhöhungen in diesem ansonsten so flachen Gebiet. Vögel, Mangusten und andere Tiere halten auf diesen Hügeln nach Gefahren oder Beute Ausschau. Sie hinterlassen fruchtbaren Dung, der beerentragende Bäume und andere Pflanzen zu Gute kommt. Das sind jene bewaldeten Inseln, die man aus der Vogelperspektive gut sehen kann.

Touren

Die einfachste (und schönste) Art, die Hirsebauern in entlegenen Okavango-Ecken kennenzulernen, bietet die **Helicopter Horizons Conservation & Coexistence Cultural Experience**. Da es kaum Zäune in der Gegend gibt, leben die Menschen in Botswana schon immer in Gesellschaft der Wildtiere. Diese seltenen Einblicke in das abgeschiedene Landleben zeigen, wie die Menschen trotz immenser Herausforderungen Raum und Ressourcen mit den Tieren teilen.

Erster Halt der Tour ist eine weitere Initiative einer anderen NGO namens **CLAWS** (Communities Living Among Wildlife Sustainably). Am nördlichen Rand des Okavango haben die Bauern damit zu kämpfen, dass Löwen ihr Vieh reißen, aber eine spezielle kommunale Hütehaltung soll dazu beitragen, den Konflikt mit Raubtieren zu verringern. Zudem werden die Bauern mit tierärztlicher Versorgung und verbesserten Weideflächen unterstützt. Der Besuch bei CLAWS beinhaltet ein interessantes Gespräch mit dem Oberhirten und einen Rundgang durch das Viehgehege. Danach fliegt der Helikopter weiter zum traditionellen Hambukushu-Dorf **Eretsha**, wo die Ältesten und Bauern unter einem riesigen Versammlungsbaum von den täglichen Herausforderungen des Lebens mit Elefanten erzählen.

ÜBERNACHTEN IN SHOROBE

Raintree Camp
Das kleine, familienfreundliche Camp bietet Ruhe, Zeltunterkünfte, Campingplätze und eine Poolbar. **$**

Lazy River Okavango Island Hideaway
Die Gäste der *Mokoro*-Safari schlafen in möblierten Zelten oder bauen eigene auf. **$$**

Mochaba Crossing
Vielfältige (etwas spartanische) Lodge mit klimatisierten Hütten, Zelten mit Bad und großen Stellplätzen. **$$**

Elefanten-Waisenhaus

Auch das Projekt **Elephant Havens** eine Autostunde nördlich von Maun lohnt den Besuch. Hier bekommen verwaiste Elefanten ein Zuhause, Pflege und Gesellschaft, bis sie wieder ausgewildert werden können. Das Projekt schützt ihren Lebensraum und rettet Elefantenbabys in Notfällen. Besucher dürfen zu den Tieren, erfahren deren Geschichte und lernen von den engagierten Pflegern sehr viel über die Anatomie, die Intelligenz und die Emotionen der Elefanten. Die Besuchszeiten (täglich 9–10 Uhr und 16–17 Uhr) entsprechen den Fütterungszeiten.

Das Moremi Game Reserve

DAS HERZSTÜCK DES TIERREICHS

Das Moremi Game Reserve, das ein Drittel des Okavango-Deltas umfasst, hat zwei Gesichter: große Trockenflächen zwischen weitläufigen Feuchtgebieten, die eine Vielzahl an verschiedenen Raubtieren beherbergen. Die Lebensräume reichen von Mopanewald und Dornengestrüpp über Trockensavanne, Uferwald und Grasland bis zu Schwemmland, Sümpfen, permanenten Wasserläufen, Lagunen und Inseln. Die bekannteste „Insel" ist Chief's Island. Dies ist auch der am leichtesten zugängliche Abschnitt des Okavango mit guten Wegen, Luxus-Lodges (Allradantrieb erforderlich) und öffentlichen Campingplätzen.

Die meisten Selbstfahrer steuern die **Mopane Tongue** im Osten des Reservats an. Mit dem Allradwohnmobil geht es über Holzbrücken und Pisten durch den Busch, wo Elefanten, Giraffen, Löwen, Leoparden und Wildhunde zu sehen sind.

Moremi bietet auch **Bootstouren** – ob mit dem Motorboot von den Ablegestellen bei Xakanaxa, Third Bridge oder Mboma Island oder geführte *Mokoro*-Ausflüge ab Mboma Island.

Tagesausflüge ins Moremi Game Reserve sind zwar machbar (und billiger). Aber von Maun sind es etwa zwei Autostunden bis zum Eingangstor, und zu den besten Stellen für die Wildtierbeobachtung dauert es noch länger; meist ist man nicht frühmorgens oder am Abend dort, wenn die Chancen für Tiersichtungen optimal sind. Am besten beim Buchen einer Tagestour nach der frühestmöglichen Abfahrtszeit fragen.

Moremis Luxus-Lodges bieten zwar das ganze Jahr Bootsfahrten und Safaris durch unterschiedliche Habitate, aber sie dürfen aufgrund der Parkrichtlinien keine Nacht- oder Wandersafaris durchführen.

Die beste Zeit für Wildtiersichtungen in Moremi – und im Delta – ist die späte Trockenzeit im Juli und August, wenn die Tiere gezwungen sind, die permanenten Wasserstellen auf-

BOTSWANAS BIERE

Das Brauen mit Hirse (*mberera* genannt) hat in Botswana eine lange Tradition. Frauen brauten Bier zu besonderen Anlässen wie Geburten, Hochzeiten und Rituale. Ein legales hausgebrautes Bier ist das weitverbreitete, preiswerte *bojalwa* aus gekeimter Sorghumhirse, das auf dem Markt als Chibuku angeboten wird.

Ein anderes Bier wird aus fermentierten Marula-Früchten hergestellt. Im Handel erhältliche heimische Biere sind Castle Light (in Lizenz einer südafrikanischen Brauerei) und das überall zu findende St Louis (Barkeeper fragen, warum dieses Bier wie ein *mokoro* ist). Das hervorragende Windhoek Lager (aus Namibia) und manchmal auch das Zambezi Lager (aus Simbabwe) sind erhältlich.

CAMPEN IN MOREMI

Xakanaxa Campsite
Vom Zelt aus ist das Grunzen der Flusspferde deutlich zu hören. **$$**

Third Bridge Campsite
Neun beliebte Zeltplätze unter hohen Bäumen am Fluss. Vorsicht vor Pavianen und Hyänen. **$$**

Khwai Campsite
Große Zeltplätze mit viel Privatsphäre, Toilettengänge sind wegen der vielen Tiere nicht ungefährlich. **$$**

BENEDICTE MARTINEZ JAMART PHOTOGRAPHY ©

Grüne Meerkatzen, Moremi Game Reserve (S. 97)

zusuchen. September und Oktober sind auch perfekt, dann ist es aber am heißesten. Im Januar und Februar ist es in der Regel sehr nass, und die lehmigen Straßen im Reservat sind häufig unpassierbar. Einige Lodges schließen in der Regenzeit ganz oder teilweise.

Erkundung von Khwai

OKAVANGO FÜR PREISBEWUSSTE?

Zwischen dem Moremi Game Reserve und dem Savuti-Abschnitt des Chobe National Park heißen gleich mehrere Orte Khwai: Khwai Village am Nordufer des Khwai River, das Khwai Private Reserve, die Khwai Community Concession und der Khwai Campsite am Südufer des Khwai River am North Gate innerhalb des Moremi Reserve.

Die extrem beliebte **Khwai Community Concession**, die eine wichtige Überlandroute zwischen Maun und Kasane bildet, ist ein beliebtes Selbstfahrer-Ziel mit mäandrierenden Flüssen, Grasebenen und Wäldern. Vom Allradwohnmobil aus sind Elefantenherden, die die breiten Wasserläufe überqueren, unzählige Wasservögel und im Schatten dösende Löwen zu sehen. Leoparden lieben die Uferwälder, und auch Pferde- und Rappenantilopen kommen ins Blickfeld.

SMS VON EINEM LÖWEN?

Ein wenig Technologie kann viel bewirken, wenn der Lebensunterhalt vom Vieh abhängt. CLAWS hat mehrere Löwen im oberen Okavango-Delta mit GPS-Halsbändern ausgestattet. Diese Löwen haben das Vieh der hier ansässigen Bauern gerissen. So können die Standorte der Löwen in Echtzeit ermittelt werden. Ein automatisches Warnsystem verschickt dann eine SMS, wenn sich ein Löwe in der Nähe befindet. Dann können die Bauern dementsprechende Vorkehrungen treffen, um ihr Vieh besser zu schützen.

ÜBERNACHTEN IN MOREMI

Mombo Camp
Die wohl exklusivste und legendärste Lodge im Okavango, mit unzähligen Raubtieren. Nicht eben preiswert. **$$$**

Okuti
Übernachten in einer Schilf-*masasa* (Haus). Rollstuhlgerecht und über Plankenwege verbunden. **$$$**

Xakanaxa
Wälder, offene Savanne und Wasserläufe umgeben diese Lodge. Super zur Wildtierbeobachtung. **$$$**

Die von der örtlichen Gemeinde über den Khwai Development Trust verwaltete Khwai Community Concession umfasst ein großes Dorf, opulente Lodges und minimalistische Campingplätze sowie immer mehr Gästehäuser für Selbstversorger. Im Allgemeinen gilt sie als erschwinglicher und unkomplizierter als die Erkundung des Moremi Game Reserve. Weil die meisten Bereiche öffenlich zugänglich sind, kann es recht voll werden, insbesondere in der Hochsaison können Safari-Staus die Wildtiersichtungen vermiesen.

Das **Khwai Private Reserve** im Norden ist den Gästen der Luxus-Lodges wie Tuludi oder Hyena Pan vorbehalten, ist aber nur per Flugzeug zu erreichen.

Wie andernorts im Okavango-Delta ist die beste Zeit, um Khwai zu besuchen, die Trockenzeit zwischen Mai und Oktober, wenn sich die Tiere am Khwai River konzentrieren. **Khwai Village** hat ein paar Läden für Grundnahrungsmittel und Brennholz. Ansonsten sind Benzin und Lebensmittel nur in Kasane und Maun erhältlich. Für Besuche im botswanischen Winter sind Campingplätze Monate im Voraus zu buchen.

Besondere Erlebnisse: mobile Safaris

CAMPING MIT FLAIR

Eine mobile Safari gilt als eine der authentischsten Arten, den afrikanischen Busch zu erleben, und ist eine charmante Kombination aus Magie und perfekter Logistik. Mitten in der Wildnis, ohne Strom und Umzäunung, wird für eine oder zwei Nächte ein voll ausgerüstetes Camp (meist Zelte mit Bad und richtigen Betten) aufgeschlagen, ehe es abgebaut und an einen anderen Standort verlegt wird. Es gibt kaum etwas Besseres, als nach einem Tag mit Leopardensichtungen am nächsten Platz anzukommen.

Die glamourösen Camps hinterlassen keinerlei Spuren und gewähren Zutritt zu den besten Wildtier-Spots, die Selbstfahrer nie erreichen – etwa auf eine Insel aus Regenbäumen bei der Xini Lagoon im Moremi Game Reserve. Zudem bieten sie Camping bei Kerzenlicht ohne den Stress einer Selbstfahrertour, auf der man sich verirren oder im Schlamm festsitzen kann.

Mobile Safaris sind meist günstiger als Lodges und reichen von Mitmach-Camps (bei denen die Gäste sich an allen Aufgaben beteiligen) bis zu privaten

CHIEF'S ISLAND

Chief's Island, mit 70 km Länge und 15 km Breite die größte Insel im Okavango-Delta, war einst als Jagdrevier dem örtlichen Häuptling *(chief)* vorbehalten. Die durch tektonische Aktivitäten angehobene Insel dient bei steigendem Wasserstand vielen Tieren als Zuflucht. Deshalb weist sie gut und gern Botswanas höchste Wildtierkonzentration auf. Diese Insel ist das Okavango-Delta par excellence: Die Wildtiersichtungen in den schilfgesäumten Gewässern, Grasebenen und lichten Wäldern kennt man sonst nur aus Dokumentarfilmen. Da ist es nicht verwunderlich, dass sich auf der Insel einige der exklusivsten Lodges befinden, darunter das Chief's Camp.

BESUCH AUF CHIEF'S ISLAND

Selbstfahrer gelangen über den Reservateingang nicht auf diese Insel. Einige günstigere Lodges, mit Flugzeugen zu erreichen, bieten **Wandersafaris** (S. 100) und Überquerungen der berühmten Ebenen von Chief's Island.

ÜBERNACHTEN IN KHWAI

Magotho Campsite
Auch Khwai Community Camp genannt. Häufig besuchen Elefanten den Platz 300 m vom Khwai River. **$$**

Mbudi Campsite
Weniger Pfade zur Tierbeobachtung, aber *Mokoro*-Touren sind vor Ort möglich, und es gibt warme Duschen. **$**

Termite Mound Guesthouse
Die innovative Selbstversorger-Unterkunft aus alten Schiffscontainern ist bei Besuchern aus Maun beliebt. **$$$**

JOHN CEULEMANS/SHUTTERSTOCK ©

Mobiles Safaricamp (S. 99)

DIE GESCHICHTE VON MOREMI

Moremi ist etwas Besonderes, weil dies der einzige Abschnitt des Okavango-Deltas ist, der offiziell zum Schutz der Tiere abgeriegelt worden ist. Das Schutzgebiet wurde 1963 gegründet, als deutlich wurde, dass die Wilderei den Wildtierbestand dezimierte. Das nach dem Batawana-Häuptling Moremi III. benannte Reservat wurde im Lauf der Jahrzehnte auf fast 5000 km² Fläche erweitert.

Spitzen-Expeditionen, die sich in Dauer und Luxus unterscheiden. Die besten Anbieter haben mehr als nur ein Fahrzeug (in Notfällen besser). Wie auf früheren Expeditionen werden Windlichter angezündet, Lagerfeuer brennen lodernd, Kübelduschen werden immer wieder nachgefüllt, und in der bescheidenen Buschküche bereitet ein Koch dreigängige Menüs zu. Und nachts ist man umgeben von den Geräuschen des Buschs, nur durch ein Stück Stoff von den Tieren getrennt.

Wie bei allen Abenteuern gefallen manche Aspekte nicht jedem. Es gibt weder Ventilatoren noch WLAN, als Toilette dient eine Grubenlatrine, und die Umzugstage können lang sein. Aber es gibt große Vorteile: kleine Teilnehmergruppen und durchweg derselbe Guide und dasselbe Fahrzeug.

FÜR ECHTE ABENTEURER

Auf einer **Sommersafari** (S. 148) gelangt man in die entlegensten Teile des Central Kalahari Game Reserve. Nach sommerlichen Regenfällen ist dieser weitläufige Park eine beliebte Destination von vielen Guides.

Wandersafaris für alle Sinne

OKAVANGO-INSELN AUF SCHUSTERS RAPPEN

Die Erkundung des Okavango zu Fuß ist ein ursprüngliches Erlebnis. Man wandert auf Flusspferd-Pfaden und anderen Wildtier-Trecks, die zwischen Weideplätzen und Wasserläufen von Tausenden von Hufen gebahnt wurden. Die Kommunikation

ÜBERNACHTEN IN KHWAI

Sango Safari Lodge
Etwas eng, aber das entspannte Camp fühlt sich weit entfernt vom Chaos in Khwai an. $$$

Mogotlho Safari Lodge
In toller Lage am Khwai River bei Mababe gibt es hier schicke Suiten und ruhigere Safaritouren. $$$

Tuludi Camp
Unterkünfte im Baumhausstil und eine Rutsche sorgen für ein fröhliches Abenteuer im Khwai Private Reserve. $$$

beschränkt sich auf Flüstern, Fingerschnippen oder kurze Pfiffe, während die Naturgeräusche allgegenwärtig sind.

Auf Wandersafaris achten die Guides besonders gut auf jeden einzelnen Ton im Busch, und auch die Safari-Teilnehmer schnappen sie auf. War das das Husten eines Kudus oder das drohende Geräusch eines Leoparden? Das Laub raschelt beim Gehen, und bei jedem Schritt knacken Zweige. Da sind die betongleichen, in mühevoller Kleinarbeit von Termiten geschaffenen Bauten. Der scharfe Geruch von Elefanten steigt in die Nase. Dann schält man sich ein Stück vom wilden Zahnbürstenbaum und kratzt sich mit den natürlichen Borsten über die Zähne. Nun ist man kein Beobachter mehr, sondern ein Rädchen im komplexen Getriebe der Wildnis.

Die Unterkunft sollte gut gewählt werden – in Botswanans Nationalparks und Reservaten sind Wandersafaris nicht erlaubt. Aber Camps und Lodges in den Konzessionen am Rand des Moremi Game Reserve – mit dem epischen Chief's Island (S. 99) – bieten Wanderungen mit seriösen Guides. Die beste Zeit dafür ist zwischen Mai und September, wenn milde Temperaturen herrschen, der Busch sich lichtet, das Gras im Winter verdorrt und ungehinderte Sicht möglich ist.

Aufenthalt in einer Luxus-Lodge

SAFARI DE LUXE

Botswana hat die Luxus-Safari nicht erfunden, aber perfektioniert. Nirgendwo sonst gibt es so viele abgeschiedene und luxuriöse Lodges und Zeltcamps, die von Leichtflugzeugen angesteuert werden (falls nötig, Medikamente gegen Reiseübelkeit einpacken). Das Zentrum des Okavango ist eines der exklusivsten Ziele, und die Lodges mit der größten Privatsphäre (meist für maximal 20 Pers.) liegen in den privaten Konzessionen (NG12 bis NG34; NG steht für Ngamiland) rund um das Moremi Game Reserve. Man hat das Gefühl, Tausende Meilen von der Zivilisation entfernt zu sein, und ist doch von Luxus umgeben. Das hat freilich seinen Preis.

Die meisten Lodges (manchmal Camps genannt) befinden sich im inneren Delta. Allgemeine Aussagen über sie sind unmöglich – außer, dass sich die meisten durch Abgeschiedenheit, Opulenz und einen tadellosen Service auszeichnen. In der Regel haben sie extravagante Zelte, einen Essbereich mit Blick auf eine Wasserstelle oder etwas anderes Besonderes und einen Swimmingpool. Die meisten Besucher leisten sich nur einmal im Leben solch einen Urlaub – die Preise beginnen bei 1000 (Nebensaison) bis 1500 US$ (Hauptsaison) pro Nacht für eine Person, können aber auch viel höher sein. Mahlzeiten, Safaris und andere Aktivitäten sind inklusive.

LIMITS VON LUXUS-LODGES

24-Stunden-Stromversorgung Manche Camps haben sie, andere nicht.
Stromanschluss Einige haben Steckdosen in jedem Zimmer, in anderen kann man Handy, Laptop und Kamera in einem öffentlichen Bereich aufladen.
WLAN Haben nicht alle Lodges, aber die meisten bieten Möglichkeiten, im Notfall mit dem Rest der Welt zu kommunizieren.
Private Safaris In den meisten Lodges werden Safarigruppen zusammengestellt. Private Safaris (besser zur Vogelbeobachtung und für Familien) kosten extra.
Flugpreise Der Flug ins Delta kostet extra, das sollte bei der Wahl der Lodge bedacht werden. Je weiter sie von Maun entfernt ist, umso teurer wird der Flug.

MOBILE SAFARIS IM OKAVANGO-DELTA

Early King Fisher Safaris
Der erfahrene Guide Samuel Mopalo hat viel Insiderwissen und bietet maßgeschneiderte Abenteuertouren.

Barclay Stenner Safaris
Erstklassiger Ruf für absoluten Buschcamp-Luxus (Silberbesteck, Bademäntel, Perserteppiche) und tolle Guides.

Shangana Safaris
Spezialisten für sensationale vegane Küche und preiswerte Touren mit *Mokoro*-Fahrten und Moremi-Safaris.

ANTON_IVANOV/SHUTTERSTOCK ©

Lodge, Moremi Game Reserve (S. 97)

Es kostet eben etwas, wenn man in einem von gerade einmal drei oder vier Jeeps sitzt, die die spektakulären Gebiete durchqueren, in denen die schimmernden Wasserläufe des Deltas auf die trockene Kalahari treffen. Die Top-Lodges haben Teams aus Guide und Fährtenleser, um in den riesigen Reservaten Raubtiere besser aufzuspüren; und wenn die Sonne aufgeht, werden die Gäste von Löwengebrüll geweckt. Die meisten Luxus-Lodges in privaten Reservaten bieten Wander- und Nachtsafaris, die in den Nationalparks und Schutzgebieten verboten sind. Wer *Mokoro-* oder andere Bootstouren bevorzugt, sollte sich erkundigen, ob es bei der Lodge permanente Wasserläufe gibt, oder aber in den Hochwassermonaten Juli und August kommen.

Vor der Abreise sind Trinkgelder üblich. Empfohlen werden mindestens 15 US$ pro Gast und Tag für den Guide und 10 US$ pro Tag für das übrige Personal.

Eine Nacht in der Wildnis

AUF EINER NACHTSAFARI SELTENE TIERE ERBLICKEN

Das Okavango-Delta ist Heimat vieler nachtaktiver Tiere und einer der wenigen Orte in Botswana, an denen man aufregende Nachtsafaris erleben kann. In der Regel bieten die meis-

TIPPS ZUM SPAREN

In der grünen Jahreszeit reisen
In Botswanas Sommer (Nov.–März) fallen die Preise um bis zu 40 % (z. B. 595 statt 1095 US$). Dann verzichten die meisten Lodges auch auf Einzelzimmerzuschläge .

Die Anreise ab Maun einkalkulieren
Fliegen ist schneller, aber je weiter die Strecke, umso höher der Treibstoffverbrauch und der Ticketpreis. Einige Lodges im südöstlichen Delta und Khwai sind mit dem Auto zu erreichen, und dazwischen verkehren Boote.

MOBILE SAFARIS IM OKAVANGO-DELTA

Letaka Safaris
Großartige Safaris und super entspannte Gäste. Das erfahrene Personal übernimmt alle Aufgaben.

Bush Ways
Reibungslose Maschinerie aus planmäßigen Abfahrten, unterschiedlichen Mitmach-Stufen und klassischen Routen.

Uncharted Expedition Camps
Die Safari in einem Privatreservat beinhaltet eine Übernachtung auf einer entlegenen Insel im Schein der Windlichter.

ten Luxus-Lodges in privaten Reservaten und Konzessionen außerhalb der Nationalparks und Wildschutzgebiete Safaris durch die tiefschwarze Nacht.

Nach dem Sundowner in ungewöhnlicher Umgebung packt der Guide einen Scheinwerfer aus und richtet ihn auf Tiere, die sich nach Einbruch der Dämmerung zeigen. Auf Nachtsafaris sind spektakuläre, einzigartige Sichtungen nachtaktiver Kreaturen möglich. Es ist aber auch immer ein Geduldsspiel. Vielleicht fängt der Scheinwerfer erst mal nur ein paar leuchtende Punkte ein: das Licht reflektierende Augen, vielleicht von einer Servalkatze oder einem Erdwolf auf Beutesuche.

Dann begeben sich Raubtiere wie Hyänen, Löwen und Leoparden auf die Pirsch. In der kühlen Nacht erhöht sich die Chance, dass sie gerade jagen (statt nur in der Hitze zu dösen) und sich im Schutz der Dunkelheit an ihre Beute heranschleichen. Zu sehen sind auch Stachelschweine, Zibet- und Ginsterkatzen, Afrikanische Wildkatzen, Eulen, Nachtschwalben, Buschbabys und vielleicht sogar ein seltenes Schuppentier. Wenn der Guide die Lampe ausschaltet, ist der phänomenale Sternenhimmel zu bewundern.

Falls das nach einem wahr gewordenen Kindheitstraum klingt, sind auch die **Khwai Skybeds** Pflicht. An einer gut besuchten Wasserstelle verbringt man die Nacht (ohne viel zu schlafen) auf einer hohen Plattform, darunter stillen Wildhunde, Löwen, Elefanten und Hyänen ihren Durst.

BENJAMIN B/SHUTTERSTOCK ©

Tüpfelhyäne

ZONEN IM OKAVANGO

Östliches Delta
Von Maun preiswerter zu erreichen, häufig im Rahmen eines Tagesausflugs mit einer *Mokoro*-Fahrt oder mit einer Camp-Übernachtung – die günstigere Alternative zum Aufenthalt (samt Anreise) in einer Luxus-Lodge.

Moremi Game Reserve
Moremi ist die bekannteste Selbstfahrer-Destination im Delta, mit Campingplätzen und dekadenten Lodges. Per Charterflug oder Jeep von Maun oder Chobe zu erreichen.

Inneres Delta
Klassische Delta-Szenerie und Luxus-Lodges der Extraklasse westlich und nördlich von Moremi. Ist nur mit einem teuren Charterflug zu erreichen.

Okavango Panhandle
Das Gebiet vor dem eigentlichen Delta ist bei Vogelbeobachtern und Anglern beliebt.

UNTERWEGS VOR ORT

Maun eignet sich nicht für Fußgänger, abgesehen von den Läden und Cafés direkt am Maun International Airport. Taxis warten selten vor dem Terminal. Wer in einer gehobenen Unterkunft reserviert hat, sollte um einen (kostenlosen) Transfer bitten. Oder man geht auf der Airport Road 300 m zur Sir Seretse Khama Road, wo Taxis stehen. Für das Moremi Game Reserve und die weitere Umgebung ist ein Fahrzeug mit Allradantrieb erforderlich.

Die direkte Verbindungsstraße zwischen Maun und Kasane kann nach schweren Regenfällen nahezu unpassierbar sein, und entlang der Strecke gibt es keine Tankstellen, keine Werkstätten und keine Einkaufsmöglichkeiten. Die Strecke von Maun über Nata nach Kasane ist zwar länger, aber auch geteert.

Charterflüge sind meist die einzige Möglichkeit, um die luxuriösen Lodges zu erreichen.

ROAD TRIP

Eine Okavango-Odyssee

Für das totale Okavango-Erlebnis und viele Tiersichtungen sorgt eine Fahrt von Maun ins Moremi Game Reserve und weiter in die Khwai Community Concession – insbesondere zwischen Juli und Oktober, wenn die Tiere auf den Khwai River angewiesen sind. Für die Tour zu den besten wilden Campingplätzen (und ein paar Lodges) und den besten Stellen zur Wildbeobachtung ist eine Woche anzusetzen.

1 South Gate & Black Pools

Morgens mit ausreichend Benzin, Proviant und Brennholz in Maun starten. Hinter dem Mawana Checkpoint sind die ersten Elefanten zu sehen. Am South Gate des Moremi Game Reserve nach dem Straßenzustand fragen (Hochwasser kann Wege überfluten). Auf dem South Gate Campsite das Lager aufschlagen, dann geht es nach Black Pools. Am Mogogelo River sind Zebras, Letschwes, Antilopen und Elefanten zu sehen. Links auf den Black Pools Game Drive Circuit (42 km) fahren – möglichst nah am Wasser, aber den Schlamm meiden.

Fahrstrecke: Vom South Gate kommend liegt nach Second Bridge viel Sand. Die nächsten 50 km zu Third Bridge dauern zwischen zwei (Trockenzeit) und vier Stunden (Regenzeit).

2 Third Bridge

Falls die Zeit es erlaubt, die landschaftlich reizvolle Strecke rund um die Xini Lagoon und dann gen Norden fahren. Um zum Third Bridge Campsite zu gelangen, sind die First und die Second Bridge (etwas unheimliche Holzkonstruktionen) zu überqueren. Sind die Brücken kaputt, führt ein Umweg durch seichte Wasserstellen. Es gibt reichlich Vögel und andere Wildtiere – vielleicht schleichen nachts neugierige Tüpfelhyänen ums Lagerfeuer. Der Campingplatz am Rand einer Lagune ist bei Selbstfahrern beliebt.

Fahrstrecke: Der vielerorts sandige Mboma Loop (25 km) von Third Bridge lohnt sich nur, wenn man eine Boots- oder *Mokoro*-Tour plant. Die Hin- und Rückfahrt dauert zwei Stunden.

EFIMOVA ANNA/SHUTTERSTOCK ©

 Leopard

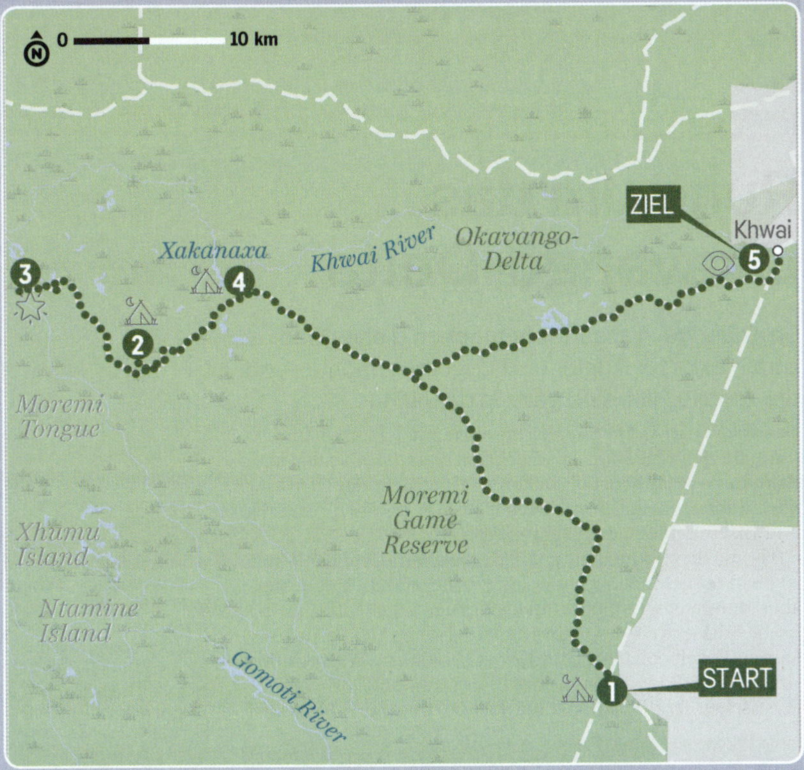

3 Mboma Island

Die Fahrt geht frühmorgens den Mboma Loop entlang, dann folgt an der Mboma Boat Station eine *Mokoro*-Tour (bei wenig Zeit bietet sich ein Trip von der Khwai Community aus an). Die grasbewachsene Savanne der 100 km^2 großen Mboma Island, ein Fortsatz der Mopane Tongue, hebt sich auffällig von der Umgebung ab und bietet in der Trockenzeit sehr gute Möglichkeiten zur Tierbeobachtung – Geparden, Löwen und Büffel sind häufig zu sehen.

Fahrstrecke: Für die 24 km von Third Bridge via Fourth Bridge sind 1½ Stunden einzuplanen. Vorsichtig fahren! Favoriten sind Jesse's Pools, Dead Tree Island und Sitshi Pools.

4 Xakanaxa

Die Strecke von Third Bridge nach Xakanaxa ist herrlich, mit vielen Überschwemmungsgebieten (je nach Wasserstand), Grasland und Schilfgebieten. Hier sind Büffel, Letschwes und viele Vögel zu sehen. Der Xakanaxa Campsite liegt an einem der schönsten Plätze in Moremi, in der Nähe gibt es viele Luxus-Lodges. Camper werden hier häufig von Elefanten geweckt.

Fahrstrecke: Der landschaftlich schönen Direktroute entlang dem Deltarand (via Dombo Hippo Pool) zum North Gate folgen (45 km).

5 Khwai & North Gate

Vorbei an Paradise Pools geht es zur Flussaue des Khwai River mit alten Auenwäldern und zum Dombo Hippo Pool mit seiner vielfältigen Vogelwelt. Man verlässt Moremi durch das North Gate, aber das ist noch keineswegs das Ende der Tour. Nach der klapprigen Holzbrücke geht es auf der Transitstraße zum Magotho Campsite (20 km). Zwischen den Bäumen sind Wildhunde, Leoparden und Büffelherden zu erspähen, Elefanten wandern zwischen den Wasserlöchern hin und her.

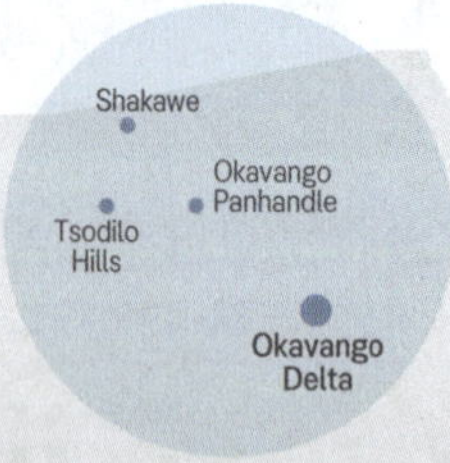

Rund um das Okavango-Delta

Ganzjährige Wasserläufe machen dieses Gebiet zum Mekka für Angler und Vogelbeobachter, und die Tsodilo Hills sind ganz in der Nähe.

Das Okavango-Delta ähnelt von oben einer Pfanne, und die schmale obere Region des Feuchtgebiets ist als Okavango Panhandle (Pfannenstiel) bekannt. Hier fließt der Okavango nach Süden, ehe er ein riesiges Netz von Kanälen, Lagunen und Inseln bildet – das „echte Delta".

Das von Schilf und dichtem Papyrus dominierte Panhandle ist nicht für besonders gute Wildtiersichtungen bekannt, bildet aber eine erschwingliche und leicht zugängliche Einführung in die Wasserwelt des Okavango. Es ist ein Mekka für Angler und Vogelbeobachter, und da es ganzjährig Wasser führt, sind immer Bootsfahrten möglich. Dann sind da noch die mystischen Tsodilo Hills – eine Schatztruhe mit Felsenkunst.

TOP TIPP

Der Westen des Panhandle ist mit Zweiradantrieb zu erreichen, aber weil die Asphaltstraße von Schlaglöchern übersät ist, dauert die Fahrt von Maun recht lang. Am besten eine Unterkunft am Fluss suchen und einen Tagesausflug in die Tsodilo Hills unternehmen.

ZARUBA ONDREJ/SHUTTERSTOCK ©

Wasserlauf im Okavango-Delta

KATHY KAY/SHUTTERSTOCK ©

Hausboot, Okavango River

Mit dem Hausboot unterwegs

EINBLICKE IN DAS LEBEN AM UND AUF DEM FLUSS

Eine Fahrt auf dem Oberlauf des Okavango River im Hausboot ist Entschleunigung pur. Die Hausboot-Touren, die ausschließlich am Panhandle (die meisten in Shakawe) beginnen, sind ideal für Gruppen und Familien. Bei einer Tour mit drei Übernachtungen sind alle Highlights dieser Region (Vogelbeobachtung und die Tsodilo Hills) möglich. Dann heißt es Ausschau halten nach Flusspferden und riesigen Krokodilen; auch den einen oder anderen Elefanten sieht man durch das Wasser waten. Die gemächliche Flussfahrt ist ideal, um sich in der Vogelbestimmung zu üben und Einblicke vom traditionellen Leben am Okavango zu bekommen: Fischer gleiten in ihren *mekoro* durchs Wasser und Bauern schuften am Ufer.

Die Hausboote sind eher einfach, aber gemütlich, es gibt Gemeinschaftsbäder, aber dort verbringt man sowieso nur wenig Zeit. Die meisten Hausboote dienen als schwimmende Ausgangsbasis und haben kleine Motorboote – für Angelausflüge und Touren durch das Wasserlabyrinth des Panhandle. Zurück auf dem Hausboot genießen die Gäste zum spektakulären Sonnenuntergang einen Gin Tonic auf dem Deck, dazu erschallt der Ruf des Schreiseeadlers.

OKAVANGO RIVER BRIDGE

Die Okavango River Bridge (alias Mohembo Bridge) verbindet seit 2023 die Dörfer östlich des Flusses via Shakawe mit dem Rest der Welt. Zuvor waren sie nur mit einer trägen Autofähre zu erreichen. Die 1,2 km lange Brücke besteht aus zwei Türmen für die Schrägseilbrücke und 18 Pfeilern in Form von Stoßzähnen, die Botswana als Hochburg der wunderbaren Elefanten ehren. Der Bau dauerte sechs Jahre, heute gelangen mutige Selbstfahrer über die Brücke in eine entlegene Gegend des Okavango.

ÜBERNACHTUNG AUF DEM HAUSBOOT

Okavango Houseboats
Die Hausboote bei Seronga (jenseits der neuen Brücke) bieten 16–24 Schlafplätze. **$$$**

Kubu Queen
Diese holzverkleidete Ikone ist seit 30 Jahren unterwegs. Die Guides kennen die besten Tigerfisch-Angelplätze. **$$$**

Okavango Spirit
Elegantes Hausboot mit acht komfortablen Kabinen und Privatdecks, perfekt für einen Besuch der Tsodilo Hills. **$$$**

CHRISONTOUR84/SHUTTERSTOCK ©

PRAKTISCHES

Eintritt Erw./Kind 50/10 BWP

Rhino Trail/andere Wege 120/175 BWP

7.30–16.30 Uhr

TOP ATTRAKTION

Tsodilo Hills

Die Tsodilo Hills, Stätte von großer spiritueller Bedeutung und Unesco-Weltkulturerbe, erheben sich abrupt aus der nordwestlichen Kalahari – seltene vertikale Strukturen in diesem extrem flachen Land. Die Hauptattraktion sind die mehr als 4500 prähistorischen Felsmalereien, die sich auf über 400 Stellen in den Hügeln verteilen. Wanderer können in den „Bergen der Götter" einen der höchsten Gipfel Botswanas erklimmen.

NICHT VERPASSEN

- Gobeka Fountain
- Nashörner
- Wal & Pinguin
- Van der Post Panel
- Tsodilo Hills Museum
- Male Hill Summit

Female Hill

Die beliebtesten (und schönsten) Felsmalereien befinden sich auf dem von Pfaden und rätselhaften Geschichten umgebenen Female Hill. Hier sind ein Nashorn, ein Wal mit Pinguin und das Van der Post Panel zu sehen.

Gobeka-Brunnen

Der Rhino Trail führt auf einer steilen Holztreppe an mehreren markanten Kunstwerken vorbei zu einer Wassergrube, in der Libellen und Schmetterlinge um eine schleimige grüne Pfütze, den Gobeka Fountain, schwirren. Für die San und die Hambukushu, die in den letzten 200 Jahren zeitweise auf den Hügeln lebten, ist das Wasser aus dieser Quelle nach wie vor heilig – aus ganz Botswana kommen Pilger hierher. In der Nähe steht ein alter Baum, den ein San-Guide dem südafri-

CHRISONTOUR84/SHUTTERSTOCK ©

Links: Tsodilo Hills; oben: Felszeichnung

kanischen Schriftsteller Laurens van der Post als Baum der Erkenntnis vorstellte. Laut diesem Guide kniete das größte göttliche Wesen am Schöpfungstag an diesem stinkenden Wasserloch nieder. An den Felsen dahinter sind mehrere „Hufspuren" zu sehen, von denen die Hamukushu glauben, dass sie von den Rindern stammen, die der Gott Ngambe auf den Hügel setzte. Vielleicht erzählt der Guide von seinen Wurzeln und den Legenden, mit denen er aufgewachsen ist.

Nashörner

Auf dem Rhino Trail geht es über einen Hügel in ein bizarres, grasbewachsenes, von Gipfeln flankiertes Tal, das wie eine andere Welt wirkt. Vorbei an Felsnasen und -malereien geht es in die markante Mulde an der südöstlichen Seite des Female Hill. In der Senke ist eine Zeichnung mit zwei frech wirkenden Nashörnern mit einem Kalb. Gegenüber der Mulde zeigt eine der wenigen menschlichen Tsodilo-Abbildungen sexuell erregte, tanzende Männer – der Archäologe Alec Campbell, der Experte für die Hügel und ihre Malereien, nannte sie „Tanzende Penisse". Ausgegrabene Steinwerkzeuge belegen, dass die Bantu bereits um 500 n. Chr. hier siedelten, aber Schichten überlagerter Felszeichnungen und andere archäologische Funde weisen darauf hin, dass die Vorfahren der San bereits vor 30 000 Jahren hier waren. Die Tsodilo Hills und ihre Felsmalereien sind ein Nationaldenkmal und stehen unter der Schirmherrschaft des National Museum in Gaborone.

Wal & Pinguin

An der südöstlichen Ecke des Female Hill weisen ein verwunderlicher Wal (Zyniker behaupten, es sei lediglich ein simpler Fisch, aber seine Form ist dennoch verblüffend) und ein

RESPEKT VOR DER FELSENKUNST

Die Felsen zieren rund 4500 Malereien – einige sind leicht zu sehen, andere befinden sich hoch oben und sind nahezu unerreichbar. Anhand der Farben sind die zwei Hauptgruppen, die die Bilder geschaffen haben, zu unterscheiden. Die San verwendeten rote Pigmente (vermutlich aus Ocker), die Bantu schufen später die dickeren weißen Figuren aus weißer Mineralerde. Die Tsodilo Hills sind eine heilige Stätte und als solche zu respektieren. Keinesfalls die Malereien berühren oder gar entfernen!

TOP ATTRAKTION

Tsodilo Hills

WENIG ZEIT?

Die leichteste, beliebteste und lohnendste Felsenkunst-Tour ist die Rhino Route. Wer nur für eine Stätte Zeit hat, sollte das Van Der Post Panel auf einer hohen Klippe ansteuern. Es zeigt Elenantilopen, Giraffen und Handabdrücke, die so deutlich sind, als seien sie gestern entstanden. Man kann ganz nach oben klettern, der Trail verläuft aber weiter unten. Ferngläser mitnehmen!

Pinguin auf eine mögliche – faszinierende – Verbindung zwischen den frühen San und der namibischen Küste hin. Tsodilo bedeutet „feuchte Erde" in der !Kung-Sprache der San. Vor rund 10 000 Jahren könnte dieses Gebiet Teil des riesigen Supersees gewesen sein, der den Norden Botswanas einnahm und sich über den Makgadikgadi ausbreitete.

Van der Post Panel

In seinem Klassiker *Die verlorene Welt der Kalahari* von 1958 beschrieb van der Post die Tsodilo Hills als „die glitschigen Hügel" und „eine große Festung lebendiger Buschmannkultur, ein Louvre der Wüste". Er wollte einen Dokumentarfilm über die Hügel drehen, aber es kam zu unerklärlichen Problemen mit den Kameras, die Tonbandgeräte funktionierten nicht mehr, und an drei Tagen in Folge wurde sein Team morgens von Bienenschwärmen attackiert. Als er erfuhr, dass zwei Mitglieder seiner Gruppe eine Warnung ihres San-Guides ignoriert und auf dem Weg zu den heiligen Hügeln ein Warzenschwein und eine Steinantilope getötet hatten, vergrub van der Post unterhalb der Malereien, die heute seinen Namen tragen, ein Entschuldigungsschreiben. Kudu, Steinantilope und Ducker sind die einzigen Tiere, die hier deutlich zu sehen sind, aber man sollte auch Ausschau nach dem Bandschlangenadler am Himmel halten.

Felsmalerei, Van der Post Panel

PETR BONEK/SHUTTERSTOCK ©

MICHIEL HOORENS/SHUTTERSTOCK ©

Aussicht von den Tsodilo Hills

Zebra

Diese faszinierende Malerei auf einem kleinen Felsvorsprung nördlich vom Female Hill liegt weitab der Hauptpfade. Wer sie sehen möchte, muss sich schon zu ihr auf den Weg machen. Die stilisierte Pferdefigur diente früher als Logo des Ministeriums für National Museum & Monuments. Sie ist klein und nicht im besten Zustand, aber ein Museum vor Ort zeigt viele aufschlussreiche Exponate über den historischen Kontext.

Male Hill

Mit 1383 m über dem Meeresspiegel ist der Male Hill einer der höchsten Gipfel in Botswana und bei Wanderern beliebt, die eine Herausforderung nicht scheuen. Am besten fängt man mit der Lion Route an, bestaunt den gemalten Löwen und nimmt dann den steilen Aufstieg in Angriff.

Löwe

Zwischen Male und Female quert der Lion Trail das Tal und verbindet den Male Hill Trail mit dem Rhino Trail – und genau darin liegt sein Reiz, denn am Weg liegt sonst nichts von besonderem Interesse. An der Nordseite des Hügels gibt es nur ein Bild der Großkatze.

Gipfel des Male Hill

Die Route ist felsig und voll von trügerischen Graten, aber die Aussicht von oben ist wahrscheinlich die schönste in der Kalahari. Und während andere Welterbestätten von Touristen überlaufen sind, ist man hier herrlich allein. Über große Felsen gelangt man auf den Gipfel des Male Hill mit Blick auf eine der ältesten historischen Stätten der Welt.

TOP TIPP

Zu dieser heiligen Stätte gelangt man nur mit einem Guide. Alle Touren werden von Einwohnern des Dorfs Tsodilo geführt, die alle von einem Gemeinde-Trust zugelassen sind, um Gästen die Stätte zu erklären. Im Tsodilo Hills Museum am Fuß der Hügel sind Guides zu finden. Am besten frühmorgens da sein, um die Hitze zu meiden, und bequeme Schuhe, Hut, Sonnenschutz und Wasser mitnehmen. Die beste Jahreszeit für die Besteigung des Male Hill ist im Winter. Die Bezahlung erfolgt bar; die Guides erwarten (und verdienen) ein Trinkgeld (mind. 10 US$). Mit etwas Glück ist sogar ein Leopard zu sehen.

WAHL DES TRAILS

Die Tsodilo Hills sind vier große Felsen (Male Hill, Female Hill, Child Hill und North Hill), zwischen denen drei Hauptpfade verlaufen: Rhino Trail, Lion Trail und Cliff Trail. Jeder führt zu anderen Felsenmalereien. Rhino und Lion Trail können mit dem Aufstieg auf den Male Hill kombiniert werden.

GUT ESSEN IN SHAKAWE

Shaun Clemence, Geschäftsführer der Xaro Lodge, empfiehlt seine Lieblingsrestaurants am Panhandle.

Dijo Deli
In Shakawe gibt es nur ein Restaurant. Das Dijo, der Setswana-Name für Essen, hat eine schnörkellose Speisekarte mit Pub-Kost – schlicht, aber gut.

Streetfood
Mehrere Stände in Shakawe verkaufen traditionelles Streetfood, z. B. *seswaa* – ein lokales Gericht, für das Rindfleisch etwa acht Stunden in Salzwasser gekocht und dann mit einem Holzlöffel zerstoßen wird, bis es eine zähe Textur hat. Lecker!

Xaro Lodge
Eigentlich dürfen nur Übernachtungsgäste in der Xaro Lodge essen, aber auf Anfrage kann auch für Tagesgäste ein Mittagessen arrangiert werden.

GERRIT_DE_VIRES/SHUTTERSTOCK ©

Weißbrauenkuckuck

Vogelbeobachtung am Panhandle

IMMER DIE AUGEN OFFEN HALTEN!

Das Panhandle gehört zu keinem Schutzgebiet, aber in seinen unberührten Sumpfgebieten und von Papyrusgras gesäumten Lagunen lebt eine Vielzahl von Wasservögeln. Die einzigartige Kombination aus permanent wasserführenden Feuchtgebieten und Wäldern bietet ideale Lebensräume für eine außergewöhnliche Vogelwelt, (Hobby-)Ornithologen finden dort spezialisierte Lodges und erfahrene Guides. Erlebnisreiche Vogelbeobachtungstouren finden in der Regel zu Fuß oder in Motorbooten samt Guide statt.

Von den Booten auf dem verzweigten Netz aus Wasserwegen sind am Ufer Schilfbewohner wie Afrikanische Ralle, Savannenralle und Bunt-Goldschnepfe zu erspähen. Und auch Afrikanische Zwergenten, Langzehenkiebitze, mehrere Eisvogelarten, Blaustirn- und und Zwergblatthühnchen, Rotbauch- und Goliathreiher, Weißbrauenschwalben, Zistensänger sowie Kupferschwanz- und Weißbrauenkuckucke sind auszumachen. Zwischen September und Dezember kommen Afrikanische Scherenschnäbel, und ungefähr zur gleichen Zeit nisten große Schwärme spektakulärer Karminspinte in den steilen Uferbänken.

UNTERKÜNFTE FÜR VOGELBEOBACHTER

Xaro Lodge
Mit mehreren Nistplätzen (und Guides mit Adleraugen) ist dies der beste Ort, um Afrikanische Fischeulen zu entdecken. **$$$**

Drotsky's Cabins
Hübsche, einladende Lodge mit fabelhaftem Blick auf Schilf und Papyrus zur Vogelbeobachtung. **$$**

Askiesbos
Das reizende Camp hat Charakter und bietet geführte Vogeltouren zu Fuß und per Boot. **$**

In den dichten Flusswäldern am Okavango und seinen Seitenarmen sind Waldvögel wie Schwarzgesicht-Drosselhäherling, Bandschlangenadler, Weißrückenreiher, Afrikanischer Waldkauz und Afrikanische Fischeule zu Hause. Besonderes viele halten sich in den Afrikanischen Mangostanbäumen auf. Die beste Zeit zur Beobachtung ist der frühe Morgen, wenn die Eulen ein bisschen Sonne tanken möchten.

Tigerfischfang

ZUM GLÜCK LEBEN FISCHE AN SCHÖNEN ORTEN

Tigerfische sind für ihre erbitterten Kämpfe bekannt; sie zu angeln, ist ein adrenalingeladenes Unterfangen. Umso besser, dass man sich dabei auf einem Boot auf dem spektakulären Okavango River befindet. Die wachsamen Augen der Nilpferde und Krokodile, die die Angler beobachten, wenn sie mit ihrem Fang fürs Foto posieren, erhöhen die Aufregung noch.

Die besten Angelgründe sind tiefe, schnell fließende Abschnitte, in denen auch andere Spezies wie Brassen, Raubwelse und Buntbarsche vorkommen. Tigerfische sind den Piranhas ähnliche, silbrig glänzende Raubfische, die blitzschnell andere Fische angreifen, die fast halb so groß wie sie sind. Wenn einer den Angelköder schnappt, weiß man Bescheid!

Die Guides sind sachkundig und stellen den Gästen die nötige Ausrüstung und Erfahrung zur Verfügung, um einen großen Fang zu machen (einige erreichen 5 kg). Die Angeltechnik variiert, am beliebtesten ist aber das Spinnfischen. Fliegenfischer bringen ihr eigenes Equipment mit.

Die beste Zeit fürs Tigerfischangeln ist von Juni bis Oktober. Dann kommt es zum „barbel run": Nach dem Winterhochwasser scheuchen Raubwelse Kleinfische aus den Papyrusbänken und jagen sie in einem wahren Rausch – den Rest erledigen zahllose hungrige Vögel. Wann das Gemetzel stattfindet, variiert je nach Wasserstand, aber meistens im September oder Oktober. März bis April ist gut zum Brassenangeln (ist aber auch Moskitosaison), und im August bis September beißen Buntbarsche an, das Klima ist angenehm.

Im Januar und Februar ist angeln verboten, die Fischbestände können sich in der Brutzeit erholen. Die meisten Anbieter lassen die gefangenen Fische wieder frei – außer gelegentlich Brassen, die dann als Abendmahlzeit dienen.

TIGERFISCH-ANGELN AM PANHANDLE

Guma Lagoon Camp
Von den herrlich an der Guma Lagoon gelegenen Zeltplätzen und Chalets ist man per Boot in 40 Min. bei den Fischgründen. $

Nxamaseri Island Lodge
Das charismatische Camp mit langer Fischfangtradition liegt den Tsodilo Hills am nächsten. $$$

UNTERWEGS VOR ORT

Die zweiradtaugliche, geteerte Straße von Maun nach Nord-Shakawe (via Sehithwa) führt weiter nach Namibia. Zu den meisten Lodges und Camps ist Allradantrieb erforderlich, viele arrangieren aber gegen Bezahlung die Abholung vom nächstgelegenen Ort. Der Weg nach Seronga führt über die imposante Okavango River Bridge.

Zu den Tsodilo Hills führt eine gute, etwa 35 km lange Schotterpiste (von der Hauptstraße südlich von Nxamasere Village gut ausgeschildert). Die geriffelten Abschnitte sind in einem kleinen Auto allerdings unangenehm. Die meisten Lodges in der Gegend bieten Tagesausflüge zu den Tsodilo Hills – warm einpacken, denn in den offenen Jeeps kann es windig werden. Helicopter Horizons bietet von den meisten Luxus-Lodges im Okavango-Delta Flüge zu dieser heiligen Stätte.

MAKGADIKGADI-SALZPFANNEN

Klarer Himmel, gewaltige Tierherden, alte Baobab-Bäume und charaktervolle Erdmännchen: Hier beginnt ein eigentümlicher Teil der Kalahari. Die 12 000 km² großen Makgadikgadi-Salzpfannen (Makgadikgadi Salt Pans) sind ein so ausgedehntes Netz von Salzpfannen, dass sie sogar vom All aus sichtbar sind. Das beeindruckende Gebiet umfasst Salztonebenen (die größten der Erde), die von Grasland mit Palmen gesäumt werden. Die Inseln mit Baobabs wurden bereits 1858 vom schottischen Forscher David Livingstone besucht. Auch wenn es sehr abgelegen ist, er war nicht der erste Mensch hier, denn es wurden jahrtausendealte Siedlungsreste gefunden.

Der Makgadikgadi Pans National Park mag das Top-Ziel sein, aber Makgadikgadi besteht aus mehreren Salzpfannen (Nxai, Sua und Ntwetwe Pan), die Überreste eines riesigen Sees, der durch eine Klimaveränderung verdunstete. Faszinierend durch Größe und Schönheit hat jedes Gebiet eigene Reize: große Tiervielfalt, abenteuerliche Übernachtungen im Freien und ein unübertroffener Sternenhimmel.

TOP TIPP

Die Makgadikgadi-Salzpfannen, Makgadikgadi Pans National Park und Nxai Pan bieten drei ganz unterschiedliche Wüstenerfahrungen. Erdmännchen sieht man in Ntwetwe Pan, aber nicht, wie man denken könnte, im Makgadikgadi Pans National Park; die Nxai Pan weist die meisten Raubtiere auf.

ROBIN WEEKS IMAGES/SHUTTERSTOCK ©

Baobabs, Kubu Island (S. 117)

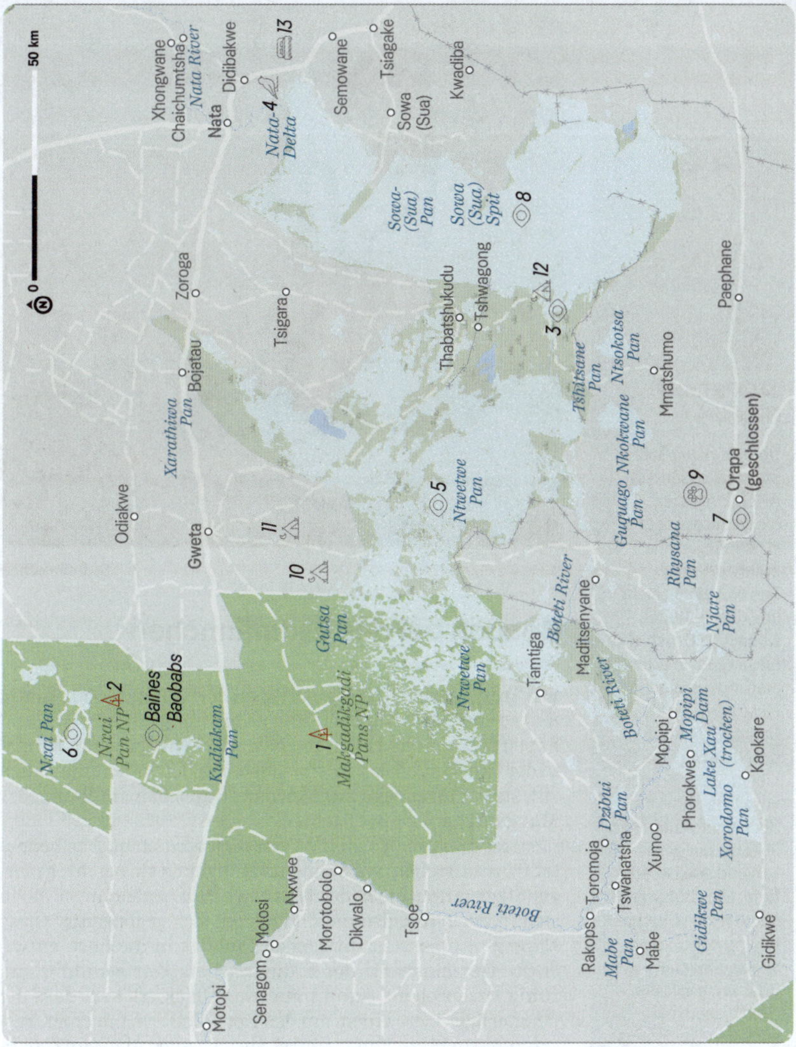

HIGHLIGHTS
1 Makgadikgadi Pans National Park
2 Nxai Pan National Park

SEHENSWERTES
3 Kubu Island
4 Nata Bird Sanctuary
5 Ntwetwe Pan
6 Nxai Pan
7 Orapa
8 Sua Pan

AKTIVITÄTEN, KURSE & TOUREN
9 Orapa Game Park

SCHLAFEN
10 Camp Kalahari
11 Jack's Camp
12 Kubu Island Campsite
13 Nata Lodge

WALTER MARIO STEIN/SHUTTERSTOCK ©

Erdmännchen

JACK'S CAMP MUSEUM

Überall in den Salzpfannen lassen sich Artefakte finden, die zeigen, dass Makgadikgadi ein prähistorischer Riesensee war. Mehr über die außergewöhnliche Geschichte dieser Region erfährt man im hauseigenen Museum in Jack's Camp am Nordufer der Ntwetwe Pan. Hier bieten faszinierende Fossilien, Fotos und Bücher Informationen über die indigenen San und ihre Lebensform, über Botswanas geologische Chronologie sowie über ungewöhnliche Pflanzen und Tiere. Das Museum ehrt auch den Pioniergeist und das Engagement von Jack Bousfield, dem verstorbenen Gründer von Jack's Camp.

Besuch bei den Erdmännchen

EINTAUCHEN IN DIE FAMILIE

Ein Treffen mit den coolsten Typen der Kalahari. Zäh, mutig und so süß! Erdmännchen sind wahnsinnig einfallsreich und haben sich an das Leben in einem der schwierigsten Klimate der Erde angepasst. Die Wachposten der Salzpfanne laden ein, sie bei ihrer Jagd auf Skorpion-Häppchen am Rande der Makgadikgadi zu beobachten.

Zuerst muss man sich ihr Vertrauen verdienen. Das bedeutet früh aufstehen, vor Sonnenaufgang, und sie bei ihrer morgendlichen Routine in der **Ntwetwe Pan** begleiten. Sie aalen sich in der Morgensonne und putzen sich gegenseitig. Diese Nähe gibt einen faszinierenden Einblick in die hoch entwickelte Gemeinschaft der Erdmännchen. Wer geduldig und ruhig sitzen bleibt, kann mit etwas Glück erleben, dass die neugierigen Tiere einem auf den Kopf klettern, um einen besseren Ausblick zu haben und ein wachsames Auge auf mögliche Feinde. Dann gehört man quasi dazu.

Manche Kolonien sind an die Anwesenheit von Menschen gewöhnt und haben einen festen Betreuer, aber es sind immer noch Wildtiere, die frei herumlaufen.

ÜBERNACHTEN BEI DEN ERDMÄNNCHEN

Jack's Camp
Wie eine Fata Morgana mitten im Nichts, Jack's Camp war das erste mit diesem außergewöhnlichen Angebot. **$$$**

Planet Baobab
Relativ günstig und gut erreichbar, das Camp bietet ähnliche Aktivitäten wie die berühmten Camps. **$$**

Gweta Lodge
Die Lodge könnte besser betrieben werden, aber die Gesellschaft der Erdmännchen ist hier kostengünstiger. **$$**

Im kleinen Ort **Gweta** bieten Planet Baobab und Gweta Lodge Touren zu den Erdmännchen an. Sie starten früh um 5 Uhr mit einer einstündigen Fahrt zum Rand der Salzpfannen. Einfacher ist der Aufenthalt in einer luxuriösen Lodge wie Jack's Camp, wo man ebenfalls auf Erdmännchen trifft.

Quadfahren & Sternenbeobachtung in den Salzpfannen

SLEEP-OUT UNTER DEN STERNEN

Bei der schnellen Fahrt auf einem Quad erlebt man wie riesig die Salzpfannen eigentlich sind, gelegentlich zeigen sich goldene Grasinseln oder eine Herde Zebras oder Gnus, sonst sieht man nur eine endlose weiße Salzwüste.

Wahrscheinlich geht der Ausflug zur Ntwetwe Pan, einer alten Seensohle, die den Westteil der Makgadikgadi Pans bildet. Die Quads sind einfach zu fahren (mit einem einfachen Fußschalthebel und Handgas), verlangen keine Fahrpraxis oder Führerschein und machen viel Spaß. Der Wind bläst einem entgegen, wenn man beschleunigt (max. 60 km/h),dann fühlt man sich wie ein knallharter Typ in der Wildnis Botswanas.

Dieses Abenteuer ist nicht nur aufregend, sondern auch unbeschwert. Auf der Fahrt in die Salzpfannen hinein wird es drumherum ruhiger. Wenn erst der Dieselmotor des Quads aus ist, ist es totenstill, kein Vogelgesang, keine Tierlaute.

Quadfahren ist ein Traumerlebnis, aber nichts für schwache Nerven. Tagsüber kann es in den Salzpfannen glühend heiß werden, nach Sonnenuntergang fallen die Temperaturen in den Keller. Auch der Wind kann gnadenlos sein, fegt Sand und Salz in Gesicht, Haare und Kleidung. Die meisten Quadtouren enden mit einer Nacht unter Sternen im Schlafsack mitten im Nichts. Dabei kann man jeglichen Komfort vergessen – es gibt keinen Strom oder fließend Wasser und nur eine einfache Latrine. Aber dann kommen die Sterne. Wer schon bei Tage über die Ausmaße der Makgadikgadi gestaunt hat, wird von der Milchstraße überwältigt sein.

In der Ntwetwe Pan gibt es zu bestimmten Zeiten Überschwemmungen, diese Expeditionen sind daher nur in den trockenen Monaten zwischen Juni und Oktober möglich.

Camping auf Kubu Island

BEEINDRUCKENDE BAOBAB-INSEL

Wie Flusspferdhöcker aus dem Wasser (*kubu* heißt Flusspferd auf Setswana) sehen die Felsen von **Kubu Island** aus, die sich aus der flachen Ebene der Südwestecke von Sua Pan

DARUM LIEBE ICH DIE MAKGADIKGADI SALT PANS

Melanie van Zyl, Autorin

Die surreale Landschaft der Makgadikgadi-Salzpfannen zieht mich immer wieder an. Hier küsst der spektakuläre Himmel von Botswana die Erde. Und das Nichts ist alles. Ein sich ständig verändernder fotografischer Hintergrund, vom überreichlichen Wasser bis zu ausgedörrten Staubfetzen. Ich liebe es, mir vorzustellen, wie frühere Forscher die Baobabs als Wegweiser zur Orientierung in der ausgeblichenen, wunderlichen Landschaft nutzten. Es ist schwierig, sich in den Pfannen zurechtzufinden, sie bleiben ein ewiges Rätsel. Sie sind auch die Heimat zahlreicher Tiere – Flamingos, Zebras, Erdmännchen und Schabrackenhyänen. Und dann gibt es noch den wenig bekannten Nxai Pan National Park.

ÜBERNACHTEN BEIM QUADFAHREN

Jack's Camp
Beim Aufenthalt auf der Island of Lost Baobabs kann man auch eine zweitägige Quadtour buchen. **$$$**

Camp Kalahari
Das Camp bietet Ausritte, Besuche bei den Erdmännchen und Quadtouren mit Sleep-Out. **$$$**

San Camp
Einfache, aber schicke Einrichtung spiegelt die karge Umgebung wider. Sehr romantisch. **$$$**

Kubu Island (S. 117)

erheben. Die Felsen sind „verziert" von versteinertem Guano der Wasservögel, die einst hier lebten.

Diese verlassene Gegend wurde wahrscheinlich vor 500 Jahren noch bewohnt und überall lassen sich Spuren von menschlichen Siedlungen finden. Ein Beispiel ist eine sichelförmige Steinmauer unbekannter Herkunft, die zahlreiche Artefakte (wie getöpferte Scherben) enthielt – ein Nachlass der Menschen, die hier lebten bevor der See austrocknete.

Der Gaing O Community Trust organisiert Camps rund um die Insel, Baobabs dienen als Kulisse. Es gibt nur wenig Wildtiere, aber die beeindruckende Aussicht macht das mehr als wett. Da es so abgelegen und einsam ist, muss man alles, was man benötigt, selber mitbringen, dazu gehören auch Wasser, Feuerholz, Brennstoff und Toilettenpapier. Es gibt buchstäblich nichts, aber wer über Letlhakane anreist, kann im Campsite Office geführte Wanderungen (gegen Gebühr) buchen.

Da es keine Wegweiser oder asphaltierte Straßen gibt, gestaltet sich die Fahrt zur Kubu Island durch das unwegsame Gelände als wahres Abenteuer. Die Salzpfannen werden von einer dicken Salzkruste bedeckt, die aber manchmal Bruchstellen und Trockenrisse aufweist. Deren Überquerung kann gefährlich werden. Die Trockenzeit (Mai–Okt.) eignet sich am besten für einen Ausflug.

DIE JAHRESZEITEN IN DEN SALZPFANNEN

Die großen Salzpfannen sind in der Trockenzeit (Mai–Okt.) riesig und weiß, den Hintergrund bildet ein stahlblauer Himmel, dazu kommt das grelle Licht. Während der brütenden Hitze zum Ende des Winters (Aug.) bekommen die kargen Pfannen eine verwirrende und ätherische Nüchternheit. Fata Morganas verwirren die Sinne, imaginäre Seen erscheinen und verschwinden. Aber wenn zum Ende des Frühjahrs (Nov.) der jährliche Regen beginnt, bilden Senken in den Pfannen zeitweilige Seen und die Grasränder färben sich grün. Tierherden kommen, um an der Fülle teilzuhaben, Wasservögel sammeln sich. Achtung: Das Fahren bei Nässe ist in dieser Zeit gefährlich.

ÜBERNACHTEN IN DEN SALZPFANNEN

Gweta Lodge
Die schlichte und günstige Lodge ist ideal für Selbstfahrer, um die Ntwetwe Pan zu besuchen. $

Planet Baobab
Ausgezeichnete Guides, gutes Essen und viel Charakter bewirken, dass das eigenwillige Camp so gut ist. $$

Leroo La Tau
Hier lässt sich ein Sleep-Out am Feuer mit einem Hubschrauberflug statt einer Quadtour verbinden. $$$

Man benötigt eine zuverlässige App zur Navigation wie Tracks4Africa, um im Labyrinth der Grasinseln und Salzbuchten den Weg zu den Fata Morgana ähnlichen Felsen mitten in der Makgadikgadi zu finden. Zugang ist von Süden ab Letlhakane oder Norden von der Straße Nata–Gweta möglich.

Museen & Nashörner in Orapa

GLITZERNDE STEINE UND KOSTBARES WILD

In Orapa wurden 1967 Diamanten entdeckt und so entstand rund um die Minen ein eingezäunter Ort mit guter Infrastruktur wie Einkaufszentrum, Krankenhaus, Polizei, Hotels, Bars, Sportmöglichkeiten sowie einem Wildreservat mit Nashörnern. Die Diamantmine in Orapa liefert bedeutende Einnahmen für Botswana.

Der von einem großen, beeindruckenden Zaun umgebene Ort mit der stark bewachten Diamantmine gilt als Hochsicherheitszone – und der Eintritt von Besuchern ist nicht gestattet. Es gibt allerdings zwei Ausnahmen, die mit Genehmigung besichtigt werden können.

Der 490 km^2 große **Orapa Game Park** wurde 1985 eröffnet. Eine Wachmannschaft der Mine schützt ihn vor Wilderern, hier sind Springböcke, Kudus, Elenantilopen, Giraffen und Breitmaulnashörner heimisch, die hier erfolgreich gezüchtet werden. Wahrscheinlich kann man zehn verschiedene Tierarten bei einer Ausfahrt sehen.

Das **Adrian Gale Diamond Museum** ist ebenfalls besuchenswert. Geschichten und Gegenstände dokumentieren jene Zeit, in der die Edelsteine entdeckt wurden. Fünf fantastische Ausstellungsräume zeigen den Einfluss der Diamanten in der Geschichte Botswanas, von der Mine bis zu begehrten Erbstücken.

Am einfachsten erhält man eine Genehmigung in der nahe gelegenen Makumutu Lodge. Orapas Sehenswürdigkeiten kann man mit dem eigenen Fahrzeug besichtigen oder auf einer geführten Tour durch das Wildreservat und Museum.

SICHERES FAHREN IN DEN SALZPFANNEN

Grundsätzlich gilt, dass man den Spuren anderer Fahrzeuge folgt und nur in die Pfannen fährt wenn die salzige Oberfläche und der Lehm darunter trocken sind. Stinkendes Salz bedeutet einen nassen und somit gefährlichen Untergrund, der im Aussehen und Beschaffenheit feuchtem Beton gleicht. Wenn der tieferliegende Lehm nass ist, können Fahrzeuge durch die Salzkruste brechen und versinken. Achtung: Die Auswirkung auf den Orientierungssinn kann sehr groß sein. Unbedingt GPS-Apps wie Tracks4Africa und Maps.Me verwenden.

Der Zug der Zebras

FASZINIERT VOM NATIONALTIER BOTSWANAS

Das Zebra ist Botswanas Nationaltier und man kann sie nach erfrischenden Regenfällen zu Tausenden durch die Salzpfannen streifen sehen. Obwohl die Zebras hier nicht so berechenbar sind wie jene auf ihren berühmten ostafrikanischen Wanderzügen, ziehen die Zebraherden auf

DEN ZEBRAS FOLGEN

Wer nicht während der Regenzeit zwischen Januar und März reisen möchte, findet am **Boteti River** (S. 126) auch in der Trockenzeit eine große Zahl an Zebras und Gnus.

ÜBERNACHTEN NAHE ORAPA

Makumutu Safari Lodge
Zuständig für Erlaubnisscheine; eigenes Restaurant mit Tageskarte und geräumige Suiten mit Outdoor-Duschen. **$**

Tuuthebe Lodge
Saubere Zimmer mit Selbstversorgung, kleine Zeltgruppen und erschwingliche Campingplätze mit Strom. **$**

Kubu Island Campsite
Auch als Lekhubu Island bekannt. Auf dem Weg zum Allrad-Abenteuer lohnt sich ein Stopp im Museum. **$**

RADEK BOROVKA/SHUTTERSTOCK ©

Zebras

DIAMANTEN: DIE BESTEN FREUNDE DES LANDES

In den 1960er-Jahren zählte Botswana zu den ärmsten Ländern der Welt, das BIP pro Kopf lag bei unter 200 US$. Der Bildungsstand war niedrig, weniger als 2 % der Bevölkerung beendeten die Grundschule. Im ganzen Land gab es nur eine asphaltierte Straße mit einer Länge von 12 km. Aber 1967 änderte sich durch den Fund von Diamanten in Orapa sehr viel und Botswana wurde zum weltweit größten Produzenten von Edelsteinen. Von 1966 bis 2005 wuchs Botswanas Wirtschaft schneller als jede andere in der Welt. 2022 betrug das BIP bei 6806 US$ pro Kopf (in Simbabwe bei 1774 US$, in Sambia bei 1138 US$, in Namibia bei 4865 US$ und in Südafrika bei 7055 US$).

zwei großen Routen durch Botswana. Eine Gruppe zieht vom Okavango-Delta zu den Makgadikgadi-Salzpfannen, die andere wandert zwischen Chobe und Nxai Pan. Beide sind auf der Suche nach neuen Weidegründen.

Viele Jahre lang wurde diese Wanderung durch Zäune behindert, die kreuz und quer durch Botswana verliefen. Sie schützten die Rinderherden, deren Fleisch für den Export nach Europa gedacht war. Auch wenn die Wanderungen der Zebras 40 Jahre lang unterbrochen waren, nahmen die Wildtiere die alten Routen instinktiv wieder auf, nachdem die Zäune entfernt wurden oder zerfallen waren.

Eine Studie mit Senderhalsbändern zeigte 2012, dass sich die Zebras während der harten Monate Juli bis November in den Flussauen des Chobe River aufhalten. Wenn im Dezember der Regen Richtung Süden zieht, beginnen die Herden (häufig begleitet von kleineren Gruppen von Gnus) ihre beschwerliche Reise. Das frische Gras in den mineralreichen Makgadikgadi-Salzpfannen ist so üppig und nahrhaft, dass es Tiere aus über 250 km Entfernung anzieht, die in Herden Richtung Nxai Pan ziehen und so den längsten Wanderzug Afrikas bilden. Manche Zebras legen mehr als 1000 km während der dreimonatigen Wanderung zurück, erheblich mehr als die Gnus während ihres Zuges durch die Serengeti.

ÜBERNACHTEN MIT ZEBRASICHTUNG

Leroo La Tau
Bei Sonnenaufgang über dem Makgadikgadi Pans National Park kann man die Zebras am Flussufer beobachten. **$$$**

Boteti River Camp
Der Campingplatz hat Schatten, Wasser, Stromanschluss und eine Bar mit Blick zum Makgadikgadi Pans NP. **$**

Meno a Kwena
Hoch oben über dem Boteti River gelegen mit fantastischer Aussicht von Camp und Unterstand. **$$$**

Die Wanderung der Zebras ist wichtig für ein gesundes Ökosystem; erst nachdem die Zebras das lange Gras abgefressen haben, folgen Gnus und dann die Raubtiere wie Löwen und Geparden. Die Ausscheidungen der Pflanzenfresser düngen den Boden und beeinflussen den nächsten Wachstumszyklus.

Während der Regenzeit kommen die Zebrafohlen zur Welt; sie können bereits eine Stunde nach der Geburt laufen: Es ist lebensnotwendig, da Löwen, Hyänen und andere Räuber den Herden auflauern. Im April und Mai ziehen die Herden zu beständigeren Wasserquellen und grasen an den Grenzen des Makgdikgadi National Parks in Chobe oder dem nahen Boteti River. Von Juni bis Oktober sammeln sich die Zebras, die dauerhafter die Makgadikgadi-Salzpfannen und den Nxai Pan National Park bevölkern, nahe beim einzig permanenten Wasserloch der Region am Boteti River. Dort finden sich viele Herdentiere ein.

Der große Vorteil einer Reise während der Zebrawanderungen durch die Nxai Pan ist, dass das Schauspiel am beeindruckendsten in der Nachsaison ist, denn das bedeutet günstige Preise und weniger Safaribusse. Am besten ist eine Tour von einer luxuriösen Lodge mit einem erfahrenen Guide, der auf feuchten Salzpfannenwegen während der Regenzeit fahren kann. Wer Mut zum Abenteuer hat, zeltet und fährt selber durch den Nxai Pan NP und den Makgadikgadi Pans NP.

Eine Flamingokolonie entdecken

LEGENDÄRE BLITZ-VÖGEL

Wenn die Bedingungen perfekt sind – normalerweise nach Regenfällen vom März bis zum Juni – drängen sich in den Makgadikgadi-Salzpfannen Scharen von Flamingos und ein Chor von Schreien und Kreischen erfüllt die Luft im **Nata Bird Sanctuary**. Das 230 km² große, gemeinschaftlich geführte Wildreservat liegt im Nordteil der Sua (oder Sowa) Pan und ist einer von nur vier Flamingo-Brutplätzen in Afrika und der größte (die anderen sind Lake Natron in Kenia, Etosha Pan in Namibia und Kamfers Dam in Südafrika).

Der Setswana-Name für diese drolligen Vögel lautet *dinyonyane tsa tladi,* das heißt „Blitz-Vögel", denn sie tauchen wie ein Blitz nach Sommergewittern auf. Dann steht das Wasser als dünner Film auf der Sua Pan, spiegelt den Himmel und verschwimmt mit dem Horizont. Die frischen Wasserlachen lösen eine Algenblüte bei Millionen von wirbellosen Wassertieren aus, von denen sich die Flamingos ernähren und dann zu Zehntausenden hier brüten können. Das fantastische rosa Federkleid, von blass-rosa bis korallenrot gefärbt, bringt Farbe in die kahle Landschaft. Die Farbe des Gefieders kommt

ZÄUNE: GESCHICHTE EINES KONFLIKTS

Wildtierpopulationen und Botswanas Viehherden passen nicht zusammen – darum errichtete die Regierung über Tausende von Kilometern Zäune, um die beiden Gruppen zu trennen. Dadurch konnten die Herden jedoch nicht auf ihren angestammten Routen wandern. Während der Dürre 1983 verendeten 65000 Tiere, weil der Kuke Fence den Gnuherden den Zugang zum Wasser im Okavango versperrte. 2003 ging der Streit weiter mit der Planung eines neuen Zauns rund um die Makgadikgadi-Salzpfannen, der die Raubtiere und Viehherde am Boteti River voneinander trennen sollte; im Frühjahr 2005 verendeten über 300 Zebras bei dem Versuch das Wasser zu erreichen. Inzwischen verfallen immer mehr Zäune und die Wildtiere können wieder ungehindert zum Boteti River ziehen.

ÜBERNACHTEN MIT ZEBRASICHTUNG

Nxai Pan Camp
Das einzige permanente Camp im Park, Guides und Fährtenleser verfolgen konstant alle Sichtungen. **$$$**

South Camp
Die nahen Wasserlöcher bieten gute Chancen zur Wildbeobachtung bei Sonnenuntergang. Schön sind Platz 2 und 10. **$**

Migration Expeditions Camp
Zwischen Dezember und März geöffnet, das mobile Pop-up Camp im Safaristil besteht aus sechs großen Zelten. **$$$**

ROADTRIP

Durch den Nxai Pan NP

Der wenig besuchte Nxai Pan National Park ist ein Geheimtipp, hier gibt es die Baines Baobabs und den längsten Tierwanderungenim südlichen Afrika. Außerdem ist er leicht zugänglich, auch wenn man Allradantrieb für die Fahrten benötigt. Man kann einen Tag bleiben und unter alten Bäumen campen oder man bleibt drei Tage, um in der Trockenzeit die Elefanten an den Wasserlöchern zu beobachten.

1 Kudiakam Pan & Baines Baobabs

Auf den Spuren viktorianischer Forscher wie David Livingstone und dem Maler Thomas Baines sowie dem Stamm der San beginnt man mit einem Besuch der Baines Baobabs. Diese Bäume stehen bereits seit Jahrhunderten Wache am Rand der salzverkrusteten Kudiakam Pan mit ihren sporadischen Oryxantilopenherden. In den 160 Jahren seit Baines die Ansicht gemalt hat, hat sich wenig verändert. Die Bäume im Sonnenuntergang lassen sich am besten von Platz 1 genießen, bei Nacht zeigen sich Millionen von Sternen.

Die Strecke: Von Baines Baobabs fährt man 12 km auf der Sandpiste zurück bis zur Piste von der Hauptstraße, dann biegt man rechts ab und fährt noch 18 km bis South Gate und South Camp.

2 South Camp

Der nächste Stopp ist South Camp, 2–3 Stunden Fahrt von Baines Baobabs entfernt. Wenn man weiter in den Park kommt, wechseln die weißen Salzpfannen in goldene Grassavanne über – Augen auf für Steinantilopen, Warzenschweine, Zebras und große Elefantenbullen. In South Gate sollte man sich nach der Ankunft

NAME/CREDIT ©
RADEK BOROVKA/SHUTTERSTOCK ©

Baines Baobabs, Naxai Pan National Park

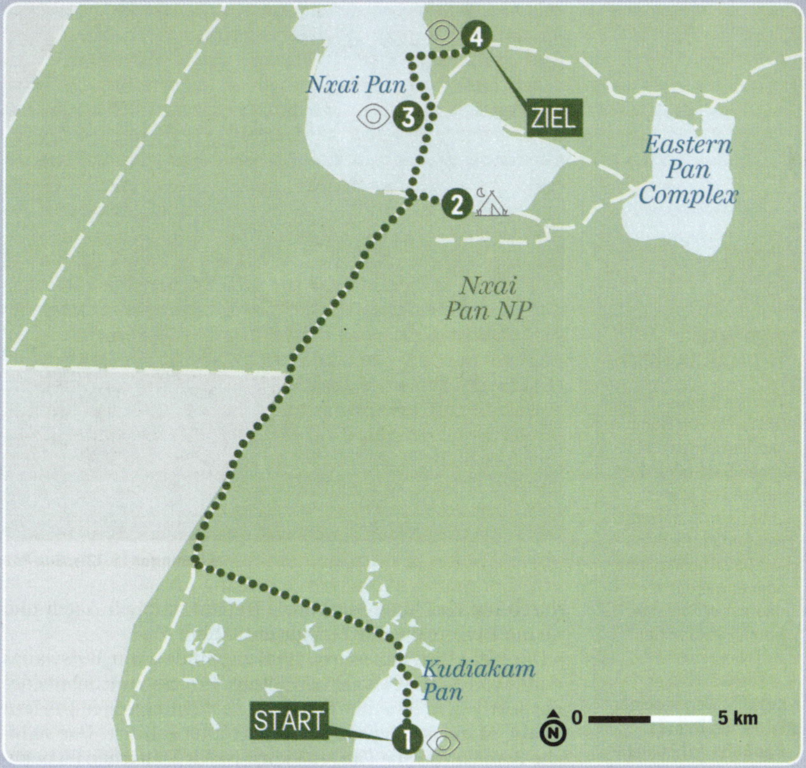

nach Löwen- und Gepardensichtungen erkundigen. Nachmittags kann man auf dem 15 km langen Rundkurs Richtung Westen Großohrfüchse entdecken.

Die Strecke: Die Wasserlöcher liegen 2 km von South Camp entfernt, man kann frühmorgens oder abends auf Pirsch gehen.

3 Nxai Pan

Nxai Pan liegt in der äußersten Nordecke der Makgadikgadi-Salzpfannen und ist schon länger trocken, sodass es hier mehr Vegetation gibt. Dazu kommen viele Tiere wie Elefanten, Giraffen und Schakale am Nxai Pan Wasserloch. In der Trockenzeit bestehen gute Chancen, Löwen und Geparden im Gebüsch zu sehen, aber auch in der Regenzeit ist die Grassteppe wegen der großen Tierherden interessant.

Die Strecke: Am South Camp links abbiegen und der Piste 10 km Richtung Norden folgen, an der nächsten Kreuzung weiter gerade geradeaus. Links halten bis zur T-Kreuzung, dann über das Haupt-Wasserloch zurückfahren.

4 Baobab Loop

Im Ostteil des Parks ist weniger Verkehr und er ist herrlich abgelegen. Der 12 km lange Baobab Loop im Nordwesten bietet eine Mischung aus Buschland, saisonalen Wasserlöchern und offener Grassavanne. Wer ein Fernglas hat, kann Löwen und Geparden beobachten, dazu kommen Giraffen, Springböcke, Schakale sowie Hyänen und Erdwölfe. Im Winter ist die Fahrt einfacher, denn nach dem Sommerregen sind die Pisten schlammig und können für unerfahrene Fahrer gefährlich werden.

Die Strecke: Vom South Camp biegt man links ab und folgt der Piste 10 km Richtung Norden, dann geht es geradeaus über die Kreuzung. Bis zur T-Kreuzung hält man sich links, dann über das Haupt-Wasserloch zurückfahren.

Flamingos (S. 121), Sua Pan

durch die Nahrung. Flamingos fressen nämlich Algen und kleine Krebse, die Carotinoide enthalten.

Das Nata Bird Sanctuary, 1988 gegründet, war Botswanas erstes von der Gemeinde verwaltetes Projekt zum Schutz des nordöstlichen Teils der Sua Pan; es wird von vier Dörfern (Nata, Maphosa, Sepako und Manxotae) geführt. Der südliche Bereich von Sua Pan (408 km^2) ist für Menschen nicht zugänglich und wurde 2009 Flamingo-Schutzgebiet. Bei einer Erhebung im selben Jahr wurden 75 000 Flamingos weniger gezählt. Die **Nata Lodge** bietet täglich dreistündige Fahrten bei Sonnenuntergang in offenen Wagen an, selber fahren ist auch möglich. Zwischen Mai und Oktober kann das Schutzgebiet mit Zweiradantrieb befahren werden, aber man erkundigt sich besser vorher nach dem Straßenzustand. Während der Regenzeit ist ein Vierradantrieb erforderlich.

Hoch zu Ross zum Horizont

GALOPPIEREND IN DIE VERGANGENHEIT

Im Sattel durch die kahlen Salzpfannen zu ziehen ist eine fantastische Möglichkeit, diese uralte Seensohle zu erkunden. Ein Ausritt in den Makgadikgadi-Salzpfannen bringt

WER WAR THOMAS BAINES?

Thomas Baines (1820–75), der Mann mit dem ungewöhnlichen Bart, blieb die meiste Zeit seines Lebens im Schatten von Berühmtheiten wie David Livingstone, aber er war ein bedeutender Forscher, Botaniker, Künstler und Naturkundler. In Botswana ist er bekannt wegen seiner Bilder der **Baines Baobabs** im heutigen Nxai Pan National Park. Nach Thomas Baines wurden weitere 17 Pflanzenarten benannt, die heute in den Royal Botanic Gardens in Kew wachsen, er entdeckte eine neue Käfergattung *(Bolbotrius bainesi)*; von ihm wissen wir viel über die Tsteseflieg. Er war der erste offizielle Kriegsmaler für die britischen Kolonialbehörden in Südafrika.

EINE ANDERE SEITE DER MAKGADIKGADI

Makgadikgadi Epic
Einen Fallschirmsprung wagen und die Salzpfannen von oben erleben.

Salt Pans Ultra Marathon
Harter, unwirklicher Lauf über 50 bzw. 100 km durch die Sua Pan nach Kukonje Island.

Makgadikgadi Pans : Nachwanderung
Wanderung (100 km) bei Vollmond zur Kubu Island und zum Mosu Escarpment (Aug./Sept.).

die Besucher zu abgelegenen Ecken der Ntwetwe Pan, dabei folgt man den Spuren der Zebras, Gnus und frühen Abenteurern – so waren einst Jäger und Missionare unterwegs. Bei der Überquerung der riesigen Fläche haben sie die Baobabs als Wegweiser benutzt.

Man kommt durch Oasen mit Palmen, galoppiert durch Mopane- und Akazienwälder, macht ein Picknick am berühmten **Green's Baobab** (S. 126) und sucht nach wilden Tieren auf den Inseln. Manchmal trifft man Elefantenbullen, Springböcke und Kudus sind ein häufiger Anblick. Dazu kommen die unvergesslichen Momente, wenn der Wind beim Galopp ins Gesicht bläst. Makgadikgadi gilt als eines der besten Gebiete Afrikas zum Reiten und die natürliche Rennbahn ist einfach zu verlockend!

Zweistündige Ausritte für Anfänger und Fortgeschrittene starten im **Camp Kalahari**. Die wunderbaren Erlebnisse hoch zu Ross sind zusammen mit dem Luxus der abgelegenen Camps, wo man in komfortablen Zelten unter einem spektakulären Sternenhimmel übernachtet, eine tolle Kombination. **Jack's Camp** organisiert auch kurze Ausritte für die Gäste.

Besuch im Makgadikgadi Pans National Park

FAHRT IN DIE EINSAMKEIT

Der **Makgadikgadi Pans National Park** ist ein Teil des riesigen Gebiets der Makgadikgadi-Salzpfannen.

Der Nationalpark wird geprägt von Savannen, Buschland und einer dichten Uferbewachsung am **Boteti River**. Der jahreszeitenabhängige Fluss ist die Lebensader für die Tiere, die besonders zwischen Mai und Oktober massenhaft vom Wasser angelockt werden. Von der Boteti River Road kann man gut Gnus, Elefanten, Zebras und Löwen sehen. Richtung Osten gibt es Baumsavannen mit Palmen und Aussicht auf Salzpfannen (die großen salzverkrusteten Pfannen befinden sich außerhalb des Nationalparks), aber man kommt auf den wenig frequentierten Pfaden nur langsam voran.

Da der klassische Anblick von Salzpfannen und die zahlreichen Sichtungen der „Big Five" hier fehlen, bietet der weniger besuchte Nationalpark Ruhe und Muße um die Landschaft zu genießen, auch wenn manchmal Rinder vorbeiziehen.

Die sandigen Wege lassen sich nur mit Allradantrieb bewältigen. Im Park gibt es drei felsige Campingplätze, am Rand liegen einige Lodges, die geführte Ausflüge anbieten. Wenn das Okavango-Delta reichlich geflutet wird, staut sich das Wasser bis hinter Maun und sorgt dafür, dass der Fluss genug Wasser für eine Foto-Safari mit dem Boot führt.

TIPPS FÜR NATA

Kanufahrt auf dem Nata River
Mit dem Kanu auf eigene Faust den Fluss vom Eselbe Camp erkunden oder mit einem Guide. Bei hohem Wasserstand kann man flussabwärts bis zum Nata Bird Sanctuary fahren.

Frühstück unter Baobabs
Bei Sonnenaufgang die Salzpfannen erkunden und dann ein köstliches Frühstück in der Nata Lodge genießen.

Tour durch den Ort
Man lernt etwas über die Funktionsweise von *kgotla* (einem lebendigen Treffpunkt der Gemeinschaft, geführt vom Dorfoberhaupt) und über die traditionelle Architektur. Manchmal gibt es auch eine Bierverkostung.

ÜBERNACHTEN IN NATA

Nata Lodge
Zuflucht für Reisende; Chalets, Zelte mit Bad und Campingplätze; 10 km vom Nata Bird Sanctuary entfernt. **$**

Eselbe Camp Backpackers
Liebenswert gelassen (manchmal etwas ungepflegt), es gibt starken Kaffee und rustikale Buden. **$**

Elephant Sands Lodge
Bunte Hütten stehen rund um ein Wasserloch, das Elefanten anlockt; 100 km vom Nata Bird Sanctuary entfernt. **$**

FOTOGRAFIE-KUHLMANN/SHUTTERSTOCK ©

Boteti River

Bootstour auf dem Boteti River

ELEFANTEN, FLUSSPFERDE UND MEHR

Der Boteti River ist die Lebensader des Ökosystems des Makgadikgadi Pans National Parks, er bietet Nahrung und Schutz für eine großartige Tierwelt. Eine Bootstour am Rand des Makgadikgadi National Parks ist nur für Gäste der luxuriösen Lodge **Leroo La Tau** und zu bestimmten Jahreszeiten möglich.

Das Wasser stammt aus dem Okavango Delta, fließt als Thamalakane River an Maun vorbei und schlängelt sich als Boteti River weiter nach Süden bis Rakops – vorausgesetzt, es ist genug Wasser vorhanden. Mitte der 1980er-Jahre ging das Flutwasser stark zurück und das Gebiet litt unter geringem Niederschlag. Der Lauf des Boteti River verkürzte sich stetig, 1988 endete er nahe Khumaga, Mitte der 1990er-Jahre trocknete er völlig aus. Einige Wasserlöcher im Flussbett boten einer kleinen Herde isoliert lebender Flusspferde Schutz, Krokodile wurden zu Landtieren und gruben sich Höhlen im Flussbett. 2009, zwei Jahrzehnte nachdem der Boteti River trocken fiel, brachte ein Regenrekord den höchsten Wasserstand im Okavango seit 25 Jahren und der Boteti River füllte sich wieder mit Leben.

HISTORISCHE BAOBABS IN DEN SALZPFANNEN

Chapman's Baobab
Der mehrstämmige Chapman's Baobab hatte einen Umfang von 25 m und seine Wurzeln erstreckten sich über 1 km, aber 2016 brach er zusammen. Er wurde früher als Wegweiser genutzt und anscheinend auch als Briefkasten, denn vorbeiziehende Forscher, Händler und Reisende hinterließen Inschriften an seinem Stamm.

Green's Baobab
Baobabs, hohle Sukkulenten aus Fasern, zerfallen eigentlich wenn sie absterben, aber Green's Baobab steht immer noch da. Er wurde von Joseph Green und Hendrik Matthys van Zyl, Jäger und Händler im 19. Jh. beschriftet. Neben den historischen Bezügen beeindruckt er auch durch den krassen Kontrast zur trockenen, flachen Umgebung.

CAMPEN IM MAKGADIKGADI PANS NATIONAL PARK

Khumaga Campsite
Sehr beliebt mit warmen Duschen und dicht am Boteti River; das nahe Dorf kann manchmal stören. **$**

Tree Island Campsite
Die drei hübschen Plätze liegen etwas oberhalb des umgebenden Graslands und bieten eine schattige Oase. **$**

Njuca Hills Campsite
Kleineres, etwas abgelegenes Camp, das manchmal nicht so gut gepflegt ist. **$**

Riesige Herden von Zebras und Gnus ziehen durch den Makgadikgadi Pans National Park und wirbeln auf der Suche nach Wasser viele Staubwolken auf. Vom Boot aus kann man manchmal beobachten, wie diese Herden von Löwenrudeln verfolgt werden und manchmal lauern auch Leoparden den Herdentieren am Ufer auf.

Nasse und trockene Phasen wechseln sich ab, in manch schlechten Jahren kann der Fluss sogar versanden, aber in einem niederschlagsreichen Jahr ist eine Bootstour möglich und etwas ganz Besonderes. Aber auch ohne einen Bootsausflug lassen sich zahlreiche Tiere zwischen Juni und Dezember ausgezeichnet beobachten.

Bootstour, Boteti River

BASHI KIKIA/SHUTTERSTOCK ©

DIE SALZPFANNEN IN KÜRZE

Die Sowa (Sua), Nxai und Ntwetwe Pans bilden zusammen die etwa 12000 km² großen Makgadikgadi-Salzpfannen. Größer sind nur der Salar de Uyuni in Bolivien und die Große Salzwüste in Utah (USA). Alte Uferterrassen zeigen, dass an der Stelle der Pfannen einstmals ein riesiger 60000 km² großer „Supersee" war, der bis zum Okavango und Chobe River im Norden reichte. Vor vielen Jahrtausenden verdunstete der See aufgrund von Klimaveränderungen und ließ eine trockene, salzige und lehmige Kruste zurück.

UNTERWEGS VOR ORT

Gweta ist einer der Hauptorte nahe der Pfannen. Für Fahrten in den Nationalparks ist Allradantrieb notwendig. Der Sand ist stellenweise tief und der Lehm darunter kann bei einer Fahrt durch die Salzpfannen gefährlich werden. Tagestouren zur Nxai Pan und Baines Baobabs sind ab Maun möglich. Viele Luxus-Lodges bieten einen Transfer mit dem Flugzeug an, zwischen Maun und Gweta ist ein Autotransfer möglich. Treibstoff ist nur in Maun und Nata sicher erhältlich; die Tankstelle in Gweta hat häufig kein Benzin.

SEROWE

Liebhaber wilder Tiere, die ihre Liste der „Big Five" vervollständigen wollen, haben in Serowe die besten Chancen. Es ist das kulturelle Kerngebiet Botswanas, es bieten sich genügend Gründe für einen Aufenthalt. Hier sind der Geburtsort, die Heimat und das Grab von Botswanas erstem Präsidenten, Sir Seretse Khama. Serowe spielte auch eine große Rolle in Botswanas Kampf für Unabhängigkeit. Der Ort, umgeben von Bergen, ist bekannt für seine traditionelle Lebensart. Das kleine regionale Museum präsentiert die Geschichte der Stadt.

Zusätzlich zur kulturellen Bedeutung ist Serowe auch das Tor zum nahen Khama Rhino Sanctuary, ein Muss für alle, die sich für Artenschutz interessieren. Das Schutzgebiet bedeckt 43 km^2 des Kalahari Sandveld und bietet Lebensraum für Breit- und Spitzmaulnashörner sowie für mehr als 30 andere Tierarten und gut 230 Vogelarten.

TOP TIPP

Man sollte sich Zeit für einen Besuch in Serowe nehmen. Früh am Morgen geht es noch ohne große Hitze zum Friedhof, dann benötigt man mindestens eine Stunde für eine Führung durch das Museum. Die Nähe guter Rhino-Sichtungen in Unterständen und Pfannen nutzt man, um viele Fotos zu schießen.

BASHI KIKIA/SHUTTERSTOCK ©

Serowe

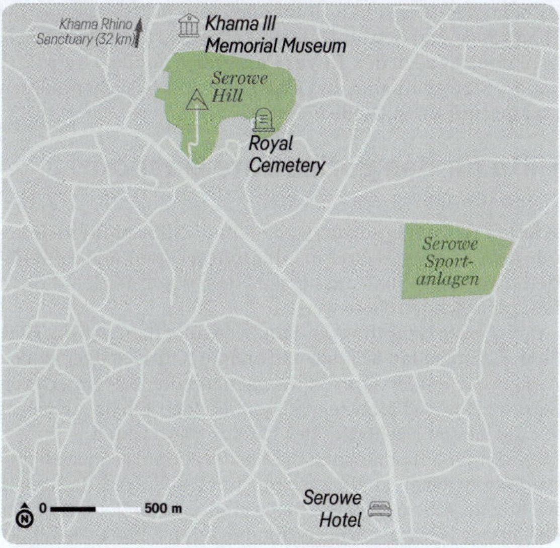

Serowes Museen & Denkmäler

DIE KHAMAS VERSTEHEN

Geschichts- und Kulturfans werden das alte viktorianische Gebäude lieben, in dem sich das **Khama III Memorial Museum** befindet. Die Artefakte und Ausstellungsstücke werden durch die begeisternden Aufseher, die die Geschichte der Ba-ma-Ngwato und das Leben von Kgosi-Tona Khama III. erzählen, zum Leben erweckt.

Häuptling Khama III. verlegte 1902 die Hauptstadt der Bangwato in Phalatswe (nahe Palapye) und errichtete Serowe auf den Überresten einer Siedlung aus dem 11. Jh. am Berg Thathaganyana. Khama III. führte ein bewegtes Leben und spielte eine bedeutende Rolle beim Kampf Botswanas gegen europäische Kolonialisten. Das Museum zeigt persönliche Gegenstände von Khama, aber auch unterschiedliche Artefakte zur Geschichte Serowes. Es gibt Ausstellungsstücke zur Kultur der San (viele Schilderungen einstiger Sitten und Bräuche), wechselnde Kunstausstellungen sowie einen Raum für die Schriftstellerin Bessie Head, die Serowe mit ihrem Buch *Serowe: Village of the Rain Wind* (1981) unsterblich machte.

Bevor man im Museum die Zeit vergisst, sollte man eine Führung auf den **Thathaganyana Hill** unternehmen. Startpunkt

WER WAR BESSIE HEAD?

Bessie Head (1937–1986) war eine bemerkenswerte Autorin, die Themen wie Identität, Rasse, Geschlecht und die Komplexität des postkolonialen Afrikas aufgriff. Geboren in Südafrika, litt sie unter Diskriminierung und zog Anfang der 1960er-Jahre nach Serowe. Der Ort gab ihr eine Art von Gemeinschaft und Zugehörigkeit und sie engagierte sich für Lokalpolitik und soziale Fragen. Sie gründete eine Schule für Kinder mit besonderen Bedürfnissen und kämpfte für Frauenrechte. Ihre Bücher wie *Serowe: Village of the Rain Wind*, *RegenWolkenZeit* und *Die Farbe der Macht* erforschen tiefgründig und sensibel das menschliche Dasein. Heads Werke haben großen Einfluss weltweit und festigen ihr Vermächtnis als Ikone der afrikanischen Literatur.

ÜBERNACHTEN NAHE SEROWE

Serowe Hotel
Die komfortablen und gut ausgestatteten Zimmer in dem altmodischen Hotel sorgen für einen guten Schlaf. **$**

Khama Rhino Sanctuary
Die Chalets und Waschräume sind etwas ungepflegt, aber die Stellplätze unter Bäumen lohnen eine Übernachtung. **$**

Majestic Five Hotel
Gedacht für Geschäftsreisende im 50 km entfernten Palapye; riesiges Hotel mit großen Zimmern. **$$**

ist beim *kgotla* (ein Versammlungs- und Beratungsplatz für Häuptlinge und Bewohner wie in allen Dörfern Botswanas), man besucht auch den **Royal Cemetery**, mit der Grabstätte von Sir Seretse Khama und Khama III. Die Besucher müssen im Museum einen Guide nehmen.

Hilfe für das gefährdete Nashorn

BOTSWANAS RHINO-ARCHE NOAH

Khama Rhino Sanctuary bietet eine Zuflucht für viele gefährdete Spitz- und Breitmaulnashörner (und andere Wildtiere), hier kann man am besten einen guten Blick auf diese beeindruckenden Tiere werfen.

Der oberste Häuptling der Bangwato (der damalige Lt. Gen. Seretse Khama Ian Khama) und andere Naturschützer kamen Anfang der 1990er-Jahre zusammen mit den Bewohnern von Serowe, Paje und Mabeleapodi auf die Idee, ein Schutzgebiet für die letzten Nashörner des Landes zu errichten.

Seit Jahrzehnten nehmen die Nashornpopulationen ab und das Schutzgebiet ist ein ausgezeichnetes Beispiel dafür, wie wichtig diese Schutzmaßnahmen sind. Gegründet wurde das Gebiet mit vier Nashörnern zum besseren Schutz vor Wilderern neben einer Militärbasis. Botswana veröffentlicht die Zahlen der Nashornpopulation nicht, aber der kleine Park schützt heute eine größere Anzahl von beiden Arten.

Ein tolles, ganzjähriges Ziel, denn hier leben auch Gnus, Impalas, Strauße, Schabrackenhyänen, Leoparden und mehr als 230 Vogelarten. Nashörner sind am besten frühmorgens oder spätnachmittags an der Malema's Pan, der Serwe Pan und dem Wasserloch beim Vogelversteck zu sehen.

Man kann natürlich selber fahren (ein normales Auto mit hohem Radstand reicht, der Reifendruck sollte jedoch wegen der Sandpisten niedrig sein). Wer aber unbedingt ein Nashorn sehen will, sollte sich einen Guide nehmen, wandern oder auf Spurensuche gehen.

DIE „BIG FIVE“

Ursprünglich benutzten Jäger den Ausdruck für die fünf Tiere, die am schwierigsten zu Fuß zu jagen waren. Heute sind es die Top-Fotomotive.

Nashörner
Meistens grasen sie in der Savanne oder suchen Futter im Gebüsch. Es gibt zwei verschiedene Arten: Spitz- und Breitmaulnashörner.

Elefanten
Die größten Säugetiere zu Land sind für ihre Klugheit bekannt. In Botswana leben noch etwa 126000 Exemplare.

Löwen
Die geselligste aller Großkatzen, Löwen leben im Rudel und besitzen in Botswana beeindruckende schwarze Mähnen.

Leoparden
Einzelgängerisch und scheu, die schleichenden Jäger klettern gerne auf Bäume.

Büffel
Große und kräftige Tiere, die für aggressives, unberechenbares Verhalten berüchtigt sind.

NASHÖRNER SICHTEN

Das **Mokolodi Nature Reserve** (S. 157) bei Botswanas Hauptstadt Gaborone (S. 157) bietet ausgezeichnete Nashorn-Safaris zu Fuß mit erfahrenen Guides.

UNTERWEGS VOR ORT

Regelmäßig verkehren Busse auf der 310 km langen Strecke Serowe–Gaborone (Dauer: etwa 5 Std.), sie ist gut befahrbar und die Stadt lässt sich gut ohne Allradantrieb erreichen (Dauer: etwa 3½ Std.).

Der Eingang zum Khama Rhino Sanctuary liegt 26 km nordwestlich von Serowe an der Straße nach Orapa. Die Hauptstraßen im Sanctuary sind in der Trockenzeit meist gut befahrbar, während der Regenzeit benötigt man Allradantrieb. Man kann auch am Eingang parken und sich in einem Safariwagen fahren lassen. Serowe und das Khama Rhino Sanctuary sind ein fantastischer Zwischenstopp auf der Fahrt zwischen Okavango Delta und Gaborone oder dem Tuli Block.

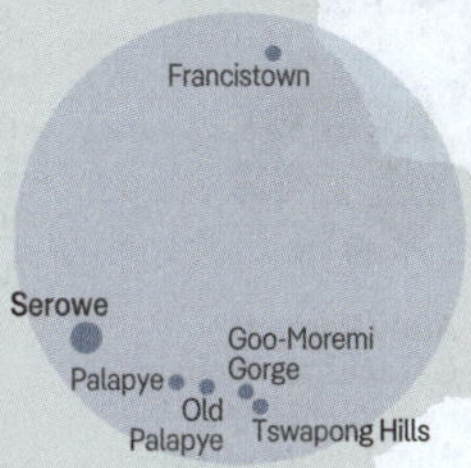

Rund um Serowe

Botswanas östliche Region ist das Kontrastprogramm zum Wüstenklima, an das man wahrscheinlich denkt.

Südöstlich von Serowe liegen die Tswapong Hills: felsübersäte Erhebungen mit faszinierenden Ruinen und steilen Schluchten, die tief in den Fels eingeschnitten sind, und mit großen Brutkolonien von Kapgeiern (dicht an der Nordgrenze ihres Vorkommens). Wer den Bergen folgt, entdeckt Wasserfälle und oasenhafte Picknickplätze – eine fabelhafte Überraschung nach dem Staub der Kalahari und den Makgadikgadi-Salzpfannen. Der einzige Haken? Baden verboten.

Palapye ist ein wichtiger Knotenpunkt für Reisende; hier gibt es Tankstellen, Einkaufszentren und Fast-Food-Restaurants. Die Ruinen von Old Palapye lohnen einen Umweg, ebenso wie Francistown, die älteste Siedlung des Landes.

TOP TIPP

Die beeindruckendste Felsformation der Gegend sind die nördlichen Tswapong Hills, für Touristen zugänglich über das gemeinschaftsgeführte Goo-Moremi Gorge Resort (S. 132).

OTSILE MOLEFE/SHUTTERSTOCK ©

Wasserfall in der Goo-Moremi-Schlucht (S. 132)

Die Wasserfälle in den Tswapong Hills

HEILIGE POOLS LOHNEN EINEN UMWEG

Der Weg in die steilwandige **Goo-Moremi Gorge** lässt nicht ahnen, was einen erwartet – eine bewaldete Schlucht, die das trockene Land durchschneidet, und eine Reihe von Wasserfällen, die über Felsen stürzen. Krebse huschen durch die Teiche, Farne wachsen in Felsspalten und es gibt zahlreiche Vögel (Kapgeier kreisen in der Luft oder sitzen hoch oben in den Felsen auf ihren Nestern).

Die Goo-Moremi Gorge liegt in den Tswapong Hills. Wie die Tsodilo Hills im Norden gelten auch die **Tswapong Hills** als göttlich und sind das Reich der *badimo* (Vorfahren). Ein Nationaldenkmal voller spiritueller Legenden – dieses Gebiet ist den Batswapong heilig, die hier den Sitz ihrer Vorfahren sehen und glauben, dass die früheren Generationen von hier aus ihr Leben beschützen. In der Stätte kann man in den Felsspalten kleine Ahnenschreine sehen und den gekennzeichneten Felsen, der am 13. Juli 1980, dem Tag, an dem Botswanas Präsident Sir Seretse Khama starb, in das Tal stürzte.

Die Stätte wird vom Moremi-Manonnye Conservation Trust mit Unterstützung der Botswana Tourism Organisation betrieben. Das Baden in den malerischen Teichen ist verboten. Auf einer geführten Tour verfolgt man den Lauf der Wasserfälle. Es gibt einen einfachen Weg, Stege rund um schwierige Felsen und für eine gute Aussicht klettert man mit Hilfe eines Stahlseils. Picknick ist möglich, man sollte sich aber stets respektvoll verhalten.

Von Serowe ist die Schlucht 105 km mit dem Auto entfernt.

Besuch in Old Palapye

VOR DER BESIEDLUNG VON SEROWE

Etwa 20 km südöstlich von Palapye (einer der wichtigsten Provinzstädte im Osten Botswanas) markieren Steinmauern zwischen niedrigem Gebüsch die Lage der ehemaligen Hauptstadt von Bangwato, einer verlassenen Siedlung, die auch Phalatswe (d. h. „viele Impalas") genannt wird.

Steinmauern zeugen vom früheren Marktplatz und anderen Gebäuden. Besser erhalten ist die beeindruckende **Old Palapye Church**, eine pseudo-gotische Kirche der London Missionary Society, die 1894 aus heimischen roten Lehmziegeln errichtet wurde. Kaum zu glauben, aber nachdem der christliche Bangwato-Häuptling Khama III. und sein Volk 1889 aus Shoshong hierherkamen, verwandelte sich Phalatswe aus einem Stück Wüstenland in eine Siedlung von 30 000 Einwohnern; Heimat für Bauern, Glücksritter auf dem Weg zu den

ESSEN RUND UM PALAPYE

Andy Raggett, Geschäftsleiter beim Reiseplaner und Allradwagenvermietung Drive Botswana verrät seine Tipps für gute Restaurants in der Umgebung. drivebotswana.com

Bonita Gardens
Ausgeschildert und im Zentrum von Palapye; Bonita Gardens bietet Burger, Rippchen, Salate, Milchshakes, Kaffee und Kuchen in netter Atmosphäre.

Majestic Five Hotel
Die beste Wahl – entweder von der Poolkarte (nur mittags) oder im Restaurant (mittags und abends). Abends gibt es à la carte, am Wochenende auch ein leckeres Büfett.

CNS Gardenex
Aus Richtung Gaborone kommend links vor Palapye; hier gibt es gute traditionelle Setswana-Gerichte, *biltong* (gedörrtes Fleisch, ideal für unterwegs) und einen Swimmingpool.

ÜBERNACHTEN NAHE PALAPYE

Palapye Hotel
Bei der Eisenbahn; das Palapye Hotel ist eines der ältesten Hotels in Botswana und wurde in den 1920er-Jahren eröffnet. **$**

Goo-Moremi Gorge Resort
Man hat die Wahl zwischen einer luxuriösen Zelt-Suite, gut ausgestatteten Chalets und Campingplätzen. **$**

Woodlands Stopover
Toller ruhiger Garten und saubere Zimmer und Campingplätze; 15 km außerhalb von Francistown. **$**

Goldfeldern von Tati, europäische Missionare und Großwildjäger. Als die Hauptstadt von Bangwato 1902 nach Serowe verlegt wurde, ließ Häuptling Khama Phalatswe niederbrennen – nur die Kirche blieb stehen.

Zur Erkundung der Ruinen braucht man etwa eine Stunde. Die Asphaltstraße endet am Büro des Chiefs, hier erhält man die kostenlose Erlaubnis zum Besuch der Stätte. Old Palapye liegt 90 km von Serowe entfernt und ist über die A-1 südlich von Palapye und dann die A-141 zu erreichen, ab dem Ort Lecheng ist Old Palapye (Phalatswe) ausgeschildert.

Besuch in einer Goldgräberstadt

NOCH MEHR GESCHICHTE

Die Geschichte von **Francistown** ist sehr interessant. Als eine der ältesten Siedlungen des Landes hat sie traditionellerweise enge kulturelle und geschäftliche Beziehungen zu Bulawayo in Simbabwe. Der erste Goldrausch in Südafrika begann 1867 als der Deutsche Karl Mauch Gold am Tati River fand. Zwei Jahre später kamen australische Bergleute und der Engländer Daniel Francis, um ihr Glück zu versuchen. 1870 ging Francis zu den gerade entdeckten Kimberley Diamantenfeldern in Südafrika, kehrte aber 10 Jahre später zurück, um mit dem Ndebele-König Lobengula über Schürfrechte zu verhandeln und plante die Stadt, die heute seinen Namen trägt.

In Francistowns kleinem **Supa-Ngwao Museum** im Old Courthouse erfährt man mehr über die Geschichte der Stadt. Das Museum bietet kleine Ausstellungen zur Kalanga Kultur und einen Foto-Zeitleiste über den Bergbau und Goldrausch (*supa-ngwao* bedeutet „Kultur zeigen" auf Setswana).

Am Nordende von Francistown bietet **Thorn Tree** Burger, Salate, Pizza, Pasta, Milchshakes und guten Kaffee; die Terrasse ist wunderbar. Wer lieber ein Steak mit Pommes möchte, geht zum **Diggers Upstairs Pub & Grill**.

Francistown ist zwar keine spannende Stadt, lohnt trotzdem einen Besuch, wenn man auf dem Weg nach Kasane oder Nata noch ein wenig Zeit hat. Francistown liegt rund 210 km von Serowe entfernt.

NYANGABGWE HILL

Der Nyangabgwe Hill bildet eine Besonderheit in der Landschaft rund um Francistown. Wanderer und Naturliebhaber aus der Stadt besteigen gerne den Granitfelsen, vorbei an Akazien, Aloen und kleinen Säugetieren, z.B. Klippdachsen. Hier befindet sich auch eine spirituelle Stätte der Kalanga, der größten Ethnie der Region. Die gemauerten Terrassen rund um den Berg ähneln anderen Stätten wie z.B. Kubu Island. Jedes Jahr findet am Fuß des Berges das **Nyangabgwe Cultural Hill Festival** statt.

Der Aufstieg ist morgens am schönsten und eigentlich ungefährlich; wenn am Wochenende viel los ist, geht man besser in einer Gruppe.

UNTERWEGS VOR ORT

Für Reisen außerhalb von Serowe ist ein Auto nötig. Die Tswapong Hills sind von Norden und Süden erreichbar. Das Gebiet ist ein beliebter Ausflugsort für Einheimische, es gibt kaum Touristen. Die Südseite der Tswapong Hills (90 km von Serowe) erreicht man über die A-1 südlich von Palapye, nach 8 km geht es auf die A-141, dort ist Old Palapye (Phalatswe) ausgeschildert. Hinter dem Ort Lecheng befindet sich ein gut beschilderter Abzweig.

Zu den nördlichen Tswapong Hills (105 km von Serowe) fährt man 20 km nördlich von Palapye auf der A-1 und dann auf der Straße mit vielen Wegweisern, u.a. nach Tamasane und Kgagodi. Dann folgt man der Beschilderung nach Moremi; der Eingang zur Schlucht liegt 3 km hinter dem Ort Moremi. Für das Goo-Moremi Gorge Resort reicht ein Auto mit hohem Radstand. Francistown liegt gut ausgeschildert am Highway von Palapye nach Nata.

TULI BLOCK

Eingezwängt zwischen Simbabwe und Südafrika in der östlichen Ecke von Botswana befindet sich der Tuli Block, eine Ansammlung privater Konzessionen und familiengeführter Farmen am Ufer des Limpopo River.

Der bekannteste und am besten geschützte Teil des Tuli ist das Northern Tuli Game Reserve – eine Ansammlung von privatem Grundbesitz im Osten (inkl. Mashatu Game Reserve), die gemeinsam für Ökotourismus und Naturschutz betrieben werden. Die aufsteigenden *kopjes* (Inselberge), die aus dem Buschland ragen, bilden einen scharfen Gegensatz zum Flachland. Die Felsen bieten eine herrliche Aussicht mit tollen Sonnenuntergängen, dazu süße kleine Elefantenspitzmäuse und Baobabs.

Auch große Tiere lassen sich beobachten – Elefantenherden und Leoparden streifen regelmäßig durch die trockenen Flussbetten. Aktive Reisende werden die geführten Wandertouren, Ausritte und Mountainbikefahrten genießen.

TOP TIPP

Selbstfahrer? Nur das nördliche Northern Tuli Game Reserve ist auf öffentlichen Transit-Straßen (z.B. der Straße von Solomon's Wall nach Pont Drift) erreichbar. Touristen dürfen nicht auf privaten Straßen (wie Mashatu Game Reserve) fahren. Am besten ist ein Aufenthalt mit der Möglichkeit für Safaris, Wanderungen und Ausritte.

HENK BOGAARD/SHUTTERSTOCK ©

Elefantenherde

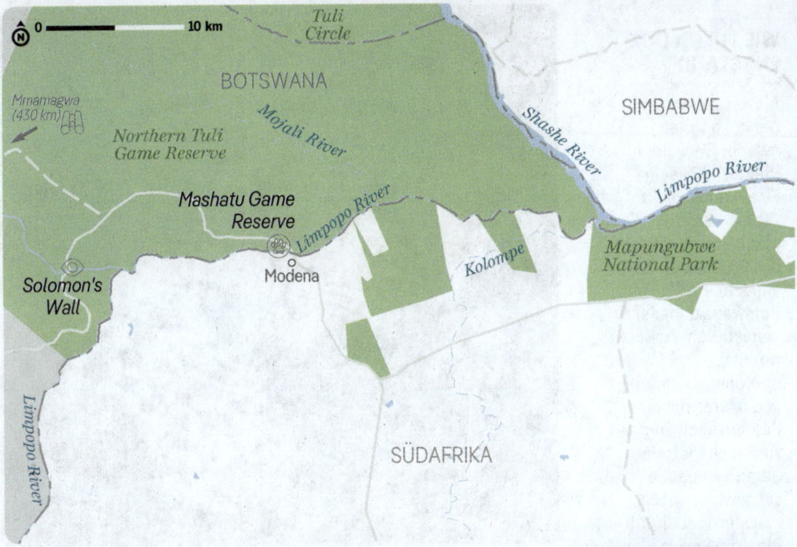

GRENZÜBERTRITT

Die schnellste Strecke zwischen Johannisburg in Südafrika und Nord-Botswana ist der betriebsame Grenzübergang bei Martin's Drift und Parr's Halt. Wer in den Tuli Block möchte, sollte für den zentralen und den südlichen Bereich der Northern Tuli Game Reserve den ruhigen Übergang bei Platjan nehmen. Abenteuerlicher ist Pont Drift (hier braucht man Allradantrieb). Aber wenn der Limpopo River zu viel Wasser führt, muss man das Gepäck ausladen und fährt mit einer Seilbahn!

Die Leoparden von Mashatu

BOTSWANAS GROSSE KATZEN FOTOGRAFIEREN

Die im Northern Tuli Game Reserve liegende **Mashatu Game Reserve** erhielt ihren Namen von den stattlichen Mashatu (oder Nyala Berry)-Bäumen, die das Flussufer säumen. Ihre dicken, knolligen Stämme tragen Unmengen von dichtem Laub und braunen Früchten, die die Affen und Vögel lieben. Neben Mashatus sorgen auch alte Leadwood-Bäume, Regenbäume und üppige Eukalyptusbäume für gute Verstecke.

Leoparden fühlen sich hier wohl. Die Katzen liegen gerne auf den breiten schattigen Ästen und betreiben Fellpflege. Astlöcher und Höhlen in den dicken Stämmen bieten Verstecke für die Jungtiere; die Großkatzen schleichen auf der Suche nach Beute durch das Flussbett. Einer der besten Orte in Botswana, um Leoparden zu sehen – während eines dreitägigen Aufenthalts bekommt man sicher einen zu sehen. Die Leopardendichte liegt laut einer Untersuchung bei 7,6 pro 100 km^2; das ist sehr hoch – bezogen auf ganz Afrika.

Nach Jahrzehnten der Spurensuche und Gewöhnung können die Guides einzelne Katzen identifizieren und wissen, wann man perfekte Fotos machen kann. Offroad-Fahrten fördern die Möglichkeiten für vertraute Begegnungen mit

WIE MAN DIE BESTEN FOTOS MACHT

PhotoMashatu-Ansitz
In einem unterirdischen Versteck neben einem gut besuchten Wasserloch ergibt sich eine einmalige Perspektive.

C4 Photographic Safaris
Organisierte Safari mit einem professionellen Fotografen als Guide.

Zoom-Objektiv Ausleihe
Mit einem Smartphone kann man gute Fotos machen, aber ein geliehenes Zoom-Objektiv von PhotoMashatu ist besser.

WIE TULI BLOCK ENTSTAND

Als der umstrittene britische Unternehmer Cecil John Rhodes 1894 sein Eisenbahnprojekt „Kap bis Kairo" plante, versuchte er das Protektorat Bechuanaland (so hieß Botswana damals) zu annektieren. Zu Recht waren die drei Tswana-Könige beunruhigt und reisten mit einer Petition nach England zu Queen Victoria, deren Sympathie sie gewannen. Sie mussten jedoch Tuli Block an Rhodes für die weitere Planung der Eisenbahn abgeben, was ihnen aber nichts ausmachte. Rhodes verfolgte sein skurriles Projekt in der abgelegenen Ecke weiter und gleichzeitig schützte er Botswana vor den Ansprüchen Südafrikas. Das Eisenbahnprojekt wurde zu einem logistischen Albtraum und Rhodes zog sich in einfachere Gegenden zurück. Die British South Africa Company verkaufte das Land in Tuli den Farmern. Es erwies sich als ungeeignet für die Rinderzucht und man verlegte sich auf die Weidewirtschaft.

VILLIERS STEYN/SHUTTERSTOCK ©

Leopard

diesen fantastischen Tieren. Im Juli kann man die Leoparden am besten sehen, aber auch die Ablammsaison der Impalas im November und Dezember lohnt sich.

Alte Reiche in Mmamagwa erkunden

REICHTÜMER EINER FELSLANDSCHAFT

Das Northern Tuli Game Reserve ist ein Eckpfeiler der **Greater Mapungubwe Transfrontier Conservation Area**, die entlegene westliche Ecke weist viele archäologische Artefakten und geologische Stätten auf. Die beeindruckendste Geschichte der Region ist die der Mmamagwa.

Die auf einem Berg gelegene **Mmamagwa**-Stätte gehört zum Königreich Mapungubwe (jenseits der Grenze in Südafrika). Wenn man in der Gegend übernachtet, kann man hier einen Sundowner genießen und die Brutplätze der Felsenadler sehen. Nach einem kurzen Aufstieg (nur mit Guide möglich), erreicht man die Sandsteinfelsen, die von einem schütteren Rhodes Baobab gekrönt werden.

Die Aussicht ist erstaunlich. Die Ebene von Mopane zieht sich bis zum nördlichen Horizont, kleinere Hügel bestimmen das südöstliche Panorama. Die Guides helfen bei der Suche nach uralten Zeichen menschlicher Besiedlung. Steinmauern

ÜBERNACHTEN IM NORTHERN TULI GAME RESERVE

Tuli Safari Lodge Mashatu
Zu den Highlights gehören der leichte Zugang zu Mmamagwa und die Bar beim 500 Jahre alten Mashatu-Baum. **$$$**

Limpopo River Lodge Campsite
Tulis bester Campingplatz am Ufer des Limpopo River mit vielen Angeboten. **$**

Serolo Camp
Entspanntes Busch-Camp mit Essen neben einem von Elefanten besuchten Wasserloch. **$$**

winden sich durch die Ebene, kleine Löcher im weichen Fels zeugen von einem alten *Morabaraba*-Brettspiel, Mahlsteine liegen neben Tonscherben am Fuß der Berge.

Diese eisenzeitliche Stätte existierte vor dem Aufstieg des Groß-Simbabwe-Reiches und zeigt die hochentwickelten Fähigkeiten im Bergbau, in der Verhüttung und der Töpferei in den Zhizo-Stätten Leopard's Kopje und Mapungubwe-Hügel zwischen 1100 und 1290 n. Chr. Die ersten Menschen siedelten hier wahrscheinlich schon in der mittleren Steinzeit, deren Felskunst ist in den Bergen von Tuli zu finden.

Einen natürlichen Damm bewundern

AM RAND DES SEES

Die berühmte geologische Erscheinung **Solomon's Wall** steht am Rand des sandigen Flussbetts des Motloutse River. Dieser Felse ist nicht der aufregendste Anblick im Tuli Block, aber trotzdem ein einzigartiges Phänomen. Die rund 30 m hohe Basaltklippe fungierte einst wie ein natürlicher Damm, der das Wasser von Okavango, Sambesi und dem großen prähistorischen Makgadikgadi Lake staute.

In den 1960er-Jahren wurden hier, im Bett des Motloutse River, Diamanten gefunden. Edelsteinsucher folgten dem Lauf des alten Flussbetts bis ins Zentrum von Botswana und entdeckten ein riesiges Diamantenvorkommen. Große Tagebauminen entstanden und veränderten die Wirtschaft.

Aktive Abenteuer im Busch

REITEN, WANDERN ODER FAHREN

Im Tuli Block warten diverse Freizeitmöglichkeiten auf aktive Besucher. Tuli liegt in einer artenreichen Übergangszone zwischen der trockenen Wüste Kalahari und dem üppigeren Lowveld Bushveld im benachbarten Südafrika; es ist Heimat vieler Tiere und wird als Land der Giganten bezeichnet. Wer den Safaribus zwischendurch mal verlässt, kann die wahre Definition von Safari erfassen: eine Expedition, um Tiere in ihrer natürlichen Umgebung zu erleben.

Bei **Walking Safaris** läuft man durch eine beeindruckende Landschaft, entspannt unter knorrigen auf dem Kopf stehenden Bäumen (besser als Baobabs bekannt) und trifft vielleicht Elefanten – alles unter der sicheren Aufsicht eines erfahrenen Guides. In der offenen, weiten Landschaft, in der gefährliche Tiere wie Büffel und Nashörner nicht vorkommen, sind Safaris zu Fuß einfacher und leichter durchzuführen. Hier kann man auch gut die „Small Five" sehen. In den meisten Lodges werden täglich geführte Wanderungen angeboten.

TIPPS FÜR LEOPARDEN-FOTOS

Aubrey Tseleng wuchs in Maunatlala auf und ist Resident Professional Photographer bei **Photo Mashatu**. Er hilft Gästen ihr fotografisches Können zu verbessern. @aubrey_tseleng

Sei geduldig. Leoparden sind meistens frühmorgens und spätnachmittags am aktivsten.

Verwende ein Zoom, um den Leoparden heranzuzoomen und Details einzufangen.

Achte auf den Hintergrund und Vordergrund, damit nichts vom Leoparden ablenkt.

Verwende eine kurze Verschlusszeit, um die Bewegung des Leoparden einzufrieren und ein scharfes Bild zu bekommen.

Halte dich an ethische Regeln. Wenn man Wildtiere fotografiert, darf man sie auf keinen Fall stören oder ihnen schaden.

ÜBERNACHTEN IN MASHATU

Mashatu Tent Camp
Herrlich altmodisches Camp; Raubtiere sind von einem tollen Unterstand gut zu beobachten. **$$$**

Mashatu Euphorbia Villas
Absolute Luxus-Unterkunft. Acht geräumige Villen bieten nachhaltige Ausstattung und fantastisches Panorama. **$$$**

Mashatu Lodge
Beliebt bei Familien; mit Klimaanlage und einem tollen „Entdeckungsraum" mit Heimat- und Naturgeschichte. **$$$**

DR TANYA BABER/HORIZON MTB CYCLE MASHATU ©

Fahrradsafari

Eine andere Möglichkeit ist, bei einer **Horizon MTB Cycle Mashatu-Radsafari** mit Mountainbikes über uralte Pfade zu flitzen – vorbei an Giraffen und Herden von Elenantilopen. Das relativ flache Gelände ist gut zu befahren und die Routen liegen auf Pfaden, die von Elefantenherden bereits vor Tausenden von Jahren genutzt wurden und mittlerweile ganz normale Wege sind.

Von jeder Lodge im Mashatu Game Reserve kann man zu einer entspannten Nachmittagstour aufbrechen oder man entscheidet sich für eine längere, spannende Radsafari, die durch die dichte Baumsavanne am Limpopo River zur zentralen Ebene mit Grassavannen führt. Die tägliche Strecke beläuft sich auf 20–50 km; es gibt zwei Rundkurse: den Three Rivers Ride mit vier Übernachtungen (für alle Niveaus) und den umfassenderen Ride of the Giants mit insgesamt sieben Übernachtungen. Letzterer schneidet auf einer historischen Route auch die Strecke der Zeederberg-Postkutsche, die von Südafrika zu den neuen Siedlungen im Süd-Rhodesien, heute Simbabwe, führte. Jeden Abend stellt man sein Rad in einem rustikalen, aber hübschen Camp ab, manchmal sind es Zelte, manchmal schläft man unter dem von zahllosen Sternen übersäten Nachthimmel.

DIE „SMALL FIVE“

Die „Big Five“ sind große und gefährliche Tiere: Löwe, Leopard, Nashorn, Elefant und Büffel. Tuli ist einer der wenigen Orte, an denen man die „Small Five“ sehen kann.

Elefantenspitzmaus
Absolut niedliches insektenfressendes, mausähnliches Tier mit langer Schnauze.

Büffelweber
Gesellige, dunkelbraun gefiederte Vögel, die zum Schutz der Gemeinschaft Nester weben.

Ameisenlöwe
Diese räuberische Insektenlarve gräbt sich im Sand ein, um Ameisen zu fangen.

Pantherschildkröte
Landschildkröte mit auffallendem Rosettenmuster auf dem Panzer.

Nashornkäfer
Die großen, glänzenden Männchen besitzen ein beeindruckendes Horn.

AKTIVITÄTEN IN TULI

Horizon MTB
Seit über 20 Jahren begleiten erfahrene Mountainbike-Guides Radfahrer auf Tierpfaden.

Horizon Horseback
Die Safaripferde werden nach Ausdauer, Mut und Reaktionsfähigkeit ausgesucht.

Koro Island Camp
Auf den Walking Safaris werden aus Respekt vor den Tieren keine Gewehre benutzt.

Die selben Camps wie auf der Radsafari und eine ähnliche Route werden auch bei den berühmten und gut bewerteten **Horizon Horseback-Reitsafaris** benutzt. Der Ausritt durch die Wildnis des Tuli Blocks ist allerdings nur für sehr gute und erfahrene Reiter zu empfehlen. Außerdem muss jeder Reiter vorher bei einem ausführlichen Test beweisen, dass er sein Pferd in allen Gangarten auch wirklich unter Kontrolle hat. Und schließlich galoppiert man neben und zwischen Giraffen-, Zebra- und Gnuherden hindurch. Die Wildtiere sind ganzjährig in diesem Gebiet unterwegs, sodass man immer fantastische Gelegenheiten hat, die Tiere aus der nächster Nähe beobachten zu können.

DR TANYA BABER/HORIZON HORSEBACK SAFARI ©

Safari zu Pferd

DER GROSSE, GRAU-GRÜNE SCHLAMMIGE LIMPOPO

Rudyard Kipling (1865–1936), der gefeierte Schriftsteller und Reisende, war sein Leben lang von den Kolonien des British Empire fasziniert. Der Limpopo war eine wichtige Muse für Kipling, er verkörperte für ihn das Wesen Afrikas – wild und voller Leben. Sein Wasser strömt mit einer Urkraft, die ihn zu *Wie das Elefantenkind seinen Rüssel bekam* inspirierte. Die Story handelt von einem neugierigen jungen Elefanten, der das Geheimnis des von Krokodilen bewohnten Flussufers entdecken will. In den Beschreibungen kommen auch die Worte „der große, grau-grüne schlammige Limpopo" vor. Allerdings sieht der Fluss nur in einem feuchten Sommer so aus.

UNTERWEGS VOR ORT

Mit „Tuli Block" wird der 10–20 km schmale Streifen bezeichnet, der sich 300 km am Nordufer des Limpopo River entlangzieht. Northern Tuli Game Reserve umfasst den Ostteil des Gebiets und darin liegt das Mashatu Game Reserve. Richtung Westen gibt es keine Zäune (abgesehen von denen, die Farmland vor Elefanten schützen) und Wildtiere können frei umherziehen. Verlässt man das Northern Tuli Game Reserve über den Motloutse River bei Solomon's Wall, trifft man auf günstigere Lodges, Campingplätze und Unterkünfte mit Selbstversorgung. Bei der Buchung von Luxus-Lodges sind manchmal Flüge inklusive. Oder man mietet ein Auto mit hohem Radstand, um das Gebiet zu erkunden. Die Anfahrt von Kasane oder Maun dauert 10 Stunden, während der Regenzeit sind die Straßen schlecht. Wer von oder nach Südafrika reist, sollte die Grenzübergänge bei Platjan oder Pont Drift (S. 135) nehmen. Von allen anderen Orten in Botswana reist man aus westlicher Richtung auf der Asphaltstraße von Bobonong an.

CENTRAL KALAHARI GAME RESERVE

Das entlegene Central Kalahari Game Reserve (CKGR) erstreckt sich über 52 800 km² im Zentrum Botswanas. In diesem wilden Gebiet von der Größe Dänemarks kann man der modernen Welt entfliehen – aber nicht jedem gefällt es. Erstbesuchern fehlen häufig die großen Tiere wie Elefanten und Nashörner. Die Dichte an Wildtieren ist hier geringer als im Okavango-Delta oder Chobe National Park. Das CKGR ist auch die heilige Heimat des San-Volkes und man bekommt hier einen Einblick in die zeitlosen Traditionen der Menschen hier.

Die Großartigkeit und Freiheit erfasst man bei einer Fahrt im Wagen mit Allradantrieb (am besten in einem Konvoy), bei einer geführten Safari oder Aufenthalt in einer Luxus-Lodge auf der Suche nach schwarzmähnigen Kalaharilöwen. In dieser einsamen Wildnis entdeckt man die Natur aufs Neue. Wer sich der Magie der Central Kalahari aussetzt, wird schnell davon gefangen genommen.

Direkt außerhalb zeigen die Zufahrten nach Ghanzi und D'kar das moderne Gesicht der Kalahari.

TOP TIPP

Man braucht Zeit, Geld, Geduld und einen Allradantrieb, um das riesige Central Kalahari Game Reserve zu erkunden. Wer nicht in eine Luxus-Lodge will, sollte sich Zeit nehmen. Der schnellste Weg ins Schutzgebiet ist die Anreise über Rakops nach einer Übernachtung in der Deception Pan. Am besten wären aber drei Nächte und zwei volle Tage.

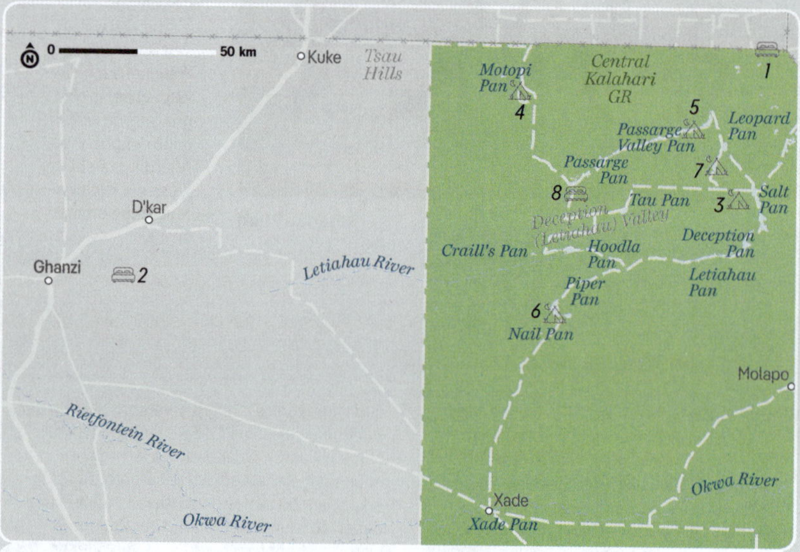

SCHLAFEN

1 Deception Valley Lodge
2 Grassland Safari Lodge
3 Kori Campsites
4 Motopi Campsites
5 Passarge Valley Campsites
6 Piper Pan Campsites
7 Sunday Pan Campsites
8 Tau Pan Camp

RETO BUEHLER/SHUTTERSTOCK ©

Oryxantilope

San-Kultur in der Kunst

BOTSWANAS INDIGENE KUNST

Kuru heißt „tu es" oder „mach es selber" - und eine Gruppe von Künstlern macht genau das im **Kuru Art Project**, einem bescheidenen Atelier in **D'kar** (eine halbe Stunde nördlich von Ghanzi), das die Geschichte der Naro San durch Gemälde, Skulpturen und Textilien zeigt und bewahrt.

Man kann das Atelier besuchen und die San-Künstler bei der Arbeit sehen. Die Natur ist ein wichtiges Thema. Viele Künstler fühlen sich von leuchtenden Farben angezogen (möglicherweise ein Kontrapunkt zu den Staubtönen der Landschaft?) und die lebendigen Bilder und Drucke feiern eine reiche Kultur und bieten oft einen Einblick in Alltag, Mühen und Träume der hier lebenden Menschen.

Innerhalb von 30 Jahren hat die bekannte Gruppe viele Preise gewonnen, in mehr als 15 Ländern ausgestellt; ihre Werke prangen auf Flugzeughecks von British Airways, Briefmarken, Bierdosen der Okavango Craft Brewery (S. 95) und Schutzhütten am Straßenrand in Ghanzi.

Das dazugehörige kleine **Museum** lohnt einen kurzen Besuch und bietet eine informative Zeitleiiste zur Geschichte der San und Informationen über den Zug der *trekboers*

GHANZI

Die Hauptstadt der Kalahari ist wenig mehr als eine kurze Pause in einer staubigen Umgebung, aber es ist ein aufstrebender Ort mit guten Unterkünften, Tankstellen und Supermärkten. Der Ort ist nicht besonders attraktiv, der Reiz liegt in der Statistik: Ghanzi ist 275 km von Maun entfernt, 540 km von Windhoek und 636 km von Gaborone. Wer in den Westen des Landes reist, sollte hier anhalten – zum Tanken, Einkaufen oder Übernachten. Es ist schwer zu verstehen, wie eine Stadt in so einer feindlichen Umgebung existieren kann, aber unter Ghanzi befinden sich große Mengen an artesischem Wasser.

ÜBERNACHTEN IN GHANZI

Ghanzi Farmhouse
Voll mit regionaler Kunst und Büchern, die Unterkunft auf einer Farm bietet. Geschichte und Stil. **$$**

Kalahari Arms Hotel
Ghanzis ältestes Hotel wurde herausgeputzt (und hat etwas Charme verloren), das Essen ist sehr gut. **$$**

Palm Afrique Lodge
Gepflegter Rasen, schattige Zeltplätze und geräumige Anlagen laden nach einer Fahrt zum Erholen ein. **$$**

2630BEN/SHUTTERSTOCK ©

San-Buschmann

DIE KÜCHE DER KALAHARI

In der erbarmungslosen Welt der Kalahari haben sich die San auch ernährungsmäßig angepasst. Dazu zählen Wüstenpflanzen wie die *Morama*-Bohnen oder eine riesige Knolle, die sehr wasserhaltig ist. Zu den Köstlichkeiten der Wüste gehören auch die Marula-Frucht, wilde Pflaumen, Beeren, Tsamma-Melonen, wilde Gurken und Honig. Und es gibt einen Speisepilz (*Grewia flava*), der mit dem europäischen Trüffel verwandt ist – er wird auch „Kalahari-Trüffel" genannt.

(südafrikansiches Hirtenvolk), deren Nachkommen noch in Ghanzi leben. Von Maun ist es ein Tagesausflug (250 km und 2½ Std. einfache Fahrt).

Eine Wanderung mit den San

DIE ÄLTESTE KULTUR DER WELT

Während einer Buschwanderung durch die Kalahari mit einem Spurensucher der San gewinnt man ein fundiertes Verständnis für die Wüste.

San ist die kollektive Bezeichnung für mehrere indigene ethnische Stämme in Südafrika. Zu diesen Stämmen gehören z. B. die !Kung, |Gui, Zu/'hoasi und Naro. Die San, in Botswana auch als Buschmänner bekannt, sind eine der ältesten indigenen Gruppen Afrikas und sind seit über 50 000 Jahren in der Kalahari zu Hause. Wanderungen mit geübten Spurenlesern und Guides dieser Herkunft bieten einfühlsame kulturelle Einblicke in die traditionelle Lebensart. Mehrere Guides in der Region führen die Tradition fort und zeigen Gästen eine beeindruckende Fülle an überliefertem Wissen und Fähigkeiten, die von Generation zu Generation überliefert werden. Manchmal in traditioneller Kleidung, meistens aber in der Uniform der Lodge und immer mit einem Grabestock und

ÜBERNACHTEN, UM MIT DEN SAN ZU WANDERN

Grassland Safari Lodge
Familiengeführtes Refugium mit viel Respekt vor den San und ihrer Umwelt. **$$$**

Tau Pan Camp
Mit Blick auf ein von Löwen besuchtes Wasserloch im CKGR; San-Fährtenleser führen kurze Wanderungen. **$$$**

Deception Valley Lodge
Aufregende, angesehene Wanderung mit San-Fährtenlesern nördlich des CKGR in Hainaveld. **$$$**

einem Ledersack voll mit Jagdwerkzeugen, man erlebt uraltes Können und die intensive Verbindung, die ursprünglich zwischen Mensch und Natur bestand.

Der Guide liest die Landschaft und erläutert die lebensnotwendigen Kniffe, die diese brutale Umgebung erfordert: Wie man in einer Wüste mit faserigen, wasserreichen Knollen und Straußeneiern Wasser findet und aufbewahrt, welche Pflanzen heilen oder stärken und welche schaden. Der Reichtum an verfügbaren Ressourcen ist erstaunlich.

Die San sind auch erfahrene Jäger. Ihre uralten Jagdtechniken mit Pfeil und Bogen und Fallenstellen sind genial, ebenso ihre Kunst, Feuer zu machen. Der Guide dreht die Spitze bestimmter Zweige (ein Hart-, ein Weichholz) mit hoher Geschwindigkeit und nutzt die Reibung um Funken zu schlagen, dabei dankt er den Ahnen für dieses Wissen.

Wer diese Welt betritt und sich für die Traditionen interessiert, unterstützt damit die Bewahrung dieser bedrohten Kultur. Einer der besten Orte für ein authentisches Erlebnis ist die **Grassland Bushman Lodge**, die abseits der üblichen Routen liegt (etwa 70 km und 2 Std. Fahrt über Sandwege abseits der Straße Ghanzi–Maun). Der Besitzer von Grassland, Nelltjie Bowers, spricht die Klick-Sprache der Naro und verfügt über zahlreiche Informationen über die Region; sein Stammbaum reicht bis in Jahr 1898 zurück.

Man sollte mindestens zwei Nächte hier verbringen, um viel Wissenswertes aus der Welt der San zu erfahren. Man lernt ihre Freizeitbeschäftigungen, nimmt an Spielen teil und stellt Werkzeuge her. Wer noch tiefer eintauchen möchte, sollte anfragen, ob er Rooibrakke besuchen darf, eine San-Siedlung in der Pufferzone zwischen CKGR und den Viehfarmen, die Richtung Ghanzi liegen.

Auch Lodges wie Tau Pan Camp, Deception Valley Lodge oder Nxai Pan Camp und Jack's Camp in Makgadikgadi bieten respektvolle und seriöse Touren an.

Besuch in einem Wildreservat in der Wüste

SO WILD WIE MÖGLICH

Wer die Einsamkeit, Herausforderungen und die Stille der Wüste liebt – nur unterbrochen vom nächtlichen Gebrüll der Löwen –, für den könnte **Central Kalahari Game Reserve** (CKGR) zum Lieblingsort in Afrika werden. Hier erlebt man eine intensive Verbindung zur Natur, besonders beim Campen unter einem funkelnden Sternenhimmel. Das CKGR ist die Heimat vieler Raubtiere, inklusive des schwarzmähnigen

DER RUF DER KALAHARI

Mark und Delia Owens lebten ab 1974 sieben Jahre in Deception Valley, einem Gebiet im CKGR, das kaum von menschlicher Besiedlung und Eingriffen berührt wird. Während ihrer Forschungen machten sie interessante Entdeckungen – z.B. leben die Kalahari-löwen in diversen sozialen Gruppen und wechseln zwischen den Rudeln. Die beiden forschten auch über die Schabrackenhyäne. 1981 mussten sie Botswana verlassen, weil sie eine internationale Aktion gegen die von der Regierung gebauten Zäune und ihre schädlichen Auswirkungen auf die Wildtiere starteten. Ihre Erfahrungen (allerdings ohne die Gründe für ihre plötzliche Abreise aus der Kalahari) sind in ihrem Buch *Der Ruf der Kalahari* (1985) beschrieben – unbedingt vor der Reise lesen.

CAMPEN IM CKGR

Passarge Valley Campsites
Eines der besten Camps in der Kalahari. Die drei Plätze sind sehr einsam; Nummer 3 ist am schönsten. **$**

Piper Pan Campsites
Etwas abseits der üblichen Besucherströme; am nahen Wasserloch lassen sich gut Tiere beobachten. **$**

Kori Campsites
Näher an der Deception Pan, mit Aussicht; gut als Ausgangspunkt zum Erkunden des Tals. **$**

ETIENNE OUTRAM/SHUTTERSTOCK ©

Großohrfüchse

KAMPF FÜR DIE RECHTE DER INDIGENEN

Als das höchste Gericht Südafrikas 2003 anerkannte, dass die indigene Bevölkerung kommunales Land und Abbaurechte besitzen dürfen, setzten die San in Botswana eine Klage in Gang. Das Gerichtsverfahren der „First People of the Kalahari" gegen die Umsiedlungspolitik der Regierung (S. 148) wurde 2006 verhandelt. Der High Court entschied, dass die Vertreibung der San aus dem CKGR „rechts- und verfassungswidrig war". Einige San durften inzwischen ins Reservat zurückkehren, aber die Regierung muss mehr tun,,, um das Gerichtsurteil umzusetzen. Die meisten Siedlungen der San befinden sich in der Peripherie und Botswanas. Die indigene Bevölkerung ist immer noch in Streit über die Vertreibung verwickelt.

Löwen. Das Land mit dem weiten Himmel ist bekannt für außergewöhnliche Tiersichtungen. Viele Tiere der Kalahari leben unterirdisch, hier sind die Temperaturen angenehmer. Nur 20 cm unter der Oberfläche beträgt die Temperatur im Winter konstante 20 °C, im Sommer 25 °C. Erdferkel, Erdwölfe, Großohrfüchse, Schabrackenhyänen, Hasen und Nagetiere graben sich ein und kommen nur heraus um Nahrung zu suchen. Zu den Highlights zählen auch Honigdachse, Geparden und Tüpfelhyänen, außerdem Oryxantilopen und Springböcke.

Rund um die alten Flusstäler gibt es ein reiches Vogelleben, wahrscheinlich sieht man Strauße und Riesentrappen. Weitere tierische Attraktionen sind wüstenangepasste Tiere wie der Kalahariheckensänger, ein typischer Camp-Besucher und heiß geliebt bei Vogelbeobachtern.

Am einfachsten erkundet man die unfassbare Größe des Parks von Rakops aus und konzentriert sich auf das Gebiet Deception Valley und die umliegenden Pfannen. **Deception Valley** weist eine abwechslungsreiche Landschaft auf. An den westlichen und östlichen Rändern stehen sanfte bewaldete Berge, das breite Tal besteht aus Grasland und Baumgruppen. Ein wunderbarer Ort bei Sonnenauf- oder untergang. Dagegen scheint die **Deception Pan** am Südende des Tals wie das Ende der Welt in der Mittagshitze. Periodisch über-

CAMPEN IM CKGR

Deception Campsites
In dichtem Buschwerk gelegen, täuschend weit weg von Deception Valley; Platz 1 und 2 sind abgeschiedener. **$**

Sunday Pan Campsites
Etwas abseits des größten Wildvorkommen, aber Platz 2 wird oft von Löwen besucht. **$**

Motopi Campsites
Die drei Campingplätze liegen ziemlich abgeschieden; Motopi Pan ist bekannt für viel Wild. **$**

flutete Wasserlöcher im Nordteil des Reservats – Letiahau, Pipers, Sunday, Passarge und Motopi – sind gute Orte für die Wildtierbeobachtung.

Anders als andere Gebiete Botswanas kommt das CKGR voll zur Geltung nachdem der Sommerregen das Land in einen blühenden Garten verwandelt hat und sich riesige Tierherden hier zum Grasen sammeln. In der Regenzeit von November bis April sind die Pisten schlammig und für unerfahrene Fahrer manchmal unpassierbar. In der Trockenzeit von Mai bis September, mit eiskalten Nächten, sind die Pisten zwar sandig, aber mit Allradantrieb gut befahrbar.

Es gibt nur eine permanente Lodge im Park (**Tau Pan Camp**) sowie eine Handvoll verstreuter Campingplätze, die von Selbstfahrern und mobilen Safaris aufgesucht werden. In den Park kommt man nur mit Reservierung für einen Campingplatz.

Berauschende Sternguckerei

SICH IN DER UNGEHEUEREN WEITE VERLIEREN

Viermal so groß wie die Serengeti und fast 13 % der Gesamtfläche Botswanas einnehmend – das CKGR steht für eine riesige Wildnis; hier gibt es mit den klarsten Himmel auf unserem Planeten. Die fehlende Lichtverschmutzung sorgt für eine absolut dunkle Umgebung, in der man die faszinierende Größe der Milchstraße bewundern kann. Man sieht hier mehr Sterne als in der nördlichen Hemisphäre, denn die südliche Hemisphäre blickt direkt ins Zentrum unserer Galaxie. Die Sternenbeobachtung wird auch durch das trockene Klima, niedrige Luftfeuchtigkeit, geringe Bewölkung und das Fehlen von hoher Vegetation begünstigt. Schon mit bloßem Auge sieht man Sternbilder wie das Kreuz des Südens, das fantastisch glitzernde Schmuckkästchen (einer der buntesten offenen Sternhaufen) und andere gut zu identifizierende Sternbilder wie Orion und Skorpion.

Aber bei der Sternguckerei in der Kalahari geht es nicht nur um die Fülle an Sternen – das ganze Erlebnis zählt. Die Stille ist so groß, dass man nicht nur den unheimlichen Schrei des Schakals hört, sondern auch den eigenen Herzschlag. Der Nervenkitzel, wenn Tiere außerhalb des Feuerscheins durch die Dunkelheit streifen. Ein Gefühl von Ehrfurcht und Erstaunen. Bloß nicht das Atmen vergessen.

Spezielle Touren zur Sternenbeobachtung werden nicht angeboten, aber manchmal gibt es das in Luxus-Lodges als zusätzliche Attraktion oder, mit Glück, zeigt der Guide auf einer mobilen Safari einige Sternbilder.

JAGD NACH STERNSCHNUPPEN

Am 2. Juni 2018 wurde ein Asteroid beobachtet, der mit 61155 km/h Richtung Tau Pan raste. Fast 2 m lang und etwa so schwer wie ein ausgewachsener Afrikanischer Elefant stellte der kosmische Körper keine Gefahr dar. Er schlug im Central Kalahari Game Reserve ein und Forscher baten das Team des Tau Pan Camps um Hilfe bei der Suche nach der Einschlagstelle. Wissenschaftler aus Botswana und Guides arbeiteten mit internationalen Meteoritenexperten zusammen, um die Trümmer dieses Brockens zu finden. Das erste gefundene Stück – nur 28 g schwer – erhielt den Namen Motopi Pan, nach dem nahe gelegenen Wasserloch. Bis November 2020 fand das Team 24 Meteoriten.

ÜBERNACHTEN UNTERM STERNENHIMMEL

Tau Pan Camp
Auf der erhöhten Plattform neben dem Camp schläft man mitten im CKGR. **$$$**

Dinaka Camp
Schlafen unter freiem Himmel im privaten Schutzgebiet nördlich des CKGR. **$$$**

Kukama Campsite
An der wenig frequentierten Strecke zwischen Matswere und Deception Valley hat man den Himmel für sich allein. **$**

ROADTRIP

Durchs Central Kalahari Game Reserve

Eine herausfordernde Allradtour mit Kampieren für alle, die ein echtes Abenteuer in Afrikas Wildnis suchen. Man genießt die Einsamkeit der größten Wüste Südafrikas, klassische Kalahari-Atmosphäre und Tierbeobachtungen ohne Menschenmengen. Für mindestens eine Woche entkommt man der Welt und erkundet (mit einem Satellitenhandy) Dünen und fossile Flusstäler, hält an Pfannen und Wasserlöchern.

1 Grassland Safari Lodge

Start ist an der Westgrenze der CKGR; man erlebt entweder zuerst die Landschaft mit den Augen der San oder unternimmt mit Grassland Safari Lodge eine Tour auf den Spuren der Nashörner. Von D'kar, nördlich von Ghanzi, ist es eine zweistündige, 70 km lange, sandige Fahrt, aber diese Campsites und Chalets sind der beste Ausgangspunkt für die Kalahari. Unterwegs sind 15 Zauntore zu öffnen und schließen – das wird unter den Mitreisenden ausgelost.

Die Strecke: Bis zur Grenze des CKGR sind es 70 km Grasland. Man fährt 11 km Richtung Süden und hält sich links. Auf rauer Piste sind es 26 km bis Xade, und dann noch 100 km bis Piper Pan.

2 Piper Pan

Man betritt den Park am Xade Gate. Flache Landschaft und goldene Savanne do-

JENS GRUBE/SHUTTERSTOCK ©

 Löwenrudel, Piper Pan

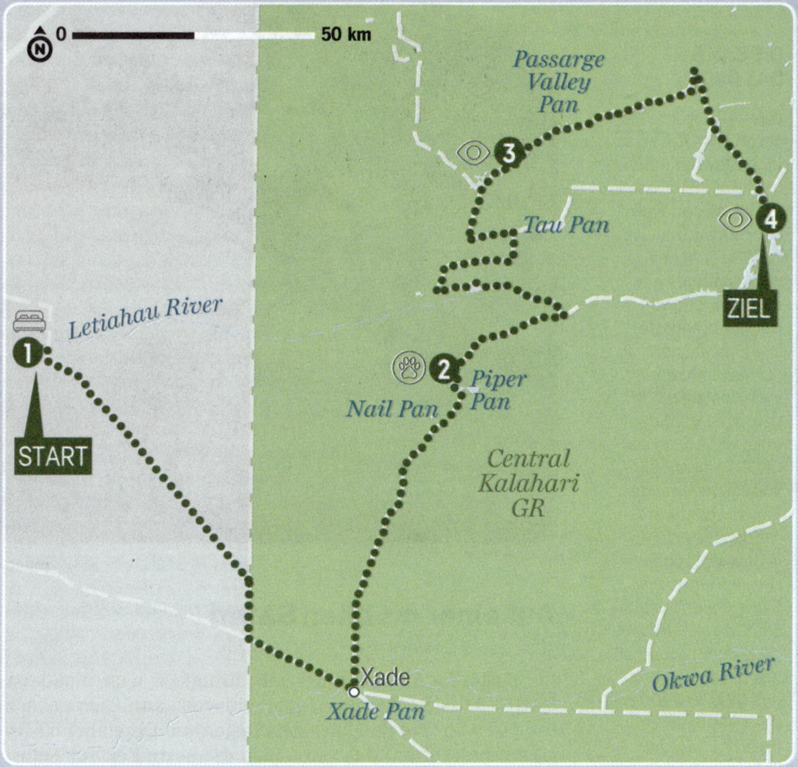

minieren Xade Gate und die Zeltplätze. Rund um Xade Pan gab es einstmals eine alte Siedlung der San. Weiter geht's nach Piper Pan für zwei Nächte und Fahrten zu den Pfannen sowie baumreichen Stellen, die von Kudus, Geparden, Gnus und Raubvögeln aufgesucht werden. Campsite 1 mit Blick auf die Hauptpfanne ist am schönsten.

Die Strecke: Der 25 km lange Rundkurs um Piper Pan dauert zwei Stunden. Dann geht's 120 km im Zickzack zwischen Pfannen nach Norden bis Passarge Valley.

3 Passarge Valley

Frühmorgens eine Rundfahrt um Piper Pan, dann heißt es Sachen packen und weiter über Phokoje und San Pan nach Passarge Pan. Passarge Valley ist viel ruhiger als Deception Valley, aber ein Wasserloch (künstlich angelegt, um die Tiere auch in der Trockenzeit zu versorgen) liegt am Südwestrand des Tals mit guten Weidegründen. Es gibt Hunderte von Springböcken und Riesentrappen, prächtige Oryxantilopen, Kuhantilopen und Streifengnus.

Die Strecke: Bis zur Abzweigung Deception sind es 50 km auf Sandpisten. Eine Rundfahrt in Leopard Pan und dann 17 km bis Kori Campsite. Von hier fährt man den 27 km langen Rundkurs um Deception Pan bis zum Aussichtspunkt und dann zurück.

4 Deception Valley

Ein Tagesausflug führt nach Tau Pan oder man fährt direkt vorbei an Sunday Pan Richtung Deception Valley. Deception Valley ist eines von vier fossilen Flusstälern in der Kalahari, denn einstmals gab es Flüsse in diesem Gebiet, die flache Täler schufen. Die Landschaft öffnet sich; in der Ebene finden sich grasende Herden und Kalaharilöwen ein, die hier ihren Durst stillen wollen.

DIE SAN & DAS CKGR

Das CKGR wurde 1961 als privates Reservat für die San gegründet, um sie vor Einflüssen der modernen Welt zu schützen und das Land ihrer Ahnen zu bewahren. Aber die Regierung von Botswana änderte ihre Einstellung (Kritiker behaupten, weil Diamanten gefunden wurden). Auch wenn Teile des CKGR immer noch von einigen wenigen San bewohnt werden, wurden fast alle in Botswana und Namibia lebenden San in neue staatliche Siedlungen, wie New Xade direkt außerhalb des CKGR, umgesiedelt (1997 und 2002). Das UN-Komitee zur Beseitigung jeder Form von Rassendiskriminierung rügte 2006 das Umsiedlungsprogramm, aber die Regierung behauptet, ihre Politik sei im Sinne der San. Viele San lehnten die staatlichen Vorstellungen von Modernität ab, da sie das Land und die Traditionen ihrer Ahnen aufgeben sollten.

LEIGH GREGG/SHUTTERSTOCK ©

Gepard

Auf einer mobilen Safari

BEQUEMES CAMPOUT IN DER KALAHARI

Bei Busch-Enthusiasten herrscht Einigkeit, dass nichts das CKGR nach dem Sommerrfegen schlagen kann. Tierbeobachtung ist während und nach dem Regen von Dezember bis April am besten und das wäre auch die beste Zeit für Selbstfahrer für eine Fahrt durch die Wüste, aber man kann auch hoffnungslos im Schlamm stecken bleiben. Wer Bequemlichkeit und Abenteuer kombinieren möchte, sollte sich am besten einer mobilen Safari anschließen.

Geschulte Guides, die das Land kennen, können gefährliche Schlammlöcher umgehen und gleichzeitig die Ökologie der Wüste erklären. Schwarzmähnige Kalahariløwen, Geparden, Leoparden und Gnuherden, Springböcke und Giraffen ziehen durch das Reservat. Manchmal sieht man sogar eine dramatische Jagd einer Meute Afrikanischer Wildhunde, ein seltenes Bild in dieser abgelegenen Gegend.

Die langen, fordernden Etappen zwischen den Wasserlöchern und reichen Wildvorkommen sind ein weiterer Grund für eine mobile Safari. Man reist bequem in einem speziellen Allradwagen zu Attraktionen und Camps im Park. Man kommt zu einer Oase mit komfortablen Zelten und leckerem

EINE MOBILE SAFARI BUCHEN

Barclay Stenner
Exklusive Expedition in den fossilen Flusstälern mit erfahrenen, engagierten Guides.

Earth Ark Travel
Tolle Fotomotive mit spezialisierten Fotografen. Die Wagen bieten Ladestationen und Foto-Unterstützung.

Island Safari Lodge
Kostengünstiger, einfacher, rustikaler Dreitageausflug ab Maun zu den schönen Ecken des CKGR.

Essen, das über offenem Feuer gekocht wird. Und dann wechselt man den Ort, und das ohne Müll oder Spuren ähnlicher Art zu hinterlassen.

Auf den Spuren der schwarzmähnigen Löwen

SEHENSWERTE ERLEBNISSE MIT GUIDES

Die Magie dieses weiten Landes liegt in seiner außerordentlichen Größe, die auch einen Überblick erschwert. In einer Luxus-Lodge erfasst man die weitläufige Kalahari besser und kann mit einem Guide auch Raubtiere aufspüren.

Nachtfahrten und Offroad-Fahrten sind in Botswanas Nationalparks verboten, deswegen finden im CKGR die Fahrten in offenen Allradwagen morgens und nachmittags statt. Bei diesen Einschränkungen ist die Suche nach Schwarzmähnigen Kalaharilöwen im Team einfacher und die erfahrenen Fachleute vom **Tau Pan Camp**, der ersten Lodge des Reservats, arbeiten immer mit einem Guide und zwei Fährtenlesern zusammen. Eingestimmt auf den Takt des Landes und seiner Bewohner, lesen die Fährtensucher (oft vom Stamm der San) sorgfältig die Tierspuren; somit steigen die Chancen, die majestätischen Löwen einen ganzen Morgen zu beobachten und ihr Verhalten zu studieren.

Der Aktionsraum der Kalaharilöwen ist sehr groß. Die zähen Kalaharilöwen sind schlanker, haben längere Gliedmaßen und größere Tatzen; so können sie besser durch ihr großes Territorium streifen. Ihr Kennzeichen ist die schwarze Mähne, zudem sollen sie ausdauernder sein als normale Löwe und besser ohne Wasser auskommen. Zu den anderen Wüstenspezialisten, die hier fruchtbarer sind als im restlichen Botswana, gehören die Schabrackenhyänen, Erdwölfe, Oryxantilopen, anmutige Großohrfüchse und Strauße.

Die Guides entdecken auch die schwer zu identifizierenden Vögel, die scherzhaft Little Brown Jobs oder LBJs genannt werden. Es ist hilfreich, wenn ein geschultes Auge den Unterschied zwischen staubfarbenen Vögeln wie Rotnackenlerchen, Kalaharicistensängern oder Steppenlerchen bestätigt.

WAS IST HAINAVELD?

Hainaveld liegt an der nördlichen Grenze des CKGR und besteht aus mehreren abgelegenen, eingezäunten Reservaten in Privatbesitz. Es ist eher ein Wildtierfarmgebiet als eine echte Wildnis, das Tierleben konzentriert sich auf künstliche Wasserlöcher; Tiersichtungen sind in der Trockenzeit besser, wenn die dichte Vegetation abstirbt (im Gegensatz zur CKGR, im Sommer sind hier die umher ziehenden Tiere am besten zu sehen). Die Lage in einem Privatgebiet hat Vorteile; hier gibt es mehr Angebote als im Nationalpark, denn die luxuriösen Lodges können auch Nachtfahrten und ausgedehnte Walking Safaris anbieten.

UNTERWEGS VOR ORT

Nur erfahrene, sachkundige Personen mit gut ausgestatteten Allradautos sollten auf eigene Faust in die Kalahari fahren. Und man sollte mindestens mit zwei Fahrzeugen und einem Notfallplan unterwegs sein, um im Falle eines Falles die nötige Hilfe und Unterstützung zu bekommen.

Mehrere Pisten führen in das CKGR, aber nicht alle sind offizielle Eingänge. Am einfachsten erreicht man Deception Valley via Matswere Gate, das an der asphaltierten B300 nordwestlich von Rakops ausgeschildert ist.

Das Southern Gate bietet Zugang über eine strapaziöse Piste ab Khutse Game Reserve (südlich vom CKGR, nicht durch einen Zaun getrennt). Tsau Gate und Xade Gate liegen im äußersten Nordwesten des Reservats, für Reisende nach Piper Pan via Ghanzi.

Eine andere Möglichkeit ist eine geführte mobile Safari, ein sicheres und meist gut organisiertes Erlebnis. Aber am einfachsten geht es mit dem Flugzeug. Der Flug ab Maun Airport dauert in einem Leichtflugzeug nur etwa eine gute halbe Stunde.

KGALAGADI TRANSFRONTIER PARK

Der Kgalagadi Transfrontier Park liegt abseits der Hauptreiserouten, deshalb gibt es hier nicht so viele Besucher – ein ideales Ziel für echte Tierfreunde. Alle Reisenden, die man trifft, werden die Natur genauso lieben, wie man selbst.

Im Jahr 2000 wurde der Mabuasehube-Gemsbok National Park mit dem Kalahari Gemsbok National Park in Südafrika zusammengelegt, dies führte zur Gründung des neuen Kgalagadi Transfrontier Park. Heute bestzt Afrikas erster „Friedenspark" eine Fläche von 35 551 km^2, davon befinden sich etwa 73 % in Botswana. Er besteht aus drei Hauptbereichen: Kaa in der entlegenen nordwestlichen Ecke, dem beliebten Mabuasehube-Teil im Osten und dem Abschnitt Two Rivers, der sich nach Südafrika erstreckt.

Das Schutzgebiet in Botswana ist bis dato etwas unberührter als der südafrikanische, es gibt weniger Infrastruktur und sandige Allradpisten zwischen den Campingplätzen. Auf Mabuasehube trifft das besonders zu, beim Schlafen unter dem nächtlichen Sternenhimmel sind nur die Geräusche der Geckos zu vernehmen.

TOP TIPP

Da der Park abseits der Touristenrouten liegt, lohnt es sich, hier drei oder vier Nächte zu verbringen. Die Tiere befinden sich häufig weit entfernt inmitten der Pfannen, daher sind Ferngläser nützlich. Man kann über Südafrika einreisen und nach Botswana ausreisen, oder umgekehrt.

BASHI KIKIA/SHUTTERSTOCK ©

Kgalagadi Transfrontier Park

SEHENSWERTES
1 Kaa
2 Khiding Pan
3 Mabuasehube Pan
4 Mpayathutlwa Pan
5 Tsabong Ecotourism Camel Park
6 Two Rivers

SCHLAFEN
7 Khiding Pan Campsites
8 Mabuasehube Pan Campsites
9 Mpayathutlwa Pan Campsites
10 Nook Guesthouse

Kamelreiten & Quadfahren in der Kalahari

DIE WÜSTE AUF EINEM KAMEL ERKUNDEN

Kamele sind in Botswana nicht heimisch, leben aber inzwischen auch in der südlichen Kalahari und so kann man im Sattel eines Kamels durch den 32 km² großen **Tsabong Ecotourism Camel Park** reiten.

Nach der Unabhängigkeit wurden die Kamele der Polizeipatrouillen ausgemustert und den Gemeinden vor Ort gegeben als Joint Venture zwischen dem Tsamama Trust (mit den Gemeinden Tsabong, Maleshe und Maubela) und der Botswana Tourism Organisation, um den Tourismus in diesem abgelegenen Gebiet zu fördern.

Im Kamelpark leben heute 517 Kamele und 55 Zebras (Zählung von 2022). Ein Kamelritt ist kurz und erinnert eher an

WIE LANDETEN DIE KAMELE IN BOTSWANA?

Anfang des 20. Jhs. experimentierte die britische Regierung im Protektorat Bechuanaland (verwaltet vom Kap der Guten Hoffnung) mit dem Einsatz von Kamelen für militärische Zwecke. Ihre Ausdauer und Fähigkeit, lange Strecken ohne Wasser zurückzulegen, sollte genutzt werden. Einige Kamele wurden aus Ägypten und Indien eingeführt und von der Polizei in British South Africa für Patrouillen und Erkundungsmissionen eingesetzt. Die Verwendung für militärische Zwecke wurde nach dem Ersten Weltkrieg eingestellt, und die Kamele transportierten Post und dienten als Polizeistreife in der sandigen Kgalagadi.

einen Ponyausflug, aber mit einem herrlichen Blick über die Landschaft, und es ist eine nette Unterbrechung auf dem Weg nach Mabuasehube. Wer es wilder möchte, macht eine Quadtour – der Adrenalinspiegel steigt, wenn die Motoren dröhnen, aber man sollte vorsichtig sein und auf die Piste achten. Der Sand ist weich und kann trügerisch sein.

Wild Zelten unter den Sternen von Kgalagadi

LEGENDÄRE LÖWEN

Wenn es Nacht wird, funkeln die Sterne im Himmel über Kgalagadi und man kriecht in sein Zelt. In den Büschen raschelt es und man schreckt hoch. Was war das? Wer vorsichtig durch das Fliegenfenster schaut, entdeckt einen Löwen, der majestätisch über den nicht eingezäunten Campingplatz schreitet. Für mutige, verantwortungsbewusste Tierfreunde bringt wildes Zelten in Botswanas südlicher Kalahari, einem Spielplatz für Raubtiere, unvergessliche Eindrücke.

Der **östliche Mabuasehube-Bereich** ist 1800 km² groß und ist der Teil des Kgalalgadi Transfrontier Parks, der sich am einfachsten von Botswana erreichen lässt. Eine Reihe von Salzpfannen, durch klassische Buschvegetation getrennt, macht diesen Teil des Parks zu einem lohnenden Ziel. Die beiden größten Pfannen, **Mpayathutlwa** und **Mabuasehube**, sind auch die schönsten, umgeben von niedrigen Hügeln, die morgens und abends eine fantastische Aussicht bieten. Die anderen, kleineren Pfannen – **Lesholoago**, **Monamodi** und **Bosobogolo** – lohnen sich auch. Am Nordrand der **Khiding Pan**, 11 km westlich von Mabuasehube Pan, kann man, wenn man leise ist, Erdmännchen sehen.

Die Wüstenlandschaft, in der es weniger und unregelmäßigen Niederschlag gibt, unterscheidet sich von der nördlichen Kalahari mit röterem Sand und Temperaturen zwischen 45 °C im Sommer und bis zu -10 °C in den Winternächten. Es gibt nur wenige Campingplätze in Mabuasehube, manche sind Monate oder sogar ein Jahr im Voraus ausgebucht. Also unbedingt frühzeitig reservieren.

Quer durch Two Rivers

KEIN REISEPASS NOTWENDIG

Wer die ganze Vielfalt der Kalahari erleben möchte, sollte im Westen des Mabuasehube das Gebiet **Two Rivers** besuchen. Kgalagadi ist der einzige unbeschränkte grenzüberschreitende Park und Touristen können innerhalb des Parks alle Grenzen frei überschreiten ohne einen Stempel im Pass.

ÜBERNACHTEN IN TSABONG

Tsabong Ecotourism Camel Park Tents
Komfortable Zelte mit Klimaanlage und WLAN sowie Terrassen. **$**

Tsabong Camel Park Tents Park Campsite
Jeder Platz hat einen eigenen Waschraum und Strom und liegt unter einem Baum. **$**

Nook Guesthouse
Saubere, perfekte Zimmer in goldenen Kalahari-Sandfarben mit gutem Frühstück. **$**

STEPHANIE PERIQUET/SHUTTERSTOCK ©

Löwe

Am einfachsten ist der Zugang jedoch über Südafrika, denn man muss eine große Strecke zurücklegen. Von Two Rivers sind es 161 km bis **Nossob** und weitere 61 km bis **Polentswa** und das nur am Nossob River. Am sichersten reist man in einem Konvoi mit mindestens zwei Autos. Für die Campingplätze werden Konzessionen vergeben. Mabuasehube und Mpayathutlwa werden von der Inter-Tourism Group geführt. Die übrigen (Entrance Gate, Bosobogolo, Monamodi, Lesholoago, Khiding, Matopi, Sizatswe, Thupapedi, Kaa, Swartpan, Gnu Gnus, Polentswa, Rooiputs und Two Rivers) werden vom Department of Wildlife and National Parks geführt.

Mit dem Allradwagen durch die Wildnis

EINE RUPPIGE, HARTE FAHRT

Auf einer mehrtägigen Expedition für Selbstfahrer geht es über Wüstenpisten, trockene Flussbetten und weite Savannen durch den Kgalagadi Transfrontier Park. Sehr beliebt ist der zweitägige **Mabuasehube (oder Mosomane) Wilderness Trail**, der im östlichen Teil von Mabuasehube beginnt und über 155 km Richtung Westen nach Nossob in Südafrika führt.

SICHER & UNABHÄNGIG

Kein Camp ist eingezäunt und es gibt keine Austattung. Für die Sicherheit ist jeder selbst verantwortlich.

Voll tanken und Verbrauch und Reichweite berechnen (Fahren im weichen Sand verbraucht bis zu 50 % mehr Benzin). Die nächsten Tankstellen sind in Tsabong (115 km im Süden), Hukuntsi (145 km im Norden) und Nossob in Südafrika (186 km).

Reichlich Trinkwasser für heiße Tage in der Wüste und Müllsäcke mitnehmen. Bei Sonnenauf- und -untergang wachsam sein, dann sind die Raubtiere aktiv. Der Zeltplatz muss aufgeräumt sein – keine Nahrung oder sonstige Gegenstände herumliegen lassen (Löwen kommen in nicht verschlossene Zelte.) Stets vorsichtig sein!

CAMPING IN MABUASEHUBE

Mpayathutlwa Pan Campsites
Zweifellos die beliebteste Pfanne im Park. Platz 1 und 2 haben die beste Sicht und Ausrüstung. $

Mabuasehube Pan Campsites
Die Pfanne wird zum Winterende von Herden aufgesucht; Platz 2 bietet tolle Aussicht. $

Khiding Pan Campsites
Nur zwei Plätze mit toller Sicht bei Sonnenuntergang; oft sind Erdmännchen zu sehen. $

Safarifahrzeug bei Sonnenuntergang

WAS IST MIT KAA?

Absolute Einsamkeit bieten die rund um Pfannen gelegenen Zeltplätze im Gebiet Kaa – sie sind abgelegen und verlangen mehr Planung. Die Zufahrt von Kaa nach Swartpan wird selten genutzt und ist oft von Buschwerk überwuchert, das den Autolack zerkratzt. Die 75 km von Kaa nach Swartpan können bis zu vier Stunden dauern.

Eine Übernachtung im beliebten **Mosomane Campsite** ist obligatorisch. Von hier kann man nach Mabuasehube Gate und Bosobogolo Pan über die Zugangsstrecke zurückfahren, mit einem Halt im **Matopi Campsite** (zwei Übernachtungen) oder weiter in den südafrikanischen Teil des Parks fahren.

Wer mehr Einsamkeit sucht, kann den dreitägigen **Polentswa Wilderness Trail** (auch Gemsbok Wilderness Trail) buchen. Er beginnt am Polentswa Campsite, führt zum Kaa Entrance Gate in Botswana und zurück zum Nossob River Valley. Am ersten Tag werden etwa 100 km zurückgelegt, am zweiten 103 km und am dritten 60 km bis Lijersdraai; zurück nach Nossob sind es noch mal 74 km. Die Rundfahrt von Nossob beträgt 394 km.

Die unbegleitete Tour führt durch ein großes Gebiet; man muss ein eigenes Allradauto haben, plus Campingausrüstung und Vorräte. Vorgeschrieben ist auch, im Konvoi mit mindestens zwei Autos zu fahren (max. 5 Fahrzeuge).

UNTERWEGS VOR ORT

Kgalagadi kann man nur als Camper mit Selbstversorgung und Allradantrieb besuchen. Der nächstgelegene Grenzübergang nach Südafrika ist McCarthy's Rest (140 km). Von Zentral-Botswana kommt man am besten von Norden via Kang und Hukuntsi. Von Gaborone fährt man über Werda und Tsabong. Wer aus Südafrika anreist, meldet sich in Two Rivers (Twee Rivieren), fährt 170 km bis Nossob und dann geht die Fahrt nach Mabuasehube über die Boso Road. Wer in ein anderes Land ausreisen möchte, muss seinen Pass an der Grenze in Two Rivers stempeln lassen und mindestens zwei Nächte bleiben.

Zwei 4WD-Pisten verbinden Two Rivers mit Mabuasehube, aber nur die südliche der beiden (sie verbindet Nossob und Bosobogolo Pan, 171 km entfernt und 20 km südwestlich von Mabuasehube Gate) ist öffentlich.

Die Parkgebühren zahlt man am Mabuasehube Gate bar, ein Beleg über die Platzreservierung ist erforderlich.

GABORONE

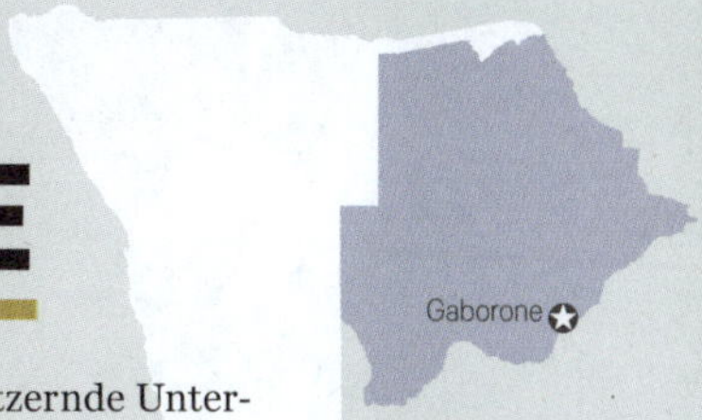

Eine Ansammlung von Regierungsbauten, glitzernde Unternehmenssitze, Einkaufszentren – ein kunterbunt zersiedeltes Stadtbild. Das unauffällige Gaborone (für Insider Gabs) ist entweder schrecklich langweilig oder eine entspannte Einführung ins urbane Afrika.

In Botswanas Hauptstadt, einer Mischung aus Tradition und Moderne, überragen Wolkenkratzer Straßenmärkte und schicke Malls liegen neben traditionellen Lokalen. Außerhalb der Stadt ziehen Nashörner durch private Reservate. Trotz seiner 240 000 Einwohnern ähnelt Gabs eher einer Kleinstadt, aber mit florierender Wirtschaft, netten Restaurants und einer gastfreundlichen Gemeinschaft. Einfach einmal eintauchen und einige Eindrücke sammeln bevor man in nördlicher Richtung auf Safari geht.

TOP TIPP

Gaborone ist eine relativ sichere Stadt und meistens gibt es keine Probleme, aber dennoch sollte man aufmerksam sein (meistens vor Taschen- und Gelegenheitsdieben). Nachts sollte man immer ein Taxi nehmen und den Fahrer, der im Hotel empfohlen wurde – und am besten die Main Mall meiden.

VADIM_N/SHUTTERSTOCK ©

Gaborone

SEHENSWERTES
siehe **3** Independence Avenue
1 Kgatleng District
2 Matsieng Footprints
3 National Museum & Art Gallery
siehe **3** Parliament
4 Three Dikgosi Monument

AKTIVITÄTEN, KURSE & TOUREN
5 Gaborone Game Reserve
6 Manyana Rock Paintings
7 Mokolodi Nature Reserve
8 Notwane Equestrian Centre

UNTERHALTUNG
9 Lion Park Resort

SHOPPING
siehe **3** Botswana Book Centre
10 Botswelelo Centre
11 Gabane Pottery
siehe **3** Main Mall

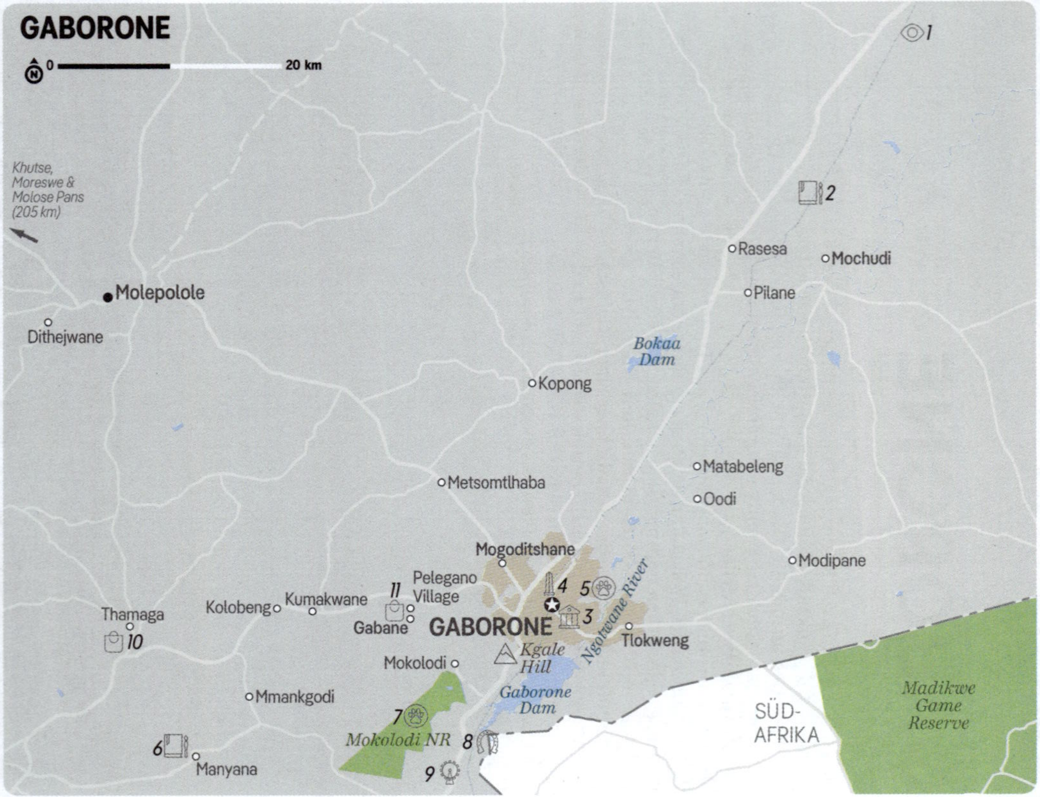

Aufstieg auf Gabs höchsten Punkt

EINHEIMISCHE BEIM SONNENAUFGANG TREFFEN

Früh aufstehen, Wanderstiefel anziehen, Wasser einpacken und los geht's auf eines von Gaborones Wahrzeichen: **Kgale Hill**. Das beliebte Ziel ist mit einer Höhe von 1287 m der höchste Punkt der Stadt und bietet bei Sonnenaufgang einen fantastischen Blick über die Region. Vom Gipfel mit den bemalten Felsen erkennt man Gaborone Dam, sieht den Verkehr auf der A1 nach Lobatse und an klaren Tagen auch die Hochhäuser im Central Business District (CBD).

Am besten parkt man an der Game City Mall; von hier führen stark frequentierte Wege zur Bergspitze. Auf anderen Wegen ist weniger los; am besten geht man mit einer Gruppe oder am Wochenende, wenn morgens Trailläufer, Wanderer und Sportgruppen auf dem Berg unterwegs sind. Unterwegs sollte man Ausschau halten nach Wildtieren wie Pavianen oder Adlern. Je nach Fitness braucht man für den 2 km langen Aufstieg etwa eine Stunde.

Nashörner in der Stadt

WANDERUNG MIT HERZKLOPFEN

Eine Hauptstadt ist kein normales Umfeld für gefährdete Tiere, besonders für Nashörner. Im Jahr 1994 wurde das **Mokolodi Nature Reserve** in den Außenbezirken von Gaborone gegründet, das ruhige Buschland scheint meilenweit vom Stadtverkehr und den Hochhäusern entfernt zu sein. Das kleine Schutzgebiet (etwa 78 km^2), eine ehemalige Rinderfarm, schützt einheimische Fauna und Flora, dazu gehören auch die gefährdeten Breitmaulnashörner.

Mit zwei erfahrenen Guides kann man ein Nashorn zu Fuß aufspüren. Zuerst fährt mit dem Wagen, um frische Fußspuren, Dung oder andere Spuren ausfindig zu machen, dann geht es zu Fuß weiter. Es kann zwischen einer halben Stunde und fünf Stunden dauern, bis man eines dieser beeindruckenden Tiere zu sehen bekommt.

Im Schutzgebiet leben auch Giraffen, Elefanten, Zebras, Paviane, Warzenschweine, Flusspferde, Kudus, Impalas, Wasserböcke, Klippspringer sowie mehr als 300 Vogelarten, ein tolles Ziel für alle begeisterten Fotografen. In kleineren Gehegen leben einige alte Tiere, z. B. Geparden. Besucher können mit dem eigenen Wagen durchs Reservat fahren, zwischen Dezember und März besser mit Allradantrieb. Geführte Pirschfahrten und Wanderungen werden angeboten.

DIE SCHÖNSTEN OUTDOOR-ERLEBNISSE IN GABORONE

Mabedi Letsholo, ein leidenschaftlicher Tier-Fotograf, gibt Tipps für Outdoor-Erlebnisse in der Stadt. @mabedi_lets

Gaborone Dam
Zu Fuß oder mit dem Auto erreichbar, im Sommer gibt es viele Vögel. Ich habe bunte Bienenfresser, Impalas, Warzenschweine, Strauße und viele Reptilien fotografiert.

Mokolodi Nature Reserve
Das wenige Minuten von der Stadt entfernte Reservat bietet Pirschfahrten, Sichtungen von Nashörnern und Giraffen, Radtouren und Unterkünfte.

Gaborone Game Reserve
Direkt in Broadhurst, mit vielen Vogelarten, Zebras und Kudus, aber keine Raubtiere außer einer Felsenpython, die ich beim Töten einer Antilope beobachten konnte. Die Pisten sind auch von kleinen Autos zu meistern.

AKTIVITÄTEN IN MOKOLODI

Giraffenpirsch
Bei der ruhigen Walking Safari geht man auf die Suche nach Giraffen. Kinder ab 12 Jahren.

Mountainbikefahren
Entlang des Radwegenetzes können Räder und Helme ausgeliehen werden; gut für Tierbeobachtungen.

Reptile Park
Kinder lieben den Reptilienpark. Manchmal sieht man auch Eulen und Geier.

LUCIAN COMAN/SHUTTERSTOCK ©

Tontöpfe

Traditionelle Töpferkunst

SICH DIE HÄNDE SCHMUTZIG MACHEN

Zum Immateriellen Kulturerbe der Unesco gehören auch die bekannten Töpferarbeiten aus Botswanas **Kgatleng District** in der Umgebung von Gaborone (hier findet sich der beste Ton).

Die Töpferkunst wird seit Jahrhunderten in den Familien gepflegt. Normalerweise töpfern die Frauen, sie verwenden handgesammelten Ton, Eisenoxid, Kuhmist, Wasser, Holz und Gras um traditionelle Gefäße mit unterschiedlichen Farben und Formen zu fertigen. Nach dem Sammeln des Materials, wird die Erde zerstampft, zu feinem Puder gesiebt und mit Wasser vermischt. Traditionell wurden in den Gefäßen Bier gelagert, Sorghum fermentiert und Wasser transportiert, zudem dienten sie zur Ahnenverehrung und für Heilungsrituale. Ein Besuch in Gaborones Töpfereien bietet einen Einblick in die reiche Geschichte und Kultur.

Selber töpfern kann man bei **Happy Soul Adventures** im Artcase (in der Molapo Piazza). Man lernt die alte Kunst und formt ein Gefäß mit einer professionellen Töpferin aus dem Kgatleng District. Das Atelier ist jede Woche von Mittwoch bis Samstag geöffnet.

SHOPPEN IN GABORONE

Botswanacraft
Das Kaufhaus mit fair gehandeltem Kunsthandwerk bietet Geschenke und Essen. Hier gibt es die schönsten Souvenirs, Sandwiches oder *seswaa*. Angeboten werden auch gute Karten und Lektüre für die weitere Reise.

Craft Market at Delis
Im Stadtviertel Broadhurst finden sich ungewöhnliche Geschäfte, Windspiele, Traumfänger, Overalls, Kleider, Vintage-Kleidung und toller Kaffee in Feinkostläden.

UNTERKÜNFTE FÜR SELBSTVERSORGER IN GABORONE

Apartments 125
Geräumiges Apartment mit schnellem WLAN für Geschäftsreisende. **$$**

City Mews On Independence
Riesige moderne Apartments mitten in der Stadt, nahe bei den schicken Cafés. **$$**

The Kleynhans Home
Beliebtes Buschcamp für Selbstversorger mit drei Zelten mit Bad; fühlt sich an wie eine unendliche Safari. **$$**

20 km östlich von Gaborone liegt die **Gabane Pottery**, hier gibt es Keramiken mit Mustern, die von traditionellen Lehmhütten inspiriert wurden. Verarbeitet wird robuster Lehm von Termitenhügeln, die sich der Umgebung befinden. Neben Töpferkursen werden kombinierte Wein-und-Töpferei-Events (im Voraus buchen) angeboten.

Etwas weiter entfernt (50 km) liegt das **Botswelelo Centre**, bekannt als Thamaga Pottery, das von den Thamaga gegründet wurde. Die Kooperative produziert hochwertige Tee- und Kaffeesets, Teller, Kerzenständer und komplettes Tafelgeschirr aus weißem Ton mit klassischen geometrischen Mustern.

Abenteuer mit der Familie

WASSERRUTSCHEN UND AUSRITTE

Botswana ist ein Land, um den Tag im Freien zu genießen; die Hauptstadt macht da für Familien keine Ausnahme.

Das kleine, übersichtliche **Lion Park Resort** ist ideal für Kinder zwischen fünf und zehn Jahren. Die Kleinen werden die Eisenbahn lieben, für die Größeren gibt es altmodische Fahrgeschäfte. Unbedingt Badesachen fürs Plantschen im Wellenbad und die Wasserrutschen einpacken. Das Essen ist nicht empfehlenswert. Besser ist **Sanitas**, wo man neben dem üppigen Gartencenter an Tischen sitzen kann.

Das **Notwane Equestrian Centre** bietet Aktivitäten vor Ort, wie Keramikmalerei und Ponyreiten, unter geschulter Aufsicht. Dazu gehört **Zorros** mit einer beliebten Kinderkarte mit Gerichten wie „I don't know" (Würstchen und Pommes) oder „I want to go play" (Pizza Margherita) mit einem Mocktail.

Die unauffällige **Madison Square Reptile Facility** ist ein Volltreffer für ältere Kinder, die sich für Kriechtiere interessieren. Das Zentrum für die Umsiedlung von Schlangen bietet ausgezeichnete Führungen zu den Reptilien, die gefangen wurden, um dann wieder ausgewildert zu werden (Gebänderte Kobra, Python, Puffotter und andere).

Oder man fährt mit einem Picknickkorb hinaus zum Gaborone Game Reserve und beobachtet Kudus, Warzenschweine, Zebras, Elenantilopen, Ducker und Nashornvögel. Unbedingt die lästigen Affen im Blick haben! Auf einer Bootsafari mit **Crocodile Pools Safaris** kann man einen Abschnitt des Notwane River erkunden. Die Bootstour ist sehr beliebt und an Wochenenden kann es recht laut werden.

EINE DETEKTIVIN FÜR BOTSWANA

Gaborone war früher sicherlich eine sehr unbekannte Hauptstadt, aber der internationale Erfolg des britischen Schriftstellers Alexander McCall Smith und seiner Krimi-Reihe *The No 1 Ladies' Detective Agency* brachte Botswana auf die Literaturlisten. Die Geschichten rund um die Heldentaten der Motswana Mma Precious Ramotswe, Botswanas erster weiblicher Detektivin, entwickelten sich zu einer ganzen Reihe mit Titeln wie *Ein Koch für Mma Ramotswe*, *Keine Konkurrenz für Mma Ramotswe* und *Schweres Erbe für Mma Ramotswe*. Es sind Krimis ohne viel Blut und Gewalt, eine herrlich skurrile Reihe von Geschichten, die perfekt in die relativ friedliche Gesellschaft Botswanas passen.

AUSGEHEN IN GABORONE

Zest at The Gaborone Club
An Wochenenden legen oft DJs auf. Es gibt leckere Pulled Pork Tacos und weiche Bao Buns. **$$**

Park 27
Bei riesigen Cocktails abhängen. Hier wird am Wochenende endlos gefeiert. **$$**

Bull & Bush
Einen Institution, täglich geöffnet, mit Quiz-Abenden, Rippchen und viel Bier. **$$**

DIE DREI HÄUPTLINGE

Es ist ungewöhnlich, wenn drei Männer Nationalhelden sind, die dafür eintraten, dass ihr Land weiter unter der Schutzherrschaft der größten Kolonialmacht bleiben sollte. An die *dikgosi* (Häuptlinge) wird mit dem beeindruckenden Three Dikgosi Monument im CBD erinnert. Hier befinden sich auch Wandbilder mit Zeichnungen nationaler Tugenden, dazu gehören „Botshabelo“ (Zuflucht), „Bogaka“ (Heldentum), „Boitshoko“ (Ausdauer), „Maikarabelo“ (globale Verantwortung) und „Boipuso“ (Unabhängigkeit). Dadurch, dass Botswana Anfang des 20. Jhs. unter britischer Verwaltung blieb, verhinderten die Batswana-Häuptlinge – Bathoen, Khama III. und Sebele –, dass das Land unter die Kontrolle von Cecil Rhodes (britischer Geschäftsmann und Politiker, der eine bedeutende Rolle bei der Kolonisierung Afrikas spielte) kam.

SPEEDSHUTTER PHOTOGRAPHY/SHUTTERSTOCK ©

Three Dikgosi Monument

Unterwegs in der Hauptstadt

MINISTERIEN, MALLS UND MONUMENTE

Ein 2 km langer Spaziergang an einem Wochentag zeigt den geschäftigen Herzschlag der Hauptstadt; ein früher Start, bevor Sonne und Verkehr zu stark werden, ist angesagt. Los geht's an den Torbögen des **Parlaments** im Regierungsbezirk an der **Independence Avenue**, hier befindet sich Botswanas Nationalversammlung.

Geht man durch die Bögen, sieht man eine Erdkugel, die wie eine Glühbirne schwebt, und im Hof dahinter eine **Statue von Botswanas erstem Präsidenten**, Sir Seretse Khama. Die Statue ist auch eine Anerkennung für die Soldaten der botswanischen Verteidigungskräfte, die während des Unabhägigkeitskrieges in Simbabwe fielen.

Über Khama Cres geht es zu Gaborones erster Mall. Die 1963 erbaute **Main Mall** war früher der Eingang zum Stadtzentrum. Man geht vorbei an diplomatischen Vertretungen (Großbritannien, Sambia, Nigeria und Deutschland) und läuft durch die Fußgängerzone, vorbei an alten Geschäften und einem der ersten Hotels. Das **President Hotel** wurde als Drehort in der Fernsehserie *Eine Detektivin für Botswana* genutzt. Das Terrassencafé des Hotels – eindeutig Mma Ramotswe Tea Corner

KAFFEE & KUCHEN IN GABORONE

Daily Grind Cafe & Kitchen
Hier holen sich gut situierte Angestellte zwischen den Meetings Kaffee oder einen Snack. **$$**

Cafe Dijo
Ein schickes, aber lässiges Café mit Möhrenkuchen und Tee. Beliebte Mittagsgerichte. **$$**

The Ginger Pink Cake and Sweet Shop
Die schlichte Bäckerei am Straßenrand lockt mit Schoko- oder Red Velvet Cupcakes. **$$**

– mit Blick auf die Main Mall lädt zum Beobachten ein. Als Hommage an die Detektivin gibt es Rooibos-Tee. Die Marktstände bieten einheimisches Essen wie *morogo* (Blattgemüse), Bohnen, Hülsenfrüchte, Getreide, die lokale Spezialität *phane* (Mopane-Raupen) und Kunsthandwerk.

Das **Botswana Book Centre** lädt zum Stöbern ein, danach geht's weiter zu einem Kaffee im Freien bei **Perfekt Roast Kofi Kiosk** am Diamond Square. Die Stimmung ist jung und dynamisch. Manchmal gibt es öffentliche Lesungen und Livemusik. Im **Main Deck** bewundert man beim Lunch das Regenbogen-Wandgemälde des lokalen Künstlers Rexx, das den Eingang schmückt. Auf der Karte stehen regionale Abwandlungen beliebter Klassiker, wie *Seswaa*-Frühlingsrollen, *phaphatha* (flache muffinähnliche Brötchen), Wadschinken und Kutteln.

Der offizielle Eingang zur Main Mall heißt **Pula Arch** und liegt gegenüber vom Civic Centre. Die Gestaltung mit den Bullenhörnern an der Spitze erinnert an das langjährige Standbein der Wirtschaft von Botswana. Dann geht's über den Zebrastreifen zu einem Besuch des **National Museum & Art Gallery**, um mehr über Geschichte und Kultur Botswanas zu erfahren. Das Museum wurde gerade renoviert, es gibt zahlreiche Exponate, beispielsweise über das traditionelle Kunsthandwerk, Musik und Tanz bis zu Schaukästen über Geologie und Archäologie des Landes.

Der Tag endet mit einer entspannenden Massage im ruhigen **Mosha Spa**, der sich im malerischen Garten des Avani Gaborone Resort befindet.

Sagenhafte Fußabdrücke & berühmte Forscher

AUF DEN SPUREN DER GESCHICHTE GABORONES

Wir beginnen mit einer Reise zum Anfang der Zeit mit den **Matsieng Footprints** nördlich von Gaborone bei Mochudi. Die Legende besagt, dass der erste Vorfahre ein riesiger, einbeiniger Mann war, der aus einem Loch kroch, dann folgte sein Volk, die Haustiere und die Wildtiere. Er hinterließ seine Fußabdrücke in der weichen, formlosen Erde, die man auf dem Sandstein an den Einzugsbecken sieht. Zugegeben, es gibt nicht viel zu sehen (nur eine algenbedeckte Pfütze), aber diese „Schöpfungsstätte" hat hier eine große Bedeutung. Es gibt auch antike Ritzungen mit Giraffen und anderen Tieren.

Später geht es zu den **Manyana Rock Paintings**. Sie sind berühmt für ihre Felsmalereien, die über 2000 Jahre alt sind. Die leicht verblassten Bilder zeigen drei Giraffen, einen Elefanten

DIE BESTEN FÜHRUNGEN DURCH GABS

The Botswana Society
Eine der ältesten indigenen NGOs Botswanas gibt es seit 1968; die Botswana Society ist stolz, dass sie das Land in- und auswendig kennt. Angeboten wird eine günstige dreistündige Tour zu den Sehenswürdigkeiten mit einem Minibus.

Happy Soul Adventures
Aufmerksame, individuelle Führungen – von Radtouren bis zu einem Picknick sowie Töpferkursen und Spaziergängen.

Heritage Adventures Botswana
Fans von Mma Ramotswe sehen das literarische Gaborone auf der No 1 Ladies Detective Agency Tour. Es geht zum „Zebra Way" und zur Anglikanischen Kirche, wo Trevor Mwamba arbeitete.

ÜBERRASCHENDE STOPPS IN GABORONE

Saturday Olive Grove Market
Der Markt findet samstags an der Serbisch-Orthodoxen Kirche statt; biblische Motive unter Baobabs.

Botswana Post Philatelist Museum
Jede Briefmarke im Botswana Post Office in Poso House erzählt eine Geschichte.

China Restaurant CBD
Erst gibt es Ente und Auberginen, danach wird die ganze Nacht Karaoke gesungen.

GABORONES GESCHICHTE

Archäologische Zeugnisse beweisen, dass die Ufer des Notwane in Gaborone bereits seit der Steinzeit dauerhaft besiedelt waren. Die erste moderne Siedlung, Moshaweng, wurde Ende der 1880er-Jahre von Häuptling Gaborone vom Stamm der Tlokwa gegründet. Die ersten europäischen Forscher und Missionare nannten die Siedlung Gaborone's Village, was dann zu „Gaborones" verkürzt wurde (das „s" verschwand erst 1968). 1897 verlief die Eisenbahnstrecke von Südafrika nach Rhodesien (heute Simbabwe) 4 km westlich vom Ort, dort entstand die kleine Siedlung Gaborone's Station. Im Jahr 1966 lebten im Großraum Gaborone weniger als 4000 Einwohner.

HIROMI ITO AME/SHUTTERSTOCK ©

Manyana-Felsmalerei (S. 161)

und mehrere Antilopen. Die Stätte befindet sich an der Südseite eines 8 m hohen Felsüberhangs nördlich des Orts Manyana. Man benötigt etwa ein halbe Stunde.

David Livingstone und seine Frau Mary lebten in der Nähe in **Kolobeng** beim Stamm der Bakwena und ihrem verehrten christlichen Häuptling Sechele. Von hier ging Livingstone auf seine Forschungsreisen durch Bechuanaland (wie Botswana damals hieß), entdeckte die Wasserfälle des Sambesi und benannte sie nach der englischen Königin Victoria. Die Grundsteine ihres Missionarshauses sind noch existent.

UNTERWEGS VOR ORT

Das Zentrum von Gaborone kann man gut zu Fuß erkunden, andere Attraktionen und Restaurants liegen weit verstreut. Um die Tierreservate und historischen Stätten zu besuchen, muss man ein Auto mieten, in der Stadt reicht ein Taxi. Gabs ist gut an das Straßen- und Luftverkehrsnetz angeschlossen, der Fokus liegt mehr auf den Bedürfnissen der Einheimischen als auf denen der Touristen. Es gibt viele Verbindungen von Gaborone nach Maun, Kasane, Francistown und Ghanzi, aber wenige zu den Nationalparks oder anderen Attraktionen im Land.

Air Botswana fliegt ab dem Sir Seretse Khama International Airport, 14 km nordöstlich des Stadtzentrums, in alle größeren Städte in den Nachbarstaaten und nach Francistown, Kasane und Maun.

Rund um Gaborone

In den Salzpfannen von Khutse und in der Savanne leben Löwen, Leoparden und Giraffen – nur drei Stunden von Gaborone entfernt.

Nur 210 km von Gaborone entfernt, liegt das Khutse Game Reserve, die kleine Schwester des großen Central Kalahari Game Reserve. Selbstfahrer finden eine vergleichbare Vogelwelt, Wüstentiere, beeindruckende Landschaften und rustikale Zeltplätze. Dieser Park ist einfach zu erreichen und liegt herrlich abgelegen.

Das Khutse Game Reserve ist ähnlich attraktiv wie die Kalahari, mit guter Tierbeobachtung, guten Wegen und etwa 60 Pfannen, die einst zum größten Inlandsee Afrikas gehörten (Khutse heißt „Ort, an dem man kniet, um zu trinken"). Die Chancen für Löwensichtungen stehen sehr gut und zwischen Sonntag und Donnerstag ist es recht einsam – die Einwohner Gaborones kommen an den Wochenenden hierher.

TOP TIPP

Wer übers Wochenende hierher kommt, sollte drei Nächte und zwei volle Tage bleiben, um mehr Tiere sehen zu können.

MARK DUMBLETON/SHUTTERSTOCK ©

Khutse Game Reserve (S. 164)

MICHAEL WICK/SHUTTERSTOCK ©

Löwenweibchen

DIE LÖWEN VON BOTSWANA

Löwen sind die Großkatzen, die am leichtesten zu sehen sind – Leoparden leben versteckt und bleiben meistens im Unterholz, die scheuen Geparden leben in viel kleineren Beständen. Allerdings ist der Löwenbestand bedroht. Die Wissenschaftler der Tierschutzorganisation Panthera schätzen, dass keine 20000 Löwen mehr in Afrika leben. Botswana ist eine der wichtigsten Hochburgen der Löwen, hier soll es an die 3500 Löwen geben. Von diesen lebt der größte Teil (etwa 2000) im Okavango-Delta und den nördlichen Baumsavannen (mit Chobe und Savuti), etwa 700 im CKGR und 750 im Kgalagadi Transfrontier Park.

Die Salzpfannen rund um Gaborone

EIN HAUCH VON KALAHARI

Mit Campingausrüstung und Allradwagen geht es auf die dreistündige Fahrt Richtung Norden. Das große System der Salzpfannen lohnt den Besuch im 2500 km² großen **Khutse Game Reserve**. Khutse Pan und Umgebung sind ein beliebtes Ziel für Selbstfahrer, die nördlichen Pfannen sowie Moreswe und Molose Pan im Westen sind ruhiger und bieten gute Möglichkeiten zur Wildtierbeobachtung. Die Sandpisten sind in der Regenzeit zwischen Dezember und März besser und leichter zu befahren, aber am besten sieht man Tiere während der Trockenzeit, wenn sie zu den künstlich angelegten Wasserlöchern kommen.

Der direkteste (aber uninteressante) Weg nach Moreswe beginnt am Eingangstor (62 km); der längere, nördliche Rundweg führt an einigen Pfannen vorbei und die Chancen auf Wildsichtungen sind besser. Wer die Nordroute nimmt (über **Mahurushele Pan**), sollte auf den Hinweis zum Südlichen Wendekreis achten.

In den fünf Pfannen im Reservat gibt es 25 individuelle Campingplätze. Alle haben Trockentoiletten und Eimerdusche mit ausreichend Schatten. Die meisten Besucher lagern

ÜBERNACHTEN IN KHUTSE

Khutse
Die zehn Plätze liegen dem Parkeingang am nächsten und sind häufig ausgebucht. **$**

Moreswe Pan
Einsamer als in Khutse; Platz 2 hat die beste Sicht. **$**

Molose
Am Molose Wasserloch gibt es viele Tiere zu sehen, allerdings sind hier auch viele Besucher; Platz 1 ist am besten. **$**

rund um **Khutse Pan** unweit vom Parkeingang. Nur wenige 100 m vor dem Abzweig zu den Khutse Pan Campingplätzen gibt es ein Wasserloch, das von Leoparden, Giraffen und Oryxantilopen aufgesucht wird. Eine 7 km lange Schleife umrundet den Südteil der Pfanne (wenn man nach Khutse Pan fährt, vor dem Wasserloch nach links ausgeschildert) und bietet erstaunlicherweise einige Erhebungen mit toller Sicht bei Sonnenauf- und -untergang.

Die Pfannen am Westrand bieten dank der künstlichen Wasserlöcher gute Möglichkeiten zum Beobachten von Wildtieren. Häufig kommen Strauße und Riesentrappen, dazu Scharen von Flughühnern. **Moreswe Pan** befindet sich mitten in einer schönen Savanne, manchmal ziehen hier Elefanten vorüber. Manchmal kann man wegen des Löwengebrülls die ganze Nacht kein Auge zu machen.

Das Reservat ist eine Erweiterung der Südgrenze des CKGR. Wer eine echte Herausforderung sucht, fährt von Khutse über die gemeinsame Grenze ins CKGR – aber es ist eine sehr lange Fahrt auf tiefen Sandpisten durch eine unscheinbare Gegend, in der sich Pfannen mit zahlreichen Tieren befinden. Man spart Zeit und Kraft, wenn man via Rakops oder Ghanzi fährt. Aber wer gerne im Konvoi fährt und viel Selbstvertrauen hat, kann es ausprobieren.

TREVOR FAIRBANK/SHUTTERSTOCK ©

Strauße

CAMPINGPLÄTZE BUCHEN IN BOTSWANA

Ursprünglich gehörten alle Campingplätze dem Department of Wildlife & National Parks (DWNP), inzwischen sind aber viele Plätze in Botswanas Parks und Reservaten in Privatbesitz. Fünf Unternehmen besitzen die Rechte an den Campingplätzen in Khutse, Moremi, Chobe, Savuti, CKGR und Makgadikgadi Pans: **Bigfoot Tours**, **Kwalate Safaris**, **SKL Camps**, **Xomae Adventures** und **Intertourism Group**. Für den Eintritt muss man zuerst einen Campingplatz buchen und dann bei der Einfahrt den Beleg vorweisen (am besten ausgedruckt). Die Parkgebühren werden getrennt an DWNP bezahlt (in bar!)..

In Botswana können Campingplätze nicht online gebucht werden. Man muss anrufen, am besten ein Jahr im Voraus, wenn man in der Hauptsaison zwischen Mai und August anreisen möchte.

UNTERWEGS VOR ORT

Es ist lebenswichtig, ein gut ausgerüstetes Auto mit Allradantrieb zu haben und genug Treibstoff, Wasser und Vorräte mitzuführen, da es kaum Raststätten gibt. Die 210 km lange Fahrt von Gaborone zum Khutse Game Reserve ist normalerweise problemlos.

KANUMAN/SHUTTERSTOCK ©

Victoriafälle

VICTORIA-FÄLLE

DONNERNDER RAUCH

Eines der größten Naturschauspiele der Welt und Stoff für Abenteuer, Romantik, Mythen und Legenden.

Die Victoriafälle (*Mosi-oa-Tunya*, „donnernder Rauch“) gelten als eine der größten Naturattraktionen Afrikas überhaupt. Auch wenn sich Simbabwe und Sambia die Victoriafälle teilen, sind sie doch eine Welt für sich.

Die Victoriafälle, ein Magnet für Touristen jeder Art, sind ein außergewöhnlicher Anblick. Die Aussicht vom Hubschrauber auf den 1,7 km langen Wasservorhang in all seiner Pracht beeindruckt ebenso wie ein gewagter Blick über den Rand des Devil's Pool. Die ungestüme Gewalt der Wasserfälle hat noch niemand enttäuscht.

WORLDCLASSPHOTO/SHUTTERSTOCK ©

Als der schottische Arzt, Forscher und Missionar David Livingstone 1840 nach Afrika in See stach, war er erst 27 Jahre alt. Bis 1855 treckte er jahrelang quer durch den Kontinent, der in der restlichen Welt weitgehend unbekannt war. Im November 1855 fuhren Livingstone und seine Leute dann in Begleitung von Häuptling Sekeletu und 200 Makololo-Stammesangehörigen den Sambesi-Fluss hinunter, oberhalb der Fälle. Plötzlich sahen sie gewaltige Wassersäulen aus Sprühnebel vor sich und hörten das Donnern des Wassers: der *Mosi-oa-Tunya*.

Seit Livingstone die Fälle 1855 zum ersten Mal erblickte, hat sich wenig verändert. Es bietet sich heute derselbe atemberaubende Anblick, der auch Livingstone so beeindruckte und nun die Fantasie der begeisterten Besucher beflügelt. So avancierten die Victoriafälle nicht nur zum Unesco-Weltnaturerbe, sondern auch zur meistbesuchten Destination auf dem afrikanischen Kontinent.

DIE WICHTIGSTEN ZIELE

VICTORIA FALLS TOWN
Touristenort auf der Seite Simbabwes.
S. 170

ZAMBEZI NATIONAL PARK
Für traditionelle Safaris. S. 175

VICTORIA FALLS BRIDGE
Historische Brücke, die zwei Länder verbindet.
S. 187

LIVINGSTONE
Die nach dem Forscher benannte Stadt.
S. 179

MOSI-OA-TUNYA NATIONAL PARK
Auf der sambischen Seite der Victoriafälle.
S. 182

Erste Orientierung

Die Victoriafälle am Sambesi sind ein spektakulärer Anblick; sie weisen eine Breite von 1,7 km auf und bilden die Grenze zwischen Sambia und Simbabwe. Wer die Fälle in ihrer ganzen Länge bewundern möchte, muss zwei Eingangstore passieren, in jedem Land eines.

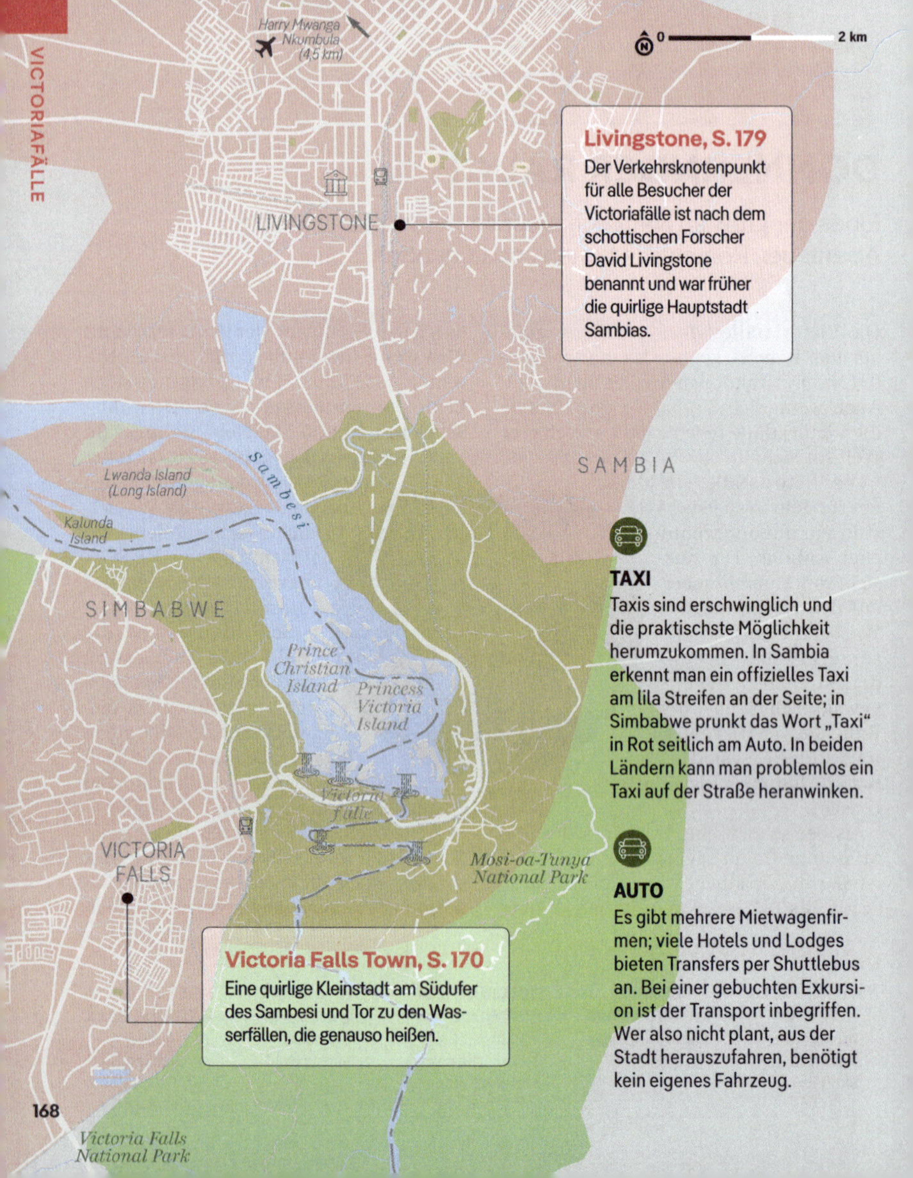

Livingstone, S. 179

Der Verkehrsknotenpunkt für alle Besucher der Victoriafälle ist nach dem schottischen Forscher David Livingstone benannt und war früher die quirlige Hauptstadt Sambias.

Victoria Falls Town, S. 170

Eine quirlige Kleinstadt am Südufer des Sambesi und Tor zu den Wasserfällen, die genauso heißen.

TAXI

Taxis sind erschwinglich und die praktischste Möglichkeit herumzukommen. In Sambia erkennt man ein offizielles Taxi am lila Streifen an der Seite; in Simbabwe prunkt das Wort „Taxi" in Rot seitlich am Auto. In beiden Ländern kann man problemlos ein Taxi auf der Straße heranwinken.

AUTO

Es gibt mehrere Mietwagenfirmen; viele Hotels und Lodges bieten Transfers per Shuttlebus an. Bei einer gebuchten Exkursion ist der Transport inbegriffen. Wer also nicht plant, aus der Stadt herauszufahren, benötigt kein eigenes Fahrzeug.

FOTOGRAFIE-KUHLMANN/SHUTTERSTOCK ©

Bungee-Jumping (S. 175)

Perfekte Tage

Es lohnt sich, die Victoriafälle zu besuchen: um das Naturschauspiel zu sehen und um an Outdoor-Abenteuern teilzunehmen.

Wenig Zeit

● Einfach losziehen und die Fälle anschauen. Es gibt auf beiden Seiten Eingänge in den Nationalpark unweit der Grenzposten, die sich von Livingstone oder Victoria Falls Town problemlos erreichen lassen. Mit einem Ticket folgt man dem Pfad, der sich zu den Aussichtspunkten schlängelt. Bei einem Flug (15 Min.) mit dem **Hubschrauber** (S. 175) oder **Ultraleichtflieger** (S. 181) gewinnt man neue Perspektiven.

Fünf Tage

● Rund zwei Tage reichen für die Wasserfälle und Aktivitäten wie **Raften** (S. 175), **Bungee-Jumping** (S. 175) oder eine **Flusskreuzfahrt** (S. 176). Aber unbedingt beide Seiten der Fälle besuchen sowie die Orte **Livingstone** (S. 179) und **Victoria Falls Town** (S. 170)! Bei mehr Zeit sind Aktivitäten wie **Ziplining** (S. 175), **Kanufahren** (S. 181), eine Pferde-Safari (S. 183) oder ein Ausflug in den **Chobe National Park** (S. 66) möglich.

BESTE REISEZEIT

FRÜHLING
Im November endet die Trockenzeit; auf der Seite Sambias ist der Fluss manchmal total ausgetrocknet.

SOMMER
Januar ist der Höhepunkt der Regenzeit: heiß und feucht mit Gewittern und sintflutartigem Regen.

HERBST
Der Mai gilt als die beste Zeit, um die Fälle zu bestaunen, denn der Sambesi führt Hochwasser.

WINTER
Juni ist die beste Zeit für einen Hubschrauberflug über die Fälle und für lunare Regenbogen (S. 181).

VICTORIA FALLS TOWN

Die Straßen von Victoria Falls Town (33 000 Ew.) sind von vielen Unterkünften, Cafés, Bars und bunten Märkten gesäumt. Die Fälle liegen nur rund 2 km vom Zentrum entfernt.

Archäologische Zeugnisse belegen, dass diese Gegend vor rund 300 000 Jahren bereits besiedelt war. Khoisan-Bevölkerungsgruppen lösten die Steinzeitbewohner ab. Später kam das Bantu-Volk hinzu, Batoka-Stämme gewannen die Oberhand. Im Lauf der Zeit stellten sich noch andere Stämme ein, darunter die Matabele und Makololo. Angehörige besagter Makololo begleiteten den Forscher David Livingstone 1855 dann zu den Wasserfällen.

Die Ortschaft nahm 1901 ihren Anfang; 1904 wurde das Victoria Falls Hotel eröffnet, um Gäste zu beherbergen, die mit der neuen Eisenbahn hierher kamen. In den 1990er-Jahren galt Victoria Falls bereits als Boomtown – der Abenteuersport ließ Anfang der 1980er-Jahre die Touristenzahlen explodieren.

TOP TIPP

In Victoria Falls Town kommt man problemlos herum, denn so ziemlich alles lässt sich zu Fuß erreichen. Taxis gibt es genügend.

FIVE-BIRDS PHOTOGRAPHY/SHUTTERSTOCK ©

Victoria Falls Town

RXFPHOTO/SHUTTERSTOCK ©

Horseshoe Falls

WAS IN EINEM NAMEN SO ALLES STECKT

Mosi-oa-Tunya
Lang bevor David Livingstone die Fälle „entdeckte" und nach Königin Victoria benannte, hatte das hiesige Batonga-Volk sie Mosi-oa-Tunya getauft: „der Rauch, der donnert."

Sambesi-Fluss
Sambesi bedeutet „Großer Fluss" in der Tonga-Sprache. 1498 war der portugiesische Seefahrer Vasco da Gama der erste Europäer, der den Sambesi sah (S. 175). Er nannte ihn Rio dos Bons Sinais („Fluss der guten Zeichen").

Livingstone Island
Livingstone warf von dieser Insel einen Streifen Baumwolle mit einer Gewehrkugel als Gewicht hinab, um die Höhe der Fälle zu messen.

Die Victoriafälle – ein Erlebnis!

DAS SIEBTE NATURWUNDER DER WELT

Etwa zwei Drittel der Victoriafälle befinden sich auf der Seite Simbabwes, darunter die Main Falls. Von hier läßt sich ihr gigantisches Ausmaß am besten erfassen .

Die **Victoriafälle** bestehen eigentlich aus fünf verschiedenen Abschnitten; bei Hochwasser ist es allerdings unmöglich, sie zu unterscheiden – sie verschmelzen zu einem einzigen Wasservorhang. Mit 93 m Höhe stellen die **Main Falls** den größten Abschnitt dar und sind so hoch, dass das Wasser, bevor es den Boden erreicht, von Aufwinden in schillernden Sprühnebel verwandelt wird. Die **Rainbow Falls** verdanken ihren Namen den sagenhaften Regenbogen, die sich im Sprühnebel des herabtosenden Wassers bilden – am schönsten am frühen Morgen oder am Spätnachmittag zu bewundern, wenn die Sonne genau im richtigen Winkel steht, oder auch bei Vollmond, wenn lunare Regenbogen entstehen. Die **Horseshoe Falls**, die viele für die schönsten Wasserfälle halten, haben ihren Namen von ihrer Hufeisenform. Auf der sambischen Seite des Sambesi ist der **Eastern Cataract** mit

ÜBERNACHTEN IN VICTORIA FALLS TOWN

528 Victoria Falls
Boutique-Gästehaus mit Instagram-würdigem Dekor in einem ruhigen, grünen Vorort. **$$**

Victoria Falls Hotel
Hotel in üppigen Tropengärten mit Aussicht auf die herrlichen Victoriafälle – eine Ikone vergangener Zeiten. **$$$**

Victoria Falls Safari Lodge
Lodge auf einem Plateau mit Blick auf den Zambezi National Park – und ein Wasserloch mit vielen Wildtieren. **$$$**

SEHENSWERTES
1 Boiling Pot
2 Devil's Cataract
3 Devil's Pool
4 Knife Edge Bridge
5 Livingstone Island
6 Nicole Sanderson Gallery
7 Rainforest Café
8 River Gallery
9 Tami Walker Fine Art Photography
10 Victoria Falls Art Gallery
11 Victoria Falls Bridge
12 Victoria Falls National Park

AKTIVITÄTEN, KURSE & TOUREN
13 Bamba Tram
14 Victoria Falls Canopy Tour

SCHLAFEN
15 Victoria Falls Safari Lodge

ESSEN
16 Dusty Road Township Experience
17 MaKuwa-Kuwa Restaurant

SHOPPEN
18 Elephant's Walk Shopping & Artist's Village
19 Falls Park

Wildwasser-Raften

DURCHWEICHT ODER TROCKEN?

Die Jahreszeit, in der man die Victoriafälle besucht, bestimmt, wie nass man wird. Von März bis Juni sind die Wasserstände auf beiden Seiten am höchsten (der April hält den Rekord); der Sprühnebel ist so heftig, dass gar keine Chance besteht, trocken zu bleiben. Es macht deshalb Sinn, schnell trocknende Kleidung zu tragen und eine wasserdichte Jacke mitzunehmen; man kann sich aber auch einen Poncho ausleihen – er schützt zugleich die Kamera. Schuhe mit gutem Profil sind von Vorteil, da die Pfade rutschig sind. Empfehlenswert ist auch ein Beutel mit Schuhen und Kleidung zum Wechseln nach der Besichtigung der Fälle.

101 m Höhe erheblich schmaler als die anderen Abschnitte der Wasserfälle. Der **Devil's Cataract**, der sich ebenfalls auf der sambischen Flussseite befindet, ist der schmalste Abschnitt und nur 35 m hoch, aber dennoch recht imposant. Seinen Namen hat er vom teuflisch schäumenden, aufgewühlten Wasser, das über den Rand hinab stürzt.

Nur ein kurzes Stück zu Fuß von Victoria Falls Town befindet sich der Eingang zum **Victoria Falls National Park**. Ein Erlebnis ist der Spaziergang auf den sich dahinschlängelnden, von Farnen und Palmen gesäumten Pfaden durch den feuchten Regenwald zu den Aussichtspunkten am Abgrund; man befindet sich hier auf Augenhöhe mit den majestätischen Wasserfällen, die über die nackten Basaltklippen donnern – und mit solcher Wucht in die Felsschlucht stürzen, dass der Boden unter den Füßen bebt.

Das Wegenetz mit insgesamt 16 Aussichtspunkten entlang der **Batoka Gorge** macht es möglich, die Fälle aus jedem Blickwinkel zu betrachten – inklusive atemberaubende Ausblicke auf den Devil's Cataract, den riskanten Danger Point, die spektakulären Main Falls und die Rainbow Falls, die ihrem Namen alle Ehre machen.

Einen Blick auf ein kleineres Stück der Fälle erhascht man auch beim Überqueren der **Victoria Falls Bridge** (S. 187).

GÜNSTIGE QUARTIERE IN VICTORIA FALLS TOWN

Shoestrings Backpackers
Eine nette Bleibe für unerschrockene Budget-Reisende mit Camping, Schlafsälen und Privatzimmern. **$**

Shearwater Explorer's Village
Zelte mit Service und Deluxe-Zimmer; 400 m von den Fällen entfernt. **$**

Shongwe Lookout
Das Gästehaus in Privatbesitz liegt in einem Vorort von Victoria Falls Town; ca. 4 km von der Stadt entfernt. **$$**

Die 156 m lange Brücke lässt sich in wenigen Minuten zu Fuß bewerkstelligen, wenn man nicht Halt macht, um die Aussicht zu bewundern – oder die Mutigen, die sich an der Bungee-Jump-Station in den Abgrund stürzen. Wer keine Lust hat zu laufen, nimmt die **Bamba Tram**. Geboten ist eine 1½-stündige Fahrt mit der Tram auf die Brücke, wo man den Sprühnebel, der an den Fällen aufsteigt, beobachten kann, während der Sambesi unten durch die Batoka Gorge rauscht.

Adrenalin-Abenteuer

AFRIKAS ABENTEUER-KAPITALE

Wer die Wasserfälle ausgiebig bewundert hat, freut sich vielleicht auf das Herzrasen bei den verschiedenen adrenalinhaltigen Aktivitäten, die in der Abenteuer-Kapitale Afrikas geboten sind. An den Viktoriafällen locken Herausforderungen für jeden Typ und Geschmack – für moderat risikofreudige Reisende bis hin zu totalen Adrenalin-Junkies.

Schwimmweste und Helm angelegt, und ab geht's zum Fluss. **Wildwasser-Raften** auf dem Sambesi, unterhalb der Victoriafälle, gilt als das großartigste Wildwasser-Raften der Klasse V weltweit. Aber Achtung: Man sollte sich darauf einstellen, mehrmals umzukippen und schwimmen zu müssen.

Noch mehr Nervenkitzel? Sobald man wieder trocken ist, lohnt ein Abstecher zur berühmten Victoria Falls Bridge – um hinunterzuspringen! Beim **Bungee-Jumping** geht es 111 m in die Tiefe, bis fast in den Sambesi hinein. Wer dafür nichts übrig hat, probiert die **Gorge Swing**: Man stürzt zuerst rund 70 m im freien Fall, um dann wie ein Pendel unter der Brücke zu schwingen. Falls jemand die Augen offenlässt: Der Blick auf die Schlucht ist sagenhaft. Als Alternative bietet sich noch die, **Zipline** über die Batoka Gorge mit einer Geschwindigkeit von über 100 km/h an.

Nach all diesen Mutproben geht es zum **Boiling Pot** hinunter, direkt neben den Fällen. Hier kann man mit dem **Jetboat** durch Stromschnellen der Klasse I, II und III rasen. Da diese Boote erheblich schwerer sind als ein Floß, kippen sie nicht um, der Thrill in den Stromschnellen ist dennoch intensiv.

Nicht ganz so extreme Alternativen

SCHÖN OHNE ADRENALINSCHUB

Wer nicht das Glück hatte, auf dem Flug zu den Victoriafällen einen Fensterplatz zu ergattern, dem sei ein **Hubschrauberflug** empfohlen. Der Szenerie, die sich beim sogenannten Flight of Angels über die Fälle, den Sambesi und die Nationalparks auf beiden Seiten des Flusses bietet, ist grandios.

DER SAMBESI

Fakten Mit einer Länge von 2574 km ist der Sambesi der viertlängste Fluss Afrikas.
Quelle Sie befindet sich in Nordwest-Sambia. Auf dem Weg zum Indischen Ozean fließt er durch sechs Länder – Sambia, Angola, Namibia, Botswana, Simbabwe und Mosambik.
Kultureller Kontext Eine Legende besagt, dass der Sambesi von Nyami Nyami beschützt wird, einer schlangenartigen Kreatur und Flussgott des Sambesi-Tals.
Hydroelektrische Projekte Am Sambesi liegen zwei der größten hydroelektrischen Projekte: die Kariba-Talsperre (der Kariba-Stausee ist einer der größten Stauseen der Erde) in Simbabwe und die Cahora-Bassa-Talsperre in Mosambik.
Wildwasser-Raften Der Fluss bietet wohl das atemberaubendste Wildwasser-Rafting der Welt. Hier gibt es 24 Stromschnellen mit so furchterregenden Namen wie „Toilettenschüssel des Teufels" und „Die knirschenden Todeskiefer".

ESSEN MIT AUSSICHT IN VICTORIA FALLS TOWN

Wild Horizons
Bei einer Dinner-Kreuzfahrt auf dem Sambesi wird bei Sonnenuntergang geschlemmt und gezecht. **$$$**

Lookout Café
Herrlicher Blick auf die Batoka Gorge und den Sambesi beim Mittagessen, Sundowner oder Abendessen. **$$**

Victoria Falls Hotel
High Tea am Nachmittag auf der Terrasse mit Aussicht auf die Batoka Gorge und die Victoria Falls Bridge. **$**

NADEZDA MURMAKOVA/SHUTTERSTOCK ©

Flusskreuzfahrt bei Sonnenuntergang

Im Anschluss steht der **Zambezi National Park** auf dem Programm. Der nur 5 km von der Stadt entfernte Park ist die Heimat von Elefanten, Giraffen, Zebras, Büffeln sowie Löwen und Leoparden. Man kann den Besuch bei einem lokalen Veranstalter wie Shearwater buchen (inkl. Verpflegung und Guide).

Krönender Abschluss eines Tages an den Victoriafällen ist eine **Flusskreuzfahrt bei Sonnenuntergang** auf dem Sambesi mit einem Unternehmen wie **Wild Horizons**. Man sieht, wie sich das Leben am Ufer langsam auf die Nacht vorbereitet. Das Highlight ist die orangerote Sonne, die langsam untergeht.

Interessant ist eine Exkursion mit Übernachtung zum **Hwange**, dem größten Nationalpark Simbabwes. Er liegt drei Autostunden von Victoria Falls Town entfernt. Hier gibt es die Big Five zu sehen. Wer Zeit hat, hüpft noch über die Grenze, um in Botswana den **Chobe National Park** (S. 66) zu besuchen (1½ Std. ab Victoria Falls Town).

ÜBERRASCHUNG: GEIER!

Wer wusste, dass Geier zu den bedrohten Arten zählen und gefüttert werden müssen? Ja, stimmt wirklich!

Jedenfalls sollte man die Gelegenheit nicht verpassen zuzusehen, wie hunderte Geier herabstürzen – so schnell, dass Staub aufwirbelt –, um täglich 13 Uhr in der **Victoria Falls Safari Lodge** die Fleischreste und Knochen zu vertilgen. Zu den gefiederten Stammgästen des Restaurants zählen Kappengeier, Bengalgeier, Marabustörche, Gelbschnabelmilane und Savannenadler. Das Spektakel ist kostenlos – vielleicht sollte man besser sein Mittagessen im **Ma-Kuwa-Kuwa Restaurant** der Lodge einnehmen, bevor man sich die Geier ansieht.

Einheimische Kunst & Kunsthandwerk

HANDWERKSKÜNSTLERN ÜBER DIE SCHULTER GESCHAUT

Auf der Suche nach dem perfekten Souvenir für zu Hause? Dann ab ins **Elephant's Walk Shopping & Artist's Village** in Victoria Falls Town, wo es Spaß macht, eine Weile in den

ESSEN IN VICTORIA FALLS TOWN

The River Brewing Co
Die Brauerei produziert allerlei Craftbiere und nicht-alkoholische Craftsodas und hat eine verlockende Speisekarte. **$**

The Three Monkeys
Das Restaurant in einem restaurierten Bahnwaggon (1935) bietet Mittag- und Abendessen, Snacks und Kaffee. **$**

Marula Cafe
Das Café mitten in der Stadt hat eine super Lage und eine gute Auswahl an Drinks. **$**

Läden und Ateliers zu stöbern. Man kann den Künstlern und Kunsthandwerkern bei der Arbeit zuschauen, wie sie einzigartige Objekte schaffen, Silberschmiede im Schmuckatelier besuchen, die noch die Kunst des Wachsgießens pflegen (eine Methode, bei der geschmolzenes Metall in eine Wachsform gegossen wird) oder bei einem Tierpräparator vorbeischauen. Es gibt zwei Kunsthandwerksmärkte im Freien links und rechts vom Elephant's Walk; das Feilschen um ein Schnäppchen ist der krönende Abschluss des Ausflugs.

In der Stadt lohnen auch diverse hervorragende Galerien einen Besuch – einfach zum Herumschauen oder für ein Andenken für zu Hause. Die **River Gallery**, direkt neben dem **Lookout Café** am Rand der Batoka Gorge fördert regionale Talente und zeigt deren Werke. Im Herzen der Stadt ist die **Victoria Falls Art Gallery** wohl der perfekte Ort, um Werke von aufstrebenden Künstlern aus Simbabwe kennenzulernen und zu erstehen. Auf der anderen Straßenseite beeindruckt **Tami Walker Fine Art Photography** mit wunderbaren monochromen Fotos von afrikanischen Tieren und Landschaften. Ein paar Schritte weiter findet sich im **Rainforest Café** am Eingang zu den Victoriafällen und auch in der **Nicole Sanderson Gallery** an der Shongwe Lookout Guest Lodge eine sagenhafte Auswahl an farbenfrohen Gemälden von der heimischen Flora und Fauna.

Spaß für die ganze Familie

FÜR ELTERN UND KINDER, OB GROSS ODER KLEIN

In und rund um Victoria Falls Town bieten sich zahllose Aktivitäten für Familien an – und einige sind wirklich toll!

Für die Kids ist der Besuch des **Victoria Falls Crocodile Park** der Hit. Die Kroko-Farm liegt 5 km vom Zentrum entfernt beim Eingang zum Zambezi National Park. Hier bietet sich Gelegenheit, der Fütterung u. a. von Krokodilen zuzusehen.

Die **Victoria Falls Canopy Tour** ist ein spannendes Abenteuer für die ganze Familie (Mindestalter: 6 J.). Von neun Seilrutschen über den Baumwipfeln, zahlreichen Trails und einer Hängebrücke über den Hartholzwald bieten sich sagenhafte Ausblicke auf die Stromschnellen, die Victoria Falls Bridge und die Gischt der Wasserfälle. Erfahrene, nette Mitarbeiter machen den Gästen dieses Erlebnis Schritt für Schritt erfahrbar.

Auch eine Pirschfahrt im **Stanley & Livingstone Private Game Reserve**, nur 12 km von Victoria Falls Town entfernt, ist eine tolle Sache für die ganze Familie, vor allem wenn so etwas zum ersten Mal auf dem Programm steht. Die Fahrten beginnen am Spätnachmittag unter der Leitung kundiger Guides. Die Teilnehmenden lernen eine große Vielfalt an

DAS DUSTY-ROAD-ERLEBNIS IN DER TOWNSHIP

Chinotimba, die älteste und größte Township von Victoria Falls, in der sich das Dusty Road befindet, überrascht mit einem einzigartigen kulinarischen Erlebnis: Essen, das wie in Simbabwe traditionell üblich auf offenem Feuer oder in gusseisernen Töpfen und Öfen zubereitet wird und somit wirklich authentisch ist. Hier bietet sich Einheimischen wie auch Nicht-Simbawern Gelegenheit, noch nie probierten Speisen und meist unbekannte Zutaten kennenzulernen.

Im Dusty Road geht es fröhlich, urig und herzlich zu. Das Dekor ist ein Sammelsurium aus allem möglichen Krimskrams.

Das Wohl der Frauen und ein Bewusstsein für die Kultur Simbabwes sind der Gründerin Sarah Lilford und der Dusty-Road-Familie ein großes Anliegen bei den Bestrebungen, die Lebensbedingungen der Familien in Chinotimba zu verbessern.

GUT ESSEN & TRINKEN IN VICTORIA FALLS TOWN

Victoria Falls Safari Lodge
Die beste Location für einen Sundowner: Blick auf die Savanne und die sagenhaften Sonnenuntergänge.

Nkosi Guest Lodge
Der junge, dynamische Küchenchef begeistert seine Gäste mit wohl dem besten Essen in Victoria Falls Town.

Loretta's Coffee Caravan
Kaffee, Smoothies, Milkshakes und ein Spielplatz, Handwerkskunst zum Kaufen und kostenloses WLAN.

DAS NIL-KROKODIL

Die Nil-Krokodile , die im Sambesi-Fluss vorkommen, sind die zweitgrößten Krokos der Welt. Ausgewachsene Tiere werden bis zu 5 m lang und wiegen bis zu 600 kg. Ihre Beißkraft ist fünf Mal so stark wie die eines ausgewachsenen Löwen, und sie können in freier Wildbahn mindestens 45 Jahre alt werden.

Die **Victoria Falls Crocodile Farm** (früher: Spencer's Creek) wurde in den 1950er-Jahren wegen der schrumpfenden Zahl der Krokodilpopulation im Sambesi gegründet, das Ergebnis unkontrollierter Bejagung. Die Regierung erteilte Spencer's Creek eine Lizenz, 2500 Eier pro Jahr für kommerzielle Zwecke im Sambesi zu sammeln. Im Gegenzug wurde die Farm verpflichtet, 125 dreijährige Krokodile auszuwildern.

Tieren kennen, darunter alle Big Five, u.a. die gefährdeten Spitzmaulnashörner. Auch ein Rudel Wölfe ist hier zu Hause, ein beachtlicher Bestand an Leoparden sowie mehrere Elefanten. Nach ein paar Sundownern mit Snacks geht die Fahrt bei Einbruch der Dunkelheit weiter unter Zuhilfenahme von Scheinwerfern, um Nachttiere aufzuspüren.

ARTUSH/SHUTTERSTOCK ©

Junge Nil-Krokodile

UNTERWEGS VOR ORT

Beide Seiten der Victoriafälle zu besuchen ist mithilfe von KAZA UNIVISA kein Problem; es steht derzeit 60 Nationalitäten zu Verfügung. Das gemeinsame elektronische Visum für Simbabwe und Sambia kostet 50 US$, ist an ausgewählten Grenzposten sowie an Flughäfen erhältlich und ermöglicht Touristen Mehrfacheintritte. Zu beachten ist, dass Taxis ihre Passagiere nicht von einem Land ins andere befördern dürfen. Sie setzen ihre Fahrgäste an der Grenze ab, wo sie am Grenzposten in ein dortiges Taxi umsteigen müssen. Wer also beispielsweise von Sambia nach Simbabwe möchte, nimmt in Sambia ein Taxi, das am sambischen Ausreiseposten hält und wartet, bis man dort einen Stempel in den Pass bekommt; dann fährt dieses Taxi weiter über die Brücke bis zum Einreiseposten von Simbabwe, welches man wiederum wegen des Stempels betritt. Nun passiert man das Tor nach Simbabwe und nimmt sich ein anderes Taxi (und umgekehrt). Da viele Taxifahrer mit Fahrern des Nachbarlands befreundet sind, wartet das neue Taxi bereits.

LIVINGSTONE

Ein Stück flussaufwärts von Victoria Falls Town, im heutigen Sambia, befand sich einst eine Furt für die Kutschen zum Überqueren des Sambesi. Es war naheliegend, dass hier eine europäische Siedlung entstand; Händler, Jäger und Missionare ließen sich nieder. Gegen Ende 1800 hatte sich der kleine Ort Old Drift entwickelt. Da er im sumpfigen, moskitoverseuchten Tiefland lag, litten die Menschen unter Malaria und Schwarzwasserfieber. Viele kamen ums Leben.

Nach Fertigstellung der Victoria Falls Bridge im Jahr 1905 zogen die verbliebenen Siedler in ein höher gelegenes Gebiet namens Constitution Hill, knapp 10 km von den Wasserfällen entfernt. Dieser Ort fungierte dann als Zentrum des heutigen Livingstone. Heute bietet Livingstone (135 000 Ew.) viel städtisches Flair und authentisches Leben – eine quirlige, typisch afrikanische Stadt mit einer Mischung aus moderner und traditioneller Architektur, farbenfrohen Gebäuden, lebhaften Märkten und geschäftigem Charme.

TOP TIPP

Die Einwohner von Livingstone sind freundlich, herzlich und zuvorkommend. Touristen schenken sie eher wenig Aufmerksamkeit, und das bedeutet, dass es weniger Schlepper gibt oder Leute, die einem das Geld aus der Tasche ziehen, als jenseits der Grenze in Simbabwe.

Statue von David Livingstone

BENEDICTE MARTINEZ JAMART PHOTOGRAPHY ©

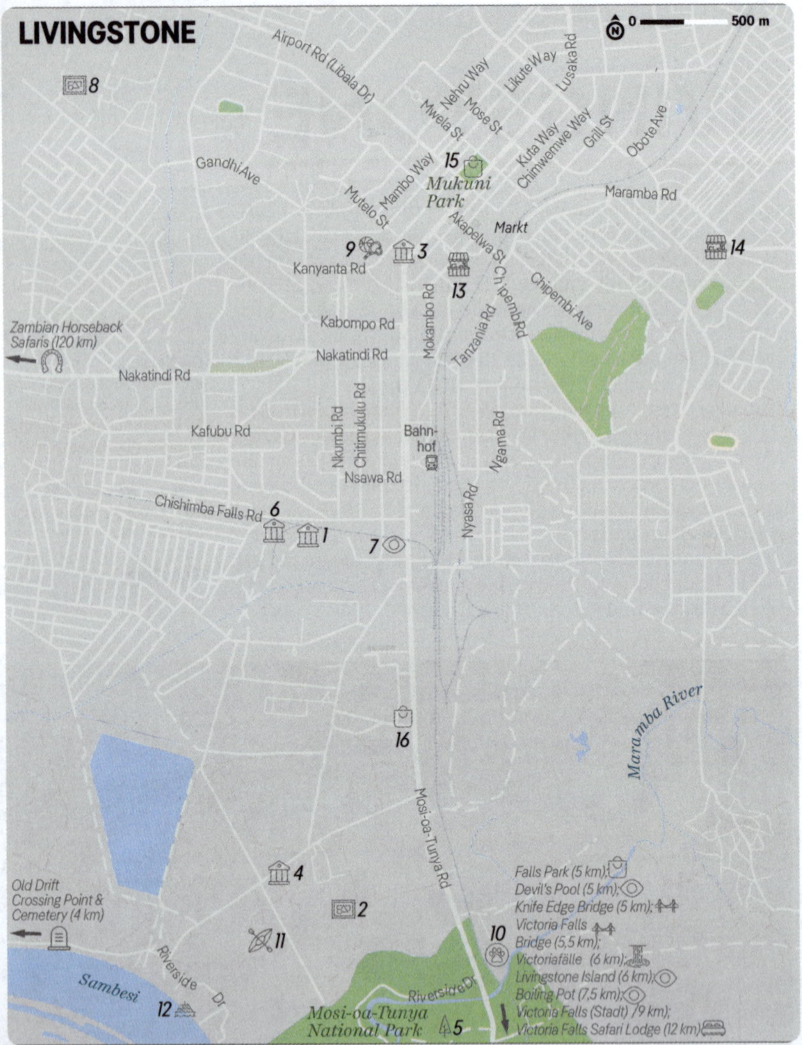

SEHENSWERTES
1 Jewish Museum
2 Livingstone Art Gallery
3 Livingstone Museum
4 Maramba Cultural Village
5 Mosi-oa Tunya National Park
6 Railway Museum
7 Royal Livingstone Express
8 Wayiwayi Art Studio & Gallery

AKTIVITÄTEN, KURSE & TOUREN
siehe **11** Bundu Adventures
9 Jollyboys Backpackers
10 Livingstone Crocodile Park
11 Livingstone's Adventure
12 Safari Par Excellence

SHOPPEN
13 Dambwa Central Market
14 Maramba Market
15 Mukuni Park Curio Market
16 WAYAWAYA

Die Fälle aus nächster Nähe betrachtet

MAJESTÄTISCH UND GEHEIMNISVOLL

Wer die Victoriafälle wirklich aus nächster Nähe erleben möchte, sollte auf der sambischen Seite dem Mosi-oa-Tunya National Park unweit der Fälle einen Besuch abstatten. Hier kann man direkt gegenüber von den Victoriafällen diverse Pfade begehen und die riskante **Knife Edge Bridge** überqueren, um den spektakulären Blick auf den **Eastern Cataract** zu genießen. In der Hochwassersaison ist dieser Streifzug am Rand des Abgrunds, 100 m über der Schlucht, eine aufregende und nasse Angelegenheit. Bei Niedrigwasser wandert man den Fußweg zum **Boiling Pot** hinunter, ein gewaltig schäumendes Becken am Fuß der Fälle. Ein Blick nach oben macht die Größenordnung dieses Naturwunders erfahrbar.

Eine der bedeutendsten Attraktionen hier auf der sambischen Seite der Fälle ist der **Devil's Pool**, zweifelsohne der extremste Infinitypool der Welt. Es handelt sich um ein natürliches Steinbecken unmittelbar an der Kante der Fälle, das nur bei absolutem Niedrigwasser erreichbar ist. Man kann sich von einem Speedboot zur **Livingstone Island** bringen lassen, wo man mit dem entsprechenden Adrenalinkick im Pool planschen und über den Rand in den sprühnebeligen Abgrund blicken kann.

Ein **lunarer Regenbogen** ist ein unglaublicher Anblick, und die Victoriafälle sind eine der wenigen Locations weltweit, wo dieses Naturphänomen auftritt. Bei Vollmond kreiert das durch feine Wassertröpfchen gebrochene Licht einen Regenbogen. Die absolut besten Stellen, einen zu sehen, befinden sich in Sambia, am Eastern Cataract.

EINEN LUNAR-REGENBOGEN FOTOGRAFIEREN

Für das menschliche Auge ist es schwierig, die Farben eines lunaren Regenbogens zu unterscheiden, denn das Mondlicht ist in der Regel zu schwach für die Farbrezeptoren des Auges. Wer also mit großen Erwartungen auf einen leuchtenden Regenbogen kommt, könnte enttäuscht werden. Auf Fotografien mit langer Belichtung werden jedoch die Farben eines lunaren Regenbogens sichtbar. Einfach den Blitz ausschalten und es mit einer Belichtungszeit von 10 Sek. versuchen bei ISO 800 (manche Handy-Apps ermöglichen eine Änderung der Belichtung). Auch ein Stativ hilft oder einfach die Kamera auf das Knie legen.

Spannende Erlebnisse

FLIEGEN, PADDELN ODER SICH EINFACH TREIBEN LASSEN

Billig ist es nicht, aber einmal im Leben ist ein Flug mit einem **Ultraleichtflieger** über die Victoriafälle ein Muss: über dem Sambesi schweben, um die Fälle kurven und durch die oberen Wasserverwirbelungen fliegen. So ein Flug ist wie eine Geografiestunde aus der Luft, wenn man auf die Biegungen in der Batoka Gorge schaut, die der Fluss in vielen Millionen Jahren geschaffen hat – eine Perspektive, die sich am Boden nicht ergibt.

Nervenkitzel garantiert ganz sicher auch ein Hubschrauberflug, der sambische **Flight of Angels**, bei dem nicht nur über die Fälle geflogen wird, sondern auch tief hinunter in die Batoka Gorge und dann den Sambesi entlang.

ESSEN IN LOCKERER ATMOSPHÄRE IN LIVINGSTONE

Kubu Café
Das Café am Feuerwehrhaus bietet Kaffee, Kuchen, Frühstück, Snacks, Mittag- und Abendessen. **$$**

Olga's: The Italian Corner
Das von Italienern geführte, preiswerte Restaurant hinter der katholischen Kirche serviert Pizza und Pasta. **$**

Zest Bar & Restaurant
Hier kann man einheimisches Essen probieren; es gibt auch kleinere Mahlzeiten und Burger. **$**

DIE BESTEN TOURENVERANSTALTER IN LIVINGSTONE

Bundu Adventures
Bundu, seit 1996 im Geschäft, bietet Wildwasser-Rafting, mehrtägige Kanuausflüge, Schwimmen unter den Wasserfällen, Hydrospeed-Surfen und Schlauchboot-Raften.

Livingstone's Adventure
Mit dem Hubschrauber oder Ultraleichtflieger hoch in die Luft, auf der *Zambezi Queen* eine Flusskreuzfahrt machen, Kanu fahren oder angeln, mit dem Quadbike eine Runde drehen oder reiten!

Safari Par Excellence
Der Veranstalter, meist einfach „Saf Par" genannt, hat Rafting, Flusskreuzfahrten und Safaris im Programm.

STANISLAVBELOGLAZOV/SHUTTERSTOCK ©

Im Devil's Pool (S. 181)

Ein Erlebnis im Wasser verspricht eine **Kanu-Safari** mit einem hiesigen Veranstalter – eines der bestgehüteten Geheimnisse am Sambesi; Halbtages-, Ganztages- und Mehrtagestouren mit Übernachtung stehen zur Auswahl. Ob für Vogelliebhaber, Wildtierfans oder Leute, die einfach nur die Ruhe und Beschaulichkeit des Flusses erleben wollen – dies ist eine herrlich entspannte Möglichkeit, die wunderschöne Natur zu genießen. Es sind viele Tiere zu sehen, allerdings sollte man sich vor Flusspferden und Krokodilen in Acht nehmen.

Wer eine noch gemütlichere Gangart schätzt, fährt einen Nachmittag lang oberhalb der Fälle zwischen den beiden Nationalparks mit dem **Schlauchboot** herum.

Mosi-oa-Tunya, Sambias kleinster Nationalpark

WILD AUF WILDTIERE

Es gibt mehrere Wander- und Autorouten durch den **Mosi-oa-Tunya National Park**, der sich von Livingstone problemlos erreichen lässt. Der Park ist zwar einer der kleinsten in Sambia, hat es jedoch in sich. Der Nationalpark besteht aus zwei Bereichen: Einer liegt in der Nähe der Victoriafälle, der andere ist weiter entfernt, den man durch ein extra Ein-

ESSEN IN LIVINGSTONE

The Waterfront
In diesem unspektakulären Lokal, das Pizza und Pub-Food serviert, ist die Aussicht auf den Sambesi sagenhaft. **$$**

Golden Leaf
Wohl das beste indische Essen weit und breit kommt in diesem beliebten Lokal im Herzen von Livingstone auf den Tisch. **$$**

Sea Spice
Trotz fehlendem Zugang zum Meer sind die Fischgerichte superlecker und die Sushis qualitativ hochwertig. **$$**

gangstor erreicht und der großartige Tierbeobachtung bietet. Hier leben Giraffen, Zebras, Büffel, die meisten Antilopenarten Sambias und viele Elefanten. Einer der Hauptgründe für einen Besuch dieses Teils sind jedoch die Breitmaulnashörner. Wer eine geführte Tour mit einem Guide bucht, bekommt fast immer eines dieser Tiere aus der Nähe zu sehen. Da in dem kleinen Reservat keine Raubtiere leben, kann man gefahrlos herumlaufen.

In diesem Nationalpark befinden sich der **Old Drift Crossing Point** sowie der **Friedhof**, auf dem die ersten europäischen Siedler begraben wurden. Am Old Drift wurden früher die Ochsenwagen durch den Sambesi gehievt, bis schließlich die Falls Bridge (S. 187) gebaut wurde.

Eine **Kreuzfahrt** auf dem Sambesi am Morgen, mittags oder zur Abendessenszeit, flussaufwärts von den Fällen und am Park entlang, ist eine herrliche Möglichkeit, nah an die Wildtieren heranzukommen, die auf beiden Seiten des Flusses leben. Es lassen sich regelmäßig Elefanten sehen, die zum anderen Ufer des Sambesi hinüberschwimmen, und viele Flusspferde.

Museen & Historisches

SAMBIAS REICHES KULTUR- UND NATURERBE

Das **Livingstone Museum** im Herzen der Stadt ist das größte und älteste Museum des Landes. Die Sammlung datiert aus dem Jahr 1930, als der Staatssekretär für indigene Angelegenheiten die Regierung von der Wichtigkeit überzeugte, kulturelle und traditionelle Materialien der verschiedenen ethnischen Gruppen des Landes zusammenzutragen. Das Museum, das Sammlungen zu Archäologie, Geschichte, Kultur und Naturgeschichte beherbergt, ist einzigartig.

Im ausgehenden viktorianischen Zeitalter war David Livingstone (1813–73) als Forschungsreisender in Afrika, Missionar und Kämpfer gegen die Sklaverei in aller Munde. Das Museum zeigt eine Sammlung an Erinnerungsstücken, darunter Briefe, Landkarten, Tagebücher und allerlei andere Objekte.

Wer sich für Eisenbahnen interessiert, sollte dem **Railway Museum** einen Besuch abstatten. Es herrscht zwar ein gewisses Durcheinander, doch die Ausstellung der alten, sehr großen Dampfloks ist beeindruckend. Das Museum präsentiert auch Artefakte aus den 1930er-Jahren. Direkt neben dem Museum befindet sich der Startpunkt des **Royal Livingstone Express**, eine restaurierte Luxusdampfeisenbahn. Man kann einsteigen und bei Sonnenuntergang zur Victoria Falls Bridge rattern, gefolgt von einem Fünf-Gänge-Dinner an Bord.

Im Areal des Railway Museum liegt das winzige **Jewish Museum** mit interessanten Exponaten zur Geschichte der

PFERDE-SAFARIS IN SAMBIA

Für fortgeschrittene, kompetente und sichere Reiter bietet **Zambian Horseback Safaris** Safaris zu Pferde mit drei oder mehr Übernachtungen in der 40 000 ha großen herrlichen Wildnis des **Simalaha Wildlife Conservancy** in Westsambia an. Der Anblick von Hunderten von Gnus, Zebras und Antilopen, die friedlich neben dem Vieh des Lozi-Stammes grasen, ist keine Seltenheit. Seit der Gründung des Reservats wurden mehr als 3000 Tiere ausgewildert, u.a. Rappen- und Pferdeantilopen, Giraffen und Büffel. Auf diesen Safaris reiten die Teilnehmer neben den Wildtieren, besuchen lokale Gemeinschaften und wohnen in einem Öko-Camp.

Der Transport von Livingstone zum Simalaha Wildlife Conservancy und zurück, mit dem Auto oder dem Boot, ist im Preis inbegriffen – die Anreise zum Reservat ist an sich schon ein Abenteuer.

ERLEBNISSE IN LIVINGSTONE

Livingstones Selfiestraße
Die interaktive Gasse mit Selfiemotiven wurde von der Gemeinde Livingstone geschaffen (am Bahnhof).

Mukuni Village Tour
Wer das Dorf mit einem einheimischen Guide besichtigt, trägt zu nachhaltigen Arbeitsverhältnissen bei.

Faszinierende Sonnenuntergänge
Auf der Terrasse von United Air Charter oder bei der Victoria Falls Waterfront Lodge.

ICH MAG DIE VICTORIAFÄLLE

Sarah Kingdom, Autorin

Eine meiner Lieblingsbeschäftigungen bei den Victoriafällen ist eine Kreuzfahrt auf dem Sambesi, wenn die Sonne untergeht. Dabei kann ich super entspannen nach einem Tag voller vergnüglicher Aktivitäten an den Wasserfällen. Die Natur ist herrlich, und die Sonnenuntergänge sind spektakulär.
Es bereitet mir eine Riesenfreude, mich einfach in aller Ruhe hinzusetzen, einen Sundowner zu trinken und dabei die Vögel und andere Wildtiere am Ufer und im seichten Wasser zu beobachten. Was könnte schöner sein, als die Sonne in einem orangeroten Feuerball am Ende eines perfekten Tages in Afrika am Horizont versinken zu sehen?

RIKUS VISSER/SHUTTERSTOCK ©

Victoria Falls Bridge (S. 187)

ersten jüdischen Siedler, die in den 1890er-Jahren hierher kamen. Die Eintrittskarte ist für das Eisenbahn- und das Jüdische Museum gültig.

Märkte & Kultur erkunden

CHAOTISCH, FARBENFROH UND HANDWERKLICH GEWITZT

Der **Maramba Market** gilt als die Seele von Livingstone – bunt, dynamisch und hyperaktiv. Hier gibt es so ziemlich alles: getrockneten und geräucherten Fisch, Obst und Gemüse, Töpfe und Pfannen aus recyceltem Metall und zahllose Stände mit farbenfrohen *chitenges* (Stoffe, die sich die Frauen um die Brust oder Hüfte binden und als Kopftuch oder Babyschlinge verwenden). Der Markt unter freiem Himmel mit lauter Musik mitten in einem Wohngebiet macht das reale Leben hier erfahrbar. Ein zweiter Markt, der den Besuch lohnt, ist der chaotische, stimmungsvolle **Dambwa Central Market**.

Mehr von der kulturellen Seite Livingstones erfährt, wer sich für eine der vielen Aktivitäten von **Jollyboys Backpackers** anmeldet. Zu den Angeboten zählen eine **African Culture & Cooking Tour**. Die Teilnehmer besuchen zuerst die Märkte, dann versuchen sie sich an sambischen Gerichten

GESUNDHEIT & SCHÖNHEIT IN LIVINGSTONE

B'Hive Fitness Centre
Das beste Fitnesscenter der Stadt mit qualifizierten Mitarbeitern und modernen Geräten.

Namakau's Health Spa
Es verlocken Massagen, Maniküre, Pediküre oder auch eine Gesichtsbehandlung.

Radisson Blu Mosi-Oa-Tunya Spa Centre
In diesem Spa gibt es wohltuende Behandlungen, ein Nagelstudio und einen Friseur.

oder essen einfach – vielleicht *kapenta* (frittierte Tanganjikasee-Sardinenart) oder *vinkubala* (eine Raupenart und Delikatesse, ebenfalls frittiert). Zur Tour gehören auch ein Grundlagen-Sprachkurs und ein historischer Stadtspaziergang. Spaß machen auch die kostenlosen, wöchentlichen **Livingstone Town Walking Tours** mit dem freundlichen Personal von Jollyboys; die Teilnehmer erkunden zu Fuß die Seitenstraßen und einige der ältesten Gebäude. Angeboten werden auch Unterricht und Workshops für Kunsthandwerk, wie Holz- und Steinschnitzerei, Draht- und Glasperlenverarbeitung.

Livingstones Kunstszene

KUNST UND KUNSTHANDWERK AUS SAMBIA

Livingstone verfügt über eine kleine Gruppe talentierter Künstler und Kunsthandwerker, die in ihren Arbeiten alte Traditionen und modernes Leben vereinen.

Das **Wayiwayi Art Studio & Gallery**, eine Künstlerkooperative nicht weit vom Stadtzentrum, ist ein Atelier mit Galerie unter der Leitung einer Familie. Die Gründer sind international bekannte Künstler, die sich seit Jahrzehnten für die zeitgenössische Kunstszene Sambias stark machen. Jedenfalls ist ein Besuch bei Wayiwayi eine erhellende Erfahrung in Sachen Kunst und Traditionen in Sambia.

Die **Livingstone Art Gallery**, ein Stück außerhalb der Stadt, zeigt Ausstellungen zeitgenössischer Kunst aus Sambia; viele der Werke stehen zum Verkauf. Wer eine Holzskulptur für zu Hause sucht, schaut im **Mukuni Park Curio Market** vorbei, einem Markt in der Hauptstraße im Zentrum. In diesem Markt verkaufen Händler alles – von kleinen Schmuckstücken aus Stein, Draht, Rinderhorn oder Kupfer bis hin zu gigantischen Holzgiraffen und kunstvollen Spazierstöcken.

Auf dem Weg von Livingstone zu den Wasserfällen befindet sich **WAYAWAYA**, ein Unternehmen, das sich „nachhaltige Mode mit sozialer Mission" zum Ziel gesetzt hat. WAYAWAYA fördert sambische Frauen durch kunsthandwerkliche Ausbildungsprogramme und gibt ihnen dadurch die Möglichkeit, eine zukunftsfähige Arbeitsstelle zu finden. WAYAWAYA entwirft und produziert wunderschöne handgefertigte Taschen, Lederwaren und Reiseaccessoires in vielen herrlichen, kräftigen Farben und von guter Qualität.

Wenige Minuten von der Grenze entfernt befindet sich direkt am Eingang zu den Fällen der **Falls Park**, ein weiterer Markt für Kunsthandwerk mit leuchtenden Stoffen, Glasperlenarbeiten, eleganten polierten Holzschalen, Flechtkörben, kunstvoll verschnörkelten Drahtornamenten sowie Schnitzereien und Steinreliefs mit Tierdarstellungen.

GANZ SAMBIA IN EINEM DORF

Das **Maramba Cultural Village** wurde kurz nach Sambias Unabhängigkeit 1964 als lebendiges Museum für das Kulturerbe des Landes ins Leben gerufen. Es präsentiert die 72 ethnischen Gruppen Sambias und seine zehn Provinzen anhand von Musik, Tanz, Kulinarik, Kunsthandwerk, Theater und Film unter dem Motto: „Ganz Sambia in einem Dorf".

Ein bisschen verstaubt ist es hier schon, doch bieten sich Gelegenheiten, Präsentationen traditioneller Handwerkskunst wie Töpferei und Weberei mitzuerleben und an Tänzen und Zeremonien teilzunehmen. Highlight ist jedoch die **Zambian National Dance Troupe**, die jedes Wochenende Vorführungen traditioneller sambischer Tänze zeigt.

EINHEIMISCHE TREFFEN IN LIVINGSTONE

Limpo's Pub & Grill
Die Adresse für alle, die gern Fußball gucken, Livemusik hören oder Einheimische treffen möchten.

Livingstone Museum
Traditionelle Gerichte und Snacks aus Sambia sind im Museumsrestaurant erhältlich, direkt vor dem Hauptgebäude.

Mwabonwa Cultural Experience
Wer Sambia, das Essen und die Kultur wirklich kennenlernen möchte, ist hier richtig.

RAINER LESNIEWSKI/SHUTTERSTOCK ©

Markt in Livingstone

BUSCH-GOURMETKÜCHE

Annabel Hughes Aston von SavannahBel lebt auf einer Farm im Sambesi-Tal in der Nähe von Livingstone.

Annabel weiß genau, welche Pflanzen in ihrer Umgebung essbar sind, denn sie lebt im Busch. Sie erklärt: „Ich habe mich darauf verlassen, dass mir gebürtige Sambier alles Wissenswerte beibringen; dann habe ich meine Fantasie und Fähigkeiten genutzt, um diese Lebensmittel in eine moderne Busch-Gourmet-Küche zu verwandeln."

Annabel verwendet in ihren Gerichten wild wachsende Pflanzen, sambische Zutaten und saisonale Produkte. All diese Lebensmittel ergeben eine einfallsreiche Kombi mit Stil.

Spaß für die ganze Familie in Livingstone

FÜR ALLE ETWAS

Rund um die Victoriafälle verlocken viele Aktivitäten, die auch für Kinder geeignet sind; einige wurden jedoch speziell für Kids konzipiert. So bietet der **Livingstone Crocodile Park** eine Führung an, auf der sich Krokodile nicht nur in ihrem natürlichen Lebensraum beobachten lassen, sondern frisch geschlüpfte Babykrokodile sogar angefasst werden dürfen. Auch ein Schlangengehege ist vorhanden, in dem die gefährlichsten Schlangen der Region zu bestaunen sind.

Der verstorbene Cliff Sitwala, der „sambische Cowboy", war ein Livingstoner Original mit einer Vision. Seine Idee war eigentlich einfach: Er wollte ein paar Fahrräder kaufen, für Touristen **Radtouren** veranstalten und aus den Einnahmen dann eine Schule bauen. Und genau das tat er dann auch. Cliff finanzierte eine Vorschule – und seine Idee hat Fortbestand. Heute zeigen Fahrradguides ihren Gästen die Stadt und beeindrucken sie mit ihrem Wissen über Livingstone. Die Touren führen auch in Gegenden, die man sonst nicht kennenlernen würde, darunter mehrere Dörfer und Märkte und natürlich die besagte Vorschule

SCHÖN SCHWIMMENIN LIVINGSTONE

Angel's Pool
In der Regenzeit nutzbares Naturbecken am Rand der Victoriafälle, wenn der Wasserstand im Devil's Pool zu hoch ist.

River Club
Der Infinitypool, 18 km flussaufwärts von Livingstone, liegt an einer malerischen Biegung des Sambesi.

Radisson Blu Mosi-Oa-Tunya
Pool mit Swim-up-Bar zum perfekten Entspannen; Spa-Gästen steht zudem ein Pool auf dem Dach zur Verfügung.

Von allen Aktivitäten, die in Zusammenhang mit der Victoria Falls Bridge stehen, ist die **Bridge Slide** sicher noch das zahmste Abenteuer. Man kann von der sambischen Seite an einer Zipline 300 m hoch über die Batoka Gorge gleiten, wo man schließlich an der Victoria Falls Bridge ankommt (mind. 6 J.).

E2DAN/SHUTTERSTOCK ©

Victoria Falls Bridge

EINE WELTBERÜHMTE BRÜCKE

Die **Victoria Falls Bridge** zwischen Sambia und Simbabwe war der Traum von Cecil John Rhodes. Ziel des visionären Politikers und Unternehmers war, das Kap mit Kairo zu verbinden, und zwar mit einer durchgehenden Eisenbahnlinie. Die Bauarbeiten begannen 1903 und wurden bereits 1905 vollendet. Seiner Vision zum Trotz besuchte Rhodes die Victoriafälle nie und verstarb vor Baubeginn.

Shearwater veranstaltet eine **historische Brückentour.** Die Teilnehmer spazieren über Stege unterhalb der Brücke, ein Areal, das für die Öffentlichkeit eigentlich gesperrt ist, und erfahren alles über dieses Wunder der viktorianischen Ingenieurskunst. Die ungewöhnliche und unterhaltsame Tour ermöglicht einzigartige Ausblicke auf die Wasserfälle, den Sambesi und die Batoka Gorge.

UNTERWEGS VOR ORT

In Livingstone lässt sich alles zu Fuß erreichen; öffentliche Verkehrsmittel gibt es keine.

Die Victoriafälle und Simbabwe sind 10 km entfernt. Dorthin kommt man mit dem Taxi.

RADEK BOROVKA/SHUTTERSTOCK ©

Spießböcke, Sossusvlei (S. 275)

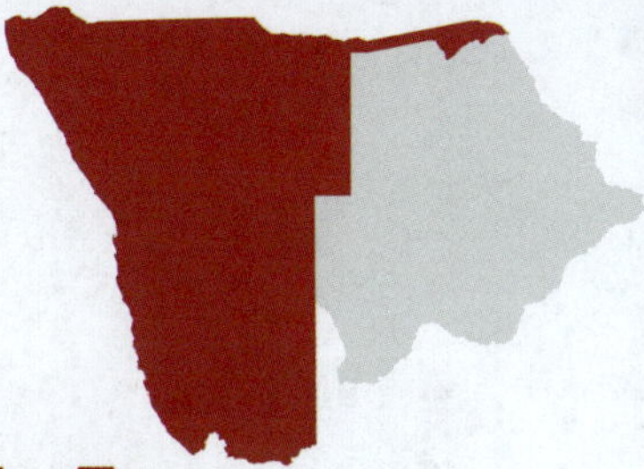

NAMIBIA

EPISCHE LANDSCHAFTEN, BUNTE TIERWELT

Hoch aufragende Dünen, wilde Küsten, schöne Parks, dazu hübsche Campingplätze und Lodges, dramatische Landschaften und unbegrenzte Weite in Namibia, Wüstenjuwel im südlichen Afrika.

DIE WICHTIGSTEN ZIELE

Willkommen in Namibia, dem Land der dramatischen Landschaften und faszinierenden Kontraste. Scheinbar kahle Landstriche strotzen vor Leben, an die Wüste angepasste Nashörner finden ihre Lebensgrundlage in selten wasserführenden Flussbetten, Elefanten sammeln sich entlang der Wasserläufe. Reisen in Namibia sind ein Vergnügen. Ein gutes Straßennetz verbindet die Hauptzentren, Lodges und Campingplätze tauchen mitten im Nirgendwo auf. Flammende Sonnenuntergänge hüllen jeden Tag in ihren Glanz, und am Nachthimmel sind zahllose Sterne zu sehen.

Wer Tiere beobachten möchte, wendet sich nach Norden, wo der Etosha National Park und das Sumpfland der Sambesi-Region großen Tierpopulationen eine Heimat bieten. Atemberaubende Landschaften und an die Wüste angepassten Löwen, Elefanten und Nashörner sind vor allem in Damaraland zu finden. Die Dünen bei Sossusvlei sind nur eine der Attraktionen im Süden Namibias mit dem Namib-Naukluft National Park. Zu den weiteren Anziehungspunkten zählen Afrikas größter Canyon, verlassene Geisterstädte und Kanufahrten auf dem Oranje. Namibias Kalahari eröffnet ganz andere Perspektiven als die Namib mit ihren kultivierten Lodges, bewachsenen Dünen und rot getönten Ausblicken. Um alle Regionen Namibias zu besuchen, braucht man mindestens einen Monat. Also lieber auf ein Gebiet konzentrieren, denn man wird bestimmt wiederkommen wollen.

Nordnamibia, S. 133

Der Norden, Kernland der Ovambo, der größten ethnischen Gruppe Namibias, ist das ideale Ziel für Reisende, die das „wirkliche“ Namibia kennenlernen wollen.

Etosha NP, S. 218

In Etosha warten sehr viele große Tiere und ein gutes Straßennetz, eine Reihe von Wasserstellen sowie Camps und Lodges zu angemessenen Preisen.

Skelettküste, S. 251

Namibias nördlicher Küstenabschnitt ist Stoff für Legenden – ein Ort der Einsamkeit und der Schönheit, wo Hyänen durch den Nebel streifen, Schiffswracks die Küste sprenkeln und Wal- und Robbenknochen verstreut im Sand liegen.

Damaraland, S. 223

Seine faszinierenden, felsübersäten Landschaften, ausgedehnten Felskunstgalerien und Populationen wüstenangepasster Nashörner, Elefanten und Löwen machen Damaraland zum festen Bestandteil der allermeisten Reisepläne für Namibia.

Swakopmund, S. 256

Die hübsche Küstenstadt ist Namibias Zentrum fürAdrenalinaktivitäten mit Gelegenheit, auf Dünen zu surfen, mit dem Fatbike durch die Wüste zu fahren oder bei einem Rundflug alles von

Windhoek, S. 194

Namibias Hauptstadt bietet genug, um Besuchende mehrere Tage zu beschäftigen, bevor diese anderswo auf Entdeckungsreise gehen.

Erste Orientierung

Mit 824292 km² Fläche ist Namibia riesig, die Distanzen zwischen größeren Zielen sind gewaltig. Wir haben Orte herausgesucht, die verschiedene Aspekte des Landes einfangen. Man kann sie als Ausgangspunkt nutzen und von dort auf Entdeckungsreise gehen.

Namib-Naukluft National Park, S. 272

Wenige namibische Landschaften sind von Bildern so bekannt wie die ockerfarbenen Dünen des Sossusvlei.

THOMAS NOITZ/SHUTTERSTOCK ©

Fish River Canyon, S. 295

Ob man am Rand von Afrikas größtem Canyon steht oder seine Tiefen durchwandert – seine schiere Größe hinterlässt eine bleibende Erinnerung.

SELBER FAHREN

Die beste Art, Namibia zu erkunden. Die Straßen sind im Allgemeinen gut und die Kosten für Leihwagen angemessen.

ORGANISIERTE TOUREN

Organisierte Touren mit Geländewagen (manchmal mit Charterflug kombiniert) bringen überall hin (siehe S. 277). Alleinreisende: Anschluss an eine Gruppe spart Kosten; Chameleon Safaris oder Go2 Travel Transfers (go2.na) testen.

ÖFFENTLICHER TRANSPORT & FLÜGE

Öffentliche Verkehrsmittel – normalerweise Combis (Minivans) – fahren zwischen allen größeren Städten. Abseits der Zentren braucht man ein eigenes Fahrzeug. Ein kleines Netz von Inlandsflügen verbindet größere Städte.

Perfekte Tage

Namibia bietet für jeden etwas: das Sossusvlei, den Fish River Canyon und andere ikonische Landschaften. Im Etosha National Park auf Safari gehen oder im Norden lokale Kultur und träge Wasserläufe entdecken.

GARY PROCTOR/SHUTTERSTOCK ©

Straße zum Sossusvlei (S. 275) und Deadvlei (S. 276)

Wenig Zeit

● Auf geht's zum **Sossusvlei** (S. 275) und **Deadvlei** (S. 276), um die Dünen zu erklimmen und die unglaubliche Landschaft des Namib-Naukluft National Park zu bestaunen. Anschließend führt der Weg nach **Swakopmund** (S. 256) und in die Gegend rund um **Walvis Bay** (S. 267) für eine oder zwei Übernachtungen an der Küste, zum Sandboarding, Fatbiking und Kajakfahren und um das Nebeneinander von Wüste und Meer wahrzunehmen. Nächste Station ist Damaraland, unterwegs lässt sich ein Besuch bei den Robben am **Kreuzkap** (S. 252) einbauen. In **Damaraland** (S. 223) kann man die isolierten roten Berge und den Reichtum an Felskunst genießen und auch noch eine Pirsch auf Elefanten und Nashörner unternehmen. Am Schluss stehen einige Tage im **Etosha National Park** (S. 218) mit Blick auf die reiche und vielfältige Tierwelt in den südlichen Ausläufern des Parks.

BESTE REISEZEIT

Namibia ist ein Ganzjahresziel. In der Hochsaison (Juli–Sept.) mit trockenem, kühlerem Wetter sind viele Tiere zu sehen. Die Zeit von November bis Februar bringt Regen, Überflutungen.

FEBRUAR

Normalerweise der nasseste Monat. Kalbungszeit in Etosha, mit Jungtieren, grünen Landschaften und Vogelbeobachtung.

MAI

Trockenes, kühleres Wetter und grüne Landschaften, günstig für den Besuch des Namib-Naukluft National Park.

JULI

Namibias kältester Monat und einer der trockensten mit sonnigen Tagen und optimaler Tierbeobachtung.

FRANCRSCO DE MARCO/SHUTTERSTOCK ©, OLEG ZNAMENSKIY/SHUTTERSTOCK ©, ONDREJ PROSICKY/SHUTTERSTOCK ©

Zweiwöchiger Aufenthalt

● Der ersten Reiseroute folgen, aber jede Station erweitern. Nach dem Sossusvlei und Stopp am **Sesriem Canyon** (S. 274) steht ein Besuch im **NamibRand Nature Reserve** (S. 277) an, bevor es an die Küste geht. Von einer Basis in **Walvis Bay** (S. 267) oder **Swakopmund** (S. 256) per Kajak oder Boot **Pelican Point** (S. 268) umrunden, zum Fatbike-Fahren nach **Sandwich Harbour** (S. 271) und mit dem Sandboard oder Quad auf die Dünen. In Damaraland bleibt Zeit für einen Abstecher nach **Palmwag** (S. 230); dort gibt es Infos über Wüsten-Nashörner, Felskunst am **Brandberg** (S. 226) und das **Damara Living Museum** (S. 228) nahe Twyfelfontein. In Etosha unbedingt Zeit an einem beleuchteten Wasserloch verbringen! Den Abschluss bildet ein Besuch am **Waterberg Plateau** (S. 213) oder bei den Geparden und Leoparden in **Okonjima** (S. 212).

Ein Monat oder länger

● Die Reise führt zuerst zum **Fish River Canyon** (S. 295) über die Kalahari bei **Mariental** (S. 280). Am Canyon die Aussicht genießen und wandern, bevor es – mit Abstecher zu den Wildpferden in Aus – nach **Lüderitz** (S. 286) und Kolmanskop geht. Weiter Richtung Norden über Helmeringhausen zum Sossusvlei und, über Solitaire und die **Naukluft Mountains** (S. 274), nach Walvis Bay und Swakopmund. Von hier geht es zum **Nationalpark Skelettküste** (S. 253), dann nach Damaraland, eventuell mit Umweg zu den Himba in **Opuwo** (S. 247). Durch das Galton Gate in den Etosha National Park fahren, hinaus am Namutoni oder King Nehale Gate, um bei **Ondangwa** (S. 234) Ovambo zu treffen. Richtung Osten führt der Weg nach Rundu, zu Sambesis Wasserläufen und nach Botswana oder zurück nach **Windhoek** (S. 194) über Tsumkwe oder das Waterberg Plateau.

AUGUST

Kühleres, klares Wetter und die Feiern zum Heldentag kennzeichnen die Reisehochsaison im August.

OKTOBER

Blühende Jacarandas plus Wildtiere beobachten und annehmbare Temperaturen machen den Oktober in Namibia angenehm.

NOVEMBER

Die Hochsaison ist vorbei. Lohnende Tierbeobachtungen, Zugvögel füllen den Himmel, Regen steht kurz bevor.

DEZEMBER

Hohe Temperaturen und weniger Nebel bedeuten, dass sich die Küste mit Urlaubenden füllt.

IMAGEBROKER.COM/SHUTTERSTOCK ©, TONY TSL/SHUTTERSTOCK ©, MARK DUMBLETON/SHUTTERSTOCK ©, ANTON_IVANOV/SHUTTERSTOCK ©

WINDHOEK

Windhoeks Zauber kann auf den ersten Blick schwer zu fassen sein. Doch die kleine Hauptstadt hat viel zu bieten. Das schmucke Zentrum steckt voller Kontraste, die im schwierigen Erbe aus Namibias Zeit als deutsche Kolonie wurzeln: ein Mix aus deutschen und namibischen Straßennamen, neobarocke Kirchtürme, markante Unabhängigkeitsmonumente und moderne Architektur. Büroangestellte ruhen sich mittags in den Parks der Stadt aus, Passanten bewundern Holzschnitzereien und Kuriositäten, Taxis potenzielle Kunden an. In den Außenbezirken flankieren eingeschossige Häuser und mit Wellblech gedeckte Läden die Straßen, der Duft von würzigem Grillfleisch liegt in der Luft, fliegende Händler bieten ihre Ware an. Hinzu kommen eine solide Auswahl an Unterkünften und Restaurants und ein angenehmes afrikanisches Stadtleben, das Windhoek ein einzigartiges Flair verleiht.

TOP TIPP

Windhoek lässt sich gut bei einem Bummel erkunden. Die meisten Attraktionen liegen im Zentrum rund um die Independence Avenue und östlich in Richtung des Independence Memorial Museum. Von hier breiten sich Viertel wie Klein Windhoek und Eros mit Cafés und Gästehäusern und der pulsierende Vorort Katutura aus.

R.M.NUNES/SHUTTERSTOCK ©

Christuskirche (S. 197)

SEHENSWERTES
1 Christuskirche
2 Elefantensäule
3 Independence Memorial Museum
4 Namibia Craft Centre
5 National Art Gallery
6 Parliament Gardens
7 Zoo Park

AUSGEHEN & NACHTLEBEN
siehe **4** Craft Cafe

UNTERHALTUNG
8 National Theatre of Namibia

Museumsbesuche in Windhoek

VON UNABHÄNGIGKEIT BIS OLDTIMER

Windhoeks schöne Kollektion von Museen gibt Einblick in Namibias Geschichte, Kultur und Geologie. Ein guter Startpunkt ist das architektonisch hervorstechende **Independence Memorial Museum** mit Darstellungen zu Namibias Unabhängigkeitskampf. Die erste Etage porträtiert grafisch Namibia unter kolonialer Herrschaft; dazu gehört auch eine Abtei-

ESSEN IN WINDHOEK

The Village
Europäischer Kaffeehaus-Chic mit namibischem Flair. Restaurants von portugiesisch bis italienisch. **$$**

Olivia's Kitchen
Fokus auf gesunde Hauptgerichte und ausgefallene Desserts mit frischen Zutaten aus lokalen Quellen. **$$**

Stellenbosch Winebar & Bistro
Stilvolles Ambiente drinnen und draußen, durchdachte internationale Küche. **$$$**

GROBLER DU PREEZ/SHUTTERSTOCK ©

Heroes' Acre (S. 198)

WINDHOEKS BESTE FESTIVALS

Unabhängigkeitstag
In der Innenstadt und rund um das Stadion, mit Parade, Sportveranstaltungen und Ansprachen am 21. März.

Bank Windhoek Arts Festival
Events in Windhoek und anderswo; Daten variieren.

Oktoberfest
Lederhosen und Dirndl hervorholen: Im Oktober feiert Windhoek die deutschen Wurzeln und das Bier.

Windhoek Karneval
Karneval deutscher Machart mit Musik, Parade und Maskenball, Februar bis April.

/Ae //Gams
Windhoeks Kunst- und Kulturfestival findet Ende April statt.

Windhoek Show
Schau für Landwirtschaft und Viehzucht im September und im Oktober auf dem Messegelände.

lung, die auf der südafrikanischen Robben Island inhaftierten Namibiern gewidmet ist. Das 2. Stockwerk konzentriert sich auf die Widerstandsbewegung, die 3. Etage befasst sich mit dem Weg zur Unabhängigkeit. Der gläserne Fahrstuhl an der Außenseite des Gebäudes eröffnet den Blick auf Windhoek. Noch schöner ist die Aussicht vom Balkon der Café-Bar im 4. Stock. Von hier sieht man auf die inzwischen geschlossene **Alte Feste**; das älteste noch bestehende Gebäude in Windhoek wurde Anfang der 1890er-Jahre als Hauptquartier der deutschen Kolonialtruppen errichtet.

Wer sich für Geologie interessiert, sollte das **National Earth Science Museum** im Ministerium für Bergbau und Energie im Süden der Stadt neben dem Eros-Inlandsflughafen besuchen. Die Exponate decken Namibias Geologie, Bergbau, Fossilien und Meteoriten ab; sie geben aus einer geologischen Perspektive einen Überblick über das Land und rücken damit einige der anderen Sehenswürdigkeiten des Landes ins rechte Licht.

Fans alter Autos werden den **Old Wheeler's Club** unweit der Rehobother Road zu schätzen wissen. Manchmal scheint es, als fahre jeder in Windhoek ein *bakkie* (Pick-up) oder einen Toyota Fortuner, aber das war nicht immer so: Hier sieht man schöne Oldtimer, besonders am **Day of the Wheeler**, normalerweise im September oder Oktober.

ESSEN IN WINDHOEK

La Marmite Restaurant
Westliche und nordafrikanische Küche, alles zubereitet mit der Finesse der Haute Cuisine. **$**

Joe's Beerhouse
Mariniertes Kudu, Springbockmedallions, vegetarische Optionen und wöchentlicher Trommelkreis. **$$**

Fresh 'n' Wild @ Utopia
Ruhige Gartenumgebung und Fokus auf frische Zutaten. **$$**

Parks & Parlament

WINDHOEKS BEDEUTENDE WAHRZEICHEN

Von 1884 bis 1915 war Namibia eine Kolonie des damaligen Deutschen Reichs mit Windhoek als wichtigster Siedlung. Diese Geschichte – zusammen mit vielen Konflikten, die daraus erwuchsen – spiegelt sich noch in der heutigen Stadt wider, insbesondere im Zentrum. Um das näher kennenzulernen, ist der **Zoo Park** an der Independence Avenue ein geeigneter Ausgangspunkt: Mittags wird er zum schattigen Rückzugsort für Büroangestellte, die hier ihre Pause verbringen. 5000 Jahre früher, in der Steinzeit, war der Park Schauplatz einer Elefantenjagd; das beweisen die Überreste zweier Elefanten und mehrere Werkzeuge aus Quarz, die Anfang der 1960er-Jahre hier entdeckt wurden. Heute erinnert daran die von Dörthe Berner gestaltete **Elefantensäule**. In der Nähe steht das **Kriegerdenkmal**, gekrönt von einem vergoldeten Reichsadler; es wurde 1897 zum Gedenken an die deutschen Soldaten errichtet, die in den Kriegen gegen die Nama 1893/94 starben.

Zwei Querstraßen östlich des Zoo Parks steht die evangelisch-lutherische **Christuskirche** mit ihrem 24 m hohen Turm. Entworfen hat sie der Architekt Gottlieb Redecker in einem Mix aus Neugotik und Jugendstil. Die Planungen begannen um die Wende zum 20. Jh., geweiht wurde die Kirche 1910 – die Verzögerung war dem letztlich niedergeschlagenen Aufstand der Herero und Nama (1904–07) geschuldet. Die Bedachung und weitere Elemente wurden aus Europa geholt, für das Hauptgebäude verwendete man lokalen Sandstein. Das Altarbild, Die Erweckung des Lazarus, ist eine Kopie des berühmten Rubens-Gemäldes. Die Kirche ist sonntags ab 10 Uhr für den Gottesdienst geöffnet.

Östlich der Christuskirche liegen die – nicht öffentlich zugänglichen – **Parliament Gardens**; dahinter befindet sich das **Parlamentsgebäude**, auch Tintenpalast genannt. Der Name bezieht sich auf die viele Tinte, die für den ausufernden offiziellen Papierkram benötigt wurde: Hier war das Verwaltungszentrum von Deutsch-Südwest. Gegenüber steht das alte State House, heute Residenz des Vizepräsidenten.

Windhoeks Denkmäler

IN DIE GESCHICHTE EINTAUCHEN

Details aus Windhoeks Geschichte spiegeln sich in den Denkmälern der Stadt wider. Die wichtigsten befinden sich alle in kurzer Laufdistanz im Stadtzentrum. Hier steht, versteckt im Innenhof der Alten Feste, das berüchtigte **Reiterdenkmal**,

WINDHOEK KENNENLERNEN

Alicia Reiff (alicia reiff.com), in Windhoek geboren und aufgewachsen, hat diese Tipps.

Am besten lernt man Windhoek durch eine authentische Erfahrung mit Einheimischen kennen. Je nachdem, wohin man geht und wen man trifft, blickt man ganz anders auf die Stadt. Viele Besucher entscheiden sich für eine kommerzielle Citytour; da sehen sie die Dinge nur von außen. Ich empfehle eine private Tour, um direkt mit der Gemeinschaft zu interagieren, lokale Händler und Handwerker zu unterstützen und dabei auf einer persönlicheren Ebene etwas über Windhoeks Geschichte zu erfahren. Mein Favorit ist die Tour von **Martin von Lüttichau** (mkkulu@gmail.com; 081-399 7958); er bindet persönliche Erfahrungen beim Kampf für Namibias Unabhängigkeit in die Tour mit ein.

ÜBERNACHTEN IN WINDHOEK

Urban Camp
Schattiges Gelände mit Camping, Glamping, herzhaften Mahlzeiten und günstiger Lage. **$**

Chameleon Backpackers
Afro-schicke Zimmer, saubere Schlafsäle, Apartments, täglich kostenlose Citytouren und Reisezentrum vor Ort. **$**

Tamboti Guesthouse
Geräumige, behagliche Zimmer auf einem kleinen Hügel oberhalb des Stadtzentrums. **$**

ALEXANDERSTOCK23/SHUTTERSTOCK ©

Markt, Katutura

EINE DUNKLE VERGANGENHEIT

Von 1884 bis 1915 wurde Namibia von der Kolonialregierung des Deutschen Reichs beherrscht. Auch wenn die Stimmung im Land beeindruckend zukunftsorientiert ist und Namibier aller Schichten gemeinsam am Aufbau einer positiven Zukunft arbeiten, bleiben tiefe Wunden, insbesondere wegen des Genozids an Herero und Nama: Von 1904 bis 1907 starben Tausende durch die Hand des deutschen Militärs, in Kämpfen und unter unmenschlichen Bedingungen in Konzentrationslagern wie dem berüchtigten Camp auf Shark Island bei Lüderitz.

Mehr zur Geschichte Namibias siehe S. 326.

das ursprünglich 1912 gegenüber der Christuskirche zur Erinnerung an die Deutschen aufgestellt wurde, die beim Völkermord an den Herero und Nama umkamen. Seit 2010 steht es am heutigen Ort. An seiner Stelle, vor der Alten Feste, ehrt nun das **Völkermord-Denkmal** die Namibier, die im Nama-Herero-Aufstand durch deutsche Hand starben. In der Nähe, vor dem Independence Memorial Museum, ist eine **Statue von Sam Nujoma** zu sehen, der die namibische Verfassung hochhält – ein Kontrast zum Nujoma-Standbild an der Nationalerbestätte in Omugulugwombashe (S. 235), wo er ein AK47 in Händen hat. Unmittelbar nördlich des Unabhängigkeitsmuseums, in den Parlamentsgärten, steht Namibias erstes nach der Unabhängkeit entstandenes Denkmal, die **Statue des Herero-Führers Hosea Kutako**, der für seinen vehementen Widerstand gegen die südafrikanische Herrschaft bekannt ist. Etwa 15 Taximinuten entfernt ist Windhoeks größte Denkmalsammlung auf dem beeindruckenden und würdevollen **Heroes' Acre** zu finden. Er liegt in den Bergen 12 km südlich von Windhoek westlich der B1. Rund um eine große Statue des Unbekannten Soldaten und einen Marmorobelisken stehen etwa 174 Grabsteine, einige symbolisch, einige real; sie ehren Namibier, die im Unabhängigkeitskampf des Landes eine wichtige Rolle spielten.

ÜBERNACHTEN IN WINDHOEK

Maison Ambre
Kleines, gemütliches Haus am Rand von Klein Windhoek in der Nähe einiger Restaurants. **$$**

Olive Grove
Schickes Boutiquehotel in Eros mit gepflegten Zimmern und elegantem Naturdekor. **$$$**

Belvedere Boutique Hotel
Im hochpreisigen Viertel Ludwigsdorf, luftige, gepflegte Zimmer und aufmerksamer Service. **$$**

City-Touren in Katutura

DAS LOKALE LEBEN KENNENLERNEN

Um einen Eindruck davon zu gewinnen, wie das tägliche Leben für einen Großteil der Einwohner Windhoeks aussieht, lohnt sich ein Besuch in **Katutura**, dem pulsierenden, schnell wachsenden Außenbezirk nordwestlich des Stadtzentrums. Katuturas Geschichte beginnt 1912 zur Zeit der Rassentrennung, als der Stadtrat von Windhoek zwei „Locations" als Siedlungsgebiete für die in der Stadt arbeitenden Schwarzen festlegte: **Main Location** westlich des Stadtzentrums und **Klein Windhoek** im Osten. Im folgenden Jahr wurden die Menschen in diese Gebiete zwangsumgesiedelt, die sich zu ungeordneten Siedlungen entwickelten. Anfang der 1930er-Jahre wurden in Main Location Straßen angelegt, das Gebiet wurde in Regionen unterteilt. Jeden Sektor innerhalb dieser Regionen wies man einer ethnischen Gruppe zu und benannte ihn entsprechend (z. B. Herero, Nama, Ovambo, Damara).

In den 1950er-Jahren beschloss der Stadtrat, unterstützt von der südafrikanischen Regierung (die das Land zu dieser Zeit als Völkerbundsmandat verwaltete), Klein Windhoek „zurückzunehmen" und die Bewohner der „Locations" in einer einzigen Siedlung im Nordwesten der Stadt zusammenzufassen. Es gab starken Widerstand gegen den Umzug. Anfang Dezember 1959 organisierte eine Gruppe von Herero-Frauen einen Protestmarsch und Boykott gegen die Stadtregierung. Am 10. Dezember eskalierten die Unruhen in Zusammenstößen mit der Polizei, elf Menschen starben, 44 wurden schwer verletzt. Eingeschüchtert gaben die etwa 4000 Bewohner der Main Location auf und zogen in die neue Siedlung, die „Katutura" genannt wurde. Auf Herero bedeutet der Name „wir haben keinen dauerhaften Platz", er kann aber auch übersetzt werden als „der Ort, an dem wir nicht wohnen wollen".

Im heutigen unabhängigen Namibia ist Katutura ein pulsierender Vorort von Windhoek – Namibias Soweto –, wo Armut und Überfluss dicht nebeneinander liegen. Der Stadtrat hat die städtischen Wasser-, Strom- und Telefondienste in die meisten Gebiete ausgedehnt und den bunten **Soweto Market** eingerichtet, auf dem es so ziemlich alles Mögliche zu kaufen gibt. Im Unterschied zu seinem südafrikanischen Gegenstück ist Katutura mit einem vertrauenswürdigen Einheimischen als Führer tagsüber relativ sicher. Eine ausgezeichnete Wahl ist **Katutours** (katutours@gmail. com), geleitet von Anna Mafwila, die 3½-stündige Touren per Fahrrad oder zu Fuß während der Regenzeit anbietet. Die Teilnehmer gewinnen einen Eindruck vom Township-Leben und haben Gelegenheit, Einheimische zu treffen. Für Touren mit dem

BESTES TRADITIONELLES ESSEN

Oshetu Community Market (Single Quarter)
Der Ort, um *kapana* (Namibias berühmtes gewürztes Rindfleisch vom Grill) zu probieren. Die gewünschte Menge angeben (eine große Portion kostet um 40 N$) und Gewürze nicht vergessen. $

Xwama Traditional Restaurant
Essen und Kultur der Ovambo; traditioneller Gesang und Tanz mit Vorankündigung. $

Papa G's
Leckere Hähnchen am Straßengrill in den westlichen Vororten. Gleich dahinter gibt es Rind, Lamm, frische Brötchen und Gewürze. $

Pepata Traditional Restaurant
Die Karte wechselt oft, also mehrmals hierherkommen, um die verschiedenen traditionelle Gerichte zu probieren. $

ÜBERNACHTEN IN WINDHOEK

Hotel Heinitzburg
Sympathische Unterkunft im historischen Schloss mit Gourmetküche und wunderbarer Aussicht. $$$

Moonraker Farm
Bequeme Chalets, Wanderwege im „Abenteuercamp" zwischen Windhoek und dem Flughafen. $$

Windhoek West Guesthouse
Verlässliche Budget-Option für einheimische Geschäftsreisende und Touristen. $

Souvenir

DIE BESTEN MÄRKTE

Green Market (Bio-Markt)
Bauernmarkt am Samstag (8–12.30 Uhr) in Klein Windhoek, an der Ecke Berg/Kaunda Street. Es gibt auch eine Miniversion am Mittwochnachmittag.

Sonntagsmarkt
Frisches Brot, frisches Obst und Gemüse und soziales Flair in The Village (9–15 Uhr) an der Liliencron Street.

Soweto Market
Auf dem bunten Markt in Katutura ist (fast) alles zu finden.

Auto kann man Comfort Tours & Safaris (www.ctoursandsafaris.com) oder Nam Flava City Tours (eesyees.com/namflavacitytours) kontaktieren.

Die Künste in Windhoek

GEMÄLDE, KUNSTHANDWERK UND EIN CAFÉ

Für eine kleine Hauptstadt besitzt Windhoek eine bemerkenswert lebendige und zugängliche Kulturszene. Die **National Art Gallery** zeigt eine Dauerausstellung von Werken, die Namibias Geschichts- und Naturerbe reflektieren. Beachtenswert sind Arbeiten von Muafangejo, Namibias erstem schwarzen Künstler, der internationale Würdigung fand. Seine Linolschnitte stellen den Freiheitskampf aus einer religiösen und erzählerischen Sicht dar. Nebenan befindet sich das **National Theatre of Namibia**, das sporadisch Aufführungen zeigt.

Kunsthandwerk ist in der Gegend zwischen Tal Street und Independence Avenue zu finden. Highlight ist das **Namibia Craft Centre** im Old-Breweries-Komplex mit einer Auswahl an Kunsthandwerk aus dem ganzen Land und dem **Craft Cafe** – einem angenehmen Ort zum Entspannen. Auf dem kleinen **Straßenmarkt** auf der West- (Rück-)Seite des Hilton Hotel verkaufen Himba-Frauen u. a. Schmuck.

EINKAUFSPASSAGEN IN WINDHOEK

Maerua Mall
Alles Wesentliche, ein Checkers Supermarkt in der Mall und ein Superspar auf der Straßenseite gegenüber.

Grove Mall
Windhoeks prächtigste Passage mit Supermarkt und Gaststätten.

Post Street Mall
Ein Kuddelmuddel an Geschäften, die Kunsthandwerk und lebensnotwendige Güter verkaufen.

Kunsthandwerk kaufen in Penduka

PROJEKT ZUR FRAUENFÖRDERUNG

Penduka, „wach auf", ist ein Förderprojekt für Frauen am Rand von Katutura, 8 km nordwestlich des Stadtzentrums mit Blick auf den Goreangob-Damm. Wer ein paar Stunden für einen Besuch hier draußen einplant, erfährt, wie ökonomisch benachteiligte Frauen in der Stickerei und im Nähen unterwiesen werden. Die hübschen Dinge, die sie herstellen, werden in einem Laden vor Ort verkauft, alle Erlöse gehen an die Frauen. Das Gelände beherbergt auch ein Projekt, bei dem gehörlose Frauen Glas zur Schmuckherstellung recyceln.

Nach der Besichtigung des Projekts kann man vor Ort im Restaurant entspannen, das eine kleine Auswahl an lokalen und internationalen Gerichten serviert. Für Übernachtungsgäste stehen eine Handvoll schmucker Rundhütten mit Blick auf den See bereit, man kann auch Paddelboote mieten. Die friedliche, luftige Umgebung bildet einen starken Gegensatz zum Gewusel im nahe gelegenen Katutura. Man ruft ein Taxi hierher oder bittet die Mitarbeiter um Hilfe bei der Buchung eines Transportmittels.

Raus in die Natur

WANDERN, RADELN UND TIERE BEOBACHTEN

Wenige Minuten vom Stadtzentrum entfernt findet man sich mitten in der Natur wieder. **IJG Trails @ Farm Windhoek**, mit dem Haupteingang etwa 8 km südöstlich des Stadtzentrums, ist ein fabelhafter Ausgangspunkt: Hier gibt es 70 km Wege zum Radfahren, Laufen, Spazierengehen und Wandern. Einige bieten schöne Ausblicke auf Windhoek. Außerdem gibt es ein Mountainbike-Zentrum und ein kleines Café.

Etwa 20 km westlich des Stadtzentrums liegt das **Daan Viljoen Nature Reserve**. Das Reservat und die dazugehörige Lodge sind in den letzten Jahren ziemlich heruntergekommen, aber die Landschaft – am Rand der Khomas Highlands – ist hübsch, und auf dem kurzen Geländewagen-Rundkurs sind meist diverse Antilopenarten, Giraffen und Gnus zu sehen. Auch zwei Spazierwege (1,5 und 9 km) gibt es hier.

Ein weiterer Platz zum Tiere beobachten ist die **Heja Game Lodge**, 20 km nordöstlich des Stadtzentrums und an der Straße zum Flughafen ausgeschildert. Auf der kurzen Rundfahrt kann man nach Springböcken, Gnus und Straußen Ausschau halten. Weiter draußen, im offenen Land etwa 50 km nordöstlich des Zentrums, liegt **N/a'ankuse** mit Aktivitäten rund um Kultur, Tierwelt und Natur für Tages- und Übernachtungsgäste mit Vorausbuchung. Vom selben Abzweig

WINDIGE ECKE

Die Nama nannten Windhoek /Ai//Gams, was „Feuerwasser" bedeutet, die Herero kannten es als Otjomuise („Ort des Rauchs") mit Bezug auf heiße Quellen, die in der Nähe der ursprünglichen Stadt sprudelten. Der heutige Name, Afrikaans für „windige Ecke", geht auf das 1920 Südafrika zugeteilte Völkerbundsmandat über Namibia zurück. Manche sagen, es könnte eine Variante von „Winterhoek", der südafrikanischen Heimatstadt von Jonker Afrikaner sein, der als Erster den Namen Windhoek verwendete. Wer viel Zeit in und um die Hauptstadt verbringt – und viel Fahrrad fährt –, kann aber auch zu der Ansicht kommen, dass es sich auf die starken Winde in diesem Gebiet bezieht.

AUSBLICKE AUF DEN SONNENUNTERGANG IN WINDHOEK

Heinitzburg Hotel
Sundowner auf der Garden Terrace genießen.

National Indepedence Memorial Museum Restaurant
Von der Dachterrassenbar (bis 22 Uhr geöffnet) im NIMMS auf die Stadt sehen.

Hilton Skybar
Windhoeks Wahrzeichen und das Stadtzentrum von der Terrasse am Pool in der 9. Etage betrachten.

WINDHOEKS CLUBSZENE

Emmanuel Ndifon, Einwohner von Windhoek und Teil des Musikduos Ell's, gibt Tipps zu Windhoeks Clubszene. Instagram @the_ells_

Alles hängt von Deinem Geschmack ab. **Brewer's Market** ist eine dunkle, energiegeladene Location, die ein junges Publikum anzieht. Wer es ruhiger mag, geht ins **MYNT**. Die Musik ist europäischer – auf einen guten DJ hoffen und die verrückte Ästhetik vergessen. **Experience Lounge**, 10 km nördlich der Stadt, lockt junge, bessergestellte Geschäftsleute an. In der Stadt ist die **Winebar** ein Klassiker mit Old-school-Musik. **Origin** spricht mit Beats ein junges, gemischtes Publikum an (mit Cover Charge). **Stratos** im Avani Hotel mit teuren Drinks und nobler Atmosphäre hat sein ganz eigenes Publikum.

ERNI/SHUTTERSTOCK ©

Daan Viljoen Nature Reserve (S. 201)

an ausgeschildert und etwa 85 km vom Zentrum am Fuß der Otjihavera-Berge liegt die **Midgard Country Lodge** mit Swimmingpool, Spielplatz, Giraffen und Antilopen. Auf der anderen Seite der Berge, zu erreichen von der B1 etwa 35 km nördlich von Windhoek, befindet sich die kürzlich sanierte **Okapuka Safari Lodge**. Auf dem weitläufigen Gelände leben Giraffen, Strauße und verschiedene Antilopen. Pirschfahrten stehen auch Tagesgästen offen.

Ein Tag Sightseeing in der Stadt

WANDERN, GESCHICHTE UND HANDWERK

Nur ein Tag übrig für Windhoek? Dann startet man mit einem frühmorgendlichen Spaziergang rund um das Hotel oder bei **IJG Trails @ Farm Windhoek** (öffnet um 6.30 U hr, im Winter um 7.30 Uhr). Im dortigen Café, **Coffee Wild**, kann man eine Kleinigkeit essen oder in die Stadt gehen und an einem der vielen Imbissstände an den Straßenecken einen frischen warmen Fat Cake und einen heißen Tee genießen. Jener unter der Akazie etwas unterhalb der Maerua Mall ist ganz gut. So lange es noch kühl ist, steuert man das Stadtzentrum an für einen Bummel rund um die Independence Avenue und die Christuskirche. Die National Gallery of Art

CAMPING-AUSSTATTER IN WINDHOEK

Cymot
Zelte, Campingstühle, Grillausstattung und einfach alles, was man zum Camping in Namibia braucht.

Cape Union Mart
In der Maerua Mall findet man Schlafsäcke, Campingausstattung und die Dinge, die man zum Wandern benötigt.

Adventure Camping Hire
Zelte, Wohnwagen, Mini-Kühlschränke und mehr – alles zum Ausleihen.

und das Namibia Independence Memorial Museum öffnen meistens früh – von dort geht es danach weiter zum Craft Centre an der Tal Street.

Fürs Mittagessen gibt es viele Optionen sowohl in der Innenstadt als auch in Klein Windhoek. Nachmittags steht eine kulturelle Tour in Katutura an und besucht Penduka, beides zusammen nimmt etwa drei Stunden in Anspruch.Als stilvollen Abschluss genießt man einen Sundowner mit Blick auf die Stadt, gefolgt vom Abendessen – im **Xwama's Traditional Restaurant** oder im **La Marmite**, wenn man Lust auf ein afrikanisches Essen hat.

Ausgehen in der Hauptstadt

DRINKS UND TANZ

Windhoeks entspanntes Nachtleben ist ruhiger als in manch anderer afrikanischen Hauptstadt, aber es gibt etliche beliebte Orte, um einen Drink zu genießen und zu tanzen. Viele Restaurants fungieren auch als spätabendliche Wasserlöcher. Nach Einbruch der Dunkelheit sollte man grundsätzlich nur mit dem Taxi fahren. **Vinyl's Music Cafe** ist ein künstlerisch aufgemachtes Lokal im Zoo Park mit, nach eigener Aussage, guter Musik, gutem Essen und guten Vibes. **Joe's Beerhouse** hat eine breite Auswahl an namibischem und deutschen Bieren, lockt ein etwas lärmiges Publikum an – und man kann damit rechnen, das hier bis zum frühen Morgen was los ist. Eine ganz andere Atmosphäre herrscht im **Stellenbosch Wine Bar & Bistro**, wo man, mit oder ohne Mahlzeit, im offenen Innenhof Drinks genießen kann. Ruhig geht es auch in der **Wine Bar** zu; im hauseigenen Laden kann man Flaschenwein kaufen. Anhaltender Beliebtheit erfreut sich **Andy's Pub**, eine Sports Bar im deutschen Stil. Für einen vielfältigen Musikmix und gelegentliche Gedichtlesungen kann man sich der Stammkundschaft **Muso's Cafe** an der Merensky Street anschließen. Die besten Optionen für klassische Konzerte sind das **Franco-Namibian Cultural Centre** und das **Goethe Institut**, beide fördern Konzerte und Aufführungen. Auch ein Blick auf die Facebook-Seite des **College of the Arts** lohnt sich für gelegentliche Konzerte und Events.

ÜBERNACHTEN IN DEN VORORTEN

Arebbusch Travel Lodge
Großes Resort nahe der B1, günstig für einen Start am frühen Morgen. Parken für Wohnwagen und Wohnmobile. **$$**

Villa Violet
Kleines, stilvolles B&B in Klein Windhoek mit winzigem Pool im Innenhof und hübschem, violettlastigen Dekor. **$$**

Hotel Thule
Der Blick auf die Stadt ist die größte Attraktion im Haus auf einer Hügelkuppe im Vorort Eros. **$$$**

The Weinberg
Vornehmes Haus in Klein Windhoek mit Bar im Innenhof, Spa und mehreren Restaurants auf dem Gelände. **$$$**

Olive Exclusive
In dem Boutiquehotel hat jedes Zimmer ein anderes namibisches Thema. **$$$**

UNTERWEGS VOR ORT

Sammeltaxis von den Taxiständen im Wernhill Park Centre folgen festen Routen nach Khomasdal und Katutura; wenn das Ziel an der Strecke liegt, zahlt man 15–25 N$. Tarife für private Funktaxis werden auf Kilometerbasis kalkuliert und liegen innerhalb der Stadt bei durchschnittlich 80 N$; der Gesamtpreis sollte bei der Buchung feststehen. Bei der Ankunft am Chief Hosea Kutako International Airport warten Taxis und Flughafen-Shuttles normalerweise vor dem Ankunftsbereich, abgestimmt auf die meisten internationalen Flüge; die mindestens 40 km lange Fahrt in die Stadt kostet je nach Ziel ca. 450 N$. Vom Inlandsflughafen Eros, etwa 4 km vom Stadtzentrum, liegt der Preis bei etwa 80 N$.

Wer auf der Straße ein Sammeltaxi anhält, sollte daran denken, dass viele „Cowboys" unterwegs sind und oft kaum Englisch gesprochen wird. Zwar müssen alle Taxis registriert sein, aber es ist nicht ungewöhnlich, dass gefälschte Nummern an die Seiten geklebt werden. Besser versucht man es bei einer privaten Firma wie City Cab (citycabtransfers.com), Dial-a-Cab (dialacab.com.na) oder Lefa (lefa.com.na).

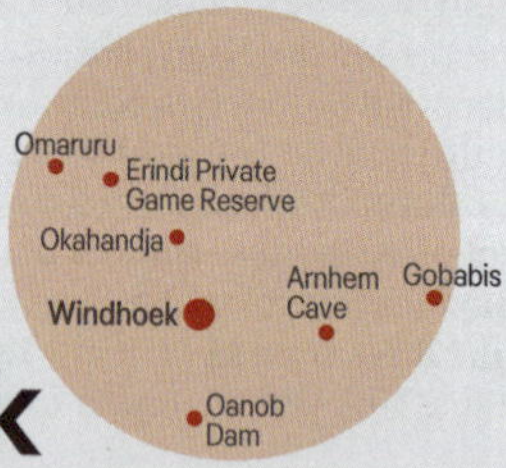

Rund um Windhoek

Das Gebiet um Windhoek hat viele Attraktionen, um sich tagelang mit Übernachtungs- und Wochenendtrips zu beschäftigen.

Egal, welche Richtung man von Windhoek einschlägt, überall findet man sich schnell mitten in der Natur wieder. Im Westen locken weite Grasflächen und die freie Sicht auf die Khomas Highlands. Nach Süden erstrecken sich faszinierende Wüstenlandschaften, gesäumt von fernen Gebirgsketten und weitem Himmel. Im Osten blickt man auf Ranchland, das über ein Drittel des namibischen Rindfleischs liefert, und den roten Sand der Kalahari, während im Norden und Nordwesten nette Städtchen, Vulkangipfel, Felskunst und Fußabdrücke von Dinosauriern warten. Manch einer wird einwenden, dass die schönsten Landschaften Namibias weiter entfernt liegen, aber Windhoeks Umgebung besitzt ihre eigene Schönheit.

TOP TIPP

Straßen, die aus Windhoek hinausführen, sind in der Regel in ausgezeichnetem Zustand, besonders der asphaltierte B1 Highway. Am nördlichen und südlichen Stadtrand sind Kontrollstellen der Polizei, wo man wahrscheinlich Führerschein und Fahrzeugpapiere vorzeigen muss.

TOMASZ WOZNIAK/SHUTTERSTOCK ©

Lake Oanob Resort

Ausflug zum Oanob-Damm

SPASS AM SEE NICHT WEIT VON WINDHOEK

Für eine angenehme Ruhepause von der Hauptstadt folgt man der B1 85 km nach Süden bis Rehoboth und dann 12 km Richtung Westen zum **Lake Oanob Resort**. An dem ansprechenden Ort mit Blick auf den Oanob-Damm und den Stausee, wo man baden, SUP oder Kajakfahren (mit eigenem Board/Boot), wandern und vom Bar-Restaurant die Aussicht genießen kann. Es gibt auch einen schattigen Campingplatz.

Rehoboth selbst ist die Heimat von Namibias Baster-Bevölkerung, deren Geschichte in dem kleinen **Rehoboth Museum**, gleich östlich des Highway, nachgezeichnet wird. An der Strecke von Windhoek gibt es weitere Orte von Interesse, um den Ausflug abzurunden. Etwa 25 km südlich von Windhoek nahe der B1 liegt das entspannte **Hooves & Gardens** mit Hausmannskost, Nutztieren und Reiten (nach Voranmeldung). Nach 5 km erreicht man den Abzweig zur **Krumhuk Organic Farm**, deren Erzeugnisse auf Windhoeks Green Market (S. 200) verkauft werden; man kann Hofführungen und Übernachtungen vereinbaren.

Die Fledermaushöhle erkunden

SPASS FÜR HÖHLENFORSCHER

Auf privatem Farmland etwa 60 km nordöstlich von Dordabis und 125 km südöstlich von Windhoek liegt die **Arnhem-Höhle**, Namibias längstes unterirdisches System und ein interessantes Ausflugsziel. Es ist etwa 4,5 km lang und 110 m tief. Bei **Arnhem Cave Lodge & Campsites** kann man Führungen arrangieren, entweder wandert man den Berg hinauf zum Höhleneingang oder fährt mit dem Auto. Die Teilnehmer werden mit Taschenlampen und Masken ausgestattet (Letztere reduzieren den Guanogeruch und Staub). Die Höhle besteht überwiegend aus großen, miteinander verbundenen Kammern. Wegen der Trockenheit und dem Mangel an Karbonaten gibt es nur wenige Stalagmiten oder Stalaktiten, dafür aber Fledermäuse. Bis zu sieben Arten sind hier nachgewiesen worden, darunter die Riesen-Rundblattnase, die größte insektenfressende Fledermaus der Welt. Nach der Entdeckung durch einen örtlichen Bauern in den 1930er-Jahren wurde in der Höhle der wertvolle Fledermausguano abgebaut, der als Dünger begehrt war.

Der Besuch der Arnhem-Höhle lässt sich mit einem Aufenthalt im Außenposten **Dordabis** kombinieren; das Zentrum der namibischen Karakulschafhaltung liegt in hügeligem Terrain. In der Umgebung gibt es mehrere hübsche Lodges.

TIPPS FÜR DEN GRENZÜBERTRITT

Der Grenzübergang Buitepos zwischen Namibia und Botswana ist aktuell in beiden Richtungen von 7 bis 24 Uhr geöffnet, soll aber bald zum 24-Stunden-Posten mit nur einem Stopp werden. An dem unkomplizierten Grenzübergang gibt es Tankstelle, Verpflegung und gute Internetverbindung. Am besten plant man die Tour so, dass es beim Verlassen von Namibia noch lange hell bleibt, denn die Fahrt bis Ghanzi, der nächsten größeren Siedlung am Trans-Kalahari Highway in Botswana, ist lang.

ÜBERNACHTEN RUND UM DORDABIS

Eningu Clayhouse Lodge
Zimmer mit handgewebten Teppichen; Wandern, Tierebeobachten und Bogenschießen. **$$$**

Ibenstein Farm
Moderne Chalets mit Blick auf ein Wasserloch; Wandern, Reiten und eine hauseigene Safarifirma. **$$$**

Arnhem Cave Lodge & Campsite
Camping, Chalets und Restaurant nahe der Arnhem-Höhle, geführte Höhlenbegehung. **$**

ÜBERNACHTEN RUND UM GOBABIS & AN DER GRENZE

Kalahari Bush Breaks
Kalahari-Blick, Camping, 4WD-Trail und Spazierwege. Ein Stopp lohnt sich. $$

SanDune Game Lodge
Luxus-Cottages, stilvolle Zimmer, grüne Wiesen mit Springböcken und Pferdezucht mit Reitzentrum. $$$

East Gate Service Station & Rest Camp
Saubere Chalets für Selbstversorger, schattige, grasbewachsene Campingplätze, Internet und Restaurant (Picknick zum Mitnehmen) an der namibischen Grenze. $

Harnas Wildlife Foundation & Guest Farm
Kulturelle Aktivitäten und Nahbegegnungen mit Tieren, dazu Camping und nette Cottages. $$$

FRANCESCO DE MARCO/SHUTTERSTOCK ©

Markt in Okahandja

Malerische Viehweiden

AGRARISCHE AUSSENPOSTEN UND DIE GRENZE ZU BOTSWANA

Die meisten Besucher erleben den Rinderzucht-Außenposten **Gobabis**, etwa 200 km östlich von Windhoek, nur als Durchgang auf dem Weg zur Grenze. Doch die Umgebung, die nördliche Kalahari, bietet einige hübsche Lodges, die selber lohnende Ziele sind oder sich als Zwischenstopp eignen. Reisende von oder nach Namibia können hier spazierengehen, die Landschaft betrachten und Pirschfahrten genießen.

Der Name Gobabis, der aus dem Khoikhoi stammt, soll „Ort des Unfriedens" bedeuten, vielleicht mit Bezug auf frühe Konflikte zwischen Nama und Herero. In leicht geänderter Schreibung lässt er sich als „Ort der Elefanten" übersetzen; diese Interpretation hat sich durchgesetzt, trotz des offensichtlichen Mangels an Elefanten. Gobabis ist die Hauptstadt der Region Omaheke, die mehr als ein Drittel des namibischen Rindfleischs liefert, und das Hauptdienstleistungszentrum der namibischen Kalahari. Das einzige historische Gebäude der Stadt ist das alte Militärkrankenhaus, das **Lazarett**, eine kleine Tafel erinnert daran. Die Bullenstatue am Ortseingang lässt keinen Zweifel daran, dass hier Viehland ist.

Die Grenzstadt **Buitepos**, 110 km östlich von Gobabis, ist kaum mehr als Tankstelle und Zoll- und Einreiseposten.

ÜBERNACHTEN NAHE MOUNT ETJO

Otjihaenamaparero Dinosaur Footprints Campsite
Rustikales Camping nahe der Otjihaenamaparero-Fußabdrücke; Vorräte mitbringen! $

Mt Etjo Safari Lodge
Im Okonjati Game Reserve, geräumige Zimmer mit Stein und dunklem Holz und ein Campingplatz. $$$

Erindi Old Traders Lodge
Gepflegte Zimmer; von den besseren blickt man auf ein kleines Wasserloch, an dem viele Tiere auftauchen. $$$

Herero-Helden feiern

HERERO-GESCHICHTE UND HOLZSCHNITZEREIEN

Für alle, die eine „typische" zentralnamibische Stadt erleben möchten, lohnt ein kleiner Umweg von der B1, um 1–2 Stunden im ruhigen Gartenzentrum **Okahandja**, einem ansprechenden Mix aus afrikanischen und deutschen Einflüssen 70 km nördlich von Windhoek zu verbringen.

Die verstreut stehenden alten Gebäude deutscher Machart bilden einen Gegensatz zu den großen geschnitzten Elefanten, die Besuchende am **Mbangura Holzschnitzermarkt** unter freiem Himmel am Stadtrand begrüßen. Auf dem Markt verkaufen Schnitzer aus Rundu und anderen Orten im Norden ihre Kreationen. Achtung! Der Hauptmarkt am Nordostende von Okahandja ist besser als der am Ortseingang im Südosten. Nach einem Bummel und einem Schwatz mit den Händlern bietet sich ein Snack in der **Bäckerei Dekker** an oder man probiert *biltong* (Trockenfleisch) im Feinkostladen im **Closwa Factory Shop**.

Okahandja war Ende des 19. Jhs. koloniales Verwaltungszentrum und deutsche Mission. Mit den Gräbern vieler Herero, die im Unabhängigkeitskampf starben, ist es auch ein wichtiges Zentrum für diese Volksgruppe. Es lohnt sich, zu einer der jährlichen Gedenkveranstaltungen hierherzukommen. Die größte, **Red Flag Herero Day**, findet am Wochenende statt, das dem 26. August am nächsten liegt. An diesem Tag wurden 1923 die sterblichen Überreste von Chief Samuel Maherero von seinem Sterbeort in Betschuanaland (Botswana) nach Okahandja überführt (Samuel Maherero hat auch einen symbolischen Grabstein auf dem Heroes' Acre, S. 198, bei Windhoek). Hunderte Red Flag Herero versammeln sich und ziehen über die Friedhöfe am östlichen Stadtrand. Herero-Älteste verteilen Segnungen; sie nehmen Wasser in den Mund, um es zu reinigen, und spucken es dann auf andere für deren Reinigung und die ihrer Umgebung. Ein ähnliches Ereignis veranstalten die Mbanderu oder **Green Flag Herero** am Wochenende, das dem 11. Juni am nächsten ist.

Kunst, Handwerk & Wein vereint

WEINGÜTER UND KUNSTFESTIVAL

Omaruru, am Omaruru River etwa 200 km nordwestlich von Windhoek, liegt an der schnellsten Route zwischen Swakopmund und dem Etosha National Park und ist ein hübscher Zwischenstopp. In einem gemütlichen Café sitzen, Wein auf einem nahe gelegenen Weingut trinken, durch die Stadt bummeln oder gar ein Wochenende bleiben, und dann Radfahren

SCHLACHT AN DER MORDKUPPE

Die historische Feindschaft zwischen Nama und Herero eskalierte in der Schlacht an der Moordkoppie am 23. August 1850. Während der Schlacht wurden 700 Herero unter dem Befehl von Chief Katjihene durch Nama-Soldaten niedergemetzelt. Die Hälfte der Opfer waren Frauen und Kinder, deren Leichname wegen der Kupferreifen an Armen und Beinen zerstückelt wurden. Schauplatz der Tragödie war ein Hügel nahe dem Zentrum von Okahandja zwischen B2 und Bahnstrecke, 500 m nördlich des Abzweigs Gross Barmen. Heute weist kaum noch etwas auf dieses Ereignis hin.

ÜBERNACHTEN & ESSEN IN OKAHANDJA

Okahandja Country Hotel
Großzügige Zimmer, Grün und herzhafte Hausmannskost. **$$**

Bäckerei Dekker & Cafe
Berühmt für herzhafte Pasteten sowie anheimelndes Frühstück und Mittagessen. **$**

Closwa Factory Shop
Ein guter Ort, um Namibias berühmtes *biltong* (Trockenfleisch) zu probieren. **$**

Erongo Mountains

CHIEFS' MEMORIAL SHRINE

In der Nähe der Friedenskirche (1952) in Okahandja, in einer Einfriedung am Chiefs' Memorial Shrine, liegen die Gräber von Herero-Führer Willem Maherero, Nama-Führer Jan Jonker Afrikaner und Hosea Kutako, Vater der Unabhängigkeit Namibias. Kutako war der erste Politiker, der bei den UN eine Petition gegen die südafrikanische Besetzung Namibias einreichte. Testamentarisch bestimmte er, er wolle neben Jonker Afrikaner begraben werden.

zum Erongomassiv mit der Ai-Aiba – The Rock Painting Lodge (S. 209) als Ziel.

Omaruru galt lange als Künstlerenklave, und auch wenn in den letzten Jahren viele Galerien geschlossen wurden, sind doch auch mehrere geblieben. Dazu zählen **Eins Art Studio** und **Tikoloshe Africa** für Kunsthandwerk. Im September präsentiert das jährliche **Omaruru Arts Festival** Livemusik-Veranstaltungen, Künstler und Stände mit Kunsthandwerk.

Ein weiteres jährliches Event ist der **White Flag Herero Day**, am Wochenende, das dem 10. Oktober am nächsten ist, an dem die Herero ihre gefallenen Anführer ehren. Eine Prozession zieht vom Stadtviertel Ozonde zum Friedhof gegenüber der alten Missionsstation, auf dem Chief Wilhelm Zeraeua, der Omaruru 1863 gründete, nach seiner Niederlage im Krieg gegen die Deutschen begraben wurde. Zu sehen ist auch der **Franketurm** zur Erinnerung an Viktor Franke, der 1904 den Kavallerieangriff gegen die Herero befehligte.

Etwa 5 km südwestlich der Stadt liegt die **Erongo Mountain Winery**. Obwohl die meisten Trauben aus Südafrika stammen, kann man einen Rundgang durch den Produktionsbereich unternehmen, Verkostungen und Mittagessen genießen. Weinproben bietet auch die **Kristall Kellerei**, 3 km nordöstlich der Stadt; eine Vorabbuchung ist erforderlich.

ÜBERNACHTEN & ESSEN IN OMARURU

Central Hotel Omaruru
Schattiges Gelände, einfache Rundhütten, Pool und beliebtes Restaurant im Zentrum des Omaruru-Lebens. $

Kashana Hotel
Geräumige, geflieste Zimmer um einen Innenhof voller Sukkulenten und Kakteen. Auch ein Restaurant und Pool. $

River Guesthouse Omaruru
Hübsch und grün, bestes Camping im Ort, Zimmer an einem schattigen Innenhof und Mahlzeiten auf Anfrage. $

Felskunst in den Erongo Mountains

URALTE ZEICHNUNGEN UND MALERISCHE UMGEBUNG

Das vulkanische Erongo-Massiv, das sich etwa 250 km nordwestlich von Windhoek bis auf 2216 m Höhe erhebt, ist relativ gut zugänglich und lohnt einen Umweg. Der Gebirgszug ist für seine Höhlen und Felskunst bekannt, besonders die 50 m tiefe **Phillips Cave**, in der die berühmte Darstellung eines weißen Elefanten zu sehen ist. Überlagert wird der Elefant von einer roten Antilope (vielleicht eine Elenantilope); weitere Zeichnungen zeigen offenbar Strauße und Giraffen. Die Stätte liegt 3 km abseits der Straße und ist für Tageswanderer geöffnet über **Ameib Guesthouse & Farm** am südwestlichen Rand der Erongo Mountains. Dort kann man auch campen oder in rustikalen Hütten oder im Gästehaus übernachten. Außerdem gibt es einen Picknickplatz, der von aufeinandergetürmten Felsbrocken umgeben ist. Eine Formation wird „Bull's Party" genannt, weil sie wie eine Gruppe von Rindern aussieht. Eine weitere bemerkenswerte Formation ähnelt einem Elefantenkopf, eine andere erinnert an eine stehende Herero-Frau in traditioneller Kleidung mit zwei Kindern. Der Weg hinauf zur Höhle dauert eine knappe Stunde. Wer nur für einen Tag dort ist, kann an der Rezeption des Ameib Guesthouse zahlen und eine geführte Wanderung vereinbaren.

Das umgebende Land ist Teil der **Erongo Mountain Nature Conservancy**, ein Gebiet mit privatem Landbesitz, in dem die Besitzer Zäune entfernt haben, damit die Wildtiere sich frei bewegen können. Außer wieder eingeführten Spitzmaulnashörnern leben hier auch Schwarznasenimpalas und Hartmann-Bergzebras, auch wenn sie nicht oft zu sehen sind.

Tierwelt der Grassavanne

WASSERLÖCHER UND WILDE TIERE

Wer es nicht zum Etosha National Park schafft, sollte überlegen, ein oder zwei Nächte im **Erindi Private Game Reserve**, etwa 200 km nordwestlich von Windhoek zu verbringen. Mit über 700 km² Grassavanne und Felsgebirge fehlt Erindi die „Zoo-Atmosphäre" vieler kleinerer privater Schutzgebiete. Besucher können damit rechnen, Elefanten und Giraffen zu sehen, insbesondere am Hauptwasserloch, außerdem wahrscheinlich Löwen, Leoparden, Geparde und Spitzmaulnashörner. Selbstfahrer-Safaris sind gegenwärtig nicht erlaubt, aber an der Lodge des Reservats können Pirschfahrten arrangiert werden. Die Besitzverhältnisse waren zuletzt im Wandel begriffen, deshalb ist mit einigen Änderungen zu rechnen, doch vorerst bleibt Erindi ein empfehlenswertes Wildtiererlebnis.

NAMIBIAS KUNSTSZENE

In der namibischen Kunstszene geschieht viel hinter den Kulissen. Die meisten Galerien zeigen wechselnde Verkaufsausstellungen, einige besitzen aber auch eine kleine dauerhafte Sammlung. Hier einige gute Empfehlungen:

Namibian Arts Association
Galerie in einem restaurierten Gebäude an der Avenue Robert Mugabe in Windhoek. Exponate wechseln alle drei Wochen (naa.na).

Omba
Omba fördert den fairen Handel und die Entwicklung lokaler Kunsttalente und landesweiter Handwerkstraditionen, besonders unter den San. Es besitzt eine Galerie im Namibia Crafts Centre in Windhoek. Swakopmunds Trendhaus führt auch einige der Produkte (omba.org.na).

StART Art Gallery
Online-Schaufenster für aktuelle namibische Kunst mit Galerieraum in The Village in Windhoek (startartgallery.com).

ÜBERNACHTEN NAHE ERONGO

Ai-Aiba – The Rock Painting Lodge
Zimmer mit hohen Decken und Mountainbike-Trails am nordwestlichen Rand. **$$$**

Erongo Plateau Campsite
Camping am Nordostende von Erongo mit Wildtieren an einem nahen Wasserloch. Barrierefrei. **$**

Camp Mara
In den nordöstlichen Vorbergen, Campingplätze, Zimmer und Gelegenheit, die örtliche San-Gemeinde zu treffen. **$$**

VULKANISCHE GESCHICHTE

Das 35 km breite Erongo-Massiv, das sich ca. 1000 m über die Ebenen erhebt, ist der erodierte Kern eines Vulkans. Es entstand vor etwa 150 Mio. Jahren, als dieser Vulkan über der Magmakammer einbrach, wodurch sich das Becken mit langsam abkühlendem Eruptivmaterial füllte. Das Ergebnis ist ein harter, granitähnlicher Kern, der der Erosion widerstand, während die umliegenden Felsschichten abgetragen wurden. Im Gebirgszug gibt es etliche Höhlen, die den frühen San als Unterschlupf dienten. Deren Existenz wird durch Höhlenbilder und Felskunst dokumentiert, u. a. in der **Phillips Cave** am Südwestrand des Gebirges.

ANNETTE COETZEE SA/SHUTTERSTOCK ©

Fußabdruck eines Dinosauriers

Dinosaurier-Fußabdrücke bei Kalkfeld

AUF DEN SPUREN DER SAURIER

Vor etwa 200 Mio. Jahren war Namibia von einem seichten Meer bedeckt, in dem durch Sand und erodiertes Material Sedimentschichten entstanden. Diese haben eine deutliche, 28 m langen Trittspur eines Dinosauriers bewahrt. Es gibt etwa 30 Abdrücke von einem Fuß mit drei Zehen und Krallen. Wissenschaftler vermuten, dass sie von einem zweibeinigen mittelgroßen Saurier stammen. Zu sehen sind sie nahe dem kleinen Ort Kalkfeld auf der **Otjihaenamaparero Dinosaur Footprints Guestfarm**, etwa 230 km nordwestlich von Windhoek; von der Hauptstraße bedeutet es einen Umweg von etwa einer Stunde. Tagesbesuche sind erlaubt.

UNTERWEGS VOR ORT

Öffentliche Verkehrsmittel verbinden Windhoek mit größeren Orten in der Umgebung wie Rehoboth, Okahandja, Dordabis und Gobabis. Okahandja ist ein Verkehrsknotenpunkt, der verschiedene Regionalziele mit Combis (Minibussen) bedient. Die Fahrt von Windhoek nach Okahandja sollte höchstens 150 N$ kosten.

Anderswo braucht man ein eigenes Fahrzeug. Besonders in der Trockenzeit sind die wichtigsten Reiseziele, die hier beschrieben werden, gut per Pkw zu erreichen. Omaruru ist ein guter Stopp zwischen Etosha National Park und Swakopmund, die Gegend an den Erongo Mountains ist ein Sprungbrett nach Damaraland. Alternativ fährt man auf der D1937 Richtung Omaruru. Die Route umgeht praktisch die Erongo Mountains, von hier führen kleinere 4WD-Straßen in die Berge.

Intercape Mainliner verkehrt von Südafrika ins nördliche Namibia über Rehoboth und Okahandja; Tok-Tokkie Shuttles bieten wöchentlich eine Busverbindung zwischen Windhoek und Gaborone (Botswana) über Gobabis. Wer mit dem Leihwagen über die Grenze nach Botswana fahren will, sollte sich vergewissern, dass er alle notwendigen Papiere dabei hat.

NÖRDLICHES ZENTRAL-NAMIBIA

Im nördlichen Zentralnamibia kann man an einem der südafrikanischen Projekte zur Bewahrung der großen Raubtiere teilhaben, auf dem Waterberg Plateau die kühle Hochlandluft atmen, Grootfontein und Tsumeb kennenlernen, den weltweit größten Meteoriten sehen und den Aufenthalt in Gästehäusern und Lodges genießen. Während viele die Region auf dem Weg nach Etosha, Sambesi oder Nordnamibia nur durchqueren, lohnt es, hier ein paar Extratage einzuplanen. Die Arbeit der AfriCat Foundation in Okonjima ist besonders faszinierend, das erworbene Hintergrundwissen über Geparde und andere Großkatzen bereichert den späteren Besuch in Etosha. Nicht weit entfernt bietet das Waterberg Plateau eine einzigartige Kulisse. Auf dem Weg nach Norden kann man weite Ausblicke genießen, prächtige Sonnenuntergänge und das sanftwellige Farmland, wo Warzenschweine an der Straße entlangtrotten.

TOP TIPP

Das Straßennetz im nördlichen Zentralnamibia ist ausgezeichnet und ganzjährig nutzbar. Zu den meisten Zielen führen asphaltierte Straßen; für Schotterstraßen Extrazeit einplanen, besonders am Waterberg Plateau oder auf dem Weg nach Tsumkwe und zum Khaudum National Park.

GEPARD-FAKTEN

Daniel Kasera arbeitet als Wildhüter und erläutert Besuchern die Arbeit von Okonjima und der AfriCat Foundation und teilt interessante Fakten über Geparde:

Vermutlich lässt das weiße Fell auf dem Rücken die Gepardenjungen den Honigdachsen ähneln, um sie vor Feinden zu schützen.

Außerdem nimmt man an, dass das Muttertier mit den Jungen regelmäßig umzieht und dass die schwarzen Flecken hinter den Ohren als „falsche Augen" Feinde abschrecken sollen.

Geparde haben ausgezeichnete Augen. Ohne Beeinträchtigung durch Erhebungen und Vegetation können sie auf 5 km Entfernung die Bewegung eines Beutetiers erkennen. Die schwarzen Tränenstreifen im Gesicht reduzieren die Blendung, so dass sie ihre Beute besser ausmachen können.

UB-FOTO/SHUTTERSTOCK ©

Waterberg Plateau

Die Katzen von Okonjima

DEN SCHUTZ DER WILDTIERE UNTERSTÜTZEN

Die Sonne geht auf, die Luft ist kühl, der Busch erwacht und man sitzt in einem offenen Safari-Fahrzeug, das durchs hohe Gras holpert. Der Führer versucht im 200 km^2 großen **Okonjima Nature Reserve** Signale von Leoparden aufzufangen, die einen Kragen mit Sender tragen. Okonjima, Heimat der AfriCat Foundation, ist das Zentrum eines besonders eindrucksvollen Naturschutzprogramms. Es schützt Geparde und andere Raubtiere, die aus Konfliktsituationen mit Menschen gerettet wurden, und gibt ihnen Bewegungsraum.

Mit der Möglichkeit, Leoparden, Geparde und andere Raubtiere aus der Nähe zu beobachten und dem umfassenden Bildungsprogramm ist das Reservat eine ideale Ergänzung zu Etosha für alle, die Namibias Tierwelt intensiver kennenlernen wollen. Es bietet außerdem die Chance, Teil einer Initiative zu sein, die einen wirklichen Unterschied macht. Zusätzlich zum Leoparden-Tracking kann man an Nachtfahrten teilnehmen, zu Fuß Nashörnern nachspüren und Spaziergänge mit Audioguide im zentralen Schutzgebiet (20 km^2) unternehmen.

Tagesgäste können das AfriCat-Zentrum besuchen und befreite Geparde beobachten. Nur wer in den Lodges oder auf den Campingplätzen übernachtet, kann an den meisten Aktivitäten

ÜBERNACHTEN IN OKONJIMA

Omboroko Campsite
Fabelhafter Campingplatz mit Schatten, heißen Duschen und Pool in einer eingezäunten, 20 km^2 großen Zone. **$**

Okonjima Plains Camp, Bush Camp & Suites
Zimmer reichen von wunderbar komfortabel bis nobel und diskret. **$$$**

Otjiwa Lodge
Die beliebte Unterkunft bietet Camping, Luxuschalets und Hütten unweit der B1 nahe dem Okonjima-Abzweig. **$$$**

wie der Leoparden-Pirsch teilnehmen, denn die Exkursionen starten am frühen Morgen oder nachmittags. Um alle Angebote wahrzunehmen, sollte man mindestens zwei Übernachtungen einplanen. Okonjima ist auch ein Forschungszentrum für Schuppentiere und einer der besten Orte in Namibia, um diese scheuen Kreaturen zu Gesicht zu bekommen.

Wandern & Wildtiere am Waterberg

SANDSTEINKLIPPEN UND BEWALDETE HÄNGE

Ein Hauch von „Vergessener Welt" ist auf dem Weg zum 150 m hohen Plateau des Waterbergs zu spüren – Herzstück des **Waterberg Plateau National Park** – mit seinen faszinierenden Sandsteinklippen, Lianen, Baumwipfeln voller Vögel, der scheuen Tierwelt und Saurier-Fußabdrücken. Erkunden lässt es sich auf einer der parkeigenen geführten Pirschfahrten, die etwa vier Stunden dauern und mehrere Beobachtungsposten an Wasserlöchern besuchen. Zu sehen sind verschiedene Antilopenarten, darunter Elen-, Rappen- und Pferdeantilope, Weißschwanzgnu und mit etwas Glück entdeckt man auch Büffel, Nashörner und vielleicht sogar einen Leoparden sowie einige der über 200 Vogelarten. Dank seiner geologischen Isolation ist die Artenvielfalt des Plateaus verblüffend, auf dem Gipfel und an den Hängen des Tafelbergs ist man außerdem von einer eindrucksvollen Flora umgeben.

Innerhalb der Parkgrenzen gibt es mehrere kurze Spazierwege, die man unbegleitet betreten darf. Die Gehzeit liegt bei 1–2 Stunden, und die Wege führen durch den Wald bis hinauf zum Plateaurand. Der schönste ist der **Mountain View Trail**, der in der Nähe der NWR Resort Chalets beginnt. Wer in der Waterberg Wilderness Lodge wohnt, kann im privaten Schutzgebiet der Lodge mit einer reichen Fauna wandern und zu Fuß oder im Fahrzeug Nashörnern nachspüren.

Egal, wo man übernachtet, am besten lässt man sich Zeit, um zu entspannen und die Natur des Waterberg zu genießen, etwa wenn bei Sonnenaufgang die roten Klippen von den Rufen der Paviane widerhallen und winzige Damara-Dikdiks (kleine Antilopenart) entlangtrippeln. Kurz vor Sonnenuntergang ist der Gesang der Vögel besonders gut zu hören.

Ein angenehmer Ort

SYMPATHISCHE ZWISCHENSTATION

Otjiwarongo heißt auf Herero „angenehmer Ort". Die blühende, friedliche Stadt mit offenem Himmel, breiten Alleen und entspannter Atmosphäre wird diesem Namen gerecht. Sie ist ein guter Ausgangspunkt für Reisen nach Etosha und in den

WATERBERG-GESCHICHTE

Abgesehen von seiner Geologie und Artenvielfalt ist Waterberg für seine Rolle in Namibias Geschichte berühmt. Am 11. August 1904 war er Schauplatz der Schlacht am Waterberg – die Herero nennen sie die Schlacht von Ohamakari –, der entscheidenden Schlacht im Kolonialkrieg der Deutschen gegen die Herero. Wegen der überlegenen Waffen- und Kommunikationstechnik siegten die Deutschen, Tausende Herero mussten in die Kalahari fliehen. Dort verwehrten ihnen die deutschen Soldaten den Zugang zu den wenigen Wasserlöchern der Region. Viele Herero gingen in der Wüste ohne Wasser und Nahrung elendig zugrunde.

ÜBERNACHTEN NAHE DEM WATERBERG PLATEAU

NWR Waterberg Resort
Campingplatz und preiswerte Chalets mit Blick auf die Klippen. Es gibt einen kleinen Laden und ein Restaurant. **$$**

Waterberg Wilderness Lodge
Camping, Zeltunterkünfte und Sandstein-Chalets in einem privaten Konzessionsgebiet im Park. **$$$**

Frans Indongo Lodge
Nördlich des Waterberg Plateaus gelegen, erhält dieses Haus mit dem einladenden Ambiente gute Kritiken. **$$$**

ARTUSH/SHUTTERSTOCK ©

Meteorit, Hoba Farm

ÜBERNACHTEN IN OTJIWARONGO

Bush Pillow
Tolles kleines Gästehaus mit modernen Zimmern, Pool und Restaurant. $$

Hadassa Guesthouse
B&B-Intimität trifft auf Boutiquehotel-Qualität. Ausflüge, u.a. eine Otji-Tour für Einblicke in den Alltag der Einheimischen. $

C'est si bon
Namibisches Design mit europäischen Schnörkeln; Pool, Sonnenterrasse und Weinbar. $$

Out of Africa Town Lodge
Attraktives Haus mit höhlenartigen, bequemen Zimmern. $

Norden ab und ist eine nützliche Zwischenstation für Besuche am Waterberg Plateau und in Okonjima. Otjiwarongo ist im September und Oktober besonders schön, wenn Jacaranda und Bougainvillea ihre farbenfrohe Blütenpracht entfalten.

Auf der Ostseite der Stadt liegt die **Otjiwarongo Crocodile Farm** mit regelmäßigen Fütterungen und kurzen, informativen Führungen – und der Gelegenheit, im hauseigenen Restaurant Krokodilfleisch zu probieren. Die Tatsache, dass die Häute für den Export bestimmt sind, kann dem Erlebnis allerdings eine andere Note geben. Geschichtsfans werden sich für die **Lokomotive Nr. 41** am Bahnhof interessieren. Sie wurde 1912 von der deutschen Firma Henschel hergestellt und nach Namibia gebracht, um Erz von den Tsumeb-Minen zum Hafen in Swakopmund zu transportieren. 1960 stellte man sie außer Dienst, als die 0,6-m-Schmalspur durch die breiteren 1,067-m-Gleise ersetzt wurde.

Die Jacarandas der Großen Quelle

BLÜHENDE BÄUME UND ELEGANTER CHARME

Grootfontein („Große Quelle") wirkt bieder und respektabel mit seinen Gebäuden aus lokalem Kalkstein und den Jacarandabäumen, die im Oktober blühen. Die Stadt ist ein passendes Sprungbrett für Ausflüge zum Khaudum National Park

ESSEN IN OTJIWARONGO

Crocodile Farm Restaurant
Serviert Krokodilfleisch, außerdem Frühstück, Sandwiches und einige vegetarische Angebote. $

Casa Forno
Pasta, Steaks und andere internationale Grundnahrungsmittel in angenehmer Umgebung. $$

Out of Africa Town Lodge Restaurant
Angebot an internationalen und lokalen Speisen zu vernünftigen Preisen. $$

und dem San-Dorf Otjozondjupa sowie eine Station auf dem Weg zur Ostseite von Etosha.

Grootfonteins Geschichte begann mit der Quelle, die seine frühesten Besucher anzog. 1885 errichteten die Dorsland-trekker („Durstlandtrekker") hier ihre kurzlebige Republik Upingtonia. 1887 war die Siedlung verschwunden, sechs Jahre später wurde Grootfontein, dank der großen Mineralvorkommen in dem Gebiet, zum Hauptsitz der German South-West Africa Company. 1896 errichtete die deutsche Armee mithilfe lokaler Arbeitskräfte eine Militärstation, und Grootfontein wurde zur stark befestigten Garnisonsstadt. Die Festung ist immer noch zu sehen, heute beherbergt sie das besuchenswerte **Old Fort Museum** mit Ausstellungen zu den Siedlern sowie Himba- und Kavango-Artefakten und Informationen über die lokale Felskunst.

Der weltweit größte Meteorit

AUF DER HOBA FARM

1920 wurde der bislang größte auf der Erde gefundene Meteorit – jeweils fast 3 m breit und lang und ca. 1 m hoch – 25 km südwestlich von Grootfontein auf der **Hoba Farm** entdeckt. Ursprünglich wurde sein Gewicht auf knapp 60 t geschätzt (heute ist es durch Erosion, Vandalismus und Probenentnahmen etwa geringer). Er besteht zu 82 % aus Eisen, 16 % aus Nickel und 0,8 % aus Kobalt; hinzu kommen Spuren weiterer Metalle. Niemand weiß, wann er auf die Erde gestürzt ist, vermutlich geschah das vor mindestens 80 000 Jahren. Vor Ort gibt es eine kleine Informationstafel und einen winzigen Campingplatz. Von Grootfontein folgt man der C42 Richtung Tsumeb. Nach 500 m biegt man nach Westen auf die D2859, fährt 22 km und folgt den Schildern zum Gelände.

Bergbau-Vergangenheit

MUSEEN UND MINERALE

Die attraktive Bergbaustadt Tsumeb wird oft auf wenige Minuten als Zwischenstopp auf dem Weg zum Etosha National Park reduziert. Wer ein oder zwei Tage bleibt, wird interessante Entdeckungen machen.

Ein erster Bummel führt durch die von Flammenbäumen und Jakaranda gesäumten Straßen, vorbei an der **Kirche St. Barbara**, die der Schutzpatronin der Bergleute geweiht ist; bemerkenswert sind die deutsche Architektur und die Wandmalereien im Innenraum. Als Nächstes geht es zum nahen **Tsumeb Museum**, das die Stadtgeschichte nachzeichnet. Es zeigt auch eine Auswahl an Himba- und Herero-Artefakten,

DIE ROTE LINIE

Wer von Grootfontein und Tsumeb auf der B8 und B1 nach Norden fährt, passiert die „rote Linie", den Veterinärzaun, der die kommerziellen Rinderfarmen im Süden von den kommunalen Subsistenzgebieten im Norden trennt. Seit den 1960er-Jahren versperrt dieser Zaun als Vorsichtsmaßnahme gegen die Maul- und Klauenseuche und Rinderpest Tieren die Nord-Süd-Bewegung; im Norden gezüchtete Tiere dürfen nicht in den Süden verkauft oder nach Übersee exportiert werden. Namibia bemüht sich, die Linie nach Norden zu verschieben oder nach und nach aufzuheben, bisher ohne Erfolg. Für Reisende bedeutet das, dass sie keine Fleischprodukte in den Süden mitnehmen dürfen.

ÜBERNACHTEN & ESSEN NAHE GROOTFONTEIN

Roy's Rest Camp
Strohdach-Bungalows unter Bäumen und grüner Campingbereich; 55 km nordöstlich von Grootfontein. $

Pondoki Rest Camp
Etwa 5 km nordöstlich von Grootfontein; schlichte Zimmer, Rasen, um das Zelt aufzuschlagen, Pool. $

Purple Fig Bistro
Leckere Salate, Wraps und herzhaftere Gerichte, serviert unter dem namensgebenden Feigenbaum. $

GROBLER DU PREEZ/SHUTTERSTOCK ©

Tsumeb Museum (S. 215)

TSUMEBS MINERALE

Tsumeb verdankt seinen Wohlstand zum großen Teil den reichlich vorhandenen Mineralen, die in der Umgebung gefunden wurden. Mindestens 200 verschiedene Minerale wurden hier identifiziert, darunter einige, die es nur in diesem Gebiet gibt. Es gibt auch Vorkommen von Kupfererz und eine phänomenale Vielfalt anderer Metalle und Minerale, darunter Blei, Silber, Germanium, Kadmium und viele andere. Sie haben der Stadt den Ruf eingebracht, eine der mineralienreichsten Gegenden der Erde zu sein.

eine herausragende Mineralschau mit Einzelproben aus der Umgebung, Bergbaumaschinen und Militärobjekte, die die deutschen Truppen 1915 vor der Übergabe an Südafrika zurückließen. Das Gebäude von 1915 diente einst als Schule und als Krankenhaus für die deutschen Truppen.

Bald soll in Tsumeb ein neues **Mineralogiemuseum** eröffnet werden; Aktuelles dazu ist im Tsumeb Museum zu erfragen. Anschließend führt der Weg zum **Helvi Mpingana Kondombolo Cultural Village**, 3 km außerhalb der Stadt in Richtung Grootfontein. Es zeigt Beispiele traditioneller Hausformen und Artefakte aller größeren namibischen Volksgruppen. Das Kulturdorf drohte zu verfallen, wird nun aber langsam saniert; im September ist es Mittelpunkt der Feiern anlässlich der **Namibian Heritage Week**. Den Abschluss, wieder in der Stadt, bildet ein Besuch des **Arts & Crafts Centre**.

Tiefe Seen & farbenfrohe Fische

MALERISCHE DOLINENSEEN

Etwa 25 km nordwestlich von Tsumeb an der B1 liegt der **Lake Otjikoto** („tiefes Loch" auf Herero) – ein Dolinensee, der entstand, als eine Karsthöhle einbrach und sich mit Wasser füllte. Seine durchschnittliche Tiefe wird auf ca. 91 m

ÜBERNACHTEN IN TSUMEB

Villa Africa Guesthouse & Tsumeb Backpackers
Gute Budget-Option mit sauberen Zimmern, Schlafsaal und Backpacker-Küche. **$**

Kupferquelle Resort
Schwimmbecken in Wettkampflänge, moderne Zimmer mit hohen Decken, grünes Gelände und schattiges Camping. **$**

Makalani Hotel
Gepflegtes Haus mit geschmackvoll dekorierten Zimmern, begrüntem Innenhof, Pool und Restaurant. **$$**

ECOPRINT/SHUTTERSTOCK ©

Lake Otjikoto

geschätzt. Etwa 50 km weiter westlich liegt der größere **Lake Guinas**, ein weiterer Dolinensee, der vermutlich 130 m tief ist. Dies sind die einzigen natürlichen Seen in Namibia und auch die einzig bekannten Lebensräume einer ungewöhnlichen maulbrütenden Buntbarschart. Diese Fische sehen geradezu psychedelisch aus – von Dunkelgrün bis leuchtend Rot, Gelb und Blau –, und Biologen nehmen an, dass sie keine Tarnung brauchen, weil sie in dieser isolierten Umgebung keine Fressfeinde haben. Es wird vermutet, dass sie sich aus Tilapia entwickelt haben, die vor langer Zeit durch Überflutungen in den See gespült wurden. Der Lake Otjikoto ist auch für die große Menge an Waffen und Munition bekannt, die in seinen Tiefen entdeckt wurden – versenkt 1915 von abziehenden deutschen Truppen, die diese nicht in südafrikanische Hände fallen lassen wollten. Einige der geborgenen Gegenstände sind im Tsumeb Museum zu sehen.

Die Seen – die beide von steilen Felsen umgeben sind – können auf eigene Faust oder im Rahmen von Exkursionen der Hotels in Tsumeb besucht werden. Im Lake Guinas kann man schwimmen – man sollte aber vorsichtig sein, denn er wird schnell sehr tief – nicht aber im Lake Otjikoto (dort muss man auch eine Zutrittsgebühr bezahlen).

DER HAUCH DES DRACHEN

Etwa 25 km südöstlich von Tsumeb, auf der Ghaub Farm, liegt **Dragon's Breath Cave**. Die Höhle ist nach der feuchten Luft benannt, die aus dem Zugang dringt, und birgt den weltweit größten nicht subglazialen unterirdischen See. Er ist mindestens 131 m tief und hat eine Fläche von ca. 2 ha. Die Dragon's Breath Cave ist nicht zugänglich, aber man kann mit der **Ghaub Farm** (wo man auch übernachten oder campen kann) eine Erkundung der nahen **Ghaub Cave** arrangieren, mit rund 2,5 km Länge die drittgrößte Höhle Namibias.

UNTERWEGS VOR ORT

Reguläre öffentliche Verkehrsmittel verbinden Tsumeb, Grootfontein und Otjiwarongo miteinander, mit Windhoek im Süden und Rundu im Nordosten. Tsumeb ist der Ausgangspunkt für das Von Lindequist (Namutoni) Gate des Etosha National Parks, auf dieser Strecke bestehen allerdings keine öffentlichen Verkehrsmittel.

ETOSHA NATIONAL PARK

Der Etosha National Park mit mehr als 20 000 km² zählt weltweit zu den großartigsten Plätzen zur Tierbeobachtung und den am besten zugänglichen Safarizielen im südlichen Afrika. Das Herz des Parks bildet die Etosha-Pfanne („großer weißer Platz"), eine riesige Salztonebene, die sich jedes Jahr einige Tage lang in eine seichte Wasserfläche verwandelt, die Flamingos und Pelikane anlockt. Gegen Ende der Trockenzeit ist alles von weißem Staub bedeckt.

Bei der Erkundung dieses Wunderlands voller Tiere spielen Wasserlöcher – eins der bestimmenden Merkmale des Parks – die Hauptrolle: Einfach das Fahrzeug in der Nähe eines Wasserlochs parken, warten und Löwen, Elefanten, Springböcke, Spießböcke und andere Tiere beobachten. Auch wenn man bald Tiere sichtet, lohnt es sich, mehrere Tage zu bleiben, um diesen Lebensraum kennenzulernen. Viele Besucher kommen im Juli und August, im Dezember und Januar sowie an Wochenenden. Unbedingt im Voraus eine Unterkunft zu buchen.

TOP TIPP

Ein Besuch in Etosha lohnt das ganze Jahr über. Tiere lassen sich am besten in den kühleren, trockenen Monaten von Ende Juni bis September beobachten, wenn sie an die Wasserlöcher kommen. Im heißen, regenreicheren Sommer von November bis April gibt es grünere Landschaften, weniger Besucher und in der Kalbungszeit Jungtiere.

R.M.NUNES/SHUTTERSTOCK ©

Wildtiere an einem Wasserloch, Etosha National Park

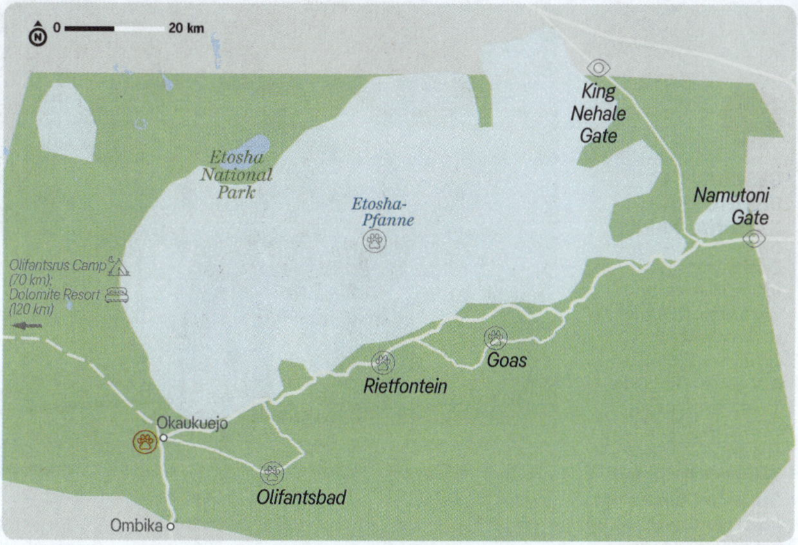

Safari-Abenteuer für Selbstfahrer

WASSERSTELLEN UND WILDTIERE

Der Etosha National Park mit seinem guten Straßennetz ist für Selbstfahrer-Safaris ideal, viele Besuchenden nutzen diese Möglichkeit. Die meisten Gebiete sind mit einem Pkw befahrbar, empfohlen wird aber eine große Bodenfreiheit. Die Schattenseite von Etoshas leichter Zugänglichkeit für Selbstfahrer besteht darin, dass der Park ziemlich voll werden kann. Tatsächlich ist dieser Hauch von Safari-„Massentourismus" wahrscheinlich der größte Nachteil bei einem Besuch. Der wird allerdings durch die Tatsache ausgeglichen, dass es hier eine sehr hohe Konzentration an Wildtieren gibt, sodass jeder genug zu sehen bekommt. Außerdem kann man als Selbstfahrer so lange bleiben, wie man möchte.

Besonders in der Trockenzeit kann man ohne Weiteres zu jeder Tageszeit Tiere ausmachen, weil sie durstig zum Trinken an die vielen Wasserlöcher kommen, vor allem die Morgen- und Abendstunden sind besonders gut geeignet. Um diese Zeiten bestmöglich zu nutzen und morgendliche Schlangen an den Toren zu umgehen, kann man überlegen, sich zumindest für einen Teil des Besuchs in einem NWR-Gelände innerhalb des Parks einzuquartieren. Ein weiteres Plus der vom Park unterhaltenen Camps sind deren **beleuchtete Wasserlöcher**, die

EINGANGSTORE

Etosha hat vier Hauptzugänge, die bei Tageslicht geöffnet sind: Andersson Gate (in Okaukuejo), Von Lindequist (Namutoni), King Nehale Lya Mpingana (105 km südöstlich von Ondangwa) und Galton (ca. 70 km nordwestlich von Kamanjab). Die wichtigsten Zugangsorte sind Outjo (ca. 100 km südlich von Okaukuejo), Tsumeb (110 km südöstlich des Von Lindequist Gate), Ondangwa und Kamanjab.

ÜBERNACHTEN INNERHALB DES PARKS

Okaukuejo Resort
Geschäftig und überfüllt, aber die beleuchtete Wasserstelle macht es wett. **$$**

Olifantsrus Camp
Im westlichen Etosha, mit Camping und Hochsitz mit Blick auf ein Wasserloch. **$**

Halali Resort
Beleuchtetes Wasserloch, Camping, Chalets und kurzer Wanderweg mit Panoramablick auf den Park. **$**

SIMONE CRESPIATICO/SHUTTERSTOCK ©

Elefanten

GESCHICHTE DES ETOSHA NATIONAL PARKS

Etosha, war im späten 19. Jh. reich an Wildtieren. 1876 stellte der amerikanische Händler G. McKeirnan fest: „Selbst wenn die Tiere aller Menagerien der Welt frei umherliefen, wäre es kein Vergleich zu dem Schauspiel, das ich heute [dort] gesehen habe." Reisende und Naturschützende begannen sich erst Anfang des 20. Jhs. für Etosha zu interessieren. Damals sorgte sich der Gouverneur von Deutsch-Südwestafrika, Friedrich von Lindequist, um abnehmende Tierbestände und richtete ein Reservat ein, das die Etosha-Pfanne einschloss. Zu dieser Zeit war das Gebiet nicht eingezäunt, sodass die Tiere ihren normalen Wanderrouten folgen konnten. Später wurden die Parkgrenzen mehrfach verändert; im Jahr 1970 legte man Etosha auf die heutige – kleinere – Größe fest.

tolle Chancen bieten, Tiere nachts zu beobachten. Das beste ist in **Okaukuejo**, wo Nashörner, Elefanten, Giraffen, Zebras und zahllose andere sich in großer Zahl zum Trinken sammeln. Alle Park-Camps sind ganzjährig geöffnet; die Resorts verfügen über Restaurants, Bars, Schwimmbecken, Picknickplätze, Tankstellen und Geschäfte, die Basics verkaufen.

Auch außerhalb des Parks gibt es viele schöne Lodges und Camps, auch hochpreisige Optionen, und einige schön gelegene Lodges in den privaten Wildreservaten östlich und südlich des Parks. Die Ausstattung dieser Häuser ist oft ausgezeichnet, das macht sie zur idealen Wahl für alle, die sich ein maßgeschneidertes Safarierlebnis wünschen. Für Selbstversorger ist es sinnvoll, Vorräte mitzubringen, denn im und um den Park ist nur eine sehr begrenzte Auswahl erhältlich.

Auf Pirsch im Etosha National Park

TIERE UND VÖGEL IM ÜBERFLUSS

Konzentration und Diversität von Etoshas Tierwelt sind herausragend. Im Park sind große Herden von Zebras und Gnus heimisch, ebenso eine bedeutende Elefantenpopulation, die zur Zeit der Recherche auf über 2500 Tiere geschätzt wur-

ÜBERNACHTEN INNERHALB DES PARKS

Onkoshi Resort
Chalets in auf erhöhten Holzterrassen mit weitem Blick über die Pfanne. **$$$**

Namutoni Resort
In einer ehemaligen Festung, mit Chalets und Camping, es gibt aber nicht so viele Tiere wie weiter südlich. **$$**

Dolomite Resort
In einem Dolomitaufschluss im westlichen Etosha. Luxuszelte (einige mit Tauchbecken) und Blick über die Ebenen. **$$$**

de. Saisonabhängig sind auch Giraffen, Springböcke, Streifen- und Weißschwanzgnus, Spießböcke, Elenantilopen, Kudus, Pferdeantilopen, Schakale, Hyänen, Löwen und sogar Geparde und Leoparden zu sehen. Zu den bedrohten Tierarten, die im Park leben, zählen Schwarznasenimpala (im westlichen Etosha) und Spitzmaulnashorn. Von den Big Five fehlt nur der Kaffernbüffel.

An den Rezeptionsbereichen der NWR-Camps liegen Tierregister aus, in denen Besucher ihre jüngsten Sichtungen eintragen können; ein Blick hinein lohnt sich, bevor man sich auf Erkundungsfahrt begibt. Die besten Zeiten für Pirschfahrten sind der Tagesanbruch und spät am Abend, allerdings dürfen sich Besucher nach Einbruch der Dunkelheit nicht außerhalb der Camps aufhalten. Geführte Nachtfahrten können über jedes der großen Parkcamps gebucht werden und bieten Gelegenheit, Löwen auf der Jagd sowie verschiedene nachtaktive Spezies zu sehen – obwohl die Wasserstellen bei den Camps generell genauso viele Gelegenheiten zum Beobachten bieten wie eine Fahrt.

Löwen

Etosha ist Namibias wichtigster Rückhalt für Löwen mit fast der Hälfte der frei lebenden Tiere des Landes – etwa 330, nach jüngsten Schätzungen. Zu sehen sind sie ruhend unter Bäumen in der Nähe der Wasserstellen, z. B. am Okaukuejo-Wasserloch, aber auch an den Wasserstellen Goas und Rietfontein bei Halali und Olifantsbad, südöstlich von Okaukuejo.

Elefanten

Elefanten sind regelmäßig Gäste an Etoshas Wasserstellen, und am Okaukuejo-Wasserloch ist nahezu garantiert, dass sie in großer Zahl zu sehen sind. Ähnliches gilt für das entsprechend benannte Olifantsbad (Elefantenbad) nahe Okaukuejo.

Nashörner

Das beleuchtete Wasserloch in Okaukuejo ist eine der besten Stellen überhaupt, um Nashörner zu sehen. Gute Chancen bestehen auch an den Wasserstellen in Olifantsrus und Halali.

Gnus, Antilopen und kleinere Tiere

Generell gilt: Je weiter östlich man kommt, desto mehr Gnus, Kudus und Impalas gesellen sich zu den Spring- und Spießböcken. Das Gebiet rund um **Namutoni** mit durchschnittlich 443 mm Niederschlag pro Jahr (verglichen mit 412 mm in Okaukuejo) ist ein guter Ort, um das Damara-Dikdik, Afrikas kleinste Antilope, zu sehen. Schwarznasenimpalas sind am besten im westlichen Etosha zu beobachten, besonders rund um das **Dolomite Resort** und das **Olifantsrus Camp**.

ETOSHAS VEGETATIONSZONEN

Etoshas am weitesten verbreiteter Vegetationstyp ist der Mopanewald. Im Park stehen auch Schirmakazien und andere, von grasenden Tieren bevorzugte Bäume. Allgemein sind die Wildtierkonzentrationen im südlichen und östlichen Etosha wegen der vielen Wasserlöcher am höchsten. Jedoch hat der westliche Etosha hat seinen eigenen Zauber. Die Vegetation ist dichter, deshalb sind die Tiere nicht leicht zu entdecken, aber sie sind definitiv da, darunter die seltenen Schwarznasenimpalas und Hartmann-Bergzebras. Ein weiteres Highlight im Westen ist ein ausgesprochenes Busch-Feeling wegen des geringeren Besucherverkehrs. Die Abstände zwischen NWR-Camps sind so berechnet, dass man in 3–4 Tagen von einem zum nächsten fahren und die unterschiedlichen Seiten des Parks kennenlernen kann.

ÜBERNACHTEN AUSSERHALB DES PARKS

Etosha Safari Camp & Lodge
Camping im Gras, 65 komfortable Chalets und ein Kuriositätenladen, etwa 10 km südlich des Andersson Gate. **$$**

King Nehale Lodge
Hier gibt es nicht so viele Tiere, dafür aber Ovambo-Anklänge und Annehmlichkeiten. 2 km vom King Nehale Gate. **$$$**

Taleni Etosha Village
Direkt südlich des Andersson Gate, Camping und Safarizelte für Selbstversorger unter Mopanebäumen. **$$**

SCHÖN ÜBERNACHTEN AUSSERHALB DES PARKS

Mushara Bush Camp Preiswert, familienfreundlich, 10 km außerhalb des Von Lindequist Gate; 16 Zelte im Busch. **$$**

Ongava Lodge Im privaten Reservat südwestlich von Etosha; Chalets mit Safari-Chic an kleiner Wasserstelle. **$$$**

Onguma Bush Camp Komfortabel mit Wasserstelle, Zimmern (einige mit Loft), Pool und hübschem Gelände. Rundum top. **$$**

Onguma Tented Camp Nicht eingezäunt, mit sieben Zelten und Wasserloch; im privaten Schutzgebiet am Ostrand von Etosha, grenzt an Fischer's Pan. **$$$**

Hobatere Lodge Gemeinschafts-Lodge im privaten Konzessionsgebiet 65 km nordwestlich von Kamanjab, bekannt für Großkatzensichtungen. **$$$**

GUNTER NUYTS/SHUTTERSTOCK ©

Riesentrappe

Der Park ist außerdem die Heimat zahlreicher kleinerer Tiere, darunter Fuchs- und Schlankmangusten, Honigdachse und Warane. Die Wasserstellen Goas und Aus im Südosten des Etosha ziehen eine breite Palette an Wildtieren an.

Vögel

Etosha besitzt eine große Vielfalt an Vogelarten (etwa 340). Gelbschnabeltokos sind weit verbreitet, am Boden lebt die Riesentrappe, die 6–19 kg wiegt und selten fliegt – sie ist einer der weltweit schwersten flugfähige Vögel. Wahrscheinlich bekommt man auch Strauße zu sehen. Sie sind die einzigen großen Tiere, die die Etosha-Pfanne bewohnen; sie nisten kilometerweit im Innern des Parks, unerreichbar für Räuber. Zu den weiteren Vögeln zählen Trappen, Marabus, Weißrückengeier und viele kleinere Arten. In der Regenzeit bietet die **Etosha-Pfanne** mit den rosafarbenen Flamingos, weißen Pelikanen und verschiedenen Störchen und Kranichen einen unvergesslichen Anblick. Auch in der Fisher's Pan, die an die Südostecke der Etosha-Pfanne grenzt, lassen sich viele Vögel beobachten.

UNTERWEGS VOR ORT

Es gibt keine öffentlichen Verkehrsmittel, die nach Etosha hinein oder innerhalb des Parks fahren. Besucher müssen also entweder mit dem eigenen Auto oder mit einer organisierten Tour kommen. Die Straßen in Etosha sind ganz überwiegend mit normalen Pkw befahrbar, ein gutes Netz von Schotterwegen führt durch die Savanne und den Mopanewald.
Zum Schutz der Tiere und zur Begrenzung der Staubentwicklung beträgt das Tempolimit im Park 60 km/h. Die Straße zwischen Namutoni und Okaukuejo umgeht die Etosha-Pfanne und bietet tolle Ausblicke auf deren öde Weite. In der Pfanne selbst ist das Fahren verboten.

DAMARALAND

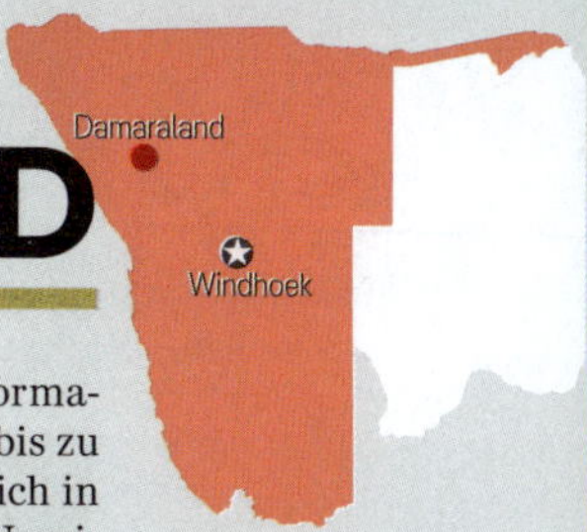

Vom Brandberg im Süden mit seinen grandiosen Felsformationen bis Sesfontein im Norden mit Buschebenen, die bis zu den Ausläufern der Großen Randstufe führen, finden sich in Damaraland einige der dramatischsten Landschaften Namibias, die Reisen in dieser Region so unvergesslich machen. Damaraland zählt auch zu den lohnenden Zielen zur Wildtierbeobachtung. Wüstenlöwen streichen um die Felsen, Elefanten bahnen sich ihren Weg entlang uralter Trockenflüsse, und Spitzmaulnashörner – ein Damaraland-Highlight – heben sich als Silhouetten vor den Ebenen ab.

Jahrtausende alte Felsgravuren in Brandberg und Twyfelfontein zeugen von der langen menschlichen Siedlungsgeschichte Damaralands. Vervollständigt wird das Ganze durch einen versteinerten Wald, oasenartige Täler und eine Kombination aus Luxus-Lodges und schön angelegten Campingplätzen.

TOP TIPP

Damaraland liegt ideal an allen Reiserouten, die die Nationalparks Etosha und Skelettküste sowie Swakopmund mit der Region Kunene im Norden verbinden. Brandberg und Twyfelfontein sind Highlights, die sich leicht in kürzere Damaraland-Besuche integrieren lassen.

SIMONA WEBER/SHUTTERSTOCK ©

Spitzkoppe

ESSEN IN OUTJO

Outjo Bakery
Pasta, Burger, Sandwiches, verlockende Auswahl an Backwaren und guter Kaffee. $

Farmhouse Restaurant
Burger, Pies, Wraps, Salate und guter Kaffee. Mit schattigem Biergarten. $

Der Geschmack des Landlebens

ZWISCHEN ETOSHA UND DAMARALAND

Das unaufgeregte Landstädtchen **Outjo** liegt an einem Knotenpunkt für Reisen zwischen Etosha National Park und Damaraland, etwa 120 km südlich des Parks, und eignet sich perfekt als Zwischenstopp: eine leichte Mahlzeit in einem angenehmen Café genießen, in einer der Werkstätten eventuelle Fahrzeugprobleme beseitigen lassen, den Proviant aufstocken und vielleicht sogar eine Nacht bleiben. Bei einem Bummel stößt man auf das **Frankehaus**, eins der ältesten Gebäude von Outjo; es wurde 1899 als Residenz der deutschen Kommandeure errichtet. Das heute darin untergebrachte Museum war zur Zeit der Recherche geschlossen. Nur wenige Schritte entfernt, nahe dem Postamt, steht das **Naulila-Denkmal**; es erinnert an die deutschen Soldaten, die im Oktober 1914 von Portugiesen bei der Festung Naulila am Kunene-Fluss (Angola) ermordet wurden; das Standbild erinnert auch an jene Soldaten, die einige Monate später ebenfalls durch portugiesische Hand starben, als eine deutsche Einheit das Fort der Portugiesen eroberte.

ÜBERNACHTEN IN OUTJO

Sophienhof Lodge
Camping, Bungalows, Kojen im Schlafsaal und ein „VIP-Haus", plus geführte Exkursionen und ein kleines Wasserloch. $$

Etotongwe Lodge
Einfache, geräumige Zimmer, Camping, gepflegte Anlage und ein kleines Wasserloch mit Straußen und Elenantilopen. $

Farmhouse B&B
Mix aus älteren und neueren Zimmern im B&B-Stil, zentral gelegen im Farmhouse Restaurant. $

Einfallstor für Damaraland

KUNSTHANDWERK UND FELSFORMATIONEN

Der kleine, bescheidene Ort **Khorixas** liegt am östlichen Rand von Damaraland, etwa 135 km südwestlich von Outjo. Auf der Fahrt zwischen Etosha National Park, Twyfelfontein und Brandberg kommt man wahrscheinlich hier durch. Cosdef (S. 263) hat hier eine Zweigstelle; die farbenfrohen Textilien und das Kunsthandwerk werden im Ort und besonders in den nahe gelegenen Lodges zum Verkauf angeboten. Auf der Fahrt zwischen Khorixas und Outjo kann man nach dem Schild Ausschau halten, das den Abzweig zur 35 m hohen Säulenformation **Vingerklip** („Fingerklippe") markiert; sie erhebt sich inmitten hübscher Felsterrassen im Tal des Ugab River. Das sympathische **NWR Khorixas Rest Camp** am Ortsrand ist ein guter Ausgangspunkt für Erkundungsfahrten ins Damaraland.

Wandern & Biken auf Granitfelsen

AKTIVITÄTEN UND SONNENUNTERGÄNGE

Von professionellen Kletterern und Mountainbikern bis zu Familien mit Kindern findet offenbar jeder seinen Lieblingsort an der 1784 m hohen **Spitzkoppe**, einem der markantesten Wahrzeichen Namibias. Wenn man von der B2 auf die geschotterte Zugangsstraße abbiegt und die verstreut liegenden Siedlungen passiert, sieht man den Berg wie ein Trugbild über den staubigen Ebenen des südlichen Damaralands aufragen.

Das Spitzkoppenmassiv besteht aus drei Formationen: der **Großen Spitzkoppe**, den Granitkuppen des **Pontok-Gebirges** und der **Kleinen Spitzkoppe** im Südwesten. 1946 erstmals bestiegen, lockt die Große Spitzkoppe Hard-Core-Kletterer an. Mit ihrem Wegenetz ist sie auch bei Mountainbikern beliebt und im September Austragungsort eines Radrennens.

In dem Gebiet wird es sehr heiß, deshalb ist ein Besuch in den kühleren Monaten zu empfehlen, um zu wandern und die Felsformationen und -bögen zu erkunden. Am schönsten ist es hier am frühen Morgen und bei Sonnenuntergang, wenn die Felsen in faszinierende Rot- und Orangetöne getaucht werden. Einer der schönsten Sonnenuntergänge, die man in Namibia erleben kannt, ist vielleicht der beim natürlichen Felsbogen der Spitzkoppe, wenn man die wechselnden Farben der glatten Granitblöcke betrachtet, während sich oben der klare Nachthimmel auftut. Wer vorhat, den Gipfel der Spitzkoppe zu erklimmen, muss völlig autark, mit ausreichend Trinkwasser, und am besten mit einer Gruppe unterwegs sein. **Spitzkoppe Campsites** und **Spitzkoppen Lodge** sind zwei gute Übernachtungsoptionen in der Gegend.

VULKANE & FELSKUNST

Die Spitzkoppe ist ein Inselberg, der vor etwa 100 Mio. Jahren aus Vulkanaktivität entstand. Einst war das Gebiet rund um die Spitzkoppe die Heimat der San, die etliche Felsgravuren und -malereien hinterließen. Die wichtigsten (obgleich durch Vandalismus und Besucher geschädigten) befinden sich im **Bushmann Paradise** – zu erreichen über einen kurzen, steilen Fußweg die glatten Granithänge hinauf zu einer bewachsenen Höhlung – und dem leichter zugänglichen **Small Bushman Paradise**. Führungen mit der Lodge oder der Campingplatz-Rezeption vereinbaren.

ÜBERNACHTEN IN BRANDBERG & UIS

Brandberg White Lady Lodge
Hier gibt es für fast jeden etwas, mit Camping, Bungalows, Chalets, Luxuszelten und Pirschfahrten. **$$**

Brandberg Rest Camp
Mix aus Camping, schlichten Zimmern, Safarizelten und Chalets, plus Restaurant und 25 m langem Pool. **$**

Uis Elephant Guesthouse
Gehobenes B&B mit Standard- oder Luxuszimmern und Suiten. Auch nächtliche Felskunstwanderungen. **$$$**

STEPHAN HAWKS/SHUTTERSTOCK ©

Brandberg

WEISSE DAME

Brandbergs berühmteste Felsmalerei, die Weiße Dame, ist etwa 40 cm hoch und Teil eines größeren prähistorischen Kunstwerks, das eine Jagdprozession zeigt. In der einen Hand trägt die Figur etwas, das wie eine Blume aussieht, aber wahrscheinlich ein brennender Stab ist, die andere Hand hält Pfeile und Bogen. Die Figur fällt wegen ihrer glatten, hellen Haare auf, auch der Körper ist von der Brust abwärts weiß. Die meisten Forscher glauben heute, dass die „weiße Dame" ein männlicher Schamane ist, möglicherweise rituell mit weißem Ton überzogen.

Feuerberg

FELSKUNST AUF NAMIBIAS HÖCHSTEM GIPFEL

Der **Brandberg** (auf Khoisan Dâures) ist ein Bergmassiv, dessen höchster Gipfel der Königstein (2573 m) ist, gleichzeitig der höchste Berg Namibias. Seinen Namen verdankt er dem orangeroten Glühen, das bei Sonnenauf- und -untergang an seinen Hängen entsteht. Allein dieser Anblick ist Grund genug für einen Besuch ebenso wie die außergewöhnlich hohe Konzentration prähistorischer Felskunst an diesem Berg. Es gibt einige Gravuren, aber meist sind es Zeichnungen. Die berühmteste ist die **Weiße Dame** in der **Tsisab-Schlucht**, aber es gibt Tausende – insgesamt mehr als 43 000 – in Hunderten von Überhängen und Felsspalten im ganzen Gebirge. Ihr Alter wird auf 2000–4000 Jahre geschätzt. Die Weiße Dame ist mit einer relativ flachen, einstündigen Wanderung mit einem Führer zu erreichen. Einige der anderen Stätten erfordern erhebliche Kletterei. Für alle Besuche der Felskunst ist ein Guide vorgeschrieben; am Eingang des Brandberg-Schutzgebiets kann man sich einem anschließen.

Zwar ist die Tsisab-Schlucht das Epizentrum der Felskunst am Brandberg, aber es gibt viele weitere Gebiete. Die **Numas-Schlucht**, die den Westhang des Bergmassivs durchschnei-

ÜBERNACHTEN NAHE UIS

Uis White Lady Guesthouse
Lokale Institution mit hübsch dekorierten Zimmern, Camping und Restaurant. **$$**

Ozohere Community Campsite
Lokale Gerichte, einfache Zeltplätze und die Gelegenheit, die lokalen Himba 40 km nordöstlich von Uis zu besuchen. **$**

Daureb Isib Campsite & B&B
Camping, Zeltchalets,ein komfortables Cottage und das ausgezeichnete Café Cactus & Coffee Tea Garden. **$**

det, ist ein wenig bekanntes Schatzkästchen uralter Zeichnungen. Eine beliebte Wanderung führt zu dem Fels am südlichen Ufer des Flussbettes, an dem eine Schlange, eine Giraffe und eine Antilope dargestellt sind. Er liegt einen etwa 30-minütigen Fußweg die Schlucht hinauf. Nach einer weiteren halben Stunde erreicht man eine oasenartige Quelle mit mehreren weiteren Zeichnungen in der unmittelbaren Umgebung.

Auch die Landschaft des Brandbergmassivs ist der Erkundung wert. Die meisten Lodges im nahe gelegenen Ort Uis können bei der Organisation einer Wanderung auf dem Berg oder einer ganztägigen Exkursion im Geländwagen rund um seine Basis behilflich sein. Im Brandberg-Gebiet kann es extrem heiß werden. Wer wirklich wandern oder die Gegend gründlicher erkunden will, sollte den Besuch für die kühleren Monate zwischen April und Oktober planen.

Brandberg Basis-Camp

ALTE BERGBAUSTADT MIT KRISTALLEN

Früher wurde hier Zinn abgebaut, heute ist die alte Bergbaustadt **Uis** etwa 20 km südöstlich des Brandbergs Ausgangspunkt für Besuche des Bergmassivs und seiner Felskunststätten. Der kleine Ort verfügt angesichts der abgeschiedenen Lage über erstaunlich viele komfortable Gästehäuser. Obwohl der Bergbau Anfang der 1990er-Jahre eingestellt wurde, sind noch die großen weißen Halden zu sehen, auf denen nach der Verarbeitung des Zinnerzes das taube Gestein deponiert wurde. Das Gebiet rund um Uis und den Brandberg ist reich an Amethyst, Brandberg-Kristallen und anderen Halbedelsteinen, und es gibt viele Händler, die sie verkaufen. Im Oktober ist Uis Schauplatz des jährlichen **Tinman Triathlon**.

Faszinierende 1000 Jahre alte Kunst

URALTE FELSGRAVUREN

Die Unesco-Welterbestätte **Twyfelfontein** – „zweifelhafte Quelle“ oder /Ui-//aes (sprudelnde Quelle) auf Damara – liegt am oberen Ende des grasbewachsenen Aba Huab-Tals und zählt zu den ausgedehntesten Sammlungen von Felsgravuren auf dem Kontinent. Bis heute wurden über 2500 Gravuren auf über 200 Steinen sowie einige Felszeichnungen entdeckt. Schätzungen zum Alter der Petroglyphen schwanken, die ältesten sollen über 20 000 Jahre alt sein. Tiere, Tierspuren und geometrische Muster sind vertreten, aber erstaunlich wenige Menschendarstellungen. Viele Gravuren bilden Tiere ab, die weitgehend aus dem Gebiet verschwunden sind: Elefanten, Nashörner, Giraffen und Löwen; die Darstellung eines See-

WÜSTEN-ELEFANTEN

Elephant-Human Relations Aid (EHRA, www.ehranamibia.org) ist ein guter Kontakt für all jene, die mehr über Namibias wüstenangepasste Elefanten erfahren möchten. Das **Treetop Camp**, in der EHRA-Basis etwa 55 km nordöstlich von Uis am Ugab-Fluss, bietet Gelegenheit für Freiwilligentätigkeit und Arbeit mit der örtlichen Gemeinschaft sowie Infos zu den Elefanten, die zur Wasserstelle des Camps kommen.

ÜBERNACHTEN RUND UM TWYFELFONTEIN

Mowani Campsite
Gepflegte Zeltplätze, die in Felsen hineingebaut sind, jeder mit eigenem Waschraum. **$**

Camp Kipwe
Große Rundhütten in toller Lage zwischen Geröll und Felsen, mit Freiluft-Badezimmer und fantastischem Blick. **$$$**

Doro Nawas
Luxuriöse strohgedeckte Zimmer, Terrassen mit Aussicht und einigen Exkursionen. **$$$**

BENEDICTE MARTINEZ JAMART PHOTOGRAPHY ©

Felsgravuren, Twyfelfontein (S. 227)

löwen deutet auf Kontakt zur über 100 km entfernten Küste hin. Die Gravuren hier und am nahen Brandberg erwecken Namibias uralte Menschheitsgeschichte wirklich zum Leben.

Man kann Twyfelfontein leicht als kurzen Zwischenstopp auf dem Weg zu anderen Zielen in Damaraland einzuplanen, besser ist es, mindestens einen ganzen Vormittag zu bleiben. Es gibt mehrere festgelegte Besichtigungsrouten, einige leicht zugängliche Stellen in der Nähe des Besucherzentrums und andere, zu denen man Stufen erklimmen und Felsen übersteigen muss. Guides sind verpflichtend (Trinkgelder sind deren einzige Einkommensquelle). Twyfelfontein wurde 1952 zum Nationalen Denkmal erklärt, doch erst 1986 erhielt die Stätte formellen Schutz als Naturreservat. An vielen Petroglyphen gibt es Schäden durch Vandalismus, einige wurden sogar ganz entfernt; man nimmt jedoch an, dass das Kerngebiet intakt geblieben ist. Restaurationsarbeiten dauern an.

DAMARA LIVING MUSEUM

Etwa 10 km nordöstlich von Twyfelfontein befindet sich das ausgezeichnete Damara Living Museum. Die Damara, eine der ältesten ethnischen Gruppen Namibias, sind sehr gastfreundlich; Besucher erfahren etwas über ihr Leben und ihre Sitten, gehen auf Buschwanderungen, lernen etwas über traditionelle Medizin und vieles mehr.

Verlorene Welt im mysteriösen Krater

GONDWANAS HINTERLASSENSCHAFT

Eine abgelegene und selten besuchte Naturattraktionen in Damaraland ist der geheimnisvolle **Messum Crater**; er besteht aus zwei konzentrischen Kreisen einer Hügelkette, die durch

DIE BESTEN BASEN ZUM NASHORN-TRACKING

Grootberg Lodge
Das von der Gemeinde unterhaltene Camp bietet ausgezeichnete Führungen und Exkursionen.

Desert Rhino Camp
Für Leute mit gut gefüllter Reisekasse ist dies wahrscheinlich der beste Ort in Namibia fürs Nashorn-Tracking.

Huab Under Canvas
Äußerst lohnende Pirsch an einem Zufluss des Trockenflusses Huab.

einen kollabierenden Vulkan beim Auseinanderbrechen des Großkontinents Gondwanaland entstanden sind. Der Krater misst etwa 23 km im Durchmesser und ähnelt einer riesigen verlorenen Welt, die die Besucher wahrscheinlich ganz für sich allein haben (das volle Ausmaß des Kraters kann man allerdings nur aus der Luft erfassen).

Messum lässt sich am besten als Tagesausflug vom Brandberg-Gebiet über die D2342 und dann am Flussbett des Messum entlang erreichen. Auch von Henties Bay ist der Krater zugänglich, dessen westlicher Teil zum **Dorob National Parks** gehört; für Aktivitäten und Fahrten in diesem Gebiet muss man vorab eine Genehmigung beim Ministerium für Umwelt & Tourismus in Swakopmund oder Windhoek oder über das Tourismusbüro Henties Bay einholen. Da alle Routen abgelegen und isoliert sind, sollte man sich gut vorbereiten und möglichst mindestens mit einem weiteren Fahrzeug losfahren. Campen im Kraterbereich ist verboten.

Versteinerter Wald

DER GRÖSSTE SEINER ART IM SÜDLICHEN AFRIKA

Auf der Fahrt durch Damaraland auf der C39, etwa 40 km westlich der Ortschaft Khorixas, weisen Schilder den Weg zum **Petrified Forest National Monument**. Das offene Buschland ist mit versteinerten Baumstämmen übersät, bis zu 34 m hoch und mit bis zu 6 m Umfang, deren Alter auf etwa 260 Mio. Jahre geschätzt wird. Weil Überreste von Wurzeln und Ästen fehlen, nimmt man an, dass die Stämme durch eine Flut angeschwemmt wurden. Etwa 50 einzelne Bäume befinden sich vor Ort, einige liegen halb begraben in Sandstein, viele perfekt in Kieselsäure versteinert – vollständig mit Rinde und Jahresringen. Der Zugang ist nur mit Guides erlaubt, die am Eingang stehen.

Abenteuer Nashorn-Tracking

NASHÖRNER IN DER WILDNIS

Obgleich es harte Arbeit ist und man möglicherweise nicht viele Tiere zu sehen bekommt, ist das Tracking der an die Wüste angepassten Wildtiere in Damaraland eins der Highlights der Region und eine tolle Möglichkeit, die Bewahrung dieser vom Aussterben bedrohten Tiere zu unterstützen. Owohl die Fährtenleser die ungefähre Position der Tiere überwachen, gibt es keine Garantie; aber wenn man 2–3 Tage Zeit hat, stehen die Chancen für Sichtungen im Allgemeinen recht gut. Nashörner sind abends und am frühen Morgen besonders aktiv; also steht man am besten noch vor Sonnenaufgang auf. Mit

NAMIBIAS WÜSTENELEFANTEN

Elefanten, die in der Wüste leben, gelten als bedroht. Sie haben sich an die extremen Bedingungen in der Wüste angepasst, z.B. haben sie breitere Fußsohlen, damit sie nicht im Sandboden einsinken; sie bilden in der Regel kleinere Herden als Elefanten in feuchteren Gebieten.

Im Gegensatz zu ihren Artgenossen in der afrikanischen Savanne kommen Wüstenelefanten bis zu vier Tage ohne Wasser aus. Ihr Rüssel ist länger, damit können sie in einem trockenen Flussbett tiefe Löcher graben, um an Wasser zu gelangen.

ÜBERNACHTEN IN SESFONTEIN

Camel Top Community Campsite
Einfach und ruhig, 3 km südwestlich von Sesfontein. **$**

Sesfontein Guesthouse
Im Stadtzentrum gelegen; gute Basis, mit Selbstfahrerausflügen und Sleepouts zur Nashornpirsch. **$**

Fort Sesfontein
Schlafen in einem Fort aus der Kolonialzeit in der Wüste; stimmungsvoller Ort mit oasenartigem Innenhof. **$$$**

ROGER DE LA HARPE/SHUTTERSTOCK ©

Spitzmaulnashorn

SPITZMAUL-NASHORN

Das nordwestliche Namibia ist die Heimat der weltweit letzten frei lebenden Population des vom Aussterben bedrohten Spitzmaulnashorns. Anders als ihre Artgenossen kommen an die Wüste angepasste Nashörner bis zu vier Tage ohne Wasser aus. Die hakenförmige Oberlippe eignet sich perfekt zum Abreißen von Blättern und Zweigen. Abgesehen von einem Muttertier mit Kalb sind an die Wüste angepasste Spitzmaulnashörner Einzelgänger.

etwas Glück gibt es auch Hyänen, Elefanten, Giraffen und – mit großem Glück – vielleicht einen Löwen zu sehen.

Abhängig vom Ausgangspunkt startet man zu Fuß oder mit einem Fahrzeug und setzt den Weg zu Fuß fort, wenn man sich den Nashörnern nähert. Guide und Fährtenleser versuchen die Tiere zu lokalisieren, indem sie auf Spuren, Kot, zertrampelte oder abgebrochene Äste achten. Insgesamt ist es ein holpriges Erlebnis: Man wird im Fahrzeug durchgeschüttelt und kraxelt über lose Felsen, legt aber keine allzu großen Strecken zurück. Mittags suchen die Nashörner Schutz vor der Hitze und sind schwerer zu entdecken.

Die klassische Gegend für die Nashorn-Pirsch ist das Konzessionsgebiet Palmwag, doch leben die Tiere auch im nördlichen Damaraland bis nach Kunene. Am erfolgversprechendsten sind die trockeneren Monate von April/Mai bis November.

Gebirge & Ebenen

NASHORNPIRSCH UND BERGPANORAMEN

Das 5500 km² große Konzessionsgebiet **Palmwag** ist für seine Landschaft und seine reiche Tierwelt bekannt. Besonders gerühmt wird die Population wild lebender Spitzmaulnas-

ÜBERNACHTEN IN KAMANJAB

Oppi-Koppi Rest Camp
Einfache Zimmer, Camping, Exkursionen rund um Kamanjab und nächtliche Stachelschweinsichtungen. $

Porcupine Camp
Schlichter, freundlicher Ort mit Zeltplätzen, einfachen Zelten und Stachelschweinsichtung am Abend. $

Otjitotongwe Cheetah Guest Farm
Geparden-Rettungsprojekt, Camping und Zimmer plus Geparden-Touren. $

hörner; diese zu entdecken, ist ein Highlight. Die meisten Camps bieten Exkursionen zur Nashornpirsch an, manchmal und mit viel Glück sind die Tiere von der Lodge aus zu sehen. Auch können eventuell an die Wüste angepasste Elefanten und Löwen, Hyänen, Giraffen sowie Spießböcke und andere Antilopen gesichtet werden.

Palmwag dient auch als Forschungszentrum für den **Save the Rhino Trust** (SRT; www .savetherhinotrust .org). Eine Anzahl von Lodges rund um Palmwag haben sich mit dem SRT zusammengeschlossen und ermöglichen so einen Mix aus toller Wildtierbeobachtung und Förderung für seriösen Tierschutz. Man kann die Bemühungen durch eine Beteiligung am **Ride for Rhinos** (www.venture.com.na/ride-for-rhinos) unterstützen, der jährlich im Mai veranstaltet wird. Hilfe ist bitter nötig: Trotz großer Fortschritte bleiben enorme Herausforderungen: 2022 stieg die Zahl der von Wilderern getöteten Nashörner in Namibia auf ein Rekordhoch.

Pause im historischen Außenposten

BASIS IM NÖRDLICHEN DAMARALAND

Die entspannte Siedlung **Sesfontein** mit ihren staubigen Straßen gibt einen guten Zwischenstopp vor der Weiterreise nach Norden ab. Die Stadt am Rand des Hoanib-Tals an Damaralands Nordgrenze liegt in einem Gebiet mit heißen Quellen (daher der Name „sechs Quellen"). Sie wurde 1896 nach einem Ausbruch der Rinderpest als militärischer Außenposten gegründet. Um ein Gefühl für ihre Geschichte zu bekommen, geht es hinüber zum **Fort Sesfontein**. Im Jahr 1905 erbaut, um die Viehseuche, Waffenschmuggel und Wilderei unter Kontrolle zu bringen, ist es heute eine ansprechende oasenartige Lodge.

Das wilde Hoanib River Valley

TIERWELT UND WILDNIS

Das wilde, landschaftlich reizvolle und mit einer reichen Tierwelt gesegnete Bett des Trockenflusses Hoanib ist in der Trockenzeit ein beliebtes Ausflugsziel mit Geländewagen (in der Regenzeit gibt es hier oft zu viel Wasser). Der Abschnitt von Sesfontein Richtung Westen ist Teil des Konzessionsgebiets Palmwag, deshalb muss man eine kleine Eintrittsgebühr zahlen. Im Flussbett ist das Campen nicht erlaubt, aber etwa 20 km südwestlich von Sesfontein nahe der Kontrollstelle liegt das rustikale Elephant Song Campsite auf einer windreichen Anhöhe mit fantastischem Blick in alle Richtungen. Etwa 20 km weiter, zwischen öden Hügeln und kargem Busch-

ÜBERNACHTEN IN PALMWAG & UMGEBUNG

Palmwag Lodge & Campsite
Kleine Oase mit Zeltplätzen und Pool, Zimmer im Chalet-Stil; „Sleep-out"-Exkursion und gelegentliche Besuche des Elefantenbullen Jimbo. **$$**

Desert Rhino Camp
Das Camp-Ethos lautet: Rettung von Namibias Spitzmaulnashörnern; zudem gibt es komfortable Zelte und Gelegenheiten zur Nashornpirsch. **$$$**

Damaraland Camp
Mit Solarenergie betriebener Luxus-Außenposten liegt 60 km südlich von Palmwag. Herrlicher Blick auf die Berge. **$$$**

ÜBERNACHTEN IN DAMARALAND

Hoada Campsite
Ökofreundliche, von der Gemeinde betriebene Zeltplätze zwischen großen Felsblöcken. **$**

Etendeka Mountain Camp
Die Atmosphäre in der freien Natur genießen; Fokus auf Naturschutz; Nachtwanderweg. **$$$**

Grootberg Lodge
Kleine, aber komfortable Zimmer; Exkursionen im Angebot. Wunderbare Aussicht. **$$$**

BENEDICTE MARTINEZ JAMART PHOTOGRAPHY ©

Grootberg Lodge (S. 231)

NAMIBIAS EINSAME MÄNNER

Wer auf dem Weg von Damaraland nordwärts zum Kaokoland genau hinsieht, entdeckt einzelne, aus Stein und Draht gefertigte Figuren an den unwahrscheinlichsten Stellen. Eine sitzt auf einem hohen Aufschluss und nimmt die endlose Aussicht in sich auf. Eine andere hockt, Kopf in den Händen, in Gedanken versunken, während eine weitere an einem Baum lehnt. Die Identität des Schöpfers dieser Figuren ist ein Rätsel. Sie ist nur wenigen bekannt, und die bewahren das Geheimnis.

werk, das Wüstenelefanten und gelegentlich Löwen gerne aufsuchen, liegt wunderbar das einsame **Hoanib Valley Camp**. Von hier aus kann man Wanderungen und Pirschfahrten unternehmen. Das Öko-Camp ist ein Joint Venture der örtlichen Gemeinde mit der Giraffe Conservation Foundation.

Günstiger Zwischenstopp

ZWISCHEN DAMARALAND UND DEM NORDEN

Im kleinen **Kamanjab** fällt es leicht, sich zu beschäftigen. Tagsüber besucht man die **Felsgravuren** im nahen Peet Alberts Koppie an (vorher am Oppi-Koppi Rest Camp den Schlüssel abholen), abends sind rund um das Camp Stachelschweine zu sehen. Wie alt die ca. 1000 Gravuren sind, ist ungewiss. Viele stellen Tiere dar, insbesondere Giraffen. Kamanjab selbst wird von Felsformationen flankiert und ist eine gute Station zum Auftanken zwischen Damaraland, Kunene und Etosha.

UNTERWEGS VOR ORT

Je weiter man in Damaraland nach Westen und Norden kommt, desto holpriger werden die Straßen, Allradantrieb ist zu empfehlen. Combis fahren vom OK Supermarkt in Outjo nach Kamanjab, Khorixas und Orte im nördlichen Zentralnamibia. Es gibt aber keine öffentlichen Verkehrsmittel von Outjo zum Andersson Gate des Etosha National Parks. Für Autofahrer: Die Asphaltstraße von Outjo führt weiter nach Norden bis zum Parkeingang. Zwischen Palmwag und Sesfontein verläuft eine gute Schotterstraße. Wenn es nicht geregnet hat, ist die Schotterstraße von Sesfontein nach Opuwo für alle Fahrzeuge befahrbar.

Um zur Spitzkoppe zu gelangen, reicht meist ein normaler Pkw. Von der B2 nach Nordwesten auf die D1918 Richtung Henties Bay, nach 18 km nordwärts auf die D3716 abbiegen.

NORDNAMIBIA

Der Norden – die Regionen Omusati, Oshana, Ohangwena und Oshikoto – ist Namibias am dichtesten besiedeltes Gebiet und das kulturelle Kernland der Ovambo. Hier gibt es blühende Landstädte, lebendige Dörfer, schöne Korbwaren und flache, offene Landschaften mit Makalani-Palmen und Rindern. Während sich bei Reisen im übrigen Land meist alles um Landschaft, Tierwelt und Aktivitäten dreht, stehen im Norden die Menschen im Mittelpunkt – die Region ist ein Muss für alle, die das heutige Namibia besser verstehen möchten. Ein paar *omagungu* (Mopaneraupen) und *omboga* (gehackte Amaranthblätter) an einem Imbiss am Straßenrand probieren, den Geburtsort der namibischen Unabhängigkeit in Omugulugwombashe besuchen, eine Nacht im Ovambo-Zentrum Ondangwa verbringen und Kulturmuseen besuchen. Reisen im Norden sind eher ruhig, die Hotels eher bequem als luxuriös.

TOP TIPP

Nordnamibia ist ein ideales Ziel auf dem Weg vom Etosha National Park nach Kunene oder Sambesi. Wegen der heftigen Niederschläge sollte man sich im Sommer nach eventuellen Überflutungen erkundigen, bevor man die Hauptstraßen verlässt. Abseits der Zentren Ondangwa und Oshakati gibt es sehr wenig touristische Infrastruktur.

CHRISTOPHER SOHN/SHUTTERSTOCK ©

Esel in der Region Oshana

In die Ovambo-Kultur eintauchen

ZENTRUM IM NÖRDLICHEN NAMIBIAN

Ondangwa, Hauptstadt des Ovambo-Königreichs Ondonga, ist ein regionaler Verkehrsknotenpunkt, eine der bedeutendsten Städte im nördlichen Namibia und ein guter Platz, um in die Kultur der Ovambo einzutauchen. Die moderne Gründung der Stadt geschah im späten 19 Jh., als die Finnische Missionsgesellschaft hier eine Station errichtete. Später war Ondangwa eine wichtige Wegstation für Ovambo-Vertragsarbeiter, die ins südliche Namibia fuhren oder von dort hierherkamen.

Die Erkundung beginnt im Dorf **Olukonda**, das 13 km südlich der Stadt und 5 km von der B1 entfernt liegt. Hier ist in einer alten finnischen Missionsstation das **Nakambale Museum** mit Exponaten aus der Mission und der Ovambo-Kultur sowie dem Nachbau eines traditionellen Bauernhofs untergebracht. Etwa 30 km weiter auf der Straße, die bis zur Sandpiste wird, kommt man zur Überschwemmungsfläche am **Lake Oponono**; das große Feuchtgebiet wird vom Culevai-*iishana* (Feuchtgebiet) gespeist. Nach heftigen Niederschlägen zieht das Gebiet Sattelstörche, Kronenkraniche, Flamingos und Pelikane an. Die Piste für Geländewagen ist schwer zu erkennen und nur in der Trockenzeit befahrbar.

OSHITUTHI SHOMAGONGO

Oshituthi Shomagongo, das Marula-Frucht-Fest der Ovambo, wird jedes Jahr an zwei bis drei Tagen im März oder im April an wechselnden Orten gefeiert. Aus dem Saft der Marula-Frucht werden *omagongo*, ein fermentiertes Getränk, und das nicht-alkoholische *oshinwa* hergestellt. Das ganze Herstellungsverfahren ist reich an Tradition und wird von Gesang und Tanz begleitet.

ÜBERNACHTEN NAHE ONDANGWA

Nakambale Lodge
Nette Wahl mit Camping, Zelten im Safaristil, kleinem Pool und Pizzaofen; man organisiert auch Spaziergänge im Dorf. **$**

Protea Hotel Ondangwa
Ziemlich schlichtes Business-Hotel ohne Ambitionen. **$**

City Lodge Boutique Hotel
In Omuthiya gelegen, unweit vom Museum of Namibian Music. **$**

Ein passender Stopp auf der Fahrt vom Etosha National Park nach Ondangwa ist das **Museum of Namibian Music** in Omuthiya, etwa 82 km südöstlich von Ondangwa. Es gibt einen Überblick zu den traditionellen Instrumenten und namibischen Musiktraditionen, außerdem einen interessanten Schaukasten über die Nationalhymne.

Etwa 5 km östlich von Ondangwa im Gebiet Oniipa befindet sich das kleine **Onandjokwe Medical Museum** mit altem medizinischem Gerät und einer Dokumentation des lokalen Unabhängigkeitskampfes. Wenn es geschlossen ist, bei der Kommune von Oniipa nach dem Hauswart fragen.

Abschließend geht es ca. 45 km nordöstlich zum **Ongula Village Homestead Lodge & Campsite**, wo man in der örtlichen Gemeinschaft übernachten (Camping und Zimmer) und lokale Traditionen aus erster Hand erleben kann, einschließlich Kochen, traditionelles Bierbrauen und Maisstampfen.

Namibias größten Markt durchstöbern

EIN RASCHER BLICK IN OSHAKATI

Das betriebsame Geschäftszentrum Oshakati ist die größte Stadt im Norden. Zwar mangelt es ihr völlig an einem eigenen Charakter, aber es ist ein günstiger Platz, um Vorräte aufzustocken – in unpersönlichen Läden und Einkaufspassagen und auf dem **Oshakati Omatala**, dem angeblich größten Markt in Namibia. Hier wird alles von Kleidung und Körben bis zu Mopane-Raupen und Gläsern mit frisch gebrautem Bier verkauft. Nach dem Marktbesuch braucht man nicht länger in Oshakati zu bleiben – schöner ist es, die Attraktionen rund um Uutapi und Omugulugwombashe zu besuchen.

Geschichte & Kultur des Nordens

BAOBABS UND KÖNIGTUM

Nordnamibia steckt voller Überraschungen, weil man immer wieder an Orte gelangt, die mit der reichen hiesigen Kultur verbunden sind. Nirgendwo zeigt sich das besser als in dem Gebiet rund um **Uutapi**, 90 km nordwestlich von Oshakati. Hier stößt man auf eine ehemalige Militärbasis der südafrikanischen Streitkräfte, die von einem gewaltigen **Ombalantu-Baobab** beherrscht wird. Der riesige, 8 m breite hohle Baum, vor Ort Omukwa waNakafingo Na Temba genannt, wurde über die Jahre als Zuflucht, Gefängnis und sogar als Postamt genutzt. Nebenan befinden sich ein einfacher Campingplatz und ein kleiner geschäftiger Markt.

Weiter geht es zum Dorf **Tsandi** etwa 30 km südlich von Uutapi und dem **Uukwaluudhi Royal Homestead**, dem Sitz

OMUGULU-GWOMBASHE

Am 26. August 1966 fielen die ersten Schüsse in Namibias Unabhängigkeitskrieg in Omugulugwombashe; heute gilt der Ort als Geburtsstätte des modernen Namibia. Hier konnte Namibias People's Liberation Army ihren ersten Sieg über die südafrikanischen Truppen feiern, die mögliche Guerilla-Aktivitäten aufspüren und unterbinden sollten. An die Ereignisse wird in der **Omugulugwombashe National Heritage Site** erinnert, u.a. mit Displays zu Namibias Freiheitskämpfern, einer Statue des Gründervaters Sam Nujoma, der eine AK47 in die Höhe hält, und lebensgroßen Skulpturen, die Soldaten in einer Planungssitzung zeigen. Die Heritage Site liegt an der D3633, 22 km westlich von Tsandi, und ist von Montag bis Freitag 8–17 Uhr geöffnet.

ÜBERNACHTEN IN OSHAKATI

Bahay Susan Accommodation
Kleines, zentral gelegenes B&B mit sehr vielen Blumen, hübschem Garten und Pool. **$**

Oshakati Guesthouse
Einfache, aber hübsch hergerichtete Zimmer machen das Haus zu einer guten Basis. Es gibt auch ein Restaurant. **$**

Oshandira Lodge
In der Nähe des alten Flughafens mit schnörkellosen Zimmern, kleinem Pool und Restaurant. **$**

SCHÖN ÜBERNACHTEN NAHE RUACANA

Ruacana Eha Lodge Attraktive Oase mit sehr gepflegten Zeltplätzen, rustikalen Dreieckshütten und blitzsauberen Zimmern. Rollstuhlgerecht. $

Hippo Pools Campsite (Otjipahuriro) Einfacher Gemeinde-Campingplatz unterhalb der Ruacana Falls. $

Kunene River Lodge Rustikales Camp, die meisten Plätze mit Blick auf den Fluss; ca. 55 km westlich von Ruacana und östlich von Swartboois Drift; aktuell keine Lodge-Zimmer verfügbar. $

eines der sieben traditionellen Königreiche der Ovambo. Der aktuelle Monarch lebt nebenan in einem modernen Haus, aber man kann das alte Gehöft mit seinen verwinkelten Gängen, die Feinde und Tiere fernhalten sollen, besichtigen. Die Reise führt nun etwa 26 km südöstlich zum **Okahao-Baobab**, der ebenfalls auf dem Gelände einer ehemaligen südafrikanischen Militärbasis steht. In der Nähe liegt **Ongandjera**, der Geburtsort des früheren Präsidenten Sam Nujoma. Das Haus, in dem er aufwuchs, ist heute ein Nationalheiligtum und nicht öffentlich zugänglich.

Der flüchtige Wasserfall

RAUSCHT, WENN MAN GLÜCK HAT

Der winzige Ort **Ruacana** (von Herero *orua hakahana* – „die Stromschnellen") am Kunene River ist Ausgangspunkt für einen Besuch der **Ruacana Falls** und ein potenzieller Stopp auf dem Weg nach Kunene und zu den Epupa Falls. Ruacana wurde als Firmensiedlung erbaut, um das unterirdische Ruacana-Wasserkraftwerk mit einer Kapazität von 320 MW zu betreuen, das heute mehr als die Hälfte des namibischen Energiebedarfs deckt. Weiter flussaufwärts in Angola steht der Calueque Dam. Bevor diese beiden Bauwerke entstanden, waren die Wasserfälle ein wunderschöner Anblick. Hier stürzt der Kunene über einen 85 m hohen Steilhang in eine 2 km lange Schlucht. Wenn es gelegentlich zu viel Wasser gibt, erstrahlt Ruacana in alter Pracht. Sonst wird das wenige Wasser, das über die erste Staustufe fließt, von einem Wehr 1 km oberhalb der Fälle aufgefangen und ins Kraftwerk geleitet.

Anfang bis Mitte März ist meist die beste Zeit, um die Wasserfälle zu besichtigen. Es gibt mehrere Aussichtspunkte. Um den wichtigsten zu erreichen, muss man die namibische Grenze überqueren; der andere, vor dem Grenzabzweig, ermöglicht einen vollen Blick auf die Fälle, aber aus der Ferne. In allen Unterkünfte in Ruacana hilft man gerne, Guides zu den Wasserfällen zu engagieren oder lokale Himba-Dörfer zu besuchen.

VLADISLAV T. JIROUSEK/SHUTTERSTOCK ©

Ruacana Falls

UNTERWEGS VOR ORT

Combis verbinden Windhoek mit Ondangwa und Oshakati, von dort besteht Anschluss nach Ruacana und zu anderen Städten im Norden. Auch wenn die Hauptstraßen asphaltiert sind, erleichtert ein Fahrzeug mit Allradantrieb und viel Bodenfreiheit das Reisen in Nordnamibia. Für die Holperstrecke von Ruacana nach Westen am Kunene ist ein 4WD unerlässlich. Teile dieser Route können zeitweise überflutet und unpassierbar sein.

SAMBESI-REGION

Namibias Sambesi-Region (früher als Caprivi bekannt) ist ein Gebiet mit mäandernden Wasserwegen und einer reichen Vogel- und Tierwelt, umgeben von ausgedehnten Mopane-Wäldern und zeitweiligen Tümpeln, die hier *iishana* genannt werden. Hier sind verschiedene Kulturen zu Hause, von den Ju/'Hoansi-San, die am südwestlichen Rand leben, bis zu den Barakwena-San, den Mafwe, Mbukushu und anderen. Die Region bietet viele Möglichkieten, die Lebensweise der Einheimischen kennenzulernen.

Sambesi eignet sich gut zur Vogelbeobachtung, mit mehr als 450 Arten. Es ist auch die beste Gegend Namibias, um die Tiere des Feuchtgebiets zu beobachten, wie Flusspferde, Krokodile, Büffel und Elefanten sowie Sitatungas und Letschwes. Nach Jahrzehnten haben sich die Bestände wieder erholt und machen Sambesi zu einem Geheimtipp für Safaris.

TOP TIPP

Während die Hauptstraße B8, die Richtung Osten durch Sambesi führt, eben, gerade und in gutem Zustand ist, herrschen fast überall raue Bedingungen. Für Touren abseits des Asphalts braucht es einen Geländewagen mit hoher Bodenfreiheit. Bei Parkbesuchen muss das saisonale Wetter berücksichtigt werden, Überflutung und Regen können manche Gebiete unzugänglich machen.

2630BEN/SHUTTERSTOCK ©

Ju/'Hoansi-San (S. 239)

SAMBESI-REGION

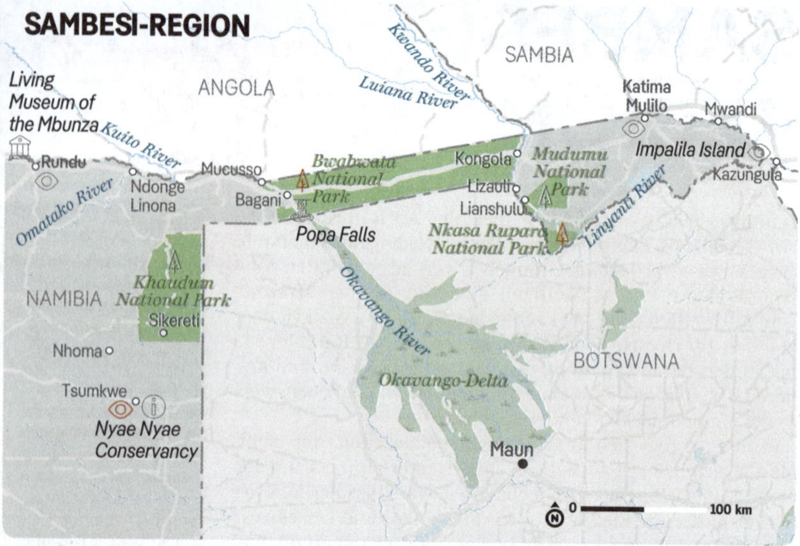

NYAE NYAE CONSERVANCY

In der Umgebung von Tsumkwe liegt das gemeinschaftliche betriebene Nyae Nyae Conservancy, das den örtlichen Ju/'Hoansi die Verwaltung und die Wildrechte in diesem Gebiet gewährt. Namibia besitzt weltweit eine Führungsrolle bei gemeindebasierter Verwaltung von Naturressourcen. Da sie den Gemeinden ermöglichen durch Tourismus und Jagd vom Tierschutz zu profitieren, fördern diese Naturschutzgebiete direkt den Tierschutz.

Triff die San in in ihrer Heimat

LEBEN UND KULTUR DER SAN ERKUNDEN

Die abgelegene Siedlung **Tsumkwe** ist das Herz des nordöstlichen Otjozondjupa, der traditionellen Heimat der Ju/'Hoansi-San. Ein Besuch hier ist ein Abenteuer abseits der ausgetretenen Wege und ein lohnender Umweg. Als Ausgangspunkt, um die San kennenzulernen, eignet sich die Lodge in Tsumkwe oder der Gemeinde-Campingplatz. Wenn die Reise weitergehen soll, ist Tsumkwe Startpunkt für eine Fahrt in den Khaudum National Park, jedoch nur mit einem Geländewagen, oder für einen Abstecher nach Botswana am Grenzübergang in Dobe.

23 km nördlich von Tsumkwe an der Straße zum Khaudum National Park liegt das **Living Hunters' Museum** der Ju/'Hoansi-San. Es ist der Nachbau eines traditionellen Dorfes, dort kann man Einheimische kennenlernen und einen Einblick in ihren Alltag bekommen. Man erfährt einiges über die Herausforderungen, die in der modernen Gesellschaft für die San bestehen und es besteht die Chance, an der Herstellung von Schmuck und der Suche nach Heilpflanzen teilzunehmen. Das Ganze ist eine Initiative der San, alle Einnahmen gehen direkt an die Gemeinschaft. Viele San halten es für einen wichtigen Weg, um ihre Kultur zu bewahren. Das lebende Museum ist täglich geöffnet, man muss den Besuch nicht im Voraus buchen. Wer es nicht schafft, die San bei Tsumkwe zu besuchen, kann

ÜBERNACHTEN NAHE TSUMKWE

Tsumkwe Country Lodge
Einladend und kürzlich renoviert, mit bequemen Chalets, Camping und einem Restaurant. **$$**

Elephant Song Campsite
Ein Gemeinde-Campingplatz mit zwei einfachen Stellplätzen im Living Hunters' Museum der Ju/'Hoansi-San. **$**

Village Campsites
Einige Ju/'Hoansi-Gemeinden betreiben Campingplätze. Kontakt über die Nyae Nyae Conservancy in Tsumkwe. **$**

sich leichter zugänglichen **Living Museum of the Ju/'Hoan-si-San** bei Grashoek, etwa 7 km nördlich der Kiesstraße C44 informieren. Es eignet sich gut als Tagesausflug von Grootfontein oder einem anderen Ort an der B8 aus, zudem gibt es mehrere einfache Campingplätze für eine Übernachtung.

Ein Buschabenteuer unter Baobabs

SANDPISTEN UND OMIRAMBA

Die Erkundung der wilden Wälder, der Sandpisten und trockenen Flussbetten des **Khaudum National Park** ist ein echtes Buschabenteuer. Gewundene Sandwege verlaufen durch den Busch und überqueren *omiramba* (alte Flussbetten), die sich durch die nördliche Kalahari ziehen, während Aussichtsplattformen die Möglichkeit bieten, ungesehen auf Tiere zu warten. Es geht nur langsam voran, vor allem auf den tiefen, sandigen Wegen im Nordteil von Khaudum, aber es gibt viel zu sehen.

Die Baobabs (Affenbrotbäume) sind ein Highlight. Einige stehen am Weg von Tsumkwe zum Park, darunter der **Dorsland baobab** nahe dem Südrand des Parks. Er soll mehr als 2000 Jahre alt sein. Elefanten sind in Khaudum an der Tagesordnung, auch Löwen zeigen sich häufig. Khaudum ist auch Namibias größte Population an Pferdeantilopen heimisch. Mit etwas Glück sieht man eine in den Wäldern oder an einem der trockenen Flussbetten. Afrikanische Wildhunde ziehen durch weite Bereiche in diesem Teil der Kalahari. Vogelbeobachtung ist bei mehr als 300 Arten sehr lohnend; es gibt u. a. Nashornvögel, aber auch viele Zugvögel wie Störche, Rallen, Dommeln und Falken. Auch die Gegend weiter südlich um die **Nyae Nyae Pans** ist ideal für die Vogelbeobachtung. Dort gibt es eine große saisonale Flamingo-Population, aber bei Überflutungen ist das Gebiet schwer zugänglich.

Tor zur Sambesi-Region

EINE LEBHAFTE STADT AM OKAVANGO

Rundu, Hauptstadt der Region Kavango-East und größte Stadt in diesem Gebiet, dient als praktische Zwischenstation und Ausgangspunkt für Sambesi. Es ist ein schwüler tropischer Außenposten auf den Klippen oberhalb des Okavango und ein Zentrum für Namibias angolanische Community. Hier gibt es zwar nur wenig, was für Touristen interessant ist, aber viele Läden, sodass man hier gut vor einer Fahrt weiter nach Osten Vorräte kaufen kann. Es ist ein angenehmer Ort, der einen Zwischenstopp für ein, zwei Nächte lohnt.

Ein Spaziergang führt über den **Markt**, wo von allem etwas verkauft wird. In der Nähe liegt die **Mbangura Woodcarving**

KHAUDUM – PRAKTISCHE HINWEISE

Ein voll ausgestattetes Auto mit Allradantrieb ist für den Besuch des Khaudum unerlässlich, es empfiehlt sich in einem Konvoi zu fahren.

Die Straßen in den Süden sind besser als die im Norden, doch überall kommt man nur langsam voran.

Die kühleren, trockeneren Monate (Juni–Okt.) sind am besten zur Tierbeobachtung, dann finden sich die Herden an Wasserlöchern und entlang der *omiramba* ein.

Die Ausschilderung ist spärlich. GPS und/oder ein Satellitentelefon sind hilfreich.

Die Campingplätze in Khaudum sind nicht eingezäunt.

Grenzstädte sind Tsumkwe und Rundu.

ÜBERNACHTEN IN DER SAMBESI-REGION

Nhoma Safari Camp
In Kontakt mit der lokalen San-Gemeinschaft; 80 km nordwestlich von Tsumkwe. **$**

Sikereti Camp
Camping, heißes Wasser und Bungalows für Selbstversorger. 7 km innerhalb des Südtors von Khaudum. **$**

Khaudum Camp
Gemeindepartnerschaft, 12 km innerhalb des nördlichen Khaudum-Tors; Waschräume mit heißem Wasser. **$**

DIE BESTEN CAMPS AM OKAVANGO

Mobola Island Lodge
Leger und hübsch, mit einer Mischung aus Camping und Selbstversorger-Bungalows, dazu drei Selbstversorger-Zelte auf einer Insel, die über eine Drehbrück erreicht wird. **$$**

Riverdance Lodge
Eine gemeinschaftsorientierte Ökolodge mit Flusskreuzfahrten, Fahrradtouren und Dorfspaziergängen. Mehrere schöne Campingplätze und als Sahnehäubchen sieben Luxusbungalows. **$$$**

Samsitu Riverside Camp
Ein günstig gelegener, gemeindebetriebener Campigplatz, 13 km westlich von Rundu. **$**

Hakusembe River Lodge
Dieser Gondwana-Besitz liegt 16 km westlich von Rundu in üppigen Gärten am Flussufer mit Zeltplätzen und Bungalows und Flussausflügen. **$$**

IMAGEBROKER.COM/SHUTTERSTOCK ©

Brücke zur Mobola Island Lodge

Coop, allerdings gibt es auf dem Mbangura Schnitzerei-Markt (S. 207) in Okahandja eine bessere Auswahl.

Im umliegenden Kavango-Gebiet gibt es eine Reihe herrlicher Lodges, wo man am Fluss chillen, Bootsausflüge unternehmen, Krokodile und Flusspferde sehen und sich einfach auf Sambesis geruhsames Tempo einstellen kann. Etwa 15 km westlich von Rundu am **Lake Samsitu** ist das **Living Museum of the Mbunza**, wo sich beim Besuch eines traditionellen Hauses viel über die Fischerei- und Landwirtschaftstradition der Menschen im Kavango-Gebiet erfahren lässt. Man kann auch Weber beobachten und traditionelle Kleidung ansehen.

Die meisten Reisenden bleiben in einem der Camps am Fluss östlich und westlich von Rundu. Es gibt aber auch ein paar nette Plätze im Zentrum der Stadt.

Flussaue lockt durstige Tiere

DER PARK ZWISCHEN DEN FLÜSSEN

Der **Bwabwata National Park** ist ein etwa 200 km langer und 30 km breiter Streifen zwischen zwei wichtigen Flüssen. Die meisten Reisenden sehen nicht viel mehr vom Park als den langen, von Wald bestandenen Abschnitt parallel zur B8. Um das Herz von Bwabwata kennenzulernen, muss man tie-

ÜBERNACHTEN IN RUNDU

Guesthouse Bavaria
Hübsche Gärten, eine Terrasse zum Chillen und geschmackvoll eingerichtete Zimmer. Zentrale Lage. **$**

Tambuti Lodge
Die Räume strahlen verblasste Größe aus, mit Fliesenböden, frei stehenden Badewannen und kleinen Veranden. **$**

River Lodges
Viele der besten Unterkünfte von Rundu liegen östlich und westlich der Stadt am Fluss. **$$**

JIMIEISCREME/SHUTTERSTOCK ©

Kaffernbüffel

fer hineinfahren, in das Mahango und Buffalo Core Area am Okavango und Kwando Core Area am Kwando. Hier erwacht der Park wirklich zum Leben.

Die Tierpopulationen erholen sich langsam nach vielen Jahren der Wilderei, der Konflikte und der menschlichen Eingriffe; die Zahlen steigen eindeutig und Bwabwata ist ein lohnendes Busch-Erlebnis. Es geht los im **Mahango Core Area** auf der Westseite des Okavango. Dies ist eine der tierreichsten Gegenden des Parks, die breite Flussaue zieht große Zahlen durstiger Elefanten und Herdentiere an, vor allem in der Trockenzeit. Bei einem Halt am Fluss am späten Nachmittag lassen sich Elefanten beobachten, wie sie zwischen Flusspferden und Krokodilen ins Wasser stapfen und trinken. Das **Buffalo Core Area**, auf der Ostseite des Okavango, ist bekannt für seine Büffelherden. Sowohl im Mahango als auch im Buffalo Core Area gibt es auch Pferde- und Rappenantilopen, Tsessebes und Letschwes. Das **Kwando Core Area** ist vor allem für seine Elefanten bekannt, aber auch für afrikanische Wildhunde, obwohl man diese nur schwer zu sehen bekommt. Unbedingt sehenswert ist der Teil des Flusses, der als **Horseshoe Bend** bekannt ist, mit sandigem Ufer, oder die „kleine Serengeti“ im **Mayuni Conservancy Area** mit einer Vielzahl

BWABWATA – PRAKTISCHE HINWEISE

Mai bis September sind die besten Monate, um Tiere zu beobachten.

Zugang über die Orte Divundu, Kongola und Katima Mulilo.

Mit einem normalen Auto lässt sich der **Scenic Loop Drive** vorbei am Kwetche-Picknickplatz östlich der Hauptstraße bewältigen. Für den Großteil des Parks ist ein Allradfahrzeug nötig, auch für den Circular Loop Drive (20 km), der den *omiramba* folgt.

ÜBERNACHTEN NAHE DEM BWABWATA NATIONAL PARK

Namushasha Lodge
Auf der anderen Flussseite des Kwando als Bwabwata, und gut gelegen für Vogelbeobachtung. Geräumige Zimmer. **$$$**

Ngepi Camp
Man schläft in einer Buschhütte oder einem Baumhaus mit einer Dusche im Freien, oder man stellt ein Zelt auf. **$$**

Shametu Lodge
Mit Blick auf die Popa Falls gibt es schattiges Camping, Zimmer, Flusskreuzfahrten und *Mokoro*-Touren. **$$**

POPA FALLS

Bei den Dörfern Divundu und Bagani überwindet der Okavango einen Felsriegel, der sich über die gesamte Flussbreite erstreckt. Das Wasser stürzt 1,5–3,5 m (je nach Wasserstand) über eine Reihe kleinerer Kaskaden, die als Popa Falls bekannt sind. Die Fälle sind nicht spektakulär, aber ein guter Platz für eine Pause an der B8. Wegen der Krokodile und Flusspferde ist Schwimmen nicht erlaubt. Zum Übernachten bieten sich die **Shametu Lodge** oder NWRs **Popa Falls Resort** an.

LEGENDS OF AFRICA/SHUTTERSTOCK ©

Popa Falls

Steppentieren. In allen drei Kernbereichen lassen sich hervorragend Vögel beobachten.

Abgesehen von der Tierbeobachtung kann man das Gebiet um Bwabwata in einer der Lodges und Camps genießen. Dafür sollten wenigstens zwei oder drei Nächte eingeplant werden. Außer den Unterkünften außerhalb von Bwabwata gibt es auch einige Übernachtungsmöglichkeiten im Park. Die **Nambwa Tented Lodge** bietet Camping (nach Plätzen am Fluss fragen) und eine Luxuslodge mit erhöhten Plätzen zur Elefantenbeobachtung. Die **Kazile Island Lodge**, auf einer kleinen Insel, lockt mit herrlichen Blicken auf Fluss und die Aue.

Auf einer Flusskreuzfahrt oder einem Mokoro-Trip

RUHIGE SONNENUNTERGÄNGE UND TIERBEOBACHTUNG

Ein Highlight bei einem Besuch am Sambesi ist die Gelegenheit an einer Flusskreuzfahrt teilzunehmen oder in einem *mokoro* (Einbaum) zu paddeln. Fast alle Lodges am Fluss bieten entsprechende Touren an, oft bei Sonnenuntergang. Wer die Gelegenheit dazu hat, sollte sie unbedingt wahrnehmen. Auf einem breiten Boot mit flachem Boden geht es vorbei an Flusspferden und Krokodilen, am Ufer sind Elefanten und

ÜBERNACHTEN NAHE DEM BWABWATA NATIONAL PARK

Mukolo Camp
Camping und Selbstversorger-Chalets mit Blick auf den Kwando, mit einer nächtlichen Feuchtgebiet-Symphonie. $

Nunda River Lodge
Anziehende Ästethik aus Stein, Stroh und Holz am Flussufer. Camping, Safarizelte mit Blick und Chalets. $

Mavunje Camp
Camping und Zelte im Safari-Stil; auf der anderen Flussseite liegt die Kwando Core Area. $

andere Tiere zu sehen. Es ist unglaublich friedlich und ein ganz anderes Tempo als bei der Tierbeobachtung mit dem Auto. Verschiedentlich, etwa bei **Ngepi Camp** und der **Shametu Lodge**, werden auch *Mokoro*-Trips auf dem Okavango angeboten. Der traditionelle *mokoro,* der aus einem ausgehöhlten Baumstamm bestand, wird heute durch Fiberglas-Kanus ersetzt, aber das Erlebnis ist großartig.

Vorräte für eine Tour in die Wildnis

GESCHÄFTIGE GRENZSTÄDTE

Katima Mulilo ist das Zentrum des östlichen Sambesi-Gebietes und der Ausgangspunkt für einen Aufenthalt in einer der hübschen Lodges am Fluss in der Umgebung. Von der Stadt selbst sollte nicht zu viel erwartet werden. Einst war Katima Mulilo bekannt für die Elefanten, die durch die Dorfstraßen zogen, heute ist es eine belebte, leicht schmuddelige Grenzstadt. Doch es bietet eine gute Gelegenheit, um sich mit Vorräten auszustatten, bevor man zur Erkundung der vielen nahen Parks aufbricht. Es ist auch bis Rundu, 500 km westlich, der einzige Ort mit „Einrichtungen“.

Aufenthalt in einer luxuriösen Insel-Lodge

DORFLEBEN UND ABGELEGENE LODGES

Impalila – auch Mpalila geschrieben, das bedeutet „ferner Platz“ – ist ein Stück Land in der nordöstlichsten Ecke von Namibia zwischen Sambesi und Chobe. Dort kann man man den Luxus einer Lodges genießen, eine Flusskreuzfahrt unternehmen, das Dorfleben beobachten oder auf einen 2000 Jahre alten Affenbrotbaum klettern, um zu sehen, wo Namibia, Sambia, Botswana und Simbabwe aufeinandertreffen. Außerdem kann man auch Tiere am Flussufer beobachten, auf einem *mokoro* paddeln, Vögel beobachten und angeln. Das ist alles, was man in Impalila tun kann, aber es ist mehr als genug. Die Atmosphäre ist beschaulich, die Unterkünfte sind stilvoll und der Blick aufs Wasser ist beruhigend. Achtung: Alle Insel-Lodges müssen im Voraus gebucht werden.

Tierreiche Feuchtgebiete erkunden

EIN FEUCHTES PARADIES

Im östlichen Bereich des Sambesi, fast schon in Botswana, liegt ein Streifen Land, der von den Flüssen Kwando und Linyati begrenzt wird und in dem sich eine von Namibias bedeutendsten Konzentrationen an Flusspferden, Krokodilen

ÜBERNACHTEN NAHE KATIMA MULILO

Caprivi River Lodge
5 km außerhalb der Stadt mit schlichten Hütten, Gemeinschaftsbäder und gehobenere Chalets am Fluss; Bootstouren, Angeln und Wildtierbeobachtung. **$$**

Caprivi Houseboat Safari Lodge
Rustikale Chalets mitten im Grünen, Camping und Flusskreuzfahrten bei Sonnenuntergang. **$$**

Zambezi Mubala Lodge
Chalets mit Blick auf den Fluss. Die Bootsfahrt zur Lodge ist ein weiterer Höhepunkt. **$$$**

Serondela Lodge
Die Lage am Fluss ist das absolute Highlight; die gut gelegenen, sehr bequemen Chalets ermöglichen den vollen Genuss. **$$$**

ÜBERNACHTEN AUF IMPALILA ISLAND

Ichingo Chobe River Lodge
Am Flussufer umgeben von Vogelgezwitscher mit exklusiver Atmosphäre und vielen Tieren in der Nähe. **$$$**

Chobe Savannah Lodge
Blick auf die tierreichen Puku Flats, elegant gestaltete Zimmer, private Veranden und Flusskreuzfahrten. **$$$**

Kaza Safari Lodge
Ein intimer Ort, umgeben von Vegetation, mit nur acht Bungalows, alle mit Blick auf den Fluss. **$$$**

PRAKTISCHE HINWEISE ZU NKASA RUPARA

Nkasa Rupara ist ganzjährig geöffnet, aber starke Regen zwischen Dezember und Februar und Überschwemmungen des Kwando in den kälteren Monaten, können es unzugänglich machen.

Der Haupteingang ist am Shisinze Gate, etwa 10 km südlich von Sangwali.

Ein Auto mit Allradantrieb ist für die Erkundung von Nkasa Rupara unumgänglich.

Zugang ist über die Orte Katima Mulilo, Kongola und Sangwali möglich.

BENEDICTE MARTINEZ JAMART PHOTOGRAPHY ©

Flusspferd, Mudumu National Park

und anderen Tieren der Feuchtgebiete befindet. Riedböcke, Wasserböcke und Sitatungas gibt es hier, ebenso eine große Anzahl Elefanten, Zebras und Büffel. Der Rhythmus des Lebens wird hier im **Nkasa Rupara National Park** vom Regen und dem Steigen und Fallen des Kwando bestimmt. Der Fluss nimmt seinen Weg aus dem zentralen Hochland Angolas und verzweigt sich im Linyati-Delta, dem Herzstück des Parks.

Es ist ein großartiger Ort inmitten des ausgedehnten **Kavango-Zambezi Transfrontier Conservation Area**, wo Tiere kommen und gehen, wie sie wollen. Vom Haupteingang, dem **Shisinze Gate**, bei Sangwali führen holprige Wege nach Nordosten und Südwesten. An den Flüssen und in den Feuchtgebieten kann man wunderbar die Zeit verbringen. Auf der anderen Seite des Flusses in Botswana lassen sich Afrikanische Wildhunde blicken. Mehr als 430 Vogelarten sind in den bewaldeten Inseln und den sie umgebenden Schilf- und Papyrussümpfen von Nkasa Rupara heimisch.

Der Missionar und Forscher David Livingstone verbrachte einige Zeit in diesem Gebiet und dank der Bemühungen und Hingabe des lokalen Sangwali-Lehrer, Linus Mukwata, gibt es heute ein kleines **David Livingstone Museum**. Es liegt an der Straße, die von Sangwali zum Parktor führt und das durchaus einen Zwischenstopp lohnt.

ÜBERNACHTEN AM NKASA RUPARA NATIONAL PARK

Rupara Rest Camp
Ein Camp in Gemeindebesitz, privat gemanagt mit einer Mischung von hübschen Plätzen an einem kleinen Kanal. **$**

Livingstone's Camp
Stellplätze mit privaten Duschen, Blick auf den Fluss, Fahrten zur Tierbeobachtung und *Mokoro*-Trips. **$**

Jackalberry Tented Camp
Abgelegen, intim und innerhalb des Parks, vier bequeme Zelte mit Blick auf die Linyati-Wasserwege. **$$$**

Lass dich überraschen

UFERPANORAMEN UND SICH ERHOLENDE TIERWELT

Der kleine **Mudumu National Park** liegt zwischen dem Bwabwata und dem Nkasa Rupara National Park, im Westen wird er vom Fluss Kwando begrenzt. Nach Jahren der Vernachlässigung, Überjagung und menschlichen Übergriffen, hält die Tierbeobachtung im Mudumu nicht immer, was sie verspricht. Doch es geht definitiv aufwärts mit dem Park und die Tierpopulationen erholen sich allmählich.

Dank der Mischung aus Feuchtgebieten, Savannen und Wäldern in diesem Gebiet ist die Erkundung hier voller Überraschungen. Der Fluss, an dem die Lodges liegen, ist das Highlight. Hier kann man Zeit mit der Beobachtung der zahlreichen Elefanten, Krokodile oder Flusspferde verbringen oder im Hinterland nach Wasserböcken und den noch scheueren Sitatungas Ausschau halten.

Wer im Mudumu ein Erlebnis auf einem Wildfluss sucht, wird nicht enttäuscht werden. Von der asphaltierten, durch den Park führenden C49 aus, lässt sich ein Blick auf Mudumu werfen, doch um die verschiedenen Habitate komplett zu erfassen, müssen einige sandige und raue Pisten mit Geländewagen bewältigt werden. In naher Zukunft ist der Ausbau der Einrichtungen im Mudumu geplant.

RADEK BOROVKA/SHUTTERSTOCK ©

Elefanten, Kwando Core Area (S. 241)

ÜBERNACHTEN NAHE DEM MUDUMU NATIONAL PARK

Lianshulu Lodge
Aussichtsplattformen mit Blick auf Fluss und Wald sind die Highlights dieser alteingessenen Lodge mit ihren geräumigen Bungalows und ihrer heimeligen Atmosphäre. $$$

Lianshulu Bush Lodge
Die Kleine Schwester der Lianshulu Lodge kann nicht mit der älteren Lodge mithalten, aber sie ist trotzdem eine gute und preiswertere Alternative. $$

Nakatwa Camp
Wildes Camping am Kwando. Wasser und Vorräte müssen mitgebracht werden. $

UNTERWEGS VOR ORT

Für alle Strecken abseits von Sambesis asphaltierter Hauptstraße (B8) und besonders in den Parks der Region ist ein Fahrzeug mit Allradantrieb nötig. Treibstoff gibt es in Katima Mulilo und größeren Orten. Wer von Süden kommt, erhält auch im Gemischtwarenladen in Tsumkwe Treibstoff. Combis verkehren regelmäßig zwischen Katima Mulilo, Rundu und Windhoek, aber ansonsten benötigt man ein eigenes Transportmittel. Fly Namibia bietet mehrere Flüge wöchentlich zwischen Katima Mulilo und Windhoek. Zugang zur Impalila Island ist entweder mit einem Charterflug oder per Schiff ab Kasane (Botswana) möglich; die Lodges auf der Insel organisieren die Anreise für ihre Gäste.

KUNENE-REGION

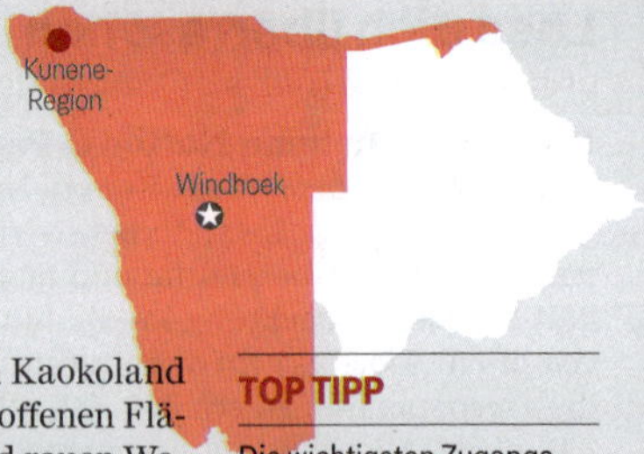

Kunene, das noch oft mit seinem früheren Namen Kaokoland bezeichnet wird, ist ein wilder, magischer Ort mit offenen Flächen, grasbewachsenen Tälern, kahlen Gipfeln und rauen Wegen, die zu einem schmalen Vegetationsstreifen am Fluss Kunene an der angolanischen Grenze führen. Im Westen wird das Gebiet von den Dünen des Skeleton Coast National Park begrenzt und im Süden von Damaraland. Kunene ist dünn besiedelt, vor allem leben hier isolierte Gruppen der Himba. Der Zugang zur Region ist schwierig, so ist Kunene das Gebiet der Flugsafaris und der rauen Touren mit Geländewagen. Wer den Weg ins nordwestliche Namibia findet, kann sich auf Tage mit Fahrten durch großartige Landschaften und auf die Himba freuen, auf erholsame Abende in abgelegenen Lodges und Camps. Für alle, die von einem afrikanischen Abenteuer träumen, ist Kunene die perfekte Region.

TOP TIPP

Die wichtigsten Zugangspunkte nach Kunene sind Ruacana im Osten, Opuwo im Süden und Puros im Südwesten. Anspruchsvolle Touren, sowohl mit Geländewagen als auch mit Flugzeug, kombinieren oft Kunene mit der Skelettküste. Für Selbstfahrer würde sich gut eine Verbindung mit Damaraland eignen, doch am besten wenn mindestens ein Monat dafür Zeit ist.

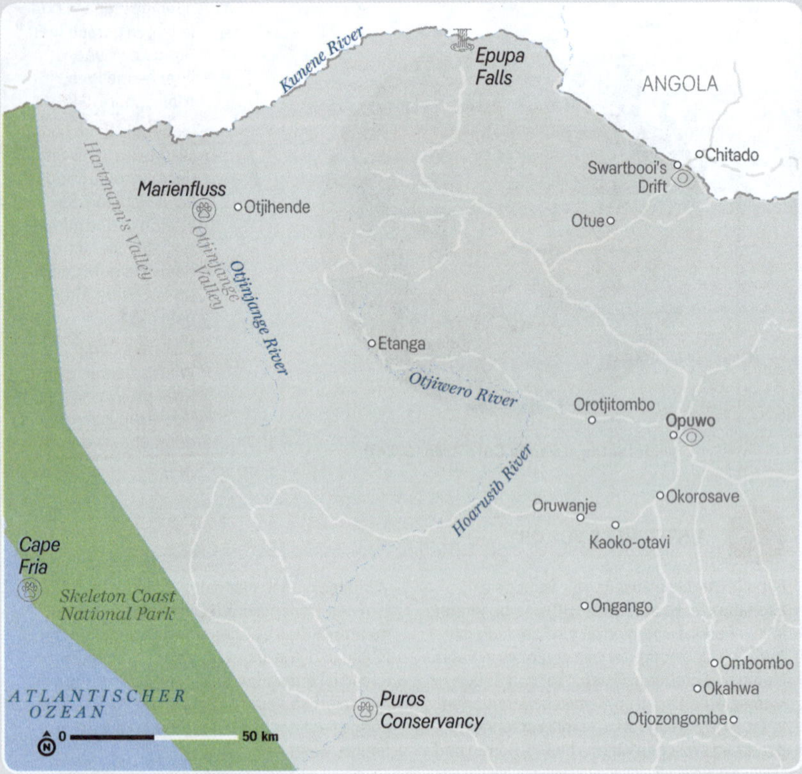

R.M. NUNES/SHUTTERSTOCK ©

Himba-Frauen

Das Kernland der Himba besuchen

HEIMAT DER HIMBA

Die Grenzstadt **Opuwo** ist die Hauptstadt der Kunene-Region und der inoffizielle Sitz von Namibias Himba-Volk. Auch wenn die Stadt das Flair eines staubigen Außenposten hat, fühlt es sich nach einer langen Reise echt gut an, angekommen zu sein. Opuwo ist auch einer der besten Plätze, um in einer natürlichen Umgebung mit den Himba in Kontakt zu treten, ihre Kultur und ihr Alltagsleben kennenzulernen und zu verstehen, welchen Schwierigkeiten sie gegenüberstehen. Es lohnt sich einige Tage zu bleiben, um all dies zu verarbeiten und zu erfahren, wie das Leben an einem so einsamen Ort ist. Ein guter Startpunkt für die Organisation von Ausflügen, u.a. zu den nahen Himba-Dörfern, ist das **Kaoko Information Centre** an der C41 am Südostrand der Stadt, wo lokale Führer vermittelt werden. Für Selbstfahrer ist es eine tolle Option 40 km auf der C43 nach Norden zu fahren und mit den Himba Zeit im **Ovahimba Living Museum** zu verbringen; in der Nähe liegt der **Omungunda Campsite**.

Namibias Himba leben halbnomadisch; traditionellerweise ist ihre Basis ein *onganda* (Kleines Dorf), sie wandern, wenn es nötig ist, Zugang zu Wasser zu finden. Die Himba-Frauen

DIE HIMBA KENNENLERNEN

Wir fragten eine Gruppe Himba-Frauen nach ihren Empfehlungen für Besucher, welche die Himba-Kultur kennenlernen wollen. Hier sind ihre Vorschläge:

Nach der Ankunft in Opuwo erst mal eine Nacht schlafen. Am nächsten Tag 15 km auf der Etanga-Straße zum Dorf Ohungumure fahren. Dieser Besuch kann in Opuwo organisiert werden. Wer auch mehrere Nächte im Dorf verbringen möchte, ist willkommen. Vor der Abfahrt sollte man Vorräte für die eigenen Mahzeiten besorgen, dazu Zucker (5 kg), Maismehl (20 kg), Öl (5 l) und Kaffee als Geschenk. Bei der Ankunft um ein Gespräch mit dem Häuptling bitten. Man zeigt den Besuchern, wo man zelten kann. Außerdem kann man mit den Einwohnern ein gemeinsames Essen vereinbaren.

ÜBERNACHTEN RUND UM OPUWO

Ohakane Guesthouse
Gutes Preis-Leistungs-Verhältns für saubere Zimmer, einen Pool und Essen auf Nachfrage. **$**

Opuwo Country Lodge
Eine Mischung aus Zimmern, Camping, Ausflügen, Pool und weiten Blicken über das Tal. **$$**

Kaoko Mopane Lodge & Campsite
Etwa 5 km außerhalb der Stadt, mit luxuriösen Chalets, Camping und gutem Essen. **$$$**

sind bekannt für ihre ockerfarbene Creme, *otjize,* die aus Butterfett und Ockerpulver gemischt und dann zum Schutz und für Feuchtigkeit auf Haut und Haare aufgetragen wird. Feuer und Rauch haben einen hohen Stellenwert in der Himba-Kultur. Der Rauch, oft mit Kräutern versetzt, wird von den Frauen zur Reinigung verwendet. Er dient auch dazu, Gebete zum höheren Wesen, Mukuru, hinaufzutragen. In traditionellen Himba-Häusern gibt es fast immer ein heiliges Feuer, *okuruwo,* um die Verbindung zu den Vorfahren aufrechtzuerhalten.

CAPE FRIA

Etwa 150 km südlich des Kunene und der angolanischen Grenze befindet sich das abgelegene Cape Fria. Es ist eine karge, windgepeitschte Gegend und Heimat einer großen Kolonie des Südafrikanischen Seebären. Einige Touren zur Skelettküste legen hier einen Zwischenstopp wegen der berühmten **Steinkreise** ein, von denen man annimmt, dass sie Überreste von Unterständen sind, die von den Dauna-Daman oder Strandloper San vor mehr als 200 Jahren errichtet wurden.

An die Wüste angepasste Tiere im Puros Conservancy

WILDTIERE UND TIERSCHUTZINITIATIVEN

Etwa 120 km südwestlich von Opuwo und 100 km nordwestlich von Sesfontein ist die Siedlung **Puros** („Brunnen") und das umgebende Puros Conservancy. Die Ankunft in Puros kann wie das Ende der Straße und die Mitte des Niemandslandes erscheinen. Aber es ist ein friedlicher Ort und bringt zusammen mit Opuwo ein gewisses Abenteuergefühl, denn es ist auch der Ausgangspunkt für wunderbare Ausflüge: eine Fahrt nach Norden nach Kunene und in die weit nördlich gelegenen Ausläufer der Skelettküste und des Kunene River, oder es geht auf die nur für Allradfahrzeuge geeigneten Strecken über Orupembe zum Marienfluss Conservancy. Eine andere Art der Entdeckungsfahrt gibt es bei **Mabaruli Safaris** (mabaruli.com), die eine 15-tägige Radtour durch Puros und andere Gebiete der Kunene-Region und Damaraland bieten.

Die Gegend um Puros war auch lange Vorreiter in Namibia bei Gemeindeinitiativen zum Naturschutz und ist bekannt für die Versuche der Viehhirten, die bemüht sind ihre Herden mit der Population der Wüstenlöwen in Einklang zu bringen. Es gibt mehrere gute Unterkünfte – es lohnt sich hier zu übernachten, weil die lokalen Gemeinschaften davon profitieren

Das **Puros Conservancy** umfasst Teile der Trockenflüsse Hoarusib und Khumib, hier gibt es Wüstenelefanten zu sehen. Weiter draußen im Gebiet wurde auch über Löwen, Giraffen, Spitzmaulnashörner und sogar Leoparden berichtet. Etwa 10 km außerhalb der Stadt liegt ein **traditionelles Himba-Dorf**, das man besuchen kann.

Einsame Routen zu oasenähnlichen Fällen

WASSERFÄLLE AN DER ANGOLANISCHEN GRENZE

Der Kunene River ist an den **Epupa Falls** ein herrlicher Anblick, voller Gischt und kleinen Inseln, umgeben von verstreuten Affenbrotbäumen und gesäumt von einem dünnen Streifen

ÜBERNACHTEN IM PUROS CONSERVANCY

Puros Bush Lodge & Camp
Camping unter Kameldornbäumen und Selbstversorger-Chalets am Flussbett des Hoarusib. **$**

Okahirongo Elephant Lodge
Etwa 3 km westlich von Puros, mit Blick auf die einsame Landschaft; auch Fahrten zur Tierbeobachtung. **$$$**

Etaambura Camp
In Partnerschaft mit der Himba-Gemeinschaft geführt, mit herrlichen Ausblicken; 110 km nordwestlich von Puros. **$$**

MEADWAYK/SHUTTERSTOCK ©

Epupa Falls

Grüns. Er scheint, wie eine Oase, mitten in einer trockenen Region zu liegen, der grüne Streifen aus Doumpalmen und anderer Vegetation am Fluss bildet ein ruhiges Refugium. Es sollten wenigstens zwei Nächte hier eingeplant werden, um die Fälle zu besichtigen, die örtlichen Himba zu besuchen, die Vögel zu bewundern und nach Angola auf der anderen Seite des Flusses zu blicken. Die Fälle selbst erstrecken sich auf über 1,5 km und fließen über eine Reihe von Stufen, deren höchste 37 m hoch ist. Am schönsten sind die Fälle im März.

Wer von Ruacana zu den Epupa Falls fährt, kann die D3700 nehmen, die parallel zum Kunene verläuft. Je nach Jahreszeit sind Teile in annehmbaren Zustand, während auf den anderen Teilstrecken überflutete Rinnen und raues Terrain überwunden werden müssen. Die Gegend ist perfekt für Fahrten mit dem Geländewagen, Freunde von solchen Touren werden begeistert sein. Alle anderen können die einfachere Route nördlich von Opuwo nehmen. An der Uferstraße liegt der Kleine Außenposten **Swartbooi's Drift**; dort erinnert ein Monument an die Dorsland Trekkers, die auf dem Weg in ihre zukünftige Heimat Angola hier durchkamen. Am Weg gibt es auch einige abgelegene Camps, darunter das hübsche **Camp Cornie**, etwa 60 km flussabwärts von Swartbooi's Drift, mit Camping am Fluss und festen Zelten.

ÜBERNACHTEN AN DEN EPUPA FALLS

Epupa Camp
Schöne Lage am Flussufer unter Palmen, etwa 800 m flussaufwärts von den Fällen; mit Zeltzimmern, Stellplätzen, festen Zelten. **$$$**

Omarunga Lodge & Campsite
Der Besitz der Gondwana-Gemeinde-Partnerschaft liegt 200 m flussaufwärts von den Fällen und verfügt über gepflegte Stellplätze unter Palmen und ein Dutzend Luxus-Chalets. **$$**

Epupa Falls Lodge
In herausragender Lage mit Blick auf die Fälle, Camping und Bungalows am Fluss. **$$$**

TANKEN IN KUNENE

Opuwo
Die letzte verlässliche Tankstelle von Süden kommend.

Okongwati
In diesem abgelegenen Außenposten gibt es manchmal Treibstoff in Kanistern.

Ruacana
Die letzte Tankstelle auf dem Weg von Osten her.

ÜBERNACHTEN IM MARIENFLUSS CONSERVANCY

Okahorombo Community Campsite
In schöner Lage am Fluss unter Bäumen am Nordende des Otjinjange-Tals. $

Okahirongo River Camp
Ein luxuriöser Anwesen am Kunene am Eingang des Otjinjange-Tals, mit Flusskreuzfahrten und Spaziergängen. $$$

Serra Cafema
Am Kunene am Nordende des Hartmann's Valley gelegen, ist dies eines der wunderbarsten Safari-Erlebnisse Namibias. $$$

Kunenes nordwestliche Ecke

DAS WILDE HERZ VON KUNENE

Kunenes Nordwestecke, die an den Skeleton Coast National Park grenzt, umgibt das **Otjinjange (Marienfluss) Valley** im Osten und das **Hartmann's Valley** im Westen; dazwischen liegen die Hartmannberge. Dies ist das legendäre Kunene: raue Gipfel, versteckte Täler, Tiere, die eine Dürre überstehen, und verstreute Siedlungen der Himba, die auf dem Grasland ihr Vieh weiden lassen. Ein großer Teil des Gebiets ist Teil des **Marienfluss Conservancy** – eines der Juwelen Namibias. Hier ist die Reise genauso ein Erlebnis wie das Ziel.

Insgesamt sind ein solider Geländewagen, sehr viel Zeit und ausreichend Vorräte nötig. Es ist auch nützlich, sich mit jemandem auf den Weg zu machen, der die Gegend kennt und in einem Konvoi von wenigstens zwei Fahrzeugen zu reisen. Der Hauptweg zum Marienfluss Conservancy ist über die Red-Drum-Kreuzung etwa 35 km nördlich von Orupembe (das seinerseits etwa 100 km nördlich von Puros liegt) und den Otjihaa Pass. Es gibt eine weitere abenteuerlichere Route auf der Geländewagenstrecke von Opuwo über den steilen Van Zyl's Pass, der einen dramatischen Übergang bildet vom östlichen Hochland Kunenes zu dem grasbewachsenen Gebieten des Otjinjange-Tals. Achtung: Diese kurvenreiche Strecke (13 km) ist nicht für Wohnmobile geeignet, sie kann auch nur von Osten nach Westen befahren werden. Außerdem ist es nicht möglich, mit dem Auto direkt zwischen dem Marienfluss Conservancy und dem Skeleton Coast National Park zu verkehren.

UNTERWEGS VOR ORT

Die geteerte C41 führt von Outjo nach Opuwo, sodass Kunene sogar ohne Geländewagen zugänglich ist. Doch ab hier wird ein Fahrzeug mit Allradantrieb benötigt. In Otjikeze/Epembe, 73 km nordwestlich von Opuwo, führt eine Abzweigung nach Osten auf die D3701 60 km nach Swartbooi's Drift. Das ist der einfachste Zugangsweg zum Fluss, er ist auch für Normalfahrzeuge offen. Von Swartbooi's Drift ostwärts nach Ruacana geht es auch ohne Allradfahrzeuge mit hoher Bodenfreiheit. Aber die 93 km westwärts zu den Epupa Falls ist nur mit dem Geländewagen möglich.

Von Okongwati führt die Route nach Westen durch Etengwa entweder zum Van Zyl's Pass oder dem Otjihaa Pass. Von Okauwa zur Straßengabelung in Otjitanda, dem *kraal* (Dorf) eines Himba-Häuptlings, geht die Fahrt nur langsam voran. Am Weg lohnt ein Stopp am Ovivero Dam. Von Otjitanda aus erreicht man das Otjinjange Valley und das Hartmann's Valley, indem man an der Drei-Wege-Kreuzung inmitten der Onjuva Plains, 12 km nördlich von Orupembe, nach Norden abbiegt. An der T-Kreuzung in Red Drum geht es nach rechts ins Otjinjange und nach links ins Hartmann's. Westlich dieser Kreuzung und 17 km von Red Drum führt eine gute Straßen südwärts nach Orupembe, Puros (nur wenn der Hoarusib trocken ist) und weiter nach Sesfontein. Alternativ kann man von Opuwo auf der D3703 nach Westen fahren, die 105 km nach Etanga führt; 19 km hinter Etanga folgt eine Kreuzung; auf das Zeichen (weiße Vögel) achten. Dort fährt man nordwärts gen Otjitanda (27 km) oder südwärts zum Otjihaa Pass und Orupembe.

SKELETT-KÜSTE

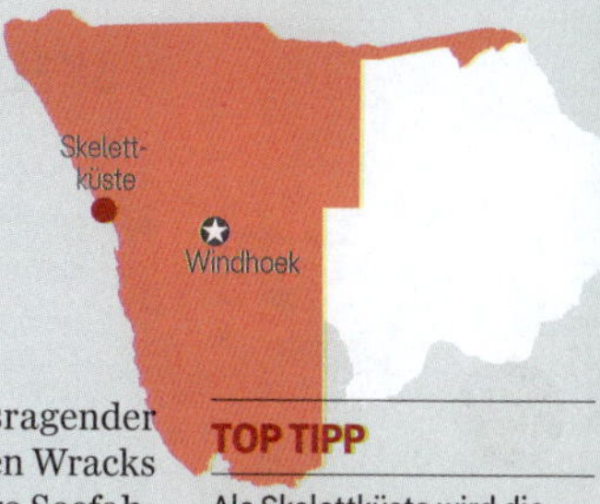

Die Skelettküste ist karg, trostlos und von herausragender Schönheit. Die trügerische Küste, die von verrostenden Wracks übersät ist, war lange Zeit ein Grab für unvorsichtige Seefahrer. Frühe portugiesische Seefahrer nannten sie As Areias do Inferno („Sand der Hölle"), wurde ein Schiff erst einmal an den Strand gespült, war das Schicksal der Mannschaft besiegelt. Es ist eine der unwirtlichsten Gegenden der Welt und gleichzeitig eine der großartigsten. Auf den ersten Blick wirkt die Landschaft kahl, doch es gibt überraschenderweise Leben. Angler schwärmen von den fischreichen Gewässern, Schabrackenschakale jagen am Strand und Hyänen heulen im Nebel. Man sollte hierherkommen, um ein einzigartiges Zusammenwirken von Ozean und Wüste zu erleben, einen Platz, an dem die Einsamkeit eine ganz andere Dimension annimmt – ein faszinierendes Naturerlebnis.

TOP TIPP

Als Skelettküste wird die Nordküste Namibias bezeichnet, die von Swakopmund bis zur Grenze zu Angola reicht (inkl. Dorob und dem Skeleton Coast National Park). Für die Durchquerung des Dorob National Park gibt es keine Auflagen. Für alle Besuche im Skeleton Coast National Park (dem Gebiet von Ugab im Norden bis zum Kunene River) muss eine Genehmigung beantragt werden.

KERTU/SHUTTERSTOCK ©

DOROB NATIONAL PARK

Henties Bay gehört zum Dorob National Park, einem „Mehrzweckpark", der zum Schutz des Ökysystems der Küste geschaffen wurde, aber auch Gelegenheit zu den verschiedenen Freizeitaktivitäten bietet, für die dieser Teil Namibias bekannt ist. Der Küstenstreifen nördlich von Swakopmunds über Henties Bay und weiter bis zum Ugab River ist vor allem bei vielen Anglern beliebt, die hier versuchen, Salzwasserfische wie Galeonenbarsche, Marmorbrassen, Adlerfische und Sägebarsche fangen. Es gibt viele niedrige Häuschen, die in gewissen Abständen voneinander stehen – es sind Toiletten für Angler und Camper. An der Küste von Dorob ist auch Surfen möglich. Die besten Breaks gibt es weiter südlich bei Donkey Bay (Walvis Bay).

Angeln in Henties Bay

STRANDSPAZIERGÄNGE UND ANGELN

Von Brandberg oder Spitzkoppe führen gute Kiesstraßen zur Küste direkt bei **Henties Bay** und bieten ruhigere Alternativen zur stark befahrenen B2 nach Swakopmund. Henties Bay ist ein beliebter Stopp bei Anglern und in der Saison sieht man überall Fahrzeuge aus denen Angelruten ragen. Hauptattraktionen für Nichtangler sind die unaufgeregte Atmosphäre und der lange breite Strand, perfekt für Spaziergänge. Etwa 14 km südlich ist das Wrack der *Zeila* deutlich zu sehen; sie lief 2008 hier auf Grund. Es gibt ein gutes **Tourist Centre** an der Ecke Nickey Iyambo St und Jakkalsputz.

Die Seebären von Cape Cross

ROBBEN, ROBBEN UND NOCH MEHR ROBBEN

Da ist zuerst der Geruch, dann die Geräusche und dann sind die Robben selbst da – Tausende von ihnen, wo immer man hinschaut, Die bekannteste Brutkolonie der Südafrikanischen Seebären an der Küste Namibias ist hier, im **Cape Cross Seal Reserve**, wo die Populationen dick und fett geworden sind, weil der kalte Benguela-Strom reichlich Fisch bringt. Der Anblick von mehr als 100 000 Seebären, die am Strand in der

TIERWELT DER SKELETTKÜSTE

Löwen
Wüstenlöwen streifen durch ein großes Gebiet, auch an der Küste, wo sie Robben und Vögel jagen.

Elefanten
Sind am häufigsten an den Trockenflüssen im Park anzutreffen.

Schabrackenschakale und Schabrackenhyänen
Häufig gesichtet, vor allem bei der Beutejagd an der Küste.

Sonne liegen und in der Brandung herumtollen, ist grandios. Allerdings muss man den Gestank und das mitunter ruppige und streitlustige Verhalten der Seebären in Kauf nehmen. Am besten ein Taschen- oder Halstuch zum Bedecken der Nase mitbringen und unbedingt beachten, dass die niedrige Barriere zwischen dem Beobachtungsbereich und den Felsen, auf denen die Kolonie liegt, nicht überstiegen werden darf – zum Schutz der Beobachter und der Seebären.

Im Anschluss kann man einen kurzen Spaziergang über den Strand machen, wo der portugiesische Entdecker Diego Cão, der erste Europäer, der Namibia betrat, 1485 einen 2 m hohen *padrão* (Stele mit Kreuz, ein Tribut an den portugiesischen König João II.) errichtete. 1893 entfernte ein deutscher Seemann das Denkmal und brachte es nach Deutschland. Im folgenden Jahr gab Kaiser Wilhelm II. die Herstellung einer Nachbildung in Auftrag. Das Kreuz steht noch immer dort, neben einem zweiten Kreuz aus Dolerit, das 1980 an der Stelle errichtet wurde, an der Cãos ursprüngliches Kreuz stand.

Am Eingang zu Cape Cross gibt es ein kleines Informationszentrum und Souvenirverkäufer.

Wellen & Wildnis an der Skelettküste

UNVERGESSLICHE AUSBLICKE AUF MEER UND WÜSTE

Das Herz der Skelettküste ist der **Skeleton Coast National Park**, der an der Mündung des Ugab River, 110 km nördlich von Cape Cross beginnt. Ein nebelverhangenes Gebiet mit brechenden Wellen und wogenden Dünen, das an den Angel-Außenposten von **Torra Bay** und **Terrace Bay** vorbeiführt, durch immer entlegeneres Gelände bis zu den Sandbänken und Wasserwegen des Kunene-Deltas.

Hier kommt man nur mit einer geführten Tour hin, per Auto oder per Flugzeug. **Karibu Namibia Safaris** veranstaltet ausgezeichnete mehrtägige Ausflüge per Auto (im Allgemeinen 7–10 Tage) durch den Skeleton Coast National Park bis zur angolanischen Grenze, Auch zum Wrack der *Dunedin Star* (S. 255). Bei der Durchquerung trockener Flussbetten und der Fahrt durch Dünen gibt es einige großartige Momente, bevor der fantastische Augenblick kommt, wenn das Kunene-Delta sich unter den Reisenden ausbreitet. Während der Fahrt zeigen sich die Geheimnisse der Wüste, wenn es durch abgelegene Gegenden geht, in denen oft Tiere der Wüste unterwegs sind. Die Touren sind teuer, aber in diesen Landschaften unterwegs zu sein, ist ein unvergessliches Erlebnis. Flugsafaris bietet die alteingesessene Firma **Skeleton Coast Safaris**.

Für alle Parkbesuche ist eine Genehmigung erforderlich. Kostenlose Transiterlaubnisse gibt es an den beiden Zugängen

SÜDAFRIKANISCHE SEEBÄREN

In den Gewässern des südlichen Afrika gibt es verschiedene Robbenarten, doch außer den gelegentlichen Besuchern aus der Antarktis und von den subantarktischen Inseln, ist der Südafrikanische Seebär die einzige heimische Art an der südlichen Küste. Die große Population ist auf nur 25 Kolonien verteilt; zu einigen von ihnen, wie am Cape Cross gehören mehr als 100 000 Tiere. Die Südafrikanischen Seebären sind trotz der großen Kolonien nicht besonders gesellig; zur Fortpflanzungszeit finden sie sich an der Küste des Festlands ein, hier gibt es mehr Schutz vor Beutegreifern. Einzelne Tiere sind an Land im Wesentlichen Einzelgänger, die ständig ihr kleines Revier verteidigen. Außer bei den Jungtieren, die auf einer Art „Spielplatz" miteinander herumtollen, sind die meisten Interaktionen in der Kolonie agressiver Natur. Es bieten sich außergewöhnliche Möglichkeiten zur Beobachtung des Verhaltens.

ÜBERNACHTEN & ESSEN IN HENTIES BAY

Desert Rose
Bequeme Selbstversorger-Unterkunft in Zwei- und Dreizimmer-Apartments mit Blick auf den Strand. **$$**

Desert Rendezvous
Selbstversorger-Apartments und ein Zimmer, aber keine Mahlzeiten. Der Besitzer hilft beim Planen von Ausflügen. **$**

Fishy Corner
Köstliche Meeresfrüchte, dazu Burger und Hähnchen. **$$**

DIE SKELETTKÜSTE ERLEBEN

Elago Negumbo arbeitet als freiberuflicher Tourguide, mit speziellen Kenntnissen zur Skelettküste, wo er viele Touren für Karibu Safaris geführt hat. Hier gibt er Besuchern einige Einblicke. Facebook @elago.negumbo

Eine der Hauptattraktionen der Skelettküste ist die Vielfalt der Landschaft, vor allem der Felsformationen zwischen Torra Bay und Kunene. Hier zählt die Einsamkeit und das Gefühl, Millionen von Jahren in der Zeit zurückzureisen. An der Skelettküste ist man gezwungen, den Augenblick zu leben. Die Tierwelt ist eine weitere Attraktion. Die Gegend ist so trostlos, dass man sich beim Anblick von Tieren fragt, wie sie hier überleben können. Trockenflüsse und Nebel sind wichtig für die Grundversorgung der meisten Wildtiere.

CEZARY WOJTKOWSKI/SHUTTERSTOCK ©

Wrack der *Eduard Bohlen*

zum Skeleton Coast National Park, **Ugabmund** im Süden und **Springbokwasser**, östlich von Torra Bay. Wer in Torra Bay oder Terrace Bay übernachten will, muss im Voraus bei NWR in Windhoek buchen. Etwa 4 km hinter Terrace Bay gibt es eine Schranke. Weite Bereiche des nördlichen Parkteils hinter diesem Tor gehören zu einer exklusiven Tourismus-Konzession und können nur als Teilnehmer einer organisierten Geländewagen- oder Flugsafari besucht werden.

Auf der Suche nach Schiffswracks

SKELETTE AUS DER VERGANGENHEIT

Obwohl es über Jahrhunderte unzählige Schiffbrüche an der Skelettküste gegeben hat, sind nur wenige zu sehen, dank der Kraft von Wind, Meer und Sand. Die Mühe lohnt sich, wenigstens einige übrig gebliebene Spuren zu suchen.

Die *Eduard Bohlen* lief 1909 etwa 60 km südlich von Sandwich Harbour (S. 271) auf Grund, sie hatte Geräte für die Diamantenminen im Süden geladen. Jetzt liegt sie einige hundert Meter von Meer entfernt, teilweise von Sand überdeckt. Etwa 100 km nördlich von Lüderitz, an der malerischen Spencer Bay und direkt nördlich der verlassenen Bergwerksstadt Saddle Hill, liegt das Wrack der *Otavi*. Das Frachtschiff strandete

ÜBERNACHTEN AM CAPE CROSS

Cape Cross Lodge
Diese bequeme Einrichtung befindet sich in herrlicher Lage, die Aussicht ist unschlagbar. **$$$**

Cape Cross Lodge Campsite
Camping mit Stromanschluss, fließend Wasser und Sanitärräumen, aber kein Blick aufs Meer. **$**

Seal Reserve Campsite
Einfaches Camping ohne fließend Wasser und Stromanschluss, aber mit herrlicher Aussicht. **$**

1945 infolge eines starken Sturms und liegt am Rand des Wassers, umgeben von einer Robbenkolonie. Diese Wracks können mit organisierten Touren ab Walvis Bay und Lüderitz besucht werden oder bei einer mehrtägigen Fahrt mit dem Geländewagen zwischen Lüderitz und Walvis Bay (S. 294).

Weit im Norden, direkt an der angolanischen Grenze, liegt das Wrack der *Dunedin Star*, die 1942 auf Grund lief. Das Schiff war auf dem Weg von Großbritannien ums Kap der Guten Hoffnung in den Nahen Osten, mit Passagieren und Soldaten. Alle Passagiere und die Hälfte der Mannschaft erreichten das Land auf einem Beiboot, bevor es am Strand zerschellte. Nach einigen Tagen trafen Rettungsschiffe ein und nahmen den Rest der Besatzung auf, doch sie erreichten die Menschen am Strand nicht. Es folgten Rettungsversuche, auch aus der Luft, doch alle scheiterten. Die Geschichte endete für die Überlebenden erst rund einen Monat später dank der Hilfe eines Konvois, der von Windhoek aus über Land geschickt wurde. **Wild Expeditions** (www.wild-exp.com) und **Route Africa Expeditions** (simon@routeafricaexpeditions.com) organisieren Touren nach Kunene, darunter auch zum Wrack der *Dunedin Star*. Hintergrundinformation zur *Dunedin Star* liefert Jeff Dawson in *Dead Reckoning: The Dunedin Star Disaster*.

CHRISONTOUR84/SHUTTERSTOCK ©

Wrack der *Dunedin Star*

TOP-UNTERKÜNFTE IM SKELETON COAST NP

Terrace Bay
Ein Anglercamp mit Chalets oberhalb des Strands, einem Restaurant, einem Laden und Treibstoff. **$$**

Torra Bay Campsite
Ein Camp am Meer (Dez.–Jan. geöff.) mit Treibstoff, Brennholz und Wasser, fllankiert von Sicheldünen. **$**

Shipwreck Lodge
Die einzige dauerhafte Unterkunft im Nordteil des Parks, mit luxuriösen Chalets 2,5 km vom Strand entfernt, dazu Quadfahrten und Ausflüge. **$$$**

Hoanib Skeleton Coast Camp
Abgelegener Luxus und Romantik am Ende der Welt. Das Camp liegt 45 km von der Küste entfernt in den Bergen. **$$$**

UNTERWEGS VOR ORT

Hinter Henties Bay gibt es an Namibias Nordküste keine öffentlichen Verkehrsmittel. Man braucht ein eigenes Auto, das Gebiet noch weiter nördlich – ab Terrace Bay – kann nur als Teil einer organisierten Geländewagen-Tour oder eine Flugsafari besucht werden. Die Küstenstraße C34 besteht teilweise aus Salz, ist aber im Allgemeinen in ausgezeichnetem Zustand. Mit einem normalen Fahrzeug kommt man ganzjährig bis Ugabmund, und meist noch weiter bis Terrace Bay, obwohl ein Geländewagen bequemer ist und Abstecher von der Hauptstraße ermöglicht. Wer von Norden kommt, nimmt die C43 Richtung Süden ab Palmwag, dann geht es auf der C39 nach Westen. Achtung: Motorräder sind im Skeleton Coast National Park nicht erlaubt.

Das Ugabmund Gate ist für alle Besucher 7.30–15 Uhr offen, für die Ausfahrt bis 19 Uhr. Das Springbokwasser Gate ist für Besucher mit einer Buchung in Torra Bay oder Terrace Bay 7.30–17 Uhr offen, für den Transit 7.30–15 Uhr (Ausfahrt bis 19 Uhr). Wer von Westen kommt und die Abkürzung nicht schafft, findet in Springbokwasser einen kleinen Campingplatz. Achtung: Eine Transitgenehmigung erlaubt nur die Fahrt zwischen den zwei Toren, nicht weiter nach Torra Bay und Terrace Bay.

SWAKOPMUND

Zwischen Wüstendünen und Atlantikwellen gelegen, ist Swakopmund eines der bedeutenden Reiseziele in Namibia. Es ist zugleich Namibias Abenteuerhauptstadt, ein surreales koloniales Relikt und eine lebhafte afrikanische Stadt, halb Reiseziel und halb Startpunkt für die Erkundung der Skelettküste und der Namib. Mit seiner deutschen Architektur, der Promenade am Meer und der Gemütlichkeit erinnert Swakopmund, vor allem außerhalb der Saison, an einen Badeort an der deutschen Nord- oder Ostseeküste. Aber die Stadt ist auch zutiefst afrikanisch und ihre vielseitigen Vorzüge bewirken, dass die meisten hier länger bleiben als geplant. Außer den Aktivitäten für Adrenalin-Junkies, für die Swakopmund bekannt ist, bietet die Stadt auch großartige Möglichkeiten, die hiesige Kultur kennenzulernen und die Wüstenlandschaft der Umgebung zu erkunden.

TOP TIPP

Die Innenstadt von Swakopmund ist relativ kompakt und kann gut zu Fuß durchstreift werden. Die Gegend um die Mole ist der Hauptanziehungspunkt für Besucher, mit einem Museum, einer Strandpromenade und einer Reihe von Hotels und Restaurants. Direkt südöstlich davon liegt das Stadtzentrum mit Läden und weiteren Hotels und Speiselokalen.

FIVEPOINTSIX/SHUTTERSTOCK ©

Swakopmund

HIGHLIGHTS
1 Jetty

SEHENSWERTES
2 Alte Kaserne
3 Kristall Galerie
4 Mole
5 National Marine Aquarium
6 Swakopmund Museum & Bookstore

SHOPPEN
7 Craft Market
8 Karakulia Weavers

Kulturtouren in Mondesa

EINTAUCHEN IN DIE LOKALE KULTUR

Fast zwei Drittel von Swakopmunds Bevölkerung leben in **Mondesa**, einer früheren Township, direkt nordöstlich des Stadtzentrums; sie stammt aus der südafrikanischen Zeit. Ein Besuch ist der totale Gegensatz zu Swakopmunds sonstigem Image, eine gute Gelegenheit, um das heutige Swakopmund und seine Menschen besser zu verstehen. Es gibt unterschiedliche Wege, aber die meisten geführten Touren dauern 3–4 Stunden und umfassen das Verkosten einheimischer Gerichte, ein Treffen mit den Bewohnern von Mondesa, das Zuhören bei einer Choraufführung, den Besuch von Gemeinschaftsprojekten und Information über einheimische Bräuche. Manche schließen auch Kochstunden ein, dabei lernt man beliebte Gerichte wie *oshifima (pap)* und *mahangu* (Hirsebrei) zuzubereiten; es gibt auch die Möglichkeit eines der traditionellen Restaurants zu besuchen.

Mit Voranmeldung ist auch der Besuch im Friedhof am Südostrand von Swakopmund möglich, wo ein Gedenkstein an die zahlreichen Nama und Herero erinnert, die in den Jahren zwischen 1904 und 1908 bei dem Aufstand gegen die deutsche Kolonialherrschaft und im darauffolgenden Völkermord ihr Leben verloren.

GUTE CAFÉS & PUBS IN SWAKOPMUND

Village Cafe
Frühstück, Sandwiches und gute Atmosphäre im Stadtzentrum. $

Raith Gourmet
Eiscreme und Gebäck sind die Highlights; oben und unten Sitzplätze. $$

Bojo's
Leichte Mahlzeiten und süße Leckereien, darunter vegane Plätzchen. $

Bar Zonder Naam
Legeres Weinlokal mit leckerem Essen. $$

PREISWERT ÜBERNACHTEN IN SWAKOPMUND

Seaview Backpackers
Ein ordentlicher, familienfreundlicher Ort, unweit vom Strand und Stadtzentrum. $

Desert Sky Backpackers
Zentral gelegen mit bequemer Lounge, Picknickplatz und kostenlosem Kaffee. $

Salty Jackal Backpackers & Surf Camp
Gemütliche, zentrale Unterkunft für Backpacker; verleiht auch Surfausrüstung. $

MARCIN SYWIA CIESIELSKI/SHUTTERSTOCK ©

SCHON GEWUSST?
Swakopmunds Dünen sind ständig in Bewegung, sie bewegen sich bis zu 2 m und mehr pro Jahr.

HIGHLIGHT

Abenteuer-Aktivitäten

Ob beim Aufsteigen in die Luft, beim Absteigen oder beim Gleiten über eine Düne, Swakopmund ist Namibias Hauptstadt in Sachen Abenteuersport und eines der Topziele im südlichen Afrika für Extremsport-Fans. Obwohl zu Beginn der Adrenalinschub die meisten Gäste anlockt, ist es der fantastische Kontrast zwischen den brechenden Atlantikwellen, die unmittelbar in sanfte Dünen übergehen, und der kargen Wüste, der den dauerhaftesten Eindruck hinterlässt.

JAHRESZEITEN
Abenteuer-Aktivitäten sind ganzjährig im Angebot, aber die Anbieter nach der besten Jahres- und Tageszeit befragen.

Sandboarding

Eine der beliebtesten Aktivitäten ist Sandboarding (Bild oben). Das alteingesessene **Alter Action Sandboarding** bietet eine Auswahl an Snowboards oder gewachste Bretter aus Masonit; wer Erfahrung mit Snowboarden oder Surfen hat, sollte die stehende Variante ausprobieren. Man bekommt ein Snowboard, Handschuhe, Schutzbrille und genügend Wachs, um eine glatte Fahrt zu sichern. Es werden nicht die gleichen Geschwindigkeiten wie auf Schnee erreicht, aber es ist ein einzigartiges Erlebnis eine Düne hinabzugleiten. Auch schmerzt ein Sturz auf Sand weniger als einer auf Schnee. Das Sandboarding im Liegen ist einfacher, macht aber genauso viel Spaß. Touren beginnen morgens und dauern etwa vier Stunden. **Desert Explorers**, am südlichen Stadtrand, ist ein weiterer Anbieter von Sandboarding, oftmals in Kombination mit Quadfahren: eine Fahrt durch die Dünen, die mit etwa einer Stunde Sandboarding endet.

Fatbike-Fahren & Reiten

Swakopmund Fat Bike Tours, an der Hendrik Witbooi St im Stadtzentrum, organisiert Spaß und umweltbewusste Radtouren in den Dünen hinter Swakopmund, ebenso weiter entfernt bei Sandwich Harbour. Zusätzlich zu den Standard-Fatbikes gibt es einige E-Bikes – eine angenehme Hilfe bei der Fahrt die Dünen hinauf, bevor es zur Küste runter geht. Die Guides der Firma geben zahlreiche Informationen zur örtlichen Flora und Fauna. Die meisten Guides haben bei den Touren einen Magneten dabei, um den Eisengehalt des Sandes zu demonstrieren.

Etwa 12 km östlich von Swakopmund an der D1901 liegen die **Okakambe Stables**, die auf Reitausflüge und Trekking in der Wüste spezialisiert sind. Die deutsche Besitzerin sorgt gut für die Pferde. Für größere Gruppen und längere Touren gibt es Preisnachlässe. Für erfahrene Reiter können mehrtägige Touren organisiert werden. Kurze Ausritte sollten einen Tag vorher angefragt werden, mehrtägige Touren mindestens eine Woche zuvor.

Fallschirmspringen & Panoramaflüge

Ground Rush Adventures bietet die Möglichkeit einen Blick von oben auf Swakopsmunds Kontrast zwischen Dünen und Ozean zu werfen. Das Abenteuer beginnt mit einer 25-minütigen Rundflug in einer Cessna, mit weitem Blick auf die Küste, bevor der Sprung erfolgt.

Harmloser ist ein Panorama-Rundflug über das Sossusvlei und die Küste. Mehrere Firmen, darunter **Sossusfly** und **Scenic Air**, bieten Flüge mit fantastischen Ausblicken auf die Atlantikküste und das Landesinnere. Die Flüge gehen über die Dünenlandschaften, die Salzpfannen, Sandwich Harbour, das Sossusvlei und noch weiter. Da ein großer Teil der namibischen Südatlantikküste am Boden nicht zugänglich ist, bietet sich aus der Luft eine tolle Möglichkeit einen Blick darauf zu werfen. Die Preise beginnen bei 3000 N$ pro Person für einen einstündigen Rundflug und bei 5000 N$ für einen Zwei-Stunden-Flug, einschließlich Sossusvlei, für eine Fünfergruppe. Allgemein lässt sich sagen, das eine größere Gruppe und ein längerer Flug ein besseres Preis-Leistungs-Verhältnis versprechen. Wenn das Wetter es erlaubt, starten die Flüge ganzjährig zu jeder Tageszeit, am späten Nachmittag ist die Gefahr von Nebel geringer.

Panoramaflug

LEO BECCOR/SHUTTERSTOCK ©

RUND UM SWAKOPMUND

Swakopmund ist auch ein guter Ausgangspunkt, um das zentrale Namibia zu erkunden. Zu den beliebten Zielen gehören Cape Cross (S. 252), Walvis Bay (S. 267) und der Namib-Naukluft (S. 272). Außer den im Folgenden genannten Anbietern gibt es auch **Charly's Desert Tours**, **Ocean Adventures** und **Turnstone Tours**; sie alle können Abenteuer-Aktivitäten in Swakopmund organisieren.

TOP TIPPS

- Bei Sandboarding im Liegen unbedingt darauf achten, das vordere Ende des Boards immer hochzuhalten, damit es sich nicht im Sand festfährt.
- Die meisten Aktivitäten werden ganzjährig angeboten. Es lohnt sich, zu warten, bis der Nebel sich lichtet, um die besten Ausblicke von den Dünen aufs Meer zu haben.

SPEEDSHUTTER PHOTOGRAPHY/SHUTTERSTOCK ©

Swakopmund Museum

Besuch in den Museen von Swakopmund

HAIE, KRISTALLE UND HISTORISCHE ARTEFAKTE

Wenn das Wetter zu schlecht ist, um draußen zu sein, lohnt es die Museen von Swakopmund zu besuchen. Das **Swakopmund Museum**, am Fuß des Leuchtturms, liegt an der Stelle eines alten Lagerhauses am Hafen, das 1914 durch einen Schuss von einem britischen Kriegsschiff zerstört wurde. Es bietet eine bunte Mischung von Vitrinen, die eine große Bandbreite an Themen abdecken, darunter die Geschichte und Ethnologie Namibias, die heimische Flora und Fauna, eine rekonstruierte Zahnarztpraxis und Apotheke; desweiteren Uniformen des Kamelkorps und die sogenannten Shell-Möbel, die in der Depression der 1930er-Jahre aus Benzin- und Paraffinkanistern gemacht wurden.

Einige Blocks südlich und direkt am Wasser liegt das **National Marine Aquarium**. Es ist zwar klein, aber es bietet eine interessante Einführung in das Leben im kalten Wasser des südatlantischen Ozeans. Den stärksten Eindruck hinterlässt ein Tunnel durch das größte Becken, der Blicke aus der Nähe auf Rochen, Haie und andere Meerestiere ermöglicht. Fütterung ist täglich um 15 Uhr (Di, Sa & So mit einem Taucher).

DIE MARTIN LUTHER

An der Sam Nujoma Ave, 4 km östlich der Stadt, ist das kleine **Martin Luther Museum**, in dem eine alte Dampflokomotive steht. Die Maschine wurde 1896 aus Deutschland importiert, um die Ochsenwagen zu ersetzen, die bis dahin die Fracht zwischen Swakopmund und dem Landesinneren transportierten. Doch die Einweihung verzögerte sich und der Ingenieur kehrte nach Deutschland zurück, ohne die Funktionsweise zu verraten. Ein Goldsucher brachte sie zum Laufen, doch sie verbrauchte viel Wasser. Bei der Jungfernfahrt kam sie in Swakopmund zum Stehen, wo sie heute noch ist. Sie bekam den Namen *Martin Luther,* bezogen auf den Ausspruch des Reformators (1521): „Hier stehe ich. Ich kann nicht anders. Gott helfe mir. Amen."

PREISWERT ÜBERNACHTEN IN SWAKOPMUND

The Residence
In der Villa Wiese, gutes Preis-Leistungs-Verhältnis. **$**

Dunedin Star Guesthouse
Belebte, aber zentrale Lage und saubere preiswerte Zimmer. **$**

Alte Brücke
Bequemes Camping auf Gras mit heißem und kaltem Wasser in Sanitärräumen, dazu Zimmer. **$**

SPAZIERGANG DURCHS ZENTRUM VON SWAKOPMUND

Das Zentrum von Swakopmund kann gut zu Fuß entdeckt werden. Start ist am **1 Alten Gefängnis** (Nordring St). Das Hauptgebäude dieses imposanten Komplexes von 1909 beherbergte nur Personalwohnungen, die Gefangenen wurden in weniger opulenten Quartieren untergebracht. Südwestlich davon ist der reich verzierte **2 Bahnhof**, der 1901 für die Strecke Swakopmund-Windhoek errichtet wurde. Als der Eisenbahnverkehr 1910 eingestellt wurde, diente das Gebäude als Haltepunkt für die Bergbaubahn zwischen Swakopmund und Otavi. Bei der Ecke Woermann und Moltke St liegt das neoklassizistische **3 Deutsche-Afrika Bank Building** (1909), heute eine Filiale der Bank of Windhoek. Nicht weit davon ist das 1905 im Barockstil als Hotel erbaute **4 Hohenzollern Building** (Libertine Amathila St). Das ungewöhnliche Dekor wird von einem Atlas aus Fiberglas bekrönt, der die Erdkugel trägt. Das nächste Gebäude ist das **5 Woermannhaus** (Bismarck St), das 1905 als Hauptbüro für die Damara & Namaqua Trading Company entstand. In den 1920ern wurde es als Schlafsäle für eine Schule verwendet, später diente es als Hostel für die Handelsmarine. Nördlich davon liegt das **6 State House** (Kaiserliches Bezirksgericht; Daniel Tjongarero St). 1902 wurde es als Bezirksgericht gebaut, heute ist es die Residenz des Präsidenten in Swakopmund. Weiter nördlich ragt der Giebel des **7 Alten Amtsgerichts** (Ecke Garnison und Bahnhof St) von 1908 auf, erbaut als Privatschule. Heute sind städtische Büros darin. Der Spaziergang endet an Swakopmunds **8 Leuchtturm** (Strand St); 1902 war er 11 m hoch, 1910 kamen 10 m hinzu.

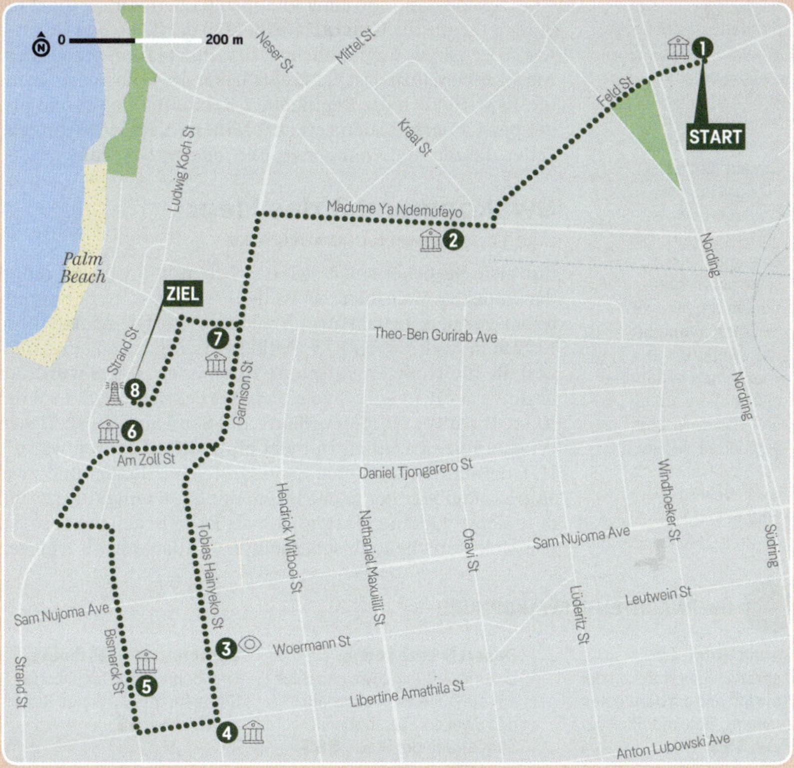

IMAGEBROKER.COM/SHUTTERSTOCK ©

Mole, Swakopmund

EINE KURZE GESCHICHTE

Die Anfänge der modernen Stadt Swakopmund liegen Ende des 19. Jhs., als die ersten Siedler aus Deutschland kamen. Das erste Gebäude, das 1892 gebaut wurde, war die **Alte Kaserne** an der Anton Lubowski St. Die ersten Bürgerhäuser wurden in Deutschland vorgefertigt und per Schiff geliefert. 1909 erhielt Swakopmund das Stadtrecht. Da das nahe gelegene Walvis Bay 1878 von der britisch kontrollierten Kapkolonie annektiert worden war, blieb Swakopmund der einzige Hafen in Deutsch-Südwestafrika und wurde so bekannter, als es seine schlechten Bedingungen rechtfertigten. Während des Zweiten Weltkriegs unter südafrikanischer Verwaltung ließ man den Hafen versanden, während die Schifffahrt sich nach Walvis Bay verlagerte.

Ein Spaziergang von einer knappen halben Stunde führt ins Stadtzentrum zur **Kristall Galerie** in der Theo Ben Gurirab Ave. Hier gibt es unglaubliche Kristallformationen zu sehen. Am faszinierendsten ist der größte bekannte Quarzkristallcluster. Es wird auch die Replik einer Kristallhöhle präsentiert, der benachbarte Laden verkauft Minerale, Kristallschmuck, Teller, Tassen und Weingläser, alle lokalen Ursprungs.

Swakopmund & das Meer

GISCHT, SCHWIMMEN UND AUSBLICKE

Für viele Besucher spielt sich das Leben in Swakopmund in der Nähe der Mole oder des Wellenbrechers statt, der unmittelbar vor dem Leuchtturm ins Meer ragt. Die **Mole** wurde 1899 vom Architekten F. W. Ortloff entworfen, um eine Anlegestelle für große Frachtschiffe zu schaffen. Dabei wurde allerdings der Benguela-Strom nicht berücksichtigt, der vor der Küste Richtung Norden verläuft und Sand aus den südlichen Wüsten mit sich führt. In nicht einmal fünf Jahren war die Hafeneinfahrt durch eine Sandbank verschlossen und zwei Jahre später war der ganze Hafen mit Sand aufgefüllt; es bildete sich ein kleiner Strand, der als Palm Beach bekannt ist. Die Mole dient heute Fischerbooten und Jachten als Anleger.

ÜBERNACHTEN IN SWAKOPMUND

Strand Hotel
Mehrstöckiges Hotel an der Mole mit extrem bequemen Zimmern, viele mit Blick aufs Meer. **$$$**

Desert Breeze Lodge
Luxuriöse Bungalows und Blick auf die Dünen von oberhalb des Swakop-Flussbetts am Südostrand der Stadt. **$$$**

Cornerstone Guesthouse
Eine behagliche, familiengeführte Institution einige Blocks vom Strand. **$$**

Das teilweise geschützte Wasser ist auch ein beliebter Platz zum Schwimmen.

Etwa 700 m südlich der Mole liegt Swakopmunds **Anleger**, der 1905 als Landungsbrücke für Fracht- und Passagierschiffe gebaut wurde. In den folgenden Jahren wurde der hölzerne Anleger von schwerer See und Holzwürmern beschädigt, sodass 1911 die Konstruktion eines 500 m langen eisernen Anlegers begann. Als Südafrika Swakopmund besetzte verlor der Hafen seine Bedeutung und trat in den Schatten des Hafens von Walvis Bay. Die alte hölzerne Pier wurde 1916 abgerissen und die eiserne Pier blieb den Elementen überlassen. Heute ist der Anleger für die Restaurants an seinem Anfang und seinem Ende bekannt. Das **Jetty Mile Schwimmen im Meer** findet alljährlich am 27. Dezember statt.

Kunsthandwerk & Shoppen in Swakopmund

PERLEN UND KÖRBE

Von Straßenständen, die namibisches und simbabwisches Kunsthandwerk verkaufen, über Boutiquen bis zu Buchhandlungen ist Swakopmund ein entspannter und lohnender Ort zum Bummeln und Kaufen. Man beginnt bei den Händlern am **Kunsthandwerksmarkt** an den Stufen hinter dem Leuchtturm und bei der Mole. Mit etwas Geduld lassen sich gute Stücke entdecken. Eines der schönsten Souvenirs – man sieht es vielerorts in Namibia – ist die geschnitzte Nuss der Doumpalme. Die Schnitzer personalisieren ihr Werk blitzschnell mit dem Namen des Käufers.

Das empfehlenswerte **Cosdef Arts & Crafts Centre** unterstützt einheimische Kunsthandwerker und Arbeitslose, indem es ihnen eine Ausstellungsmöglichkeit bietet. Die Qualität ist hoch und die Message lautet, dass in den örtlichen Gemeinschaften auf Nachhaltigkeit gesetzt werden soll. Wer sich für Kunsthandwerk interessiert, sollte unbedingt hierherkommen. Das Centre liegt nordwestlich des ersten Kreisverkehrs, wenn man nach Swakopmund hineinfährt, bei der Abzweigung zum Flughafen. Es hat während der normalen Geschäftszeiten geöffnet.

Karakulia Weavers (Rakotoka St) ist eine Teppichfabrik, die originale, wunderschöne afrikanische Matten, Teppiche und Wandbehänge aus Karakulwolle herstellt und bei Führungen das Spinnen, Färben und Weben zeigt. **Trendhaus**, in einem Hof an der Tobia Hainyeko St, ist ein Zentrum für namibisches Kunsthandwerk. In der **Buchhandlung des Swakopmund Museum** findet man eine gute Auswahl an Büchern über Namibia, darunter auch seltene Ausgaben,

DIE BESTEN ANBIETER VON KULTURTOUREN IN SWAKOPMUND

Die Anbieter holen die Gäste vom Hotel ab.

Hafeni Cultural Tours
Mit einem Stopp im Hafeni Traditional Restaurant. Auch Besuche der Kuisebmond Township in Walvis Bay und bei der örtlichen Topnaar-Gemeinschaft können organisiert werden (hafenictours@gmail.com).

Mondesa Township Tours
Schwerpunkt ist das Kennenlernen der Einheimischen und ihrer Lebensweise (www.mondesatownship.com).

Swakop Cultural Tours
Kulturtouren per Rad, dazu Spaziergänge im Zentrum (www.empiresafaris.com).

Hata Angu Cultural Tours
Mit einem Stopp in einer *shebeen* (Bar) und dem Besuch eines Kräuterkundigen (hataangu@gmail.com).

ÜBERNACHTEN IN SWAKOPMUND

Swakopmund Guesthouse
Zentral gelegene, gut ausgestattete Pension mit Solarenergie. **$$**

Atlantic Villa
Helle Zimmer in der Nähe eines beliebten Surfplatzes am Strand nördlich der Stadt. **$$**

Hotel Pension à la Mer
Gut ausgestattete, gut gelegene Zimmer direkt beim Strand in der Nähe des Anlegers. **$$**

BFRANOIS/SHUTTERSTOCK ©

Radspinne

NAMIBIAS LITTLE FIVE

Namibias an die Wüste angepassten Little Five (die lokale Version der Big Five der Safaris):

Düneneidechsen
Mit seiner spatenförmigen Schnauze buddelt sich das Tier rasch in den Sand.

Namibgecko
Dank der Schwimmhäute an den Füßen kann dieser Gecko auf Sand laufen oder sich dort einbuddeln.

Radspinne
Es ist faszinierend zu sehen, wie sie sich aufrichtet und „tanzt", wenn sie bedroht ist.

Zwergpuffotter
Auf auf die typischen S-förmigen Spuren dieser Schlange achten.

Namaqua-Chamäleons
Ein guter Platz, um diese Meister der Camouflage zu beobachten, sind die Kiesebenen östlich von Swakopmund.

während **OTB Sport** der ideale Platz ist, um Neoprenanzüge fürs Surfen zu leihen oder zu kaufen und Ausrüstung für alle sportlichen Aktivitäten in Swakopmund zu bekommen.

Namibias Litt le Five

DIE WÜSTE KENNENLERNEN

Wenn man gegen Abend startet, um die Kiesebenen östlich von Swakopmund zu erkunden, leuchtet der Horizont im Westen in Rot- und Orangetönen, bevor die Sonne untergeht und sich der Nachthimmel mit tiefem Blau und Purpur auf die Landschaft legt. Wenn sich die Augen an die Dunkelheit gewöhnt haben, sieht man, wie das Land zum Leben erwacht: Riesenkrabbenspinnen versuchen tanzend, Beutegreifer abzuschrecken, ein Dünengecko gräbt sich mit seinen Füßen mit Schwimmhäuten in den Sand ein und die Panzer von Skorpionen leuchten im UV-Taschenlampenlicht des Guides. Willkommen bei den Kontrasten und Wundern der Namib-Wüste, wo scheinbar kahles Land nur so von Leben wimmelt und die erstaunlichsten Kreaturen in der rauen Natur gedeihen.

Die Wüstentiere Namibias haben sich auf faszinierende Weise angepasst. Der Nebeltrinker-Käfer etwa stellt sich auf den Kopf, sodass Tropfen des Nebels sich sammeln und an seinem

ESSEN IN SWAKOPMUND

Gabriele's Italian Pizzeria
Dieses Lokal serviert wohl die beste Pizza, drinnen oder draußen. **$$**

Hafeni Traditional Restaurant
Oshingali (Augenbohnen) und andere lokale Leckereien in diesem Lokal in Mondesa. **$**

Fish Deli
Ein ordentliches Lokal mit Sushi und gut zubereitetem Fisch und Meeresfrüchten. **$$**

Körper hinunter in seinen Mund laufen, während sich die Gürtelechse eingräbt, um nicht gefressen zu werden. Mehrere Anbieter – darunter **Living Desert Adventures**, **Tommy's Tours and Safaris** und **Batis Birding Safaris** – haben Erkundungsgänge im Programm (2–4 Std.); sie finden am Tag oder am Abend statt. Leidenschaftliche Vogelbeobachter sollten die **Batis Birding Safaris** nicht versäumen, kenntnisreich geführte Ganz- oder Halbtagestouren auf der Suche nach der scheuen Rotdünenlerche, der Karoo-Eremomela usw.

Besuch bei Schlangen

NAMIBVIPERN UND PUFFOTTERN

Vor einer Tour in die Wüste lohnt sich ein Stopp in Swakopmunds kleinem **Living Desert Snake Park**. Hier gibt es all die Geschöpfe, denen man bei der Erkundung von Namibias Wüstenwegen nicht gern begegnen möchte. Der Besitzer ist eine unerschöpfliche Quelle an Informationen über Schlangen, aber auch Skorpione, Spinnen und andere verkannte Tiere.

Erkundung der Mondlandschaft

SZENEN EINER ANDEREN WELT, FLECHTEN UND WELWITSCHIEN

Etwa 40 km südöstlich von Swakopmund liegt ein großer Bereich erodierter Hügel und Täler, die als **Moon Landscape** (Mondlandschaft) bekannt sind. Am schönsten ist die Kulisse um die **Goanikontes Oasis**, die den Swakop River säumt, umgeben von großartigen Wüstenbergen. Hier ist ein idealer Stopp für Familien und Mountainbiker, mit Bungalows (Nr. 9 ist direkt in den Fels gebaut), einem Restaurant, Nutztieren und die Möglichkeit zur Erkundung. Etwa 5 km von Goanikontes an der D1991 gibt es mehrere Aussichtspunkte.

Ebenfalls in dieser Gegend ist der **Welwitschia Drive**, eine 120 km lange Schleife, die von der Kreuzung der C28 und der D1991 durch Wüstenebenen und an einigen großartigen Exemplaren der *Welwitschia mirabilis* vorbeiführt. Diese bizarre Pflanze, die bis zu 2000 Jahre alt werden kann, besitzt nur zwei lange lederige Blätter, die auf den Seiten eines korkartigen Stängels wachsen. Mit der Zeit werden die Blätter in der Sonne dunkler und werden vom Wind in Streifen gerissen, sodass die Pflanze einem gigantischen welken Kopfsalat ähnelt. Poren in den Blättern sammeln die Feuchtigkeit und längere Blätter bewässern die Wurzeln, indem sie Tropfen auf den umgebenden Sand leiten.

Welwitschia Drive liegt im Namib-Naukluft National Park (S. 272), dafür braucht man im Voraus eine Genehmigung vom Büro des Umwelt- und Tourismusministeriums in

DESERT DASH

Jedes Jahr Anfang Dezember ist der Strand vor Swakopmunds Platz-am-Meer-Mall die Ziellinie für das 393 km lange, 24-Stunden-Radrennen **Nedbank Desert Dash** – das in einer Etappe von Windhoek zur Küste führt. Das Rennen, das Hunderte Fahrer – lokale und internationale – anzieht, beginnt am Nachmittag in Windhoek mitten im Sommer. Die Radfahrer kämpfen mit der Hitze und dem Gegenwind, während sie auf den 2050 m hohen Kupferberg an Windhoeks Südrand hinaufstrampeln und danach südwestlich durch die Wüste; dabei geht es durch Teile des Namib-Naukluft National Park und von Swakopmunds Moon Landscape. Die schnellsten Fahrer kommen meist noch vor der Dämmerung ans Ziel. Es ist ein anstrengendes Event, und selbst für Nichtteilnehmer lohnt es sich zu kommen und den Start an der C26 zu sehen, bevor es zum Kupferberg hinaufgeht.

ESSEN IN SWAKOPMUND

Tiger Reef
Snacks und Deftiges. Großartige Sicht auf den Sonnenuntergang gibt es auf der Terrasse über den Wellen. **$$**

Kücki's Pub
Herzhafte Fleisch- und Fischgerichte gibt es in diesem geselligen pubähnlichen Lokal. **$$**

Jetty 1905
Fisch, Meeresfrüchte und Fleisch schmecken köstlich, aber Highlight ist die Lage am Ende des Anlegers. **$$$**

Swakopmund. Für einen Besuch der Goanikontes Oasis benötigt man keine Genehmigung. Für die gesamte Strecke sollte ein halber Tag eingeplant werden, einschließlich der 13 markierten Stopps an der Route. Leider sind die großen Flechtenfelder, für die diese Gegend einst bekannt war, inzwischen sehr verkleinert. Man kann auch nur die Teilstrecke bis Goanikontes fahren und dort einen Lunch-Stopp einlegen, allerdings kommen die schönsten Welwitschien erst später.

Den Steilhang runter

ATEMBERAUBENDE AUSBLICKE AUF DIE KLIPPEN

In Namibia ist die Reise ein großer Teil des Abenteuers und die Reise nach Swakopmund bildet keine Ausnahme. Von Windhoek aus gibt es drei Hauptstrecken, die über das Zentralplateau zur Küste hinabführen. Die schnellste und befahrenste Route ist die voll asphaltierte über die Highways B1 und B2 (365 km). Wer eine tolle Landschaft sehen und den Lkw-Verkehr meiden will, sollte stattdessen die C28 oder die längere C26 in Betracht ziehen. Beide sind größtenteils Schotterpisten und kaum befahren – gerade mal ein paar Autos am Tag.

Die 325 km lange **C28** führt aus Windhoek hinaus, vorbei am Daan Viljoen Game Reserve und hinauf in die Khomas Highlands, wo der Weg durch offene Hochlandsavanne und vorbei an Gästefarmen führt, bevor es über den Bosua Pass steil zur Namib-Ebene hinuntergeht. Anschließend wird die Abzweigung zur Moon Landscape und zur Goanikontes passiert, bevor die Straße nach Nordwesten nach Swakopmund verläuft.

Die 385 km Route über die **C26** und C14 ist genauso malerisch, vor allem beim Gamsberg Pass, wo die Bergkämme bis zum Horizont verlaufen. Von Windhoek geht es auf der C26 den Kupferberg hinauf zum weiten Panorama der Khomas Highlands, bevor der Gamsberg erreicht wird. Kurz vor dem Pass steht ein Hinweisschild für das **High Energy Stereoscopic System (HESS) Observatory** auf der Farm Göllschau; dort nützen Astronomen Namibias dunklen, klaren Himmel. Das Zentrum kann nur nach vorheriger Vereinbarung besucht werden. In der Nähe liegt **Hakos Guestfarm** mit kleineren Teleskopen und Observatorien, ein Ziel von Amateurastronomen. Weiter geht es zum Kuiseb Pass und von dort hinunter ins Kuiseb-Tal und in die Ebene; dann auf die C14 für das letzte Stück nach Walvis Bay und weiter nach Swakopmund.

Obwohl beide, die C28 und die C26 durch den Namib-Naukluft National Park führen, wird eine Genehmigung nur benötigt, wenn man die Hauptstraßen verlassen möchte.

NASHÖRNER IN SWAKOPMUND?

Lange dachte man, dass der Name Swakopmund („Mündung des Swakop") von den Nama-Wörtern *tsoa* („Hintern") und *xoub* („Exkrement") kommt, wegen der großen Mengen an Schlamm, die sich nach Regen in der Flussmündung finden. Eine andere Theorie besagt, dass der Name auf die San-Wörter *xwaka* („Nashorn") und *ob* („Fluss") zurückgeht – das ist nicht so weit hergeholt, wie es sich anhört, denn in der Mündung des Kuiseb River nahe Walvis Bay wurden versteinerte Nashorn-Fußspuren gefunden. Der Herero-Name für Swakopmund lautet Otjozondjii, d.h. „Platz der Muscheln des Häuptlings".

UNTERWEGS VOR ORT

Swakopmund ist kompakt genug, dass man ohne Auto zurechtkommt. Ausflüge in die Umgebung können über die vielen Touranbieter der Stadt arrangiert werden. Den Verleih von Fahrrädern gibt es bei Swakopmund Fat Bike Tours. Zwischen Windhoek und Swakopmund, verkehren täglich mehrere Shuttles in alle Richtungen (4½ Std., etwa 280 N$ für die einfache Fahrt); z.B. mit Carlo's Shuttle, Welwitschia Shuttle oder McClune's Shuttle Service. Die meisten verkehren auch weiter bis nach Walvis Bay.

WALVIS BAY

Walvis Bay ist eine Hafenstadt, die durch ihre bezaubernde Lage an einer Lagune und die Naturschönheiten in der Umgebung besticht. Der Hafen verdankt seine Existenz einer langen sandigen Landzunge, die ins Meer hineinragt und einen natürlichen Wellenbrecher bildet, der die Stadt vor der starken Brandung schützt. Wegen des Hafens wurde Walvis Bay lange als strategisch wichtig betrachtet. Es wurde 1795 von der britischen Kapkolonie beansprucht und 1878 formal von Großbritannien annektiert. 1910 wurde es Teil der neuen Union of South Africa. 1994 wurde die namibische Flagge gehisst.

Walvis Bay hat zwar nicht so viele Attraktionen für Adrenalinjunkies wie Swakopmund, es kommen auch nicht so viele Besucher, aber es ist ein entspannter Ort und ein guter Platz für Vogelbeobachter. Die Atmosphäre von Walvis Bay erlebt man am besten am Ende der Atlantic St und an der Esplanade.

TOP TIPP

Ausflüge von Windhoek oder Swakopmund aus führen ans Wasser, dann kann man zu Fuß an der Esplanade entlangspazieren. Hier gibt es auch die meisten Hotels und Restaurants. Pelican Point liegt auf der anderen Seite der Bucht am Ende einer Landspitze und ist mit einem Boot oder mit einem Geländewagen über die Straße zu erreichen, die an den Salzwerken vorbeiführt.

DOMINIQUE DE LA CROIX/SHUTTERSTOCK ©

Pelikane, Walvis Bay

HIGHLIGHTS
1 Lagoon
2 Walvis Bay

ESSEN
3 Anchors@The Jetty
4 Godenfang Restaurant

AUSGEHEN
5 Dolphins Coffee Shop

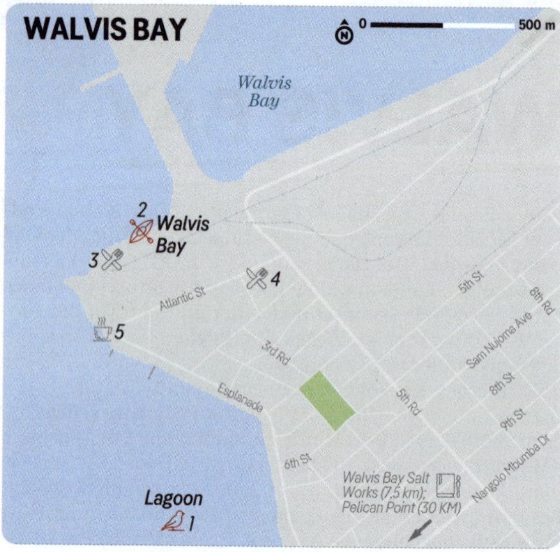

DAMARASEE-SCHWALBE

Während der Brutsaison zwischen November und März sind etwa 90 % der weltweiten Population der Damaraseeschwalbe an der Küste von Zentralnamibia; die Chancen stehen sehr gut, diese kleinen, eleganten Vögel an der Pelican Point zu sehen. Aufgrund ihrer geringen Größe können sie Nahrung nicht über weite Strecken transportieren und so müssen sie immer in der Nähe ihrer Nahrung bleiben (Krabben und Fischlarven). Sie kehren meist jedes Jahr zu denselben Brutplätzen zurück, doch wenn es gestört wird, verlässt das Vogelpaar das Nest. Am besten Off-Road-Fahren vermeiden!

Seekajak- & und Bootfahren in Walvis Bay

VÖGEL, ROBBEN UND GISCHT

Einen guten ersten Eindruck von Walvis Bay bietet eine der morgendlichen Seekajak-Touren. Man lernt die Kolonie der Südafrikanischen Seebären von Walvis Bay kennen, sieht Pelikane, Flamingos und Damaraseeschwalben auf der windgepeitschten Sandbank namens **Pelican Point**, direkt gegenüber dem Hafen von Walvis Bay. Kajakfahren findet immer am Morgen statt, wenn das Wasser am ruhigsten ist. Während der Fahrt zum Startpunkt gibt es Erläuterungen zur Natur und Fauna. Auf dem Wasser ist es in der Regel kalt, also warm anziehen. Allerdings liefern alle Anbieter wasserdichte Overalls; hinterher gibt es heißen Tee. Oft schwimmen Robben rund um die Boote. Sie kommen nah heran und springen manchmal sogar aufs Kajakende.

Alternative kann man sich auf einer kleinen Tour ab dem Jachthafen in der frischen morgendlichen Luft oder im sanften Licht des Sonnenuntergangs in ein Wunderland voller Vögel und Meerestiere begeben. Auf dem Weg zur Pelican Point schwimmen Robben vorbei und mit etwas Glück sind Delfine zu sehen. Flamingos und Pelikane sind fast immer da. Im offeneren Wasser ist der Wind stärker, aber die meis-

ESSEN IN WALVIS BAY

Dolphins Coffee Shop
Dieses gemütliche Café am Wasser ist bei den Einheimischen besonders am Morgen beliebt. **$**

Anchors@The Jetty
Gastliche Atmosphäre, Blick aufs Wasser sowie leckere Salate und Meeresfrüchte. **$**

Godenfang
Gut zubereiteter Fisch und Meeresfrüchte, manchmal Livemusik und eine legere Atmosphäre. **$$**

ten Anbieter haben Jacken dabei und auf den meisten Booten gibt es einen Schutzschirm. Die Touren dauern normalerweise etwa drei Stunden.

Eco-Marine Kayak Tours, **Mola Mola Safaris** und **Sandwich Harbour 4X4** organisieren Seekajak- und Bootstouren.

Flamingo Lagoon

SCHAREN VON FLAMINGOS

Mit ihrem flachen Wasser und der geschützten Lage zieht die Lagune von Walvis Bay eine Reihe von Küstenvögeln an. Es ist ein schöner Platz, der sich am besten bei einem Bummel entlang der Esplanade genießen lässt, beginnend an der Endstation Atlantic St. Weiter nach Südwesten liegen die **Walvis Bay Salt Works**, erkenntbar am rosa Wasser und großen Haufen von rauem Salz, das fast vollständig nach Südafrika und noch weiter exportiert wird. In den Pfannen konzentriert sich durch Verdunstung das Salz aus dem Meerwasser, die typische rosa Farbe kommt durch eine Betakarotin produzierende Mikroalge.

In den Pfannen leben viele Garnelen und Fischlarven, sie bilden zusammen mit der Lagune einen Teil des wichtigsten Küstenfeuchtgebiets im südlichen Afrika für Zugvögel. Bis zu 150 000 geflügelte Saisongäste legen alljährlich hier einen Stopp ein. Am bemerkenswertesten sind die großen Scharen von Rosa- und Zwergflamingos, die dem Ganzen eine wunderbare Schönheit verleihen. Gegen Ende der Regenzeit, meist im Februar, wenn es im nördlichen Namibia Wasser im Überfluss gibt, ziehen die Flamingos zum Brüten in die Etosha-Pfanne. Außer den Flamingos finden sich an der Lagune von Walvis Bay auch Fahlregenpfeifer und Sichelstrandläufer ein, ebenso die Damaraseeschwalbe, die gerne auf Kiesflächen nistet, weit weg von Schakalen und Hyänen.

CLAUDE HUOT/SHUTTERSTOCK ©

Flamingos an der Walvis Bay

ÜBERNACHTEN IN WALVIS BAY

Oyster Box Guesthouse
Ein Boutiquehotel an der Lagune mit zeitgenössischem Design, steifen Laken und weichen Kissen. $$

Lagoon Loge
Das von Franzosen geführte Hotel hat eine leuchtend gelbe Fassade, heitere Zimmer und den Blick aufs Wasser. $$

Lagoon Chalets & Caravan Park
Saubere Chalets mit gutem Preis-Leistungs-Verhältnis, ein Schlafsaal und Camping nur 500 m von der Lagune. $

Protea Hotel Walvis Bay
Efeuberankte Spaliere und von Bougainvilleen bedeckte Paneele geben diesem Hotel am Wasser eine heimelige Atmosphäre. $$

Langholm Hotel
Persönliche Atmosphäre und leckeres Essen. Viele Stammgäste. $$

Pelican Point Lodge
Luxus-Lodge am Pelican Point; inmitten der Natur von Walvis Bay. $$$

UNTERWEGS VOR ORT

Walvis Bay erstreckt sich über mehrere Kilometer, daher ist ein Auto sehr hilfreich. Delly Shuttles & Tours, geführt von der freundlichen, großartigen Delly, ist eine der wenigen Frauen, die Touren in dieser Gegend im Programm hat; sie bietet einen Shuttle-Service und Ausflüge in und um Walvis Bay sowie Swakopmund an. Kajaks und Fatbikes sind mit die beste Art, um die vielen Naturschönheiten von Walvis Bay zu erkunden.

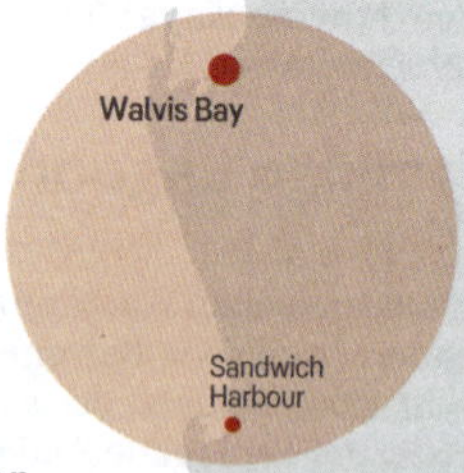

Rund um Walvis Bay

Herrliche Seeluft, hohe Sanddünen direkt an der Meeresküste und zahllose Vögel.

Walvis Bay ist auf allen Seiten von großartigen Naturschönheiten umgeben. Vor allem im Osten und Süden, wo beeindruckende Dünen und die Wüste sich erstrecken. An der Küste etwa 56 km südlich der Stadt liegt Sandwich Harbour, seine wilde Landschaft wird von Dünen bestimmt, die zu den als Ramsar-Gebiete anerkannten Feuchtgebieten der Küste und zum offenen Ozean hin abfallen. Weiter südlich, hinter Sandwich Harbour, liegt das Herz der früheren Diamond Area Nr. 2. Lange Zeit war die Gegend wegen des Diamantenbergbaus gesperrt. Heute führt eine für Geländewagen offene Straße, die Walvis Bay und Lüderitz verbindet, hindurch – allerdings nur im Rahmen einer organisierten Tour.

TOP TIPP

Alle Ausflüge über Walvis Bay hinaus müssen von Touranbietern organisiert werden; unabhängige Besuche sind nicht erlaubt. Sandwich Harbour ist Teil des Namib-Naukluft National Park; Touranbieter besorgen die nötigen Genehmigungen.

REPINA VALERIYA/SHUTTERSTOCK ©

Sandwich Harbour

Dünen & Meer in Sandwich Harbour

WACHSENDE DÜNEN UND KÜSTENFEUCHTGEBIETE

Die **Namib Sand Sea** trifft auf das Meer in **Sandwich Harbour**, 56 km südlich von Walvis Bay. Über 100 m hohe Dünen säumen das Wasser, Wellen strömen in eine schöne, vogelreiche Lagune. Namibias Volk der Topnaar Nama gehörte zu den Ersten, die diese Schönheit schätzten, obwohl es hier wahrscheinlich weniger Siedlungen gab als weiter nördlich am Kuiseb-Delta nahe Walvis Bay. 1486 landete hier der portugiesische Entdecker Diego Cão, im 19. Jh. war hier ein kleiner Fischerei- und Handelshafen. Heute sind die Einsamkeit von Sandwich Harbour, die reiche Vogelwelt und die raue Wildnis die Hauptattraktionen. Als eines von vier ausgewiesenen Ramsar-Gebieten in Namibia wird die Lagune von Sandwich Harbour als eines der wichtigsten Feuchtgebiete für Wasservögel im südlichen Afrika betrachtet; man schätzt die Gesamtzahl in einigen Jahren auf 200 000 Vögel.

Das Beste bei einem Besuch in Sandwich Harbour ist einfach hier zu sein, umgeben von Natur und Schönheit. Ausflüge hierher dauern einen halben Tag, einschließlich der abenteuerlichen Rückfahrt über die Dünen. Wer nicht so viel Zeit in einem Auto verbringen möchte, schließt sich einer Fahrradtour an, die von **Swakopmund Fat BikeTours** angeboten wird. Dazu gehören rund drei Stunden (16–18 km) Radfahren durch Sand und Dünen (E-Bikes sind nicht zu empfehlen). Vor einer Tour, ob mit dem Geländewagen oder dem Rad, sollten die Gezeitenpläne gecheckt werden. Die Lagune ist nur bei Ebbe erreichbar. Zu anderen Zeiten führen die Touren zwar durch die Dünen, aber sie enden noch vor der Lagune.

DANIELOLYPRO/SHUTTERSTOCK ©

Fatbike

WURZELFLUSS

Der Trockenfluss Kuiseb entspringt in den Khomas Highlands westlich von Windhoek und fließt westwärts durch den Namib-Naukluft National Park zur Walvis Bay und zum Meer, er blockiert einige der Sanddünen auf ihrem gnadenlosen, vom Wind getriebenen Weg nach Norden. Mindestens seit Beginn des 19. Jhs. siedelte das Volk der Topnaar (Nama) am Unterlauf des Kuiseb, direkt südlich von Walvis Bay. Sie gruben dort Brunnen ins Flussbett, um Wasser zu finden und pflanzten Nara, eine Melonenart, die sich über ihre langen Wurzeln Feuchtigkeit aus der Tiefe holt. Der Name Kuiseb, der in der Sprache der Topnaar-Nama „Wurzelfluss" bedeutet, bezieht sich wohl darauf. Ausflüge zur **Topnaar-Kultur** im Kuiseb-Delta werden von den Touranbietern in Walvis Bay organisiert.

UNTERWEGS VOR ORT

Walvis Bay ist im Programm der meisten Touranbieter (S. 263) in Swakopmund; die Teilnehmer werden für die Tour nach Sandwich Harbour von ihren Hotels abgeholt. Zu den empfehlenswerten Anbietern für Sandwich Bay gehören Sandwaves; Sandwich Harbour 4x4; Eco-Marine Kayak Tours; Red Dune Safaris (auch Touren für Selbstfahrer) und Sandwich Dune Tours & Safaris. Viele haben auch Kombi-Touren, die mit einer Kajaktour am Pelican Point beginnen und mit einer Fahrt zum Sandwich Harbour fortgesetzt werden.

NAMIB-NAUKLUFT NATIONAL PARK

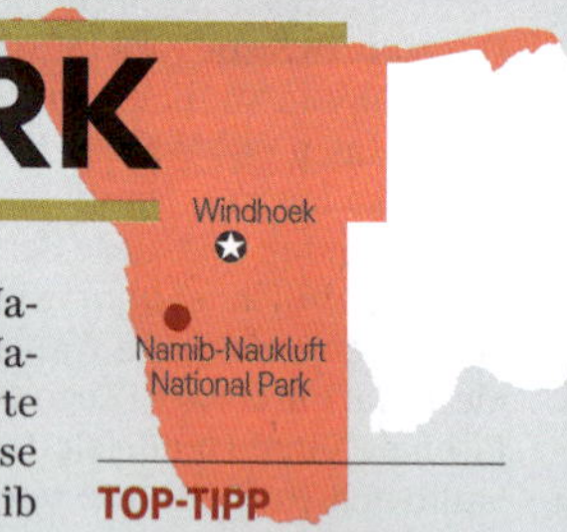

Von der Küste aus erstreckt sich über Zentralnamibia die Namib, eine der ältesten und schönsten Wüsten der Erde. Namib, ein Nama-Wort für „große trockene Ebene“, inspirierte den Namen des Staates. Zeitlose, epische Stille und endlose Weiten prägen diese Landschaft. Einen großen Teil der Namib nimmt der ca. 50 000 km² große Namib-Naukluft National Park ein, zu dessen bekanntesten Attraktionen das Sossusvlei zählt. Faszinierend sind auch die Naukluft Mountains am Nordostrand der Namib. In der Landschaft mit ihren Schluchten, Höhlen und Quellen leben Bergzebras, Kudus, Leoparden, Klippspringer und Springböcke. Einen kleineren Gebirgszug bilden die Tsaris-Berge im Süden. Im Südosten liegt das NamibRand Nature Reserve, das größte private Naturschutzgebiet im südlichen Afrika und ein wichtiger Wildtierkorridor. Den Nationalpark zu erleben, lohnt sich. Unterkünfte finden sich in reizvollen Lodges und Camps.

TOP-TIPP

Der Nationalpark nimmt den größten Teil von Zentralnamibia ein. Gute Ausgangspunkte sind Windhoek, Swakopmund, Walvis Bay und Lüderitz. Touren sind nur als Selbstfahrer oder mit einer geführten Tour möglich. Bedingungen: Allradfahrzeug, reichlich Wasservorrat und guter Orientierungssinn.

THOMAS NOITZ/SHUTTERSTOCK ©

Big Daddy Dune (S. 276)

HIGHLIGHTS
1 Deadvlei
2 Naukluft Mountains
3 Sossusvlei

SEHENSWERTES
4 Big Daddy Dune
5 Dune 45
6 Hidden Vlei
7 Sesriem Canyon

AKTIVITÄTEN & TOUREN
8 Namib-Naukluft National Park
9 NamibRand Nature Reserve

SCHLAFEN
10 Namibgrens Guest Farm
11 Solitaire Country Lodge

Deadvlei (S. 276)

FELIX LIPOV/SHUTTERSTOCK ©

Camping & ein Canyon

AUF GEHT'S ZUM SOSSUSVLEI

Etwa 300 km von Windhoek entfernt und am Ende der fast schnurgeraden D826 liegt Sesriem. Sein Name bedeutet „sechs Riemen" und geht zurück auf Siedlerzeiten: Sechs aneinander geknüpfte Lederriemen eines Ochsengeschirrs waren nötig, um einen Eimer mit Wasser vom Grund des nahen Canyons hochzuziehen. Der einsam gelegene, winzige Ort mit einer Tankstelle sowie einigen Camps und Lodges ist ein bequemer Ausgangspunkt für eine Tour zur Sossusvlei. Der 4 km weiter südlich gelegene **Sesriem Canyon** ist 3 km lang und 30 m tief und wurde im Lauf von 15 Mio. Jahren vom Tsauchab River in den Sandsteinfelsen „gefräst". Eine Wanderung durch den Canyon führt flussabwärts zu seinem unteren Ende und stromaufwärts zu einem Brackwasserbecken.

SPREETSHOOGTE PASS

Auf der Route über die C26 und D1261 von Windhoek in Richtung Solitaire und Namib-Naukluft liegt ca. 55 km vor Solitaire die **Namibgrens Guest Farm**. Hier gibt es: Campingplatz, Zimmer, Felsenpool, und einen Laden mit selbst gemachtem Brot und Schnaps. Nach weiteren 10 km folgt das Highlight dieser Route: der **Spreetshoogte Pass**, der steilste Pass Namibias. Auf einer Straßenlänge von nur 4 km überwindet er einen Höhenunterschied von 1000 m. Auf halber Strecke ist ein Campingplatz und nahe dem Gipfel ein Aussichtspunkt mit herrlichem Ausblick auf die Namib. Nach starken Regenfällen blüht und grünt es rund um den Pass traumhaft schön. Tipp: Fahrzeuge mit Anhänger schaffen den Pass nicht.

Sterne gucken in Solitaire

FATBIKES UND WÜSTENFLAIR

Solitaire liegt an der Kreuzung zweier Hauptstraßen 80 km nördlich von Sesriem und 230 km südwestlich von Windhoek. Die attraktive Siedlung mit ihren Lodges und anderen Gästeunterkünften eignet sich hervorragend als Startpunkt für Namib-Naukluft-Touren oder einfach als angenehmer Zwischenstopp. Die **Solitaire Country Lodge**, das wichtigste Anwesen in der Gegend, verleiht Fatbikes und verkauft den wahrscheinlich besten Apfelkuchen Namibias. Frühmorgens und abends fasziniert der Blick auf die blau schimmernden Naukluft Mountains und nachts scheint der Himmel seine Betrachter zu umarmen. Sterne und Planeten wirken unglaublich klar und zum Greifen nah. Entlang der C19 südlich der Stadt befinden sich einige große Nester der geselligen Webervögel.

Wandern in der Naukluft

MAGISCH SCHÖNE, ABER ANSPRUCHSVOLLE WANDERUNGEN

Topfit müssen Wanderer sein, um auf Bergtouren die Natur und Landschaft der Naukluft Mountains (kurz „die Naukluft") zu erkunden. Wunderschön und relativ einfach ist der 10 km lange **Olive Trail**. Er beginnt an dem Parkplatz 4 km nordöstlich der Hauptverwaltung (HQ) des Namib-Naukluft National Park (ca. 75 km südwestl. von Solitaire über die D854). Etwa 1 Stunde lang steigt der Weg steil an und führt mitten durch wilde (die namensgebenden) Olivenhaine. Danach folgen eine

ÜBERNACHTEN RUND UM DIE NAUKLUFT

Tsauchab River Camp
Camping und Chalets am Tsauchab River; hervorragende Möglichkeiten zum Radfahren und Mountainbiken. **$$**

Zebra River Lodge
Hübsche Unterkunft in den Tsaris Mountains, mit Campingplätzen, Felsenchalets und Wanderwegen. **$$**

Naukluft Campsite
Schattiger NWR-Campingplatz am Naukluft River; in der Nähe beginnen der Olive Trail und Waterkloof Trail. **$**

leichte Strecke mit weiten Ausblicken über das Naukluft Valley und ein schwieriger Abstieg in eine tiefe Schlucht: an Ketten, die in der Canyonwand verankert sind.

Anspruchsvoller ist der 17 km lange **Waterkloof Trail**, der unterschiedliche Landschaften durchquert. Die Tour (7 Std.) startet auf dem Naukluft-Campingplatz, 2 km westlich vom Park HQ. Anfangs verläuft der Weg am Naukluft River entlang, vorbei an Teichen mit quakenden Fröschen, wo ein kühlendes Bad gut tut. Auf halber Strecke steigt er steil bis auf ca. 1900 m Höhe an und eröffnet herrliche Ausblicke. Auf dem langen, steilen Abstieg wieder hinunter zum Naukluft River sind schwierige Felsen an Wasserfällen zu überwinden.

Besonders anspruchsvoll ist ein **120 km langer Rundweg**. Die Tour dauert acht Tage und erfordert täglich 7–9 Stunden Wandern und Klettern. Es gibt auch eine viertägige **60-km-Variante**. Lebenswichtig für alle Bergtouren: professionelle Wanderausrüstung und ausreichend Wasser (3–4 l pro Person und Tag). Wegen der extremen Sommerhitze sind die mehrtägigen Bergwanderungen nur von März bis Oktober möglich und müssen im Voraus über die NWR (Namibia Wildlife Resorts) organisiert werden.

KUISEB CANYON

Eine sehenswerte Felsformation ist der Kuiseb Canyon mit dem nur selten Wasser führenden Kuiseb River. Er verläuft westlich der Khomas Highlands am Gamsberg Pass entlang. In der Schlucht versteckten sich die deutschen Geologen Henno Martin und Hermann Korn im Zweiten Weltkrieg zwei Jahre lang. Davon erzählt Martin in seinem Buch „Wenn es Krieg gibt, gehen wir in die Wüste".

Grandiose Wüstenlandschaft

HOHE DÜNEN UND EIN WOLKENLOSER HIMMEL

Das **Sossusvlei** liegt ca. 65 km von Sesriem entfernt. Es ist eine große ephemere (zeitweise wasserführende) Salz-Ton-Pfanne. Umgeben ist das *vlei* von hohen ockerfarbenen Dünen, die in einen wolkenlosen blauen Himmel ragen. Der Wind verändert ständig die Form der Dünen und die Farben variieren mit dem wechselnden Licht. Als eine der kultigsten Attraktionen darf Sossusvlei auf der Must-see-Liste nicht fehlen. Die atemberaubende Kulisse und das überwältigende Gefühl von Raum und zeitloser Erhabenheit brennen sich in die Seele der Erinnerung. Selten kommt es vor, dass Regenfälle dem Tsauchab River genügend Volumen und Schwung verleihen, um sich über die durstigen Ebenen zum Sossusvlei zu schieben. Dann weicht der rissige, trockene Schlamm einem ätherisch blauen See, der Wasservögel, Spießböcke und Strauße anzieht, während rundherum üppiges Grün sprießt.

Von Sesriem nach Sossusvlei verläuft die Fahrt über die Zubringerstraße und endet für 2WD-Fahrzeuge nach 60 km auf dem ersten Parkplatz. Nur Allradradfahrzeuge (4WD) dürfen die letzten 4 km bis zum 4WD-Parkplatz fahren. Ansonsten geht es per Shuttle oder zu Fuß dorthin (viel Wasser mitnehmen). Stop-Tipp: 45 km von Sesriem entfernt befindet sich an der Straße die 150 m hohe **Dune 45** – hinaufsteigen lohnt sich.

ÜBERNACHTEN IM NAUKLUFTMASSIV

BüllsPort Guestfarm
Malerische Lage am Fuß der Naukluft und guter Ausgangspunkt für Wanderungen und Ausritte. **$$$**

Agama Lodge
Etwa 34 km nördlich von Sesriem, schöne, komfortable Zimmer, alle mit Zugang zu einer Dachterrasse. **$$$**

Moon Mountain
Zeltcamp an einem steilen Berghang abseits der C19 zwischen Sesriem und Solitaire. Tolle Sonnenuntergänge. **$$$**

EVENFH/SHUTTERSTOCK ©

Deadvlei

DÜNEN DER NAMIB

Der Wüstenwind treibt den bunt schillernden Quarzsand der Dünen in imposante, immer wieder wechselnde Formen. Das reicht von hohen, kompakten Sterndünen bis zu langen, wallartigen Querdünen, wie die Dünen an der Küste südlich der Walvis Bay, wo sie quer zu den vorherrschenden Südwestwinden verlaufen. Am stabilsten sind die Paraboldünen, da Bewuchs den Sand schützt. Die langen, geradlinig verlaufenden Seifdünen (Längsdünen) verändern sich hauptsächlich in der Höhe, wobei sie in der Namib eine Höhe von bis zu 100 m erreichen. Am stärksten bewegen sich (wandern) die Barchane (Sicheldünen) am Nordende der Skelettküste (Skeleton Coast) südlich von Lüderitz, wo die Winde nur aus einer Richtung kommen.

Versteinerte Baumskelette

SCHATTENRISSE IM DEADVLEI

Vielleicht noch spannender als Sossusvlei ist **Deadvlei**, eine Ton-Pfanne südwestlich vom Sossusvlei. Es ist nur knapp 1 m vom 4WD-Parkplatz entfernt (nur zu Fuß erreichbar). Aus der Senke ragen versteinerte Bäume, die scharfe Schatten auf die aus Sand gebackene Leinwand werfen. Ein Vergleich der beiden „Vlei-Szenerien“ unter dem kobaltblauen Himmel und inmitten hoch aufragender Dünen ist faszinierend. Doch einen besonderen Trumpf kann Deadvlei ausspielen: Big Daddy, mit 325 m die höchste Düne der Gegend. Im Sommer ist es ratsam, Deadvlei vor Sossusvlei zu besuchen, um Big Daddy zu besteigen, bevor die Sonne zu hoch steht.

Hidden Vlei ist eine kleine, unwirtliche Pfanne inmitten einsamer Dünen östlich vom Deadvlei. Am einfachsten zu erreichen ist sie vom 2WD-Parkplatz aus (einfache Strecke 4 km).

Im Ballon über die Namib

DIE WÜSTE VON OBEN SEHEN

Namib Sky veranstaltet Ballon-Safaris über die Wüste rund ums Sossusvlei. Lange vor der Morgendämmerung, noch in der Kälte der Wüstennacht, werden die Teilnehmer von ihrer

ÜBERNACHTEN RUND UMS SOSSUSVLEI

Sesriem Camp
Einfaches Camp im Nationalpark, oft überlaufen, ideal, um am Sossusvlei den Sonnenuntergang zu erleben. **$**

Little Kulala
Geräumige Unterkünfte mit eigenem Pool und Ausblick auf vom Wind gekräuselten Sand. **$$$**

Kulala Desert Lodge
Dachterrassen fürs Schlafen unter dem Sternenhimmel und privater Zugang zum Nationalpark. **$$$**

Unterkunft abgeholt und zum Startplatz von Namib Sky gefahren (und später wieder zurückgebracht). Dort parken Ballons für Fahrten mit bis zu 16 Personen. Bevor die Passagiere „an Bord gehen", dürfen sie zuschauen, wie Piloten und Crew den Ballon vorbereiten und aufblasen. Während der Ballonfahrt erhellt die aufgehende Sonne langsam die Sandflächen, auf denen nun auch Spießböcke und andere Wildtiere zu sehen sind. Nach der Landung wartet ein köstliches Champagner-Frühstücksbüfett. Die Flugzeit dauert etwa 1 Stunde, der Ausflug 4–5 Stunden. Namib Sky unterstützt eine Grundschule und einige Projekte (Besuch nach Anmeldung möglich).

Wandern im NamibRand Nature Reserve

WILDTIERE UND WILDNIS

Trockensavannen, einzelne Bergketten, feuerrote Sonnenuntergänge und eine vielfältige Tierwelt kennzeichnen das NamibRand Nature Reserve. Das 2000 km^2 große private Naturschutzgebiet ist die Heimat von Spießböcken, Springböcken, Zebras, Kudus, Klippspringern, Tüpfelhyänen, Schakalen, Löffelhunden und Kapfüchsen. Strenge Regeln für Besucher dienen dem höchstmöglichen Naturschutz. Besondere Anstrengungen gelten dem Schutz und Erhalt der uralten Tierwanderwege und der Artenvielfalt dieses Gebiets. Organisierte Wanderungen oder Wildtier-Safaris ermöglichen, die Wüsten- und Halbwüstenökosysteme näher kennenzulernen. NamibRand ist auch ein international anerkanntes Dark Sky Reserve (Lichtschutzgebiet, Sternenpark) mit faszinierendem Sternenhimmel. Übernachten unter funkelnden Sternen können die Teilnehmenden einer geführten dreitägigen Trekkingtour auf dem **Tok Tokkie Trail**. Der Name des Wanderweges kommt vom Tok Tokkie, einem Käfer, der mit seinem Panzer auf harten Boden klopft und so ein unverwechselbares Klopfgeräusch erzeugt. Das Reservat liegt ca. 160 km südlich der Kreuzung Solitaire und ist über die C27 erreichbar (mit Privatfahrzeug oder organisierter Tour).

Campen im Namib-Naukluft

EINSAME WÜSTENCAMPS

Der Nationalpark verfügt über eine Reihe einfacher Camps. Geeignet sind sie nur für Selbstfahrer, die mit einer vollständigen Ausrüstung anreisen, inklusive aller Lebensmittel – und sehr viel Wasser. Außer Toiletten, Steinsitzen und Braai-Gruben gibt es in den Camps keine Einrichtungen. Zum Waschen steht zeitweise Brackwasser bereit (nicht trinken!). Keines der

VERANSTALTER VON TOUREN

Namibias Tourismusbehörde gibt Auskunft über die vielen guten Tourveranstalter. Empfehlenswert sind z.B. folgende:

Blue Crane Safaris
Organisiert landesweite Selbstfahrer-Touren und Hausboot-Safaris (bluecranesafaris.com).

Comfort Tours & Safaris
Preisgünstige Safaris und Stadttouren in Windhoek (ctoursandsafaris.com).

Ekipa Travel
Maßgeschneiderte Touren, darunter auch für Familien und Hochzeitsreisende (ekipa-travel.com).

Karibu Namibia Safaris
Sehr zu empfehlen für Touren an die Skelettküste und in die Kunene-Region (karibunamibia.com).

Quest Tours & Safaris
Tourziele landesweit, Stadttouren in Windhoek sowie privater Shuttleservice (questtransfer.com).

Vision Tours & Safaris
Etosha, Sossusvlei und Tourziele nach Wunsch (visiontoursandsafaris.com).

ÜBERNACHTEN RUND UMS SOSSUSVLEI

Sossus Dune Lodge
Luxuriöse Lodge im Nationalpark, erbaut aus regionalen Materialien, umgeben von Wüste. **$$$**

Desert Camp
Einfaches, preisgünstiges Camp in bequemer Lage im Nationalpark nahe dem Eingang. **$$**

Sossus Oasis Campsite
Hübscher, kleiner Campingplatz außerhalb des Parks nahe dem Haupteingang. **$**

Camps ist im Voraus buchbar, nötig ist aber ist eine Zutrittsgenehmigung für den Park, die das Tourismus-Ministerium in Windhoek, Swakopmund oder Sesriem ausstellt.

Zu den schönsten Plätzen in der Naukluft zählt die **Bloedkoppie** (Blutkuppe), die sich als Inselberg aus dem Granitmassiv erhebt. Bei Sonnenauf- und -untergang verfärbt sich die Granitkuppe feuerrot, was ihr den Namen gab. Von der C28 führt ein etwa 10 km langer, ausgeschildeter Weg zur Bloedkoppie. Für die Fahrt in die Gebiete weiter südlich reicht ein Fahrzeug mit Zweiradantrieb, wodurch der Besucherandrang hoch sein kann. Ruhiger zu geht es in den sehr abgelegenen nördlichen Bereichen, die nur mit einem Allradfahrzeug erreichbar sind. Zu Fuß die Umgebung zu erkunden, lohnt sich.

Rund 5 km östlich der Bloedkoppie liegt **Klein Tinkas** mit den spärlichen Ruinen einer kolonialen Polizeistation und zwei Gräbern deutscher Polizeibeamter aus dem Jahr 1895. In der Nähe befinden sich ein Felsbogen und zahlreiche schöne Felsformationen sowie einige Camps an verschiedenen Tinkas-Standorten. Während der Regenzeit lockt das Brackwasser des Tinkas-Staudamms zahlreiche Vögel an.

Südlich des Damms liegt zwischen der C14 und Gobabeb das Camp **Mirabib** innerhalb des Nationalsparks. Seine Stellplätze liegen im Schutz schattiger Felsüberhängen entlang einer gewaltigen Granitsteilküste. Vermutlich wurden diese Schutzräume bereits vor etwa 9000 Jahren von nomadischen Völkern und im 4./5. Jh. von Nomaden genutzt.

FEENKREISE

Feenkreise – rötliche, kreisförmige, vegetationsfreie Stellen – befinden sich im Süden der Giribes Plains (nordwestlich von Sesfontein), im Hartmann's Valley (im äußersten Nordwesten von Kunene), im Tsau //Khaeb National Park (S. 293), im NamibRand Nature Reserve und an einigen anderen Orten. Ihr Durchmesser reicht von 2 m bis 10 m (die kleineren meist in den südlicheren Gebieten). Der Ursprung der Feenkreise zählt zu den ungelösten Rätseln. Ein Mythos der Himba erzählt, sie seien das Werk ihres Gottes Mukuru oder dessen Fußstapfen. Die wissenschaftlichen Theorien reichen von der Selbstorganisation der Pflanzen als Anpassung an die Wasserknappheit bis hin zu Giftstoffen aus buschartigen Euphorbien. Gegen eine Spende für die Naturschutzarbeit im NamibRand kann man dort einen Feenkreis „adoptieren".

MARK DUMBLETON/SHUTTERSTOCK ©

Feenkreis

UNTERWEGS IM NAMIB-NAUKLUFT NATIONAL PARK

Den Namib-Naukluft National Park zu erreichen und zu erkunden, ist nur mit einem eigenen Fahrzeug oder im Rahmen einen geführten Tour möglich. Wer rechtzeitig zum Sonnenaufgang am Soussusvlei sein möchte, muss in der Nähe übernachten. Geeignet dafür sind das Sesriem Camp, die Sossus Dune Lodge oder die Kulala Desert Lodge. Und sehr wichtig: Am Vorabend am Eingang zum Sossusvlei die Zutrittsgenehmigung kaufen.

CENTRAL PLATEAU

Das Central Plateau, Namibias Binnenhochland, zieht sich von Nord nach Süd durch das gesamte Land, grenzt im Osten an die Kalahari und im Westen an die Skelettküste und die Namib. Die meisten Reisenden durchqueren diese Landschaft lediglich auf dem Weg zu ihrem geplanten Reiseziel. Die Asphaltstraße B1 verläuft von Windhoek südwärts nach Noordoewer und zur südafrikanischen Grenze. In nördlicher Richtung führt sie über Otjiwarongo, Tsumeb und Ondangwa bis zur angolanischen Grenze bei Oshikango. Tankstellen und gute Möglichkeiten, Essen und Getränke zu kaufen, sind entlang der gesamten B1 zu finden. Ein Aufenthalt, um das Plateau näher zu erkunden, lohnt sich allemal. Eine ganze Reihe hübscher Lodges an seinen Südausläufern sind bequeme Ausgangspunkte für attraktive Ausflugsziele an der Küste, wie z. B. Mariental, Keetmanshoop und Bethanie.

TOP-TIPP

Alle größeren Orte entlang der B1 haben Tankstellen, die meisten auch einen Kiosk mit Lebensmitteln und Reisebedarf. Wer abseits der B1 unterwegs ist, sollte sich vorher an der B1 ausreichend mit Treibstoff, Essen und Wasser eindecken.

DANNY HUMMEL/SHUTTERSTOCK ©

Blaukopf-Baumagame

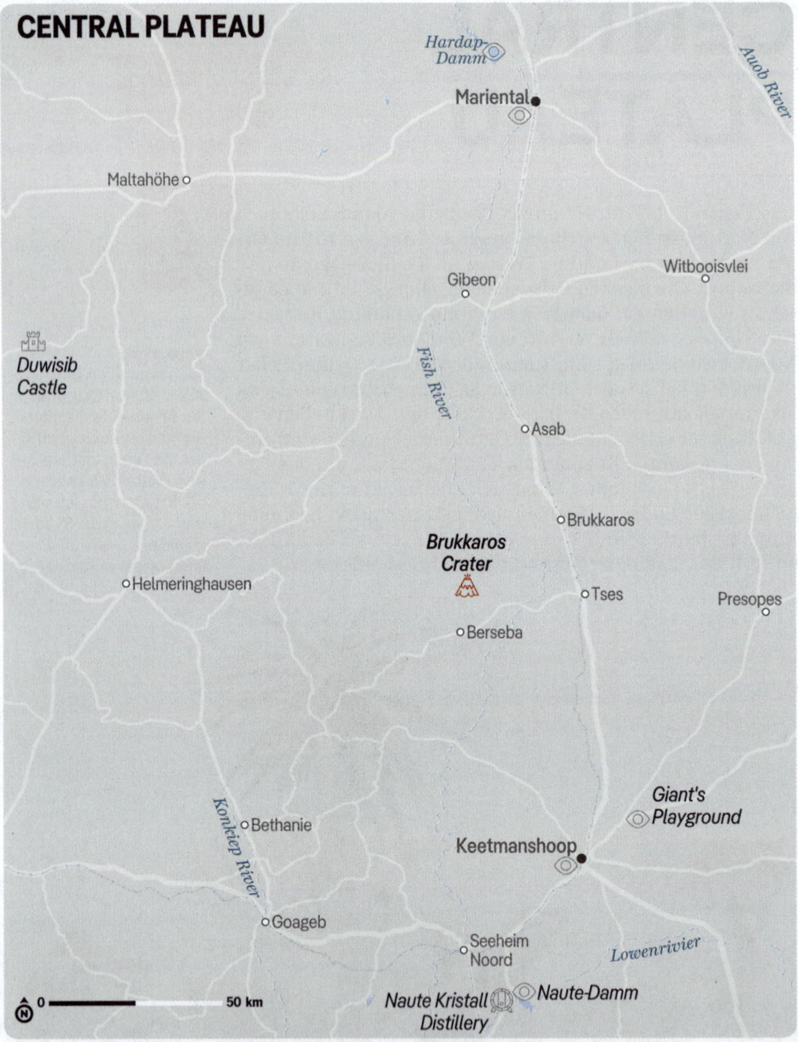

Am Rand der Kalahari

ROTER SAND UND REIZVOLLE LODGES

Mariental ist ein kleines Verwaltungs- und Handelszentrum. Nordwestlich der Stadt liegt der Hardap-Stausee, der mit seinem Bewässerungssystem u. a. den Anbau von Zitrusfrüchten und die Straußenzucht in dieser trockenen Region ermöglicht. Östlich der Stadt beginnt die Kalahari, die sich bis nach Botswana erstreckt. Mehrere schöne Lodges machen es zu einem Vergnügen, diese Gegend zu erkunden. Auf der Fahrt Richtung Südnamibia auf der B1 ist der Abstecher nur ein kleiner, aber lohnender Umweg.

GROBLER DU PREEZ/SHUTTERSTOCK ©

Brukkaros Crater

Rund 60 km südlich von Mariental und 6 km westlich der B1 liegt nahe der früheren rheinischen Missionsstation Gibeon das größte und berühmteste Meteoritenstreufeld der Welt. Hier ging vor Urzeiten ein gigantischer **Meteoritenschauer** nieder. Möglicherweise handelt es sich um zusammengeballte Überreste einer Weltraumexplosion, die bei Eintritt in die Erdatmosphäre in Tausende Stücke zerbarsten. Gemessen an den Funden prasselten mehr als 21 t dieser außerirdischen Gesteinsbrocken herab. Bislang wurden in einem Gebiet von 2500 km^2 rund um Gibeon mindestens 77 Meteoritensplitter entdeckt. Der größte Brocken mit einem Gewicht von 650 kg befindet sich im Cape Town Museum, kleinere Fragmente sind in Windhoek in der Post Street Mall (S. 200) und im National Earth Science Museum (S. 196) ausgestellt.

Bergtour auf erloschenem Vulkan

AUSBLICKE UND NACHTHIMMEL ZUM STAUNEN

Auf der Fahrt von Mariental nach Keetmanshoop führt ein Abstecher zu einem besonderen Highlight: dem 2 km breiten **Brukkaros Crater** (1586 m). Er entstand vor etwa 80 Mio. Jahren, als ein Magmaschlot etwa 1 km unterhalb der Erdoberfläche auf Grundwasser stieß, was zu einer Reihe von heftigen

DIE KALAHARI

Die Kalahari erstreckt sich vom Nordwesten Südafrikas über Namibia bis hinein nach Botswana. Im Gegensatz zur Namib ist es keine „echte" Wüste, sondern eine Dornstrauchsavanne (teilweise auch Trockensavanne) mit halbtrockenem Klima. Der Name leitet sich vom Tswana-Wort *kgalagadi* ab, was „wasserloser Ort" bedeutet und sich auf den Mangel an Oberflächenwassergewässern bezieht. Im namibischen Teil wachsen u.a. Akazien sowie savannentypische Sträucher und Gräser. Diese relativ üppige Vegetation ermöglicht die Schaf- und Ziegenzucht, vor allem nordöstlich von Mariental, und bietet Nahrung für Spieß- und Springböcke sowie Strauße. Der typische rote Sand und die freie Sicht bis zum Horizont sorgen für unvergessliche Sonnenuntergänge.

ÜBERNACHTEN RUND UM MARIENTAL

Kalahari Anib Lodge & Camp
Zimmer mit Holzböden, ausgezeichneter Campingplatz, ein Restaurant und viele Palmen auf dem Gelände. **$$$**

Bagatelle Kalahari Game Ranch
Camping, Chalets auf hohen Pfählen auf dem Kamm einer Düne; schöner Ort. **$$$**

Mariental Hotel
Zentrale Lage, mit Hotelrestaurant, recht gut für eine Nacht bei kurzem Zwischenstopp. **$**

2630BEN/SHUTTERSTOCK ©

Schloss Duwisib

HARDAP-DAMM

Der Staudamm liegt 20 km nordwestlich von Mariental inmitten von kegelförmigen Hügeln, deren Gipfel Doleritnoppen krönen (Hardap: Namawort für „Nippel"). Der Damm staut den Fish River auf dessen Weg nach Süden auf, sodass in dieser trockenen Landschaft der große Stausee entstand. Auf kleinen Inseln brüten Pelikane und Kormorane. Zahlreiche andere Vogelarten leben rund um den See. Am Ufer gibt es ausgezeichnete Angelplätze (Baden ist verboten) und für Wanderer zwei ziemlich raue Rundwege (9 km & 15 km). In dem Naturschutzgebiet südwestlich vom See sind Tierbeobachtungsfahrten möglich. Die ausgeschilderte Abfahrt von der B1 befindet sich ca. 15 km nördlich von Mariental. Von der B1 sind es dann noch 6 km bis zum Staudamm und Resort.

vulkanischen Ausbrüchen führte. Anfang des 20. Jhs. war der Brukkaros Standort einer deutschen Heliografenstation. Aufgrund des klaren, dunklen Himmels vor Ort errichtete Ende der 1920er-Jahre die Smithsonian Institution und die National Geographic Society hier ein Sonnenfleck-Forschungszentrum – das Brukkaros Solar Observatory. Von diesen Einrichtungen ist nur wenig übrig, heute fasziniert der schöne Aufstieg und der tolle Blick über die Ebene.

Der Weg zum Brukkaros: Von der B1 ca. 150 km südlich von Mariental die Abfahrt nach Tses nehmen und in westlicher Richtung 40 km der C98 folgen (überquert nach ca. 20 km den Fish River). Kurz vor Berseba nach Norden auf die D3904 abbiegen und nach 8 km auf den der Parkplatz fahren. Weiter geht es 3,5 km zu Fuß zum Südeingang des Kraters – unterwegs auf die schönen Quarzformationen achten. Vom Kraterrand führt ein Weg zum Kraterboden oder man folgt dem Rand in südlicher Richtung bis zu dem verlassenen Forschungszentrum.

Außer einfachen Campingplätzen gibt es auf dem Brukkaros keinerlei Einrichtungen, daher muss man unbedingt alles Nötige mitnehmen, insbesondere ausreichend Wasser. Die höher gelegenen Campingplätze sind nur mit einem Allradfahrzeug oder zu Fuß erreichbar.

ÜBERNACHTEN AM HARDAP-DAMM

Hardap Resort
Die meisten Zimmer mit Blick auf den Stausee; mit Campingplatz und einem Restaurant. **$$**

Brukkaros Campsite
Extrem einfaches Camp, aber der herrliche Ausblick und der wunderschöne Nachthimmel machen alles wett. **$**

Bitterwasser Lodge & Flying Centre
Schöne Lodge mit Segelflugplatz; zwischen Windhoek und Hardap-Damm. **$$**

Wo viele Wege sich kreuzen

EINE HÜBSCHE STADT ALS VERKEHRSKNOTENPUNKT

Beinahe alle Straßen in Südnamibia scheinen durch die kleine Stadt **Keetmanshoop** zu führen. Wahrscheinlich landen auch die meisten Reisenden dort, wenn sie diese Gegend erkunden. Keetmanshoop ist eine freundliche Ortschaft mit breiten, ruhigen Straßen, einem städtischen Schwimmbad, einem Museum in der Rheinischen Missionskirche von 1895 und imposanten **Köcherbaumwäldern** außerhalb der Stadt. Der berühmteste Bestand mit Bäumen, die vermutlich mehrere hundert Jahre alt sind, befindet sich etwa 13 km nordöstlich der Stadt auf dem Gelände des **Quivertree Forest Rest Camp**. Der zum Naturdenkmal deklarierte Köcherbaumwald bildet zusammen mit dem nahen **Giant's Playground**, einer bizarren Felsenlandschaft, eine Szenerie wie aus einer anderen Welt.

Deutsche Architektur und Geschichte

EIN EUROPÄISCHES SCHLOSS MITTEN IN DER WÜSTE

Tatsächlich gibt es ein Schloss im europäischen Stil in der Wüste: **Duwisib Castle**, etwa 340 km nordöstlich von Lüderitz und 100 km nordwestlich von Helmeringhausen. Das neobarocke Schloss ist kleiner als manche Beschreibungen vermuten lassen und ohne Begründung immer wieder mal geschlossen. Ob sich ein Besuch lohnt, sei jedem selbst überlassen.

Bauherr des Schlosses (Bauzeit 1908/1909) war der deutsche Artillerie-Offizier Hansheinrich von Wolf. Er beauftragte den deutschen Architekten Willie Sander, ein Schloss zu errichten, in dem sich die (damaligen!) Ideale seines militärischen Engagements für Deutschland widerspiegeln. Zwar wurde Gestein aus örtlichen Steinbrüchen verwendet, den Großteil des Baumaterials ließ der Architekt jedoch aus Deutschland nach Lüderitz bringen und dann auf mehrspännigen Ochsenkarren den 330 km langen Weg durch die Wüste bringen. Auch die Handwerker und Maurer kamen aus weit entfernten Ländern wie Irland, Dänemark, Schweden und Italien.

Das U-förmige Schloss hat 22 Zimmer, alle mit wehrhaft gesicherten Türen und mit Familienporträts und Militaria dekoriert. Die meisten Fenster gleichen Schießscharten, was das anscheinend übersteigerte Sicherheitsbedürfnis des Bauherrn unterstreicht. Hansheinrich von Wolf starb 1914 in der Schlacht an der Somme, keine zwei Wochen nach dem Ausbruch des Ersten Weltkrieges. Ende der 1970er-Jahre ging der Besitz von Duwisib Castle und den umliegenden 50 ha Land an den Staat über und wird nun von der NWR verwaltet.

NAUTE-DAMM

Mit Entspannung und vor Ort gebranntem Brandy aus regionalen Früchten verführt der Naute Dam zu einer Pause auf der Reise in den Süden Namibias. Nordwestlich des Stausee bietet die **Naute Kristall Distillery** Brandy-Verkostungen, leckere Mittagssnacks und Kaffee. Der Staudamm ist ca. 55 km südwestlich von Keetmanshoop und auf der C12 ausgeschildert.

ÜBERNACHTEN RUND UM KEETMANSHOOP

Keetmanshoop Self-Catering Accommodation
Sehr kleine Apartments rund um einen kleinen Innenhof mit hübschen Blumengarten. $

Quivertree Forest Rest Camp
Einfache Zimmer, außerdem Bungalows und Campingplatz; in der Nähe von Köcherbäumen. $$

Pension Gessert
Saubere, gemütliche Zimmer, gutes Frühstück, ein schöner Garten und ein Swimmingpool. $

HANNES THIRION/SHUTTERSTOCK ©

Pink Lilies, Farm Sandhof

AUF DEM WEG ZUM KGALAGADI TRANSFRONTIER PARK

An der Route zum Kgalagadi Transfrontier Park (S. 150) liegt 250 km nordöstlich von Keetmanshoop und 18 km vor der Mata-Mata-Grenze die Kalahari Game Lodge. Mit Chalets, Camping im Flussbett des Auob, Restaurant, Tierbeobachtungsfahrten und Wanderwegen ist sie ein guter Zwischenstopp. Wer zwischen Namibia und Südafrika (oder umgekehrt) über den grenzüberschreitenden Park reist, muss mindestens zwei Nächte im Park verbringen. So will man verhindern, dass der Park als nur Durchgangskorridor dient. Alternative für die Fahrt nach oder von Südafrika: der Grenzübergang Rietfontein, 145 km südlich von Mata Mata.

Hübsche, abgelegene Orte auf der Route zum Sossusvlei

MALTAHÖHE, HELMERINGHAUSEN & BETHANIE

Auf der Strecke zwischen Lüderitz und dem Namib-Naukluft National Park liegen etliche abgelegene Orte, die sich bestens als Übernachtungsstopps oder für eine Essenspause eignen.

Die kleine Stadt **Maltahöhe** liegt etwa 375 km nordöstlich von Lüderitz mitten in einem Agrargebiet. In schon längst vergangenen Tagen erlebte sie eine Glanzzeit als kleiner touristischer Knotenpunkt und Zentrum der Schafzucht. Immerhin liegt sie heute an der besten Route, um vom Namib-Naukluft wieder auf die B1 zu gelangen, ohne sich mit den steilen Gefällen der C26 und anderer Routen abzuplagen. Nach guten Regenjahren blühen auf der rund 40 km nördlich von Maltahöhe gelegenen **Farm Sandhof** Tausende Pink Lilies (Belladonnalilie, *Amaryllis Belladonna*). Die Blütezeit beginnt meistens Anfang Februar.

Helmeringhausen, 235 km nordöstlich von Lüderitz, ist kaum mehr als eine Kombination aus Gehöft, Hotel und Tankstelle in schöner Umgebung. Seit 1919 ist das gesamte Anwesen im Besitz der Familie Hester.

DUWISIB

Namtib Desert Lodge
Einfache Zimmer, Camping, Wanderwege; in den Tiras Mountains, ca. 120 km nördlich von Aus. **$$**

Duwisib Guest Farm
Etwa 300 m vom Schloss entfernt, hübsche Zimmer, Bungalow für Selbstversorger, Camping. **$$**

Betta Camp & Self-Catering Chalets
Camping, Chalets für Selbstversorger, Tankstelle, Laden, 20 km von Duwisib entfernt. **$**

JACKIE ELLIS/ALAMY STOCK PHOTO ©

Lentiakirche, Bethanie

Bethanie ist ein Dorf 235 km östlich von Lüderitz und eine der ältesten europäischen Siedlungen in Namibia. Gegründet wurde sie im Jahr 1814 von der London Missionary Society. Die Missionsstation befindet auf dem Gelände der evangelisch-lutherischen Lentiakirche. In dem Gebäude ist heute ein **Museum** mit zahlreichen historischen Fotos und anderen Erinnerungsstücken untergebracht. Wenn die Eingangstür verschlossen ist, verrät ein Aushang an der Tür, wo Besucher den Schlüssel abholen können.

Sehenswert ist auch das Haus von Kaptein Joseph Fredericks II. († um 1893), Stammesführer (Kaptein) der Bethanien-Nama. Hier unterzeichnete er am 1. Mai 1883 gemeinsam mit Vertretern von Adolf Lüderitz (1834–1886) den ersten Vertrag, mit dem er dem Bremer Kaufmann ein großes Stück Land an der Angra Pequena (Lüderitzbucht) übereignete. Am selben Ort unterzeichneten Fredericks und der deutsche Afrikaforscher und Beamter Gustav Nachtigal (1834–1885) im Oktober 1884 den folgenschweren Vertrag, der das gesamte Gebiet „unter deutschen Schutz" stellte.

ÜBRNACHTEN AUF DEM CENTRAL PLATEAU

Maltahöhe Hotel
Historisches Hotel, sehr freundlich, komfortable Zimmer, Restaurant und Bar. **$$**

Helmeringhausen Hotel
Erstaunlich nobel, schicke Zimmer, Buschcamp, Hütten für Selbstversorger, Restaurant, Bar, berühmt für seinen superleckeren Apfelkuchen. **$$**

Bethanie Hotel & Guesthouse
Historisches Hotel, gut renovierte Version eines der ältesten Hotels Namibias, komfortable Zimmer, Restaurant. **$$**

Neuras Wine & Wildlife Estate
Weinverkostung, gute Unterkunft, liegt auf der Fahrtroute über Sesriem zwischen Maltahöhe und dem Sossusvlei. **$$**

UNTERWEGS VOR ORT

Regelmäßig verkehren öffentliche Verkehrsmittel zwischen Keetmanshoop und Windhoek im Norden, Noordoewer im Süden sowie Aus und Lüderitz im Westen. Zu anderen Zielen abseits dieser Hauptrouten gelangt man nur als Selbstfahren, z.B. zum Schloss Duwisib: von Helmeringhausen in Richtung Norden 62 km auf der C14 fahren, abbiegen Richtung Nordwesten auf die D831 und nach 27 km westlich auf die D826; 15 km weiter ist das Schloss.

LÜDERITZ

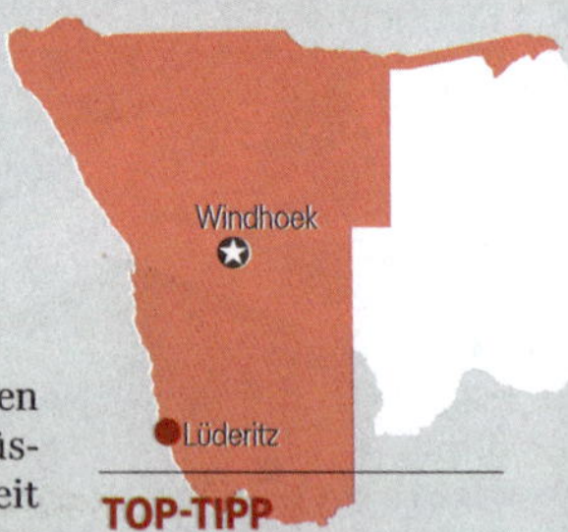

Lüderitz liegt an der Südküste Namibias, eingebettet zwischen der kargen Namib und der windgepeitschten Südatlantikküste. Das Stadtbild der Hafenstadt wirkt wie ein aus der Zeit gefallenes Relikt der Kolonialzeit. Im Zentrum herrscht eine entspannte Atmosphäre und es bietet eine gute Auswahl an Hotels und Restaurant. Die Hauptattraktion ist jedoch die reizvolle Natur vor den Toren der Stadt. Flamingo- und Pinguinkolonien tummeln sich an der felsigen Küste der Lüderitz Peninsula. Landeinwärts erstreckt sich hier der Tsau // Khaeb (Sperrgebiet) National Park, eines der abgelegensten Gebiete Namibias. Die Erlebnispalette reicht von Stadtbummel, Museum, Architektur bis zu Felsenklettern am Shark's Point, Küstentouren, Ausflug zur Geisterstadt Kolmanskop und ins Sperrgebiet. Die Zeit bis zur Weiterreise vergeht wie im Flug und so manch einer würde gerne noch länger bleiben.

TOP-TIPP

Dank der vorherrschenden Südwinde ist Lüderitz Gastgeber der alljährlichen Windsurfing World Speed Challenge. Wichtig für Camper: Besonders stark sind die Böen zwischen November und Januar. Eine köstliche, lokal bedeutende Langustenart wird Ende April/Anfang Mai mit dem alljährlichen Lüderitz Crayfish Festival gefeiert.

JOLI L/SHUTTERSTOCK ©

Lüderitz

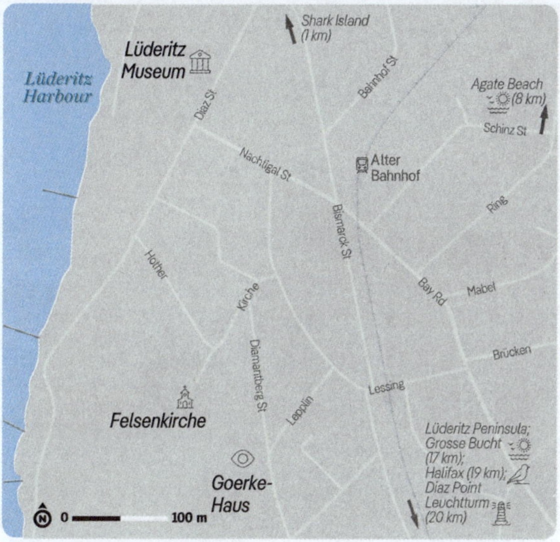

Lüderitz zu Fuß erkunden

FRISCHE MEERESBRISE UND DEUTSCHE ARCHITEKTUREIN

Ein schöner Startpunkt für einen Nachmittagsbummel durch die belebte Lüderitzer Innenstadt ist das **Lüderitz Museum** nahe dem Ufer der Bucht. Zu den Themen seiner Ausstellungen zählen u. a. das Volk der San und der hiesige Diamantenbergbau. Nur ein paar Fußminuten entfernt thront auf dem Diamond Hill die **Felsenkirche** mit ihren imposanten Buntglasfenstern. Von der 1912 fertiggestellten Kirche reicht der Blick weit über die Bucht und die Stadt. Baumeister war Albert Bause, der viktorianische Architekturelemente in seinen Entwurf einbezog, die er in Kapstadt gesehen hatte. Das große Altarfenster hat Kaiser Wilhelm II. gestiftet. Ebenfalls auf dem Diamond Hill befindet sich das **Goerke-Haus** (kein Zutritt für Besucher). Das 1910 erbaute Gebäude ist eines der extravagantesten Bauwerke der Stadt und eines der schönsten Beispiele ihres Jugendstil-Erbes. Weiter geht es Richtung Norden zur Hafen Street und dann über die Insel Street zur Shark Island (20 Min.). Genau genommen ist sie eine Halbinsel, da sie dank eines Landgewinnungsprojekts seit Langem mit dem Festland verbunden ist. Von 1905 bis 1907 diente Shark Island als Konzentrationslager. Unter qualvollen Bedingungen starben hier Tausende Herero- und Nama-Häftlinge, darunter

GUT ÜBERNACHTEN IN LÜDERITZ

Alte Villa
Hübsch restaurierte, komfortable Zimmer in zentraler Lage. $$

Obelix Guesthouse
Schlichte, saubere Zimmer in zentraler Lage. Guter Ausgangspunkt für Ausflüge. $

Haus Sandrose
Heitere Zimmer für Selbstversorger. Im Stadtzentrum. $$

Lüderitz Nest Hotel
Gut eingerichtete und rollstuhlfreundliche Zimmer. In Nähe der Küste gelegen. $$$

PREISGÜNSTIG ÜBERNACHTEN IN LÜDERITZ

Kratzplatz
Saubere, überwiegend große Zimmer, freundliche, lockere Atmosphäre; gleich neben dem Barrels Restaurant. $

Lüderitz Backpackers
Schlichte Unterkunft in günstiger Lage, einfache Zimmer, Gemeinschaftsküche und Wäscheservice. $

Shark Island Camping
Herrliche Aussicht, aber die sehr windige Lage muss man mögen. $

PRISMA NOVA PHOTOGRAPHY/SHUTTERSTOCK ©

Camping, Shark Island (S. 287)

der Nama-Anführer Cornelius Fredericks. Heute erinnern nur noch ein kleines Denkmal und seit April 2023 ein Gedenkstein an das tragische Geschehen. Für die meisten Menschen ist es einfach ein schöner Ort, um den Wind, die Seeluft und den Blick auf die Stadt zu genießen. An der Spitze der kleinen Halbinsel befinden sich das ehemalige Leuchtturmgebäude, ein Campingplatz und ein Aussichtspunkt.

Lüderitz und seine Diamanten

ANFÄNGE UND ENTWICKUNG DES DIAMANTENABBAUS

Über die Frühgeschichte von !Nami‡Nûs (so der Nama-Name für Lüderitz) ist nur wenig bekannt – außer dass verschiedene Nama-Gruppen hier lange vor allen anderen zu Hause waren. Einige europäische Entdecker landeten in der Bucht, darunter 1487 Bartolomeu Dias und im 18. Jh. holländische Entdecker. Im Auftrag des Bremer Kaufmanns Adolf Lüderitz schloss der deutsche Kaufmann Heinrich Vogelsang 1883 einen Kaufvertrag mit dem Nama-Kaptein Joseph Fredericks. Damit sicherte sich Adolf Lüderitz das Hinterland der später nach ihm genannten Bucht im Umkreis von 8 km. Im selben Jahr besuchte Adolf Lüderitz das Gebiet. Dessen Rat folgend

ZACHARIAS LEWALA & DER ERSTE DIAMANT

Bereits 1866 wurden Diamanten am Oranje in Südafrika und auf den küstennahen Inseln gefunden. Zu den ersten Diamantfunden im Sand in der Lüderitzer Umgebung kam es jedoch erst 1908. Den allerersten Fund machte der Eisenbahnarbeiter Zacharias Lewala. An der Bahnstrecke ca. 20 km südöstlich von Lüderitz fand er einen glänzenden Stein, den er seinem Arbeitgeber August Stauch gab. Dieser erkannte die unverhoffte Chance. Sofort gründete er ein eigenes Bergbauunternehmen, die Deutsche Diamanten Gesellschaft, und nahm den Diamantenabbau in Angriff.

ESSEN IN LÜDERITZ

Desert Deli
Kleine Gerichte, Geschenkeladen mit heimischer Handwerkskunst, Buchung von Ausflügen. **$**

Diaz Coffee Shop
Guter Kaffee, tagsüber leckere Burger, Wraps und Fish&Chips, abends frische Austern und Wein. **$**

Barrels Pub & Restaurant
Große Portionen, gesellige Atmosphäre, manchmal Livemusik. **$$**

ernannte Reichskanzler Otto von Bismarck Südwestafrika zum Protektorat des Deutschen Reiches. Nach dem ersten Diamantenfund 1908 wurde die Stadt Lüderitz offiziell gegründet.

Als Horden von Goldsuchern in Lüderitz „einfielen“, reagierte die Reichsregierung mit der Einrichtung des Sperrgebiets. Es erstreckt sich von 26° Süd bis weiter südwärts zur Mündung des Oranje und 100 km landeinwärts – ist heute der Tsau // Khaeb (Sperrgebiet) National Park. Unabhängiges Schürfen wurde verboten. Wer bereits einen Claim angemeldet hatte, musste ein Bergbauunternehmen gründen. Nach dem Ersten Weltkrieg wurde Consolidated Diamond Mines Ltd. (CDM) gegründet, mit Hauptsitz in Kolmanskop. Verwaltet wurde CDM von De Beers Südafrika. Dieses Konstrukt florierte bis 1928 dank ergiebiger Diamantenfelder im Mündungsgebiet des Oranje. 1944 verlegte CDM seinen Sitz in die eigens erbaute Firmenstadt Oranjemund und 1956 verließen die letzten Einwohner Kolmanskop. CDM wurde 1994 in die Namdeb Diamond Corporation Ltd. integriert, die zu gleichen Teilen dem Staat Namibia und der De Beers Group gehört.

Die sozialen Auswirkungen des Diamantenabbaus auf die lokale Bevölkerung sind nach wie vor umstritten. Unterschiedlich bewertet wird z. B., wie erheblich der Diamantenbergbau zum lokalen Wirtschaftswachstum und zur Entwicklung der Infrastruktur beigetragen hat. Neben dem weiterhin laufenden Diamantenabbau in der Umgebung gibt es heute in Lüderitz eine Reihe maritimer Industrien. Dazu zählen Betriebe, die Langusten, Algen und Seegras verarbeiten, sowie experimentelle Austern-, Muschel- und Garnelenfarmen.

Die besondere Faszination von Lüderitz liegt in den unendlich vielen kleinen Facetten, in denen sich die Vergangenheit der Stadt bis heute auf Schritt und Tritt widerspiegelt.

Die Lüderitz Peninsula erkunden

KÜSTENFLAIR, PINGUINE UND ROBBEN

Mit ihren Robben, Pinguinen und Delfinen ist die windgepeitschte Lüderitz Peninsula ein guter Einstieg in den Naturreichtum der Küste Südnamibias. Ihre ganze unberührte Schönheit zeigt sich, wenn der Küstennebel sich hebt.

Empfehlenswert fürs Erkunden sind die von der **Alten Villa Lodge** organisierten Kajaktouren oder eine Bootstour (3–4 Std.) vom Stadthafen bis zur Halifax Island. Gut mit dem Auto erreichbar ist der windumtoste **Diaz Point** (von Lüderitz 22 km). Dort befinden sich ein rot-gelber Leuchtturm und eine Nachbildung des Kreuzes, das der portugiesische Seefahrer Bartolomeu Dias im Juli 1488 auf seinem Rückweg vom Kap der Guten Hoffnung errichtet hat. Beobachten las-

NATURREICHTUM

Natureigene Prozesse schaffen fruchtbare Ökosysteme. Ein Beispiel ist der Auftrieb, bei dem Wind und Strömungen nährstoffreiches Wasser aus der Tiefe an die Meeresoberfläche bringen. Aufgrund der extrem starken Küstenwinde verfügt das Lüderitzer Gebiet über eines der stärksten Auftriebssysteme der Welt. Darauf beruht in Kombination mit den zahlreichen Inseln das reiche Vogel- und Meeresleben. Vögel finden dort Brutplätze und Nahrung. Solche Refugien sind u.a. **Penguin Island** und **Seal Island**, beide an der Mündung des Lüderitzer Hafens. Lebensgrundlage von Namibias gesamter Brutpopulation der Kaptölpel sind **Ichaboe Island** (50 km nördlich der Stadt), die winzige Insel **Mercury** (110 km nördlich der Stadt) und **Posession Island** (südlich der Elizabeth Bay).

ESSEN IN LÜDERITZ

Portuguese Fisherman
Fisch und Meeresfrüchte, Sitzplätze drinnen und draußen, im Stadtzentrum direkt an der Bucht. **$$$**

Essenzeit
Schöne Lage an der Bucht, köstliche Snacks, leckere Meeresfrüchte und Fischgerichte. **$$**

Penguin Restaurant
Gourmetessen mit Blick auf die Bucht, hauseigenes Restaurant des Lüderitz Nest Hotel. **$$$**

AUSTERNGENUSS

Wer Austern mag, wird Lüderitz lieben. Die Stadt ist bekannt für ihre hochwertigen Austern. Organisierte Touren und örtliche Restaurants bieten die Möglichkeit, frische Austern mit einem Glas Wein oder Champagner zu genießen. Eine der Kajaktouren der **Alte Villa Lodge** führt zu den Austernfarmen in der Second Lagoon.

CHRISONTOUR84/SHUTTERSTOCK ©

Leuchtturm (S. 289), Diaz Point

sen sich Kormorane, Flamingos, Watvögel und Delfine. **Diaz Point Sheltered Camping** bietet Steinhütten mit Wasseranschluss und Grillstelle (Schlafsack und Matratze mitbringen).

Weitere Ziele: die **Grosse Bucht** mit malerischem Strand, kleinem Schiffswrack und Flamingoschwärmen. An der ruhigen **Sturmvogelbucht** lagern die Überreste einer norwegischen Walfangstation aus dem Jahr 1914, und landeinwärts nimmt eine Flamingoschar eine ganze Senke ein. Nur mit dem Fernglas beobachten lässt sich Namibias bekannteste Kappinguin-Kolonie auf der winzigen **Halifax Island** (südwestl. vom Diaz Point).

Wer keine Zeit für die Halbinsel hat, erhält etwa 7 km nördlich der Stadt in der teilweise geschützten **Agate Bay** einen kleinen Einblick in den Naturreichtum der Lüderitzer Küste.

Lüderitz Safaris & Tours (ludsaf@africaonline.com.na), das Informationszentrum der Stadt an der Bismarckstraße, hilft gut beim Organisieren von Ausflügen in die Umgebung.

UNTERWEGS VOR ORT

Lüderitz und die Landschaft auf der Route sind die 334 km lange Anreise von Keetmanshoop über die asphaltierte B4 wert. Wenn, wie meistens, der Wind weht, können Sicheldünen (Barchane) auf den letzten 10 km bis Lüderitz die Strecke blockieren. Es wirkt, als würden sie sich über die Straße beugen. Besonders gefährlich wird es bei Nebel, denn die Verwehungen können hoch sein, bevor der Straßendienst sie beseitigt. Deshalb: unbedingt Geschwindigkeitsbegrenzungen beachten und Nachtfahrten vermeiden! Zwischen Lüderitz und Keetmanshoop verkehren mindestens einmal täglich öffentliche Kleinbusse. In Lüderitz ist die Haltestelle am südlichen Stadtrand an der Bismarckstraße. Mit Ausnahme von Kolmanskop ist ein Ausflug ins Sperrgebiet nur im Rahmen einer organisierten Tour möglich.

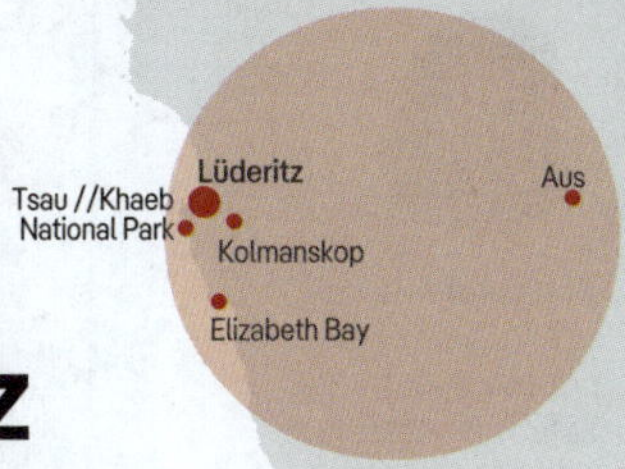

Rund um Lüderitz

Dünen, Diamanten und Wüste prägen die Landschaft in der Umgebung von Lüderitz. – Sie ist wild, menschenleer und unglaublich schön.

Abgelegene Straßen und Wildnis umgeben Lüderitz in alle Festlandsrichtungen. Nördlich der Walvis Bay verlaufen weit ausgedehnte Längsdünen (Seifs). Der Wind treibt sie vom Meer landeinwärts in Richtung der Schotterebenen und abgelegenen Gebirgszüge. Im Osten und Süden der Bucht gehen raue Abschnitte der Küstenebene in einen Berghang über. Ein Großteil dieser Gegend – östlich fast bis nach Aus und Rosh Pinah und südlich bis Oranjemund – nimmt seit Langem das Sperrgebiet ein. Dort betreibt Namibia nach wie vor seinen lukrativen, hoch gesicherten Diamantenabbau. Heute bildet das Gebiet den Tsau //Khaeb (Sperrgebiet) National Park, der nur im Rahmen einer geführten Tour besucht werden kann.

TOP-TIPP

Die meisten Lüderitzer Veranstalter organisieren Touren in das Sperrgebiet. Sie sorgen auch für die Genehmigungen, die fünf Tage bis zwei Wochen im Voraus zu beantragen sind. Öffentliche Verkehrsmittel fahren sporadisch nach Aus. Für Fahrten ins Lüderitzer Hinterland ist ein eigenes Fahrzeug erforderlich.

AFRICA2008ST/SHUTTERSTOCK ©

Tsau //Khaeb (Sperrgebiet) National Park (S. 293)

NAMIBIA GRÜSST

Anna Mafwila lebt in Windhoek und betreibt Katutours & Safaris (Facebook @ katu.tours). Gerne legt sie Namibiareisenden ihre Gedanken nah.

Seit 13 Jahren arbeite ich in der Tourismusbranche. Seither liegt mir die Überwindung von Grenzen zwischen Ländern und Ethnien sowie nachhaltiger Tourismus am Herzen. Namibiareisenden möchte ich darin bestärken, verantwortungsvolles Reisen, Empathie und Harmonie in die Tat umzusetzen. In unserer starken, freundlichen Nation ist jeder willkommen, der unsere Kulturen, Naturwunder und Tierwelt persönlich erleben möchte.

CHRIS PIASON/SHUTTERSTOCK ©

Verlassenes Haus, Kolmanskop

Die Geisterstädte von Südnamibia

VERLASSENE BERGBAUSTÄDTE IM WÜSTENSAND

Kolmanskop, die ehemalige „Stadt der Diamanten", liegt ca. 15 km südöstlich von Lüderitz. Beim Anblick ihrer sandbedeckten Ruinen ist kaum zu glauben, dass es hier sogar mal eine Kegelbahn und ein Theater gab. Der Aufbau zur florierenden Stadt begann nach dem Ersten Weltkrieg, als Consolidated Diamond Mines (CDM) sein Hauptquartier in Kolmanskop errichtete. CDM wurde kurz zuvor gegründet, um Namibias Diamantenabbau zu überwachen. Mit einem Rückgang der Diamantenverkäufe und der Entdeckung reichhaltigerer Diamantenvorkommen in Oranjemund endete Kolmanskops Blütezeit und 1956 verließ der letzte Einwohner die Stadt.

Heute sind einige Teile von Kolmanskop restauriert. Umso surrealer wirken die noch vorhandenen verfallenen Gebäude, die der Flugsand weiterhin pausenlos überrollt. Am geringsten ist der sonst große Besucherandrang bei Sonnenaufgang und am späten Nachmittag. Von Lüderitz lässt sich Kolmanskop leicht über die B4 erreichen (öffentlichen Verkehrsmittel nicht vorhanden). Die Zutrittserlaubnis wird zwischen 8 und 13 Uhr am Eingangstor von Kolmanskop verkauft. Besuche außerhalb dieser Zeiten erfordern eine spezielle „Fotografen-

LÜDERITZER TOURVERANSTALTER

Route Africa Expeditions
Professionell organisierte Selbstfahrertouren in die Namib, zur Skelettküste und nach Kunene.

Coastways Tours
Ein- und mehrtägige Exkursionen im Geländewagen in die gesamte Umgebung von Lüderitz.

Namibia Offroad Excursions
Ein- und mehrtägige Exkursionen in die Umgebung von Lüderitz, inkl. Küstentouren bis zur Walvis Bay.

genehmigung“, die in Lüderitz im Desert Deli in der Bahnhof Street erhältlich ist.

Einen guten Einblick in die Geschichte und die Arbeitsbedingungen in den Diamantenminen vermitteln die verlassenen Abbaugebiete an der **Elizabeth Bay** und in **Pomona**. An der Elizabeth Bay (30 km südlich von Lüderitz) streunen Hyänen umher und in Pomona (ca. 45 km weiter südlich) türmen sich hohe Sandhügel. Beide Orte sind menschenleer und nur im Rahmen einer geführten Tour zugänglich. Die Tour wird oft mit einem Besuch von **Bogenfels** kombiniert, einer kleineren verlassenen Bergbaustadt mit einem imposanten Felsentor.

Verlassene Städte in einer vielfältigen Landschaft

BIODIVERSITÄTS-HOTSPOT MIT SEHENSWERTEN SUKKULENTEN

Der **Tsau //Khaeb National Park** umfasst 22 000 km^2 und reicht von Lüderitz bis nach Oranjemund. Es ist eine gespenstisch wirkende wilde Landschaft mit Küsten, Dünen, Schotterebenen, Gebirgszügen und dem Oranje. Sogar ein Wrack ist zu finden. Vermutlich sind es die Überreste des portugiesischen Schiffes *Bom Jesus* aus dem frühen 16. Jh.

Wegen des Diamantenabbaus war die Gegend lange Zeit Sperrgebiet. So blieb das Ökosystem in etlichen Bereichen des Tsau //Khaeb fast unberührt und ist noch intakt. Heute zählt der Nationalpark zu den 25 besten Biodiversitäts-Hotspots der Welt. Zugleich bildet er die artenreichste Region Namibias, in der fast ein Viertel der Flora des Landes auf weniger als 5 % seiner Fläche beheimatet ist. Bekannt sind insbesondere die heimischen Sukkulenten, deren Blätter Nebelfeuchtigkeit speichern und der Verdunstung widerstehen.

Ebenfalls spannende Highlights im Nationalpark: seine Geisterstädte, in denen sich die Geschichte des Diamantenbergbaus widerspiegelt. Hinzukommen der 2,5 km breite **Rote Kamm**, einer der weltweit am besten erhaltenen Meteoritenkrater, und der 55 m hohe **Bogenfels**, ein Felsentor, an der Küste. Für die Öffentlichkeit zugänglich sind die verlassene Bergbaustadt Kolmanskop, die innerhalb des Nationalparks liegt, und die Halbinsel Lüderitz (S. 289). Alle anderen Ziele im Tsau //Khaeb kann man nur im Rahmen einer geführten Tour besuchen. Touristische Einrichtungen sind (Stand 2023) nicht vorhanden. Für botanisch oder historisch Interessierte lohnt sich ein Abstecher auf jeden Fall. Die Hauptverwaltung des Nationalparks befindet sich in der Alten Post in Lüderitz. In Aus und Oranjemund gibt es Rangerstationen. Ein neues Informationszentrum ist in Garub (bei Aus) geplant.

TSAU //KHAEB IN ZAHLEN

Der Naturreichtum des Nationalparks zeigt sich in der großen Artenvielfalt. Dokumentiert ist sie im Bewirtschaftungsplan des Ministeriums für Umwelt und Tourismus:

1050 Pflanzenarten.

80 Land- und 38 Meeressäugetierarten, z.B. ca. 600 000 Afrikanische Seebären (die Anzahl ist ca. die Hälfte des weltweiten Bestands).

35 Küsten- und Seevogelarten, darunter Afrikanische Pinguine, Kaptölpel und verschiedene Kormoranarten, sowie Möwen und Seeschwalben.

Fast 60 Vogelarten der Feuchtgebiete, vor allem entlang des Oranje.

120 Landvogelarten.

Fast 100 Reptilienarten und etwa 16 Froscharten.

Hinzukommen unzählige Insekten und andere Wirbellose, von denen die meisten nie untersucht wurden.

LÜDERITZER TOURVERANSTALTER

Zeepard Boat Tours
Gut geführte Bootstour zur Halifax Island.

Penguin Catamaran Tours
Seriöse Katamarantouren zur Halifax Island.

Alte Villa Lodge
Kajaktouren zur Halifax Island und Second Lagoon.

VON LÜDERITZ ZUR WALVIS BAY

Die Küstenroute von Lüderitz zur Walvis Bay führt durch das Diamond Area Number 2 (früher so genannt). Sie verläuft entlang der Küste und über Dünen. Für Selbstfahrer mit Geländewagen ist es eine schöne 5-Tages-Exkursion mit vielen Attraktionen: Überreste alter Bergbausiedlungen, ein paar Schiffswracks, atemberaubende Küstenlandschaften und riesige Dünen. Die Sandwich Harbour, eine Lagune, rundet kurz vor dem Ziel die Erlebnistour ab. Zuverlässige Tourveranstalter s. S. 292.

Verwilderte Pferde im Hinterland

WILD LEBENDE PFERDE UND WÜSTENFLAIR

Der winzige Ort Aus liegt 125 km östlich von Lüderitz. Selbstfahrer sind im Vorteil, da öffentliche Verkehrsmittel nur den Ort anfahren. Die Attraktionen warten jedoch in der Umgebung: reizvolle Wüstenlandschaft, Wander- und Mountainbikemöglichkeiten, schöne Lodges und verwilderte Pferde.

Woher die Pferde stammen, ist unklar. Einige behaupten, sie seien Nachfahren zurückgelassener deutscher Kavalleriepferde. Andere führen ihre Abstammung auf das Gestüt von Hauptmann Hansheinrich von Wolf zurück, dem einst Schloss Duwisib (S. 283) gehörte. Oder es ist eine Mischung aus beidem. Dürre und Angriffe von Hyänen haben in den letzten Jahren die Anzahl der Pferde verringert. Heute umfasst der Bestand zwischen 100 und 150 Tieren. Eine gute Chance, sie zu beobachten, besteht rund um das Wasserloch bei Garub. Der Weg dorthin: ab Aus auf der B4 Richtung Westen fahren, nach 20 km an dem Hinweisschild nach Norden abbiegen und dem Weg 1,5 km weit folgen. Die Pferde, die bis zu drei Tagen ohne Wasser auskommen können, haben sich erstaunlich gut an ihre Umgebung angepasst.

Geschützte Brutplätze für Wasservögel

DER PARK, DER NICHT BESUCHT WERDEN DARF

Mit ihren vorgelagerten Guano-Inseln und felsigen Inselchen, ihren Lagunen und Sandbänken ist die Küste Südnamibias ein idealer Lebensraum für Seevögel. Entlang der gesamten Küstenlinie verbergen sich wichtige Brutplätze und Nahrungsquellen für Kappinguine, Kaptölpel, Küstenscharben (Familie der Kormorane) und viele mehr. Zum Schutz dieses Vogelreichtums wurde 2009 das **Namibian Islands Marine Protected Area** (NIMBA) etabliert – leider noch eher in Theorie. Immerhin war die Gründung ein wichtiger erster Schritt. Das Meeresschutzgebiet erstreckt sich über 400 km von der Meob Bay (175 km südlich der Walvis Bay) bis zur Chameis Bay 140 km südlich von Lüderitz). Die meisten Inseln und Inselchen in dem Gebiet sind für die Öffentlichkeit nicht zugänglich. In Zukunft jedoch werden das NIMBA eine große Rolle spielen, denn Namibias Diamantenabbau wird ins Meer verlagert. Schätzungen zufolge werden künftig bis zu 95 % der Diamanten Namibias aus dem Meeresboden stammen. Eine gute Wahl zum Schutz der wundervollen Biotope: Tourveranstalter, die bei ihren angebotenen Aktivitäten entlang der Küste Namibias Wert auf Nachhaltigkeit legen.

UNTERWEGS VOR ORT

Zwischen Lüderitz, Aus und Keetmannshoop verkehren regelmäßig öffentliche Kleinbusse, die aber keine Ziele in deren Umgebung ansteuern. Für ausgiebige Erkundungstouren ist daher ein eigenes Fahrzeug erforderlich. Geführte Touren (Transport inklusive) sind die einzige Möglichkeit, den Tsau //Khaeb National Park zu besuchen.

FISH RIVER CANYON

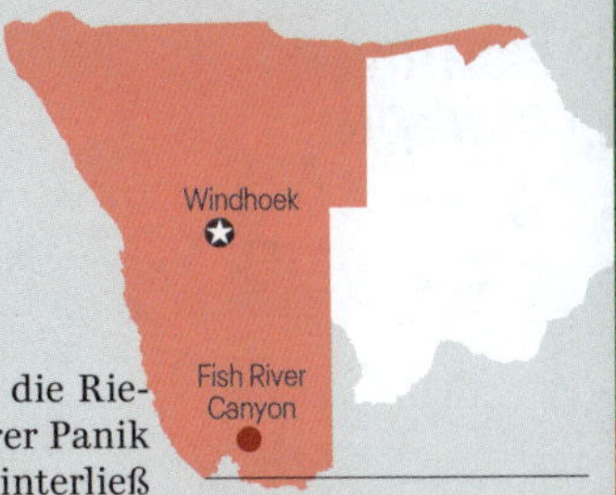

Vor Urzeiten, als die Welt noch jung war, flüchtete die Riesenschlange Koutein Kooru vor ihren Jägern. In ihrer Panik preschte sie schlängelnd durch das Erdreich und hinterließ tiefe Furchen und Windungen. So sei der Fish River Canyon entstanden, erzählt eine alte San-Legende. Beim Anblick dieses spektakulären Einschnitts in die Landschaft, lässt sich leicht nachvollziehen, warum die San an ein Werk einer riesigen Kreatur glaubten. Mit einer Länge von 160 km, einer Breite von bis zu 27 km und einer Tiefe von 550 m ist der Fish River der zweitgrößte Canyon der Erde (nach dem Grand Canyon,) und eines der eindrucksvollsten geologischen Wunder Afrikas. Egal, aus welcher Perspektive, ob von oben vom Kamm, oder von unten, von der Sohle, betrachtet, die Größe, die zeitlose Majestät und die raue Schönheit des Canyons strahlen eine geradezu unglaubliche Faszination aus.

TOP-TIPP

Die Hauptzugänge zum Fish River Canyon befinden sich in Hobas am nördlichen und in |Ai-|Ais am südlichen Ende des Canyons. Die Tageskarte (150 N$ pro Person, 50 N$ pro Fahrzeug) gilt für beide Zugänge. Das Hobas Information Centre am Nordende ist der Check-in-Point für die mehrtägige Canyon-Wanderung.

SERGE GOUJON/SHUTTERSTOCK ©

Fish River Canyon

FISH RIVER CANYON

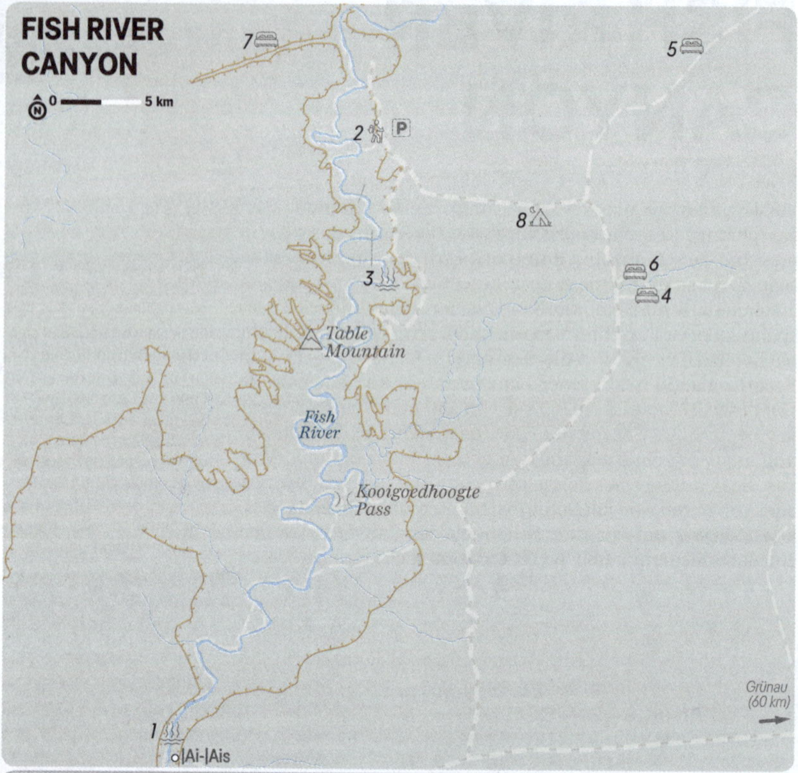

SEHENSWERTES
1 |Ai-|Ais Hot Springs

AKTIVITÄTEN & TOUREN
2 Hiker's Viewpoint
3 Sulphur Springs

ESSEN
s. 1 |Ai-|Ais Resort
4 Canyon Lodge
5 Canyon Roadhouse
6 Canyon Village
7 Fish River Lodge
8 Hobas Campsite

Jahrmillionen hat es gedauert

SPEKTAKULÄRER CANYON

Der Fish River, der 110 km südlich des Canyons in den Oranje mündet, hat seit Äonen die Erde ausgehöhlt. Genau genommen besteht der **Fish River Canyon** aus zwei Canyons, dem sog. äußeren und dem inneren Canyon. Der eine entstand in dem anderen, aber auf völlig unterschiedliche Weise. Fachleuten zufolge haben sich die ursprünglichen Sedimentschichten

AUSSICHTSPUNKTE AM CANYON

Hell's Bend (Main) Viewpoint
Auf dem östlichen Kamm des Canyons, herrlicher Blick bei Sonnenaufgang.

Fish River Lodge
Auf dem westlichen Kamm des Canyons, atemberaubende Aussicht.

Hiker's Viewpoint
Toller Blick über den nördlichen Abschnitt des Canyons.

aus Schiefer, Sandstein und vulkanischem Geröll rund um den heutigen Fish River Canyon vor über 1 Mill. Jahren abgelagert. Durch Hitze und Druck wurden sie später in festere Materialien wie Gneis umgewandelt. Später drang durch Risse im Untergrund heißes vulkanisches Material in die Gesteinsformation ein. Es kühlte ab und bildete die Dolerit-Dykes (Gesteinskörper), die noch heute im Canyon zu sehen sind. Durch lang dauernde Erosion entstand eine Senke mit einem seichten Meer. Im Lauf der Zeit füllte sich das Becken mit Sedimenten, wie Sandstein, Konglomerat, Quarzit, Kalkstein und Schiefer, die von den umliegenden höheren Flächen heruntergespült wurden.

Vor etwa 500 Millionen Jahren führten tektonische Aktivitäten zu Verwerfungen, wodurch die Gesteinsschichten brachen und in einem 45-Grad-Winkel gekippt wurden. Entlang dieser Bruchstrukturen bildete sich ein weitläufiger Graben. Das geschah in der Entstehungsphase des sogenannten äußeren Canyons. Von dessen Talsohle geblieben sind die Terrassen, die ca. 170 m unterhalb des Ostrandes und 380 m unterhalb des Westrandes sichtbar sind. Eine Zeit stärkerer Niederschläge (Pluvialzeit) setzte ein und der Fish River suchte seinen Weg durch das neu geschaffene Tal. In einem langen Erosionsprozess schuf der Fluss schließlich den 270 m tiefen inneren Canyon. In seiner ganzen Schönheit erfassen, lässt sich der Canyon auf Wanderungen (S. 298). Atemberaubend ist aber allein schon der Blick von einem Aussichtspunkte am Canyonrand, vor allem bei Sonnenaufgang oder -untergang.

SONNENAUFGANG AM CANYON

Der Sonnenaufgang am Aussichtspunkt Hell's Bend auf der Ostseite am Nordende des Fish River Canyon, ist ein Muss. Im Morgenlicht leuchten das Rot, Orange und Braun der Felsen auf, strukturiert vom Schimmer ihrer abgerundeten und scharfen Kanten. Das Zusammenspiel von Licht und Felsen erzeugt eine gigantische Symphonie aus imposanten Proportionen, geologischen Schichten und vegetationsloser Kargheit. Sichtbarer, geradezu greifbarer kann die Jahrmillionen alte Entstehungsgeschichte des Canyons kaum sein. Der Aussichtspunkt ist einer der am besten zugänglichen und ist von Hobas bequem mit Auto und kurzem Fußweg erreichbar.

Vor dem Start der Wanderung

DIE BASICS

Durch den Fish River Canyon (S. 298) zu wandern, ist eine Herausforderung, aber zugleich ein Highlight. Nicht nötig sind technische Utensilien oder Fachkenntnisse, aber unbedingt eine gute Kondition. Immerhin stehen täglich 6–8 Stunden Wandern auf dem Programm, und das 4–6 Tage lang. Wer Zweifel an seinen Fähigkeiten hegt, sollte sich besser für eine geführte Wanderung entscheiden.

Canyon-Wanderungen sind nur in Gruppen (3–30 Pers.) erlaubt und müssen im Voraus über das NWR-Büro in Windhoek gebucht werden. Vorzulegen ist ein Gesundheitsattests (mind. 40 Tage gültig). Eine Vorausbuchung verlangen auch die Camps in Hobas und |Ai-|Ais (Start und Ende der Wanderung). Mit Ausnahme des letzten Abschnitts steht im Canyon meistens Wasser zur Verfügung. Achtung: Vor dem Start im Hobas Information Centre sollte man sich unbedingt nach der Verfügbarkeit erkundigen!

ÜBERNACHTEN AM FISH RIVER CANYON

Fish River Lodge
Auf dem westlichen Canyonkamm, sensationelle Aussicht; Zufahrt über die D463. **$$$**

Hobas Lodge & Campsite
Hübscher Campingplatz, einfache Zimmer; nahe dem Startpunkt der Canyontour. **$**

|Ai-|Ais Resort
Schöne Lage nahe der heißen Quellen; Zimmer wenig ansprechend, Campingplatz häufig überfüllt. **$$**

WANDERUNG

Tour: Fish River Canyon

Von Mitte April bis Mitte September ist es möglich, die anspruchsvolle 75 km lange Strecke durch den Fish River Canyon zu wandern. Von Hobas im Norden bis zu den |Ai-|Ais Hot Springs im Süden geht es am sandigen Flussbett entlang, vorbei an ephemeren Tümpeln und grandiosen geologischen Formationen. Topfitte Wanderer brauchen vier Tage, moderater sind fünf Tage. Ohne die Abkürzungen an den Flussbiegungen ist die Strecke ca. 90 km lang. Hier ein Vorschlag für die Route.

1 Hiker's Viewpoint

An diesem 10 km von Hobas entfernten Punkt geht die Tour los. Den Anfang macht ein sehr steiler, aber malerischer Abstieg vom Canyonrand zum Fluss hinunter. Das schöne Ufer lädt zum Campen ein. Nun Pause oder erst mal „Strecke machen"?

Die Wanderung: Der Abstieg dauert 2–3 Stunden und ist teilweise sehr schwierig. An mehreren Stellen helfen verankerte Ketten beim Herabklettern. Im Canyon angekommen, steht zur Wahl: Campen, um sich zu erholen, oder gleich die erste anspruchsvolle 15-km-Etappe in Angriff nehmen. Die Strecke voller Sand und Geröll führt am Ostufer des Flusses entlang bis zur Kreuzung mit dem Sulphur Springs Viewpoint Track. An der Stelle ist es noch recht einfach, die Notbremse zu ziehen (oder schlimmstenfalls eine Rettung zu organisieren). Etwa 2 km flussabwärts sind die Sulphur Springs, ein angenehmen Ort, der sich gut zum Campen eignet. Das Wasser in den Thermalbecken (57 °C) enthält Schwefel, Chlorid und Fluorid, was lädierten Muskeln und Füßen gut tut. Wie und ob es weitergeht, hängt vom Befinden am nächsten Morgen ab.

2 Sulphur (Palm) Springs

Von den Sulphur Springs verläuft die Strecke der 2. Etappe über ein Gelände voller Felsbrocken, die es zu überwinden gilt. Topfitte Wanderer können die Etappe 1 und 2 an einem Tag hinter sich bringen. Besser bzw. vernünftiger sind zwei Tage:

NICO CALANDRA/SHUTTERSTOCK ©

Abstieg, zelten und am nächsten Morgen sehr früh starten. So bleibt ein voller Tag für die 7-stündige stramme Wanderung bis zu den Sulphur Springs.

Die Wanderung: Diese Etappe führt zunächst 2–3 Stunden durch tiefen Sand und über Schotter bis zum Table Mountain, einer Tafelberg-ähnlichen Gesteinsformation. Etwa 30 km nach den Sulphur Springs ermöglich die erste Abkürzung, Bushy Corner, ein Gelände mit dichtem Dornengestrüpp, zu umgehen. Ziel ist die Felsformation Three Sisters – ein guter Platz zum Campen.

3 Three Sisters

Die Etappe (6–7 Std.) führt durch eine sanftere Landschaft. Manchmal sind Klippschliefer und Klippspringer zu sehen. Beim Abkürzen quer über die Flusswindungen muss man den Fluss mehrfach durchqueren. In der Regel ist Flussbett trocken.

Die Wanderung: Von den Three Sisters geht es kurz stromaufwärts bis zu einer Abkürzung. Sie befindet sich etwas abseits vom Fluss und führt hinauf zum Kooigoedhoogte Pass – und einem herrlichen Ausblick auf die Four Finger Rock. Nach dem Abstieg zum Westufer, heißt es: zum Abkürzen den Fluss durchqueren oder seinen Biegungen folgen. So oder so kommt man zum Grab des deutschen Leutnants Thilo von Trotha (1905 bei Konfrontation mit den Nama getötet).

4 Südlich des Kooigoedhoogte Pass

Trotz mehrerer Abkürzungen dauert die Etappe mindestens 6 Stunden. Highlight unterwegs: Namibias Nationalbaum, der Köcherbaum, eine Aloeart mit hohem Stamm und dichter, verzweigter Krone.

Die Wanderung: Den ersten 20–25 km der letzten Etappe folgt eine flache, leichte Strecke. Der raue Canyon mit seinen spektakulären Felsformationen geht in eine offenere Landschaft über. Für die letzten 15 km vor |Ai-|Ais muss man sich mit ausreichend Wasser eindecken!

5 |Ai-|Ais

In |Ai-|Ais entspannt ein Bad im Wasser der Thermalquellen die Muskeln. Transport zum Tourstartpunkt ist möglich.

ROGER DE LA HARPE/SHUTTERSTOCK ©

Halfmens Trees, |Ai-|Ais Richtersveld Transfrontier Park

GRÜNAU

Auf dem Weg zum oder vom Fish River Canyon kommen viele Reisende durch Grünau. Der kleine Ort liegt eingebettet in einer reizvollen offenen Landschaft. Spannendes bietet er nicht, dafür aber eine Tankstelle und recht schöne Unterkünfte. Empfehlenswert sind z.B. das schlichte **Grünau Country Hotel** direkt im Ort oder etwa 13 km außerhalb die gastfreundliche **White House Guest Farm** mit gemütlichen Chalets und einem ansprechenden Campingplatz.

Im Spätwinter können die letzten 15 km total trocken und heiß sein. Um diese Strecke zu bewältigen, muss sich jeder rechtzeitig mit Wasser eindecken (mehrere 2-l-Flaschen). Wichtiges Wandergepäck: Wasserreinigungstabletten, inkl. Filter und Petflaschen, Sonnenschutzmittel, Erste-Hilfe-Set, Stirnlampe, Ersatzbatterien, Streichhölzer/Feuerzeug, Campingkocher, Pfanne, 3-Jahreszeiten-Schlafsack, Isomatte, warme Jacke, breitkrempige Mütze – und ausreichend Proviant. Im Canyon gibt es weder Einrichtungen noch Handyempfang. Eine Karte ist unerlässlich, am besten ist die Canyon-Wanderkarte von Slingsby. Weniger detaillierte Karten sind mitunter im Hobas Information Centre und im |Ai-|Ais Resort erhältlich.

Heiße Quellen für die Entspannung

WOHLTUEND FÜR DIE MUSKELN NACH DER WANDERUNG

In Nama bedeutet |*Ai-*|*Ais* „brennend heiß" – ein passender Name für die Quellen am südlichen Ende des Fish River Canyon. In der landschaftlich malerischen Umgebung belebt etwas Grün den kargen Boden. Das 60 °C heiße Wasser der |Ai-|Ais Hot Springs entspannt und hat angeblich eine therapeutische Wirkung. Es wird in einige Thermalbäder, Spas und in ein Freibad geleitet, die alle zum |Ai-|Ais Resort gehören.

ÜBERNACHTEN AM GONDWANA CANYON PARK

Canyon Lodge
Wunderschöne Lage im Gondwana Canyon Park, hübsche Bungalows. **$$$**

Canyon Village
Ruhige Lage, geräumige, von kapholländischer Architektur inspirierte Cottages; Canyon bequem erreichbar. **$$$**

Canyon Roadhouse
Ein schrulliger Ort mit dem Flair einer Raststätte aus den 1950er-Jahren; mit schlichten Zimmern und kleinem Pool. **$$**

Den San sind die Quellen wahrscheinlich schon seit Jahrhunderten bekannt. Dennoch erzählt die Legende, ein Nama-Hirte hätte sie „entdeckt“, als er seine streunenden Schafe suchte. Zum Gipfel am gegenüberliegenden Flussufer führt ein kurzer, nicht markierter Weg. Belohnt wird der kleine Aufstieg mit einem wunderschönen Ausblick auf die |Ai-|Ais Hot Springs und den Four Finger Rock weiter nördlich. Der Rückweg zum Camp dauert etwa zwei Stunden.

Ein Wildpark zum Staunen

VIELFÄLTIGE TIERWELT UND REIZVOLLE WÜSTENSZENERIE

Der Fish River Canyon ist der geologische Star in diesem Teil Namibias, der **Gondwana Canyon Park**, der im Nordosten an den Canyon grenzt, nimmt aber eine ebensolche Rolle ein. Der 1000 km² große Wildpark entstand 1996, um die heimischen Wildtierbestände zu revitalisieren. Dank erfolgreicher Maßnahmen, wie Wasserlöcher anlegen und Zäune entfernen, ist das Gebiet heute die beständige Heimat von Hartmanns Bergzebras, Gemsböcken, Steinböcken, Klippspringern, Klippschliefern und vielen anderen Tierarten. Mit seinen schönen Lodges ist Wildpark ein guter Ausgangspunkt für Erkundungstouren. Alle Lodges organisieren geführte Wanderungen, Geländewagentouren, Ausritte und Rundflüge.

Peace Park in der Trockenzone

HEISSE QUELLE UND EINE GRANDIOSE LANDSCHAFT

Der **|Ai-|Ais Richtersveld Transfrontier Park** ist ein grenzübergreifendes Schutzgebiet und umfasst einen Großteil des Gebietes südlich und westlich des Fish River Canyon sowie den südafrikanischen Richtersveld National Park. Dieses abgelegene, 5920 km² große Gebiet mit seiner rauen Landschaft ist eine der artenreichsten Trockenzonen der Welt. Im September (Frühling) lockt der Park mit einer reichen Flora und kühleren Temperaturen. Unter den Highlights sind die Köcherbäume, die ihren Namen bekamen, weil die San aus den ausgehöhlten Ästen ihre Köcher anfertigten. Nicht zu übersehen ist auch der Halfmens Tree (eine baumartige Sukkulente), der bis zu 2 m hoch wird. Hinweis: Der Grenzübergang Sendelingsdrift zwischen der südafrikanischen und der namibischen Seite des Nationalparks ist nur sporadisch geöffnet.

FISH RIVER

Der Fish River ist der längste periodisch wasserführende Fluss Namibias. Er schlängelt sich von seiner Quelle am Ostrand der Naukluft Mountains zwischen Rehoboth und Maltahöhe mehr als 600 km nach Süden. Unterwegs wird er vom Hardap und Neckartal Dam gestaut. Weiter flussaufwärts wird er von Nebenflüssen gespeist. Sein berühmtester Abschnitt führt durch den Fish River Canyon, bevor er etwa 30 km östlich von Sendelingsdrift in den Oranje mündet. Von der C13 aus ist das schöne Mündungsgebiet gut zu sehen.

UNTERWEGS VOR ORT

Reisende brauchen ein eigenes Fahrzeug, da öffentliche Verkehrsmittel weder Hobas noch |Ai-|Ais (67 km weiter südlich) ansteuern. Eine Schotterstraße verbindet Grünau mit Hobas (86 km) am Nordende des Fish River Canyon. Mit einem Allradfahrzeug ist sie fast ganzjährig befahrbar und nur problematisch nach starkem Regen. Der parkeigene Shuttle-Service pendelt zwischen dem Ai-|Ais Resort und Hobas – nützlich nach einer Wanderung, falls das eigene Fahrzeug in Hobas steht. Selbst organisieren muss jeder den Transport (10 km) von Hobas zum Startpunkt der Wanderung.

Von Oktober bis April ist wegen der extremen Hitze und der Überschwemmungsgefahr der Abstieg in den Canyon verboten. Die Aussichtspunkte am Canyonrand und die heißen Quellen sind aber ganzjährig zugänglich.

ORANJE

Der Oranje, den die San einfach Gariep („Fluss") nennen, ist nach dem Sambesi der zweitlängste Fluss Südafrikas. Mal träge, mal schnell fließt er über 2000 km von seiner Quelle in den Drakensberg Mountains in Lesotho (wo er Senqu heißt) in den Atlantik. Durch Schluchten, vorbei an kargen Gipfeln windet sich der Fluss bis in die offenen Landschaften in Meeresnähe. An seinen Ufern hallt der Ruf des Schreiseeadlers. Die Sandbänke, Inseln und Sümpfe seines Mündungsdeltas beherbergen eine Fülle an Vögeln, seine Gewässer wimmeln von Fischern. Es warten Erlebnisse wie das Paddeln durch Stromschnellen, der Sonnenuntergang am Fluss oder das Kennenlernen des Alltags in Oranjemund. Je länger der Aufenthalt an der südlichsten Grenze Namibias, desto mehr ziehen die ruhige Lebensweise der Menschen und die reiche Natur in den Bann.

TOP-TIPP

Noordoewer ist der belebteste namibisch-südafrikanische Grenzübergang und Ausgangspunkt für Kanutouren. In Oranjemund, ca. 240 km flussabwärts an der Küste, werden die teilnehmenden Kanufahrer von dem gebuchten Tourveranstalter abgeholt und ins Basiscamp gebracht.

LEON VAN ROOYEN/SHUTTERSTOCK ©

Orange River

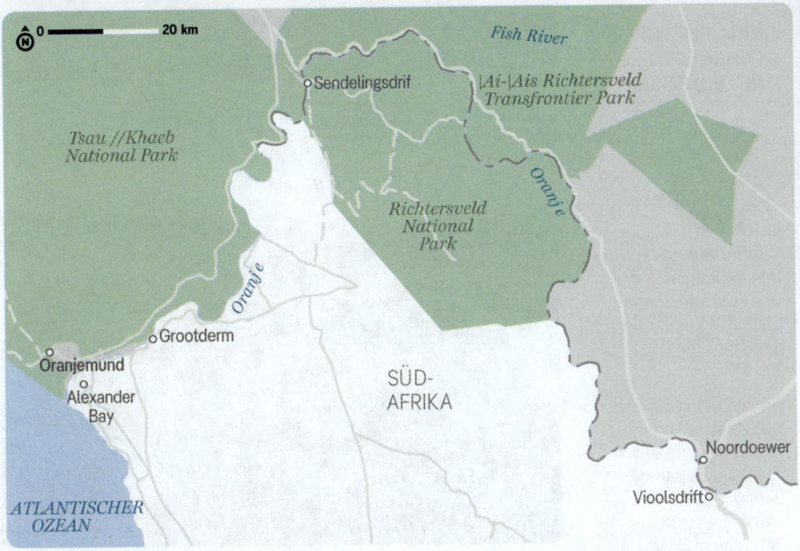

Reize einer Grenzstadt

AUSGANGSPUNKT FÜR KANUTOUREN AUF DEM ORANJE

In der kleinen Grenzstadt **Noordoewer** ist die Grenze zu Südafrika rund um die Uhr geöffnet. Umgeben ist sie von ausgedehnten Weinplantagen, vor allem im Norden bei Aussenkehr. In dem trockenen Gebiet bilden die grünen Flächen willkommene Erholungsoasen. Am Flussufer befinden sich eine ganze Reihe gemütlicher Camps und kleiner Lodges. Von dort aus lässt sich die Stadt bequem erkunden. Bekannt ist Noordoewer vor allem als Ausgangspunkt für mehrtägige Kanu- und Rafting-Touren auf dem Oranje. Zudem ist es ein guter Start- oder Zielpunkt für Erkundungstouren im Süden Namibias. Reisende können sich mit Benzin und in einer Handvoll Geschäften mit Nahrungsmitteln bestens eindecken.

Kanutouren auf dem Oranje

PADDELN UND DIE GEGEND HAUTNAH ERLEBEN

Tagsüber paddeln, entspannen, auch mal leichte Wanderungen unternehmen und nachts unter dem Sternenhimmel schlafen – eine Kanutour auf dem Oranje ist eine wunderbare Möglichkeit, die Landschaften und das Flair in Namibias südlichster Grenzgegend kennenzulernen.

DIE C13 NACH AUS

Die C13 führt von Sendelingsdrift, dem namibisch-südafrikanischen Grenzübergang am Oranje, durch den |Ai-|Ais Richtersveld Transfrontier Park und über die Zinkminenstadt Rosh Pinah bis nach Aus. Die wenig befahrene Route ist landschaftlich sehr reizvoll. Im Sommer kann der südliche Abschnitt wegen Überschwemmungen gesperrt sein (vorher informieren!).

ÜBERNACHTEN RUND UM NOORDOEWER

Amanzi River Camp
Basiscamp am Flussufer mit Campingplatz und Bungalows, nicht nur für Kanufahrer, jeder ist willkommen. **$**

Provenance Camp
Hübsche Chalets und schöner Campingplatz am Oranje; Basiscamp des Kanu-Tourveranstalters Felix Unite. **$**

Noordoewer Guesthouse
Klimatisierte Zimmer, ein Restaurant, kleiner Bauernladen; bequemer Übernachtungsstopp nahe der Grenze. **$**

ORANJEMUND KENNENLERNEN UND GENIESSEN

Cindi-Lee Kisting lebt in Oranjemund und liebt ihre Heimatstadt. Gerne teilt sie ihre Tipps mit Besuchern:

An der Südwestküste Namibias, wo der mächtige Oranje in den Atlantik mündet, liegt Oranjemund, eine wundervolle kleine Oase. Das Wetter ist mild, durch die Küstennähe kann es auch mal ziemlich windig und ungemütlich sein. Windsurfen, Kitesurfen, Kajakfahren und Dünenboarden zählen zu den beliebten Freizeitvergnügen. Erforderlich sind eine eigene Ausrüstung und etwas Erfahrung, da Auftrieb und Strömungen stark sein können. Oranjemund ist eine Wander- und Radstadt (die Touristinfo verleiht E-Bikes). In der Umgebung gibt es zahlreiche Wanderwege; das Zelten am Fluss- oder Meeresufer ist beliebt.

BRIAN VAN NIEKERK SA/SHUTTERSTOCK ©

Kanu am Ufer des Oranje (S. 303)

In Zwei-Personen-Kanus aus Fiberglas oder auf aufblasbaren Flößen geht's auf dem Oranje an den Start. Die Tourteilnehmer durchpaddeln Flussabschnitte mit sanften und schnelleren Stromschnellen der Klasse I und II. Versprochen werden unkomplizierte Fahrten für fast alle Altersgruppen. In der Regel trifft das zu, nur kleinere Kinder fühlen sich auf schnelleren Flussabschnitten wahrscheinlich nicht so wohl. Auf jeden Fall ist das Wasser warm und die Tourbegleiter sind gut ausgebildet. Angeboten werden Touren, die drei Nächte umfassen, und mitunter auch Vier- bis Fünf-Nächte-Routen.

Unterwegs bleibt viel Zeit, die Naturschönheiten der Region und den Kontrast zwischen dem schmalen Grüngürtel am Fluss und den nahen trockenen Bergen zu bestaunen. Während der Kanufahrt, lohnt es sich, auch mal Ausschau nach Tieren zu halten. Neben vielen Vögeln sind am Ufer manchmal Klippspringer, Paviane, Grünmeerkatzen oder Schakale zu sehen. Im Fluss leben Kapotter – aber keine Flusspferde und Krokodile. Am Abend sind Lagerfeuer angesagt, ein schöner Nachthimmel und Übernachten im Freien.

Empfehlenswert sind die Tourveranstalter **Felix Unite** und **Amanzi Trails** (beide mit Sitz nahe Noordoewer). Felix Unite hat sein Basiscamp flussabwärts ca. 8 km vor der Stadt und Amanzi Trails ca. 3 km weiter. Die erste Nacht verbringen

ÜBERNACHTEN RUND UM NOORDOEWER

Vioolsdrift Lodge
In Vioolsdrift, Südafrika, direkt hinter der Grenze; saubere Chalets, ein kleiner Pool und ein Restaurant. **$$**

Norotshama River Lodge
Aussenkehr (45 km nördlich von Noordoewer), am Fluss; Chalets, klimatisiert, mit Flussblick, viele Aktivitäten. **$$**

Jolien's Rest Camp
Am Grenzübergang Ariamsvlei, gut geeignet als erholsamer Übernachtungsstopp. **$**

die Tourteilnehmer meist im Basiscamp. Dorthin kehren sie am Vormittag des letzten Tages zurück. So können sie am selben Tag weiterreisen oder noch über Nacht im Camp bleiben. Beide Veranstalter bieten während der Tour herzhafte Mahlzeiten und erfüllen (vorangemeldete) individuelle Wünsche.

Kanutouren finden das ganze Jahr über statt, obwohl in Zeiten besonders starker Niederschläge der Flussspiegel erheblich ansteigen kann. Daher ist es wichtig, sich vor dem Termin über die zu erwartende Situation genau zu erkundigen.

Straßen mit Gemsböcken teilen

TIERWELT UND FRISCHE OZEANBRISEN

Oranjemund war lange Zeit eine „geschlossene Stadt", da der Diamantenbergbau die Gegend, inkl. Stadt, in Beschlag nahm. Erst 2017 durfte sie sich der Welt öffnen. Sie liegt zwar abseits der gängigen Touristenrouten, aber ein Abstecher lohnt sich. In dem Städtchen streunen Gemsböcke durch die grasgesäumten Straßen und am Strand tosen die Wellen des Atlantiks.

Die Bäume und das Grün der Stadt sorgen für eine entspannte Atmosphäre, stehen aber in einem krassen Kontrast zur umliegenden Wüste. Vergnügen macht ein Match auf dem Golfplatz, wo sich Gemsböcke und Strauße unter die Spieler mischen. Einladend sind nicht nur das öffentlichen Schwimmbad, sondern auch das **Jasper House**, ein kleines Museum, das die Geschichte des Diamantenbergbaus dokumentiert. Dort befindet sich auch die Skulptur des Bildhauers Saima Iita, der das Wrack der *Bom Jesus* faszinierend in Szene setzte. Das Schiff ging 1533 unweit von Oranjemund unter. Spannend sind die vielen Wandmalereien in der Stadt. Oranjemund ist von ausgedehnten Trockengebieten umgeben, die bis zum Fluss, zur Atlantikküste und landeinwärts bis zum Horizont reichen. Vom **Swartkop Hill**, 9 km östlich der Stadt, hat man einen schönen Blick über den Fluss und in Richtung Delta. Die **Touristeninformation** in der 7th Avenue (Stadtzentrum) vermittelt ortsansässige Reiseführer.

Ein Teil des Mündungsdeltas des Oranje – südöstlich von Oranjemund und an der südlichen Grenze des Tsau //Khaeb Nationalparks – ist als Ramsar-Schutzgebiet ausgewiesen. Das heißt, es ist ein Feuchtgebiet von internationaler Bedeutung mit wertvollem Lebensraum und wichtigen Brutgebieten für Wasser- und Watvögel. Der Zugang erfolgt über die kleine Straße, die südwestlich des Flughafens verläuft, und anschließend ein Stück weit über die Dünen.

GUT SCHLAFEN UND ESSEN IN ORANJEMUND

Op my Stoep
Saubere Zimmer, ein Restaurant und gute Tipps für Aktivitäten in der Stadt und ihrer Umgebung. **$$**

Oryx Guesthouse
Komfortable Unterkunft in ruhiger Lage am nördlichen Stadtrand; Mahlzeiten auf Wunsch möglich. **$$**

Tom's Cabin
Unterkunft für Selbstversorger und einige Zimmer; bequeme Lage am südlichen Stadtrand. **$$**

Ciato's Eatery & Bar
Von allem etwas: Burger, Fisch und Meeresfrüchte, Pizza und kleine Gerichte; gesellige Pub-Atmosphäre. **$**

Sand's Hotel
Kneipen- und Restaurantviertel am Stadtrand; ideal ist ein Führer (Touristinfo fragen), der die besten Tanzlokale und Pubs kennt. **$**

UNTERWEGS VOR ORT

Der Grenzübergang Noordoewer am südlichen Stadtrand ist 24 Stunden geöffnet. Von öffentlichen Verkehrsmitteln wird er nur unregelmäßig bedient, obwohl der Intercape Mainliner auf seiner Strecke zwischen Namibia und Südafrika den Ort durchquert. Die Läden vor Ort bieten nur den Grundbedarf. Mit allem anderen müssen sich Reisende vorher eindecken. Der kleinere Grenzübergang Sendelingsdrift flussabwärts ist nur sporadisch geöffnet.

Zwischen Noordoewer und Oranjemund ist die Verkehrsverbindung nicht gut. Von Windhoek aus lässt sich Noordoewer leicht mit öffentlichen Verkehrsmitteln erreichen.

Traditioneller Jäger, Botswana

DEVON JENKIN PHOTOGRAPHY/SHUTTERSTOCK ©

PRAKTISCHES

Die wichtigsten Informationen für die perfekte Reise nach Namibia & Botswana im Überblick. Nützliche Tipps, Tricks und Hintergründe zur Orientierung und Vorbereitung.

Ankunft

Die wichtigsten Anreiseflughäfen für die Region sind Windhoek, Gaborone, Victoria Falls und der Flughafen OR Tambo in Johannesburg, der häufige Verbindungen zu allen drei dieser Ziele bietet. Auch für Überlandreisen ist die Region ideal, da die Grenzübergänge zwischen Botswana und Namibia sowie zwischen diesen beiden Ländern und Südafrika unkompliziert sind.

Botswana
Einmonatige Touristenvisa sowie SIM-Karten sind bei Ankunft erhältlich. Geldautomaten gibt es auch.
Der Flughafen Gaborone liegt 11 km von der Stadt entfernt.

Victoriafälle
Über den Flughafen Victoria Falls und den Flughafen Livingstone erreichbar. Taxis und Abholservice von/zu den Flughäfen.
Weder SIM-Karten noch zuverlässige Geldautomaten.

Namibia
Touristen-Einreisevisa werden bei Ankunft ausgestellt. SIM-Karten erhältlich. Der Geldautomat am Flughafen Windhoek (45 km außerhalb der Stadt) wirft nur südafrikanische Rand aus.

Grenzübergänge
Viele Reiserouten beinhalten erneute Grenzüberschreitungen, am besten mit Mehrfachvisum, online erhältlich bei KAZA Univisa zambiaimmigration.gov.zm oder evisa.gov.zw

Vom Flughafen in die Stadt

	TAXI
Windhoek	400 N$
Gaborone	200 P
Victoria Falls	30 US$
Livingstone	10 US$

REISEN MIT KINDERN

Alle südafrikanischen Länder verfügen über strenge Kinderschutzgesetze, an die man sich in Ein- und Ausreiseorten sowie bei internationalen Airlines, die in die Region fliegen, auch hält. Wer mit Kindern reist, benötigt eine amtlich beglaubigte Kopie der Geburtsurkunde des Kindes (diese muss die Namen beider Elternteile enthalten). Wenn nur ein Elternteil reist, benötigt man eine eidesstattliche Erklärung des jeweils anderen Elternteils, worin die Reiseerlaubnis erteilt wird, zusammen mit einer beglaubigten Kopie des Personalausweises oder einer beglaubigten Kopie eines Dokuments, aus dem hervorgeht, dass man das alleinige Sorgerecht für das Kind hat.

VON LINKS NACH RECHTS: FUSE/GETTY IMAGES ©, MARK_KA/SHUTTERSTOCK ©, ODUA IMAGES/SHUTTERSTOCK ©

Unterwegs vor Ort

Namibia und Botswana sind typische Selbstfahrer-Destinationen. Viele Ziele sind nicht öffentlich erreichbar und ein Fahrzeug zu mieten ist relativ günstig.

REISEKOSTEN

Zweiradantrieb/Tag
850 N$/800 P

Vierradantrieb/Tag
1900 N$/1900 P

Sprit pro Liter
um die 18 N$/15 P

Kombiticket von Maun nach Kasane
S. 300

Beachten

Hauptstraßen ebenso wie viele Nebenstraßen sind in der Regel gut befahrbar. Bei saisonalen Überschwemmungen sollte man nie durch Flussbetten queren, bevor man sich vor Ort informiert hat. Für abgelegene Gebiete wird ein Navi empfohlen.

Öffentlich unterwegs

Kleinbusse bzw. Kombis sind das wichtigste Transportmittel im Fernverkehr, mit regelmäßigen und günstigen Verbindungen zu größeren Orten. Oft sind diese überfüllt und nicht sicher. Das Fernbusnetz ist nicht gut ausgebaut.

TIPP
Immer mit Wasserreserven, Proviant und Kraftstoff auf Tour gehen; Kenntnisse im Reifenwechsel auffrischen.

SICHER AUF DEN STRASSEN

Die wichtigsten Nebenrouten in der gesamten Region sind im Allgemeinen gut, außer nach Regenfällen, wenn die Bedingungen schwieriger sein können. Viele Regionalstraßen sind jedoch unglaublich isoliert und es verkehren nur wenige Fahrzeuge pro Tag. Sowohl in Botswana als auch in Namibia kommt es häufig zu Unfällen durch Schleudern und Umkippen auf Schotterpisten und in überraschend scharfen Kurven, mit Weidevieh und Wildtieren auf der Fahrbahn oder bei Alkohol am Steuer. Abseits asphaltierter Straßen gilt eine Höchstgeschwindigkeit von 80 km/h als sicher.

GUTE FAHRT!

Linksverkehr

18
Führerschein ab 18

0,5
Promillegrenze: 0,8 % (Botswana), 0,5 % (Namibia)

Autovermietung

Mietwagen immer im Voraus buchen. Die meisten Autos haben Gangschaltung. Achtung: Reifen- und Glasschäden versichern! Vertreten sind: Bushlore, Zambezi Car Rental, Namibia2Go und Savannah Car Hire in Namibia sowie AT&T, Britz und Bushtrackers Africa in Botswana.

Verkehrsregeln

Für alle Autoinsassen besteht Anschnallpflicht. Auf Schnellstraßen müssen die Scheinwerfer eingeschaltet sein. Tempolimits sind einzuhalten. An Veterinärzäunen werden Autos nach Fleisch oder Milchprodukten durchsucht. Von Nord- nach Südnamibia herrscht Fleischtransportverbot.

Flugverbindungen

In Namibia (mit FlyNamibia) und Botswana gibt es nur wenige regelmäßige Inlandsflüge zu den Victoriafällen. Rund- oder Charterflüge werden auch in wichtigen Touristengebieten durchgeführt, darunter Sossusvlei und Skelettküste in Namibia, Victoria Falls und zu Botswanas Okavango-Delta.

Geld

WÄHRUNGEN: **NAMIBISCHER DOLLAR (N$), BOTSWANISCHER PULA (P)**

Bar oder mit Karte?

In allen Großstädten ist digitales Bezahlen weit verbreitet. Geldautomaten mit Landeswährung gibt es in allen größeren Orten (am Flughafen Windhoek mit südafrikanischen Rand). In Simbabwe geben Geldautomaten nur US-Dollar aus, die meisten sind jedoch unzuverlässig. In Sambia gibt es nur Kwacha (ZMW). Für Trinkgelder und in ländlichen Gebieten sollte man immer Bargeld dabei haben. In entlegenen Gebieten bekommt man Treibstoff nur gegen Bargeld.

Trinkgeld

Restaurants Überall willkommen, aber nur in gehobenen Restaurants erwartet (10–15 %), sofern keine Servicegebühr erhoben wurde.

Taxis In der Regel wird kein Trinkgeld gegeben.

Parkwächter 10/P10 N$; mehr über längere Zeiträume oder nachts.

Tankstellenpersonal Ab 10 N$/10 P, je nachdem, wie gut man bedient wurde.

Safari-Personal Es wird geschätzt, den Guides, dem Camp-Personal und anderen, die dazu beigetragen haben, die Reise unvergesslich zu machen, Trinkgeld zu geben. Allgemein gilt: 100 N$/70 P pro Gast und Tag für Guides und etwa 50 N$/35 P pro Gast und Tag für das Personal.

WIE VIEL KOSTET…

Besuch im Nationalpark/Tag
190–270 P/ 100–150 N$

Museumsbesuch
oft Eintritt frei

Geschwindigkeitsüberschreitung
ab 1000 N$/500 P

3GB Datenvolumen
Circa 65 N$/60 P

WIE MAN… etwas Geld spart

Camping ist eines der besten Dinge, die man in Namibia und Botswana unternehmen kann, um Geld zu sparen, insbesondere bei Reisen mit Kindern. Vor allem Namibia ist ganz auf Campingurlaub ausgerichtet und verfügt über ein breites Angebot an Campingplätzen, die oft wunderschön gelegen sind. Gondwanas Camping2Go-Option ist eine preisgünstige Option, wenn man etwas mehr Komfort bevorzugt oder keine eigene Campingausrüstung dabei hat.

LOCAL TIPP

Geldautomaten sind oft unzuverlässig (außer in Großstädten). Sowohl in Namibia als auch in Botswana werden südafrikanische Rand weitgehend akzeptiert.

WIE MAN SEINEN GELDBEUTEL SCHONT

Nach Johannesburg fliegen, dann Weiterreise per Bus nach Windhoek oder Gaborone; besser eine individuelle Route planen statt an einer Tour teilzunehmen; für Alleinreisende kommen geführte Touren in Frage, wie etwa Namibias Go2 Travel Transfers (go2.na) oder die Camping-Safari von Chameleon Safaris. Campen und/oder Selbstversorger-Unterkünfte (in Namibia weit verbreitet); Braai-Grillplätze gibt es überall; in den größeren Orten kann man sich mit Proviant eindecken; in der Nebensaison ist es günstiger; Ermäßigungen für Kinder und Rentner sind weit verbreitet.

Übernachten

Lodges mitten in der Wildnis

In Namibia und Botswana gibt es fantastische Wildnis-Lodges, von denen viele in atemberaubender, abgelegener Umgebung liegen oder sich optimal für Tierbeobachtungen eignen. Jede hat ihre eigene Atmosphäre, aber alle sind sie unvergesslich, und wenn man sich etwas Schönes leisten will, ist es das allemal wert. Die besten Adressen sind tendenziell die kleineren, intimeren Orte. Aufgrund der abgelegenen Lage der Lodges ist in der Regel eine Voranmeldung erforderlich.

Camping

Campingplätze gibt es in der Region reichlich. Einige, insbesondere in den weniger erschlossenen Parks, sind sehr einfach, nicht eingezäunt und völlig wild, ohne fließendes Wasser oder andere Einrichtungen, während viele über Warmwassersanitäranlagen und gut ausgestattete Kochbereiche verfügen. Für das Campen in Parks, die fast die gesamte Küste Namibias umfassen, und in einigen Schutzgebieten benötigt man eine Genehmigung. Wer auf Weideland campen möchte, muss sich die Erlaubnis des Grundbesitzers einholen. In ländlichen Gegenden gibt es zahlreiche Campingplätze. Wer diese nutzt, kann damit die Einheimischen unterstützen. Camping in Flussbetten ist im Allgemeinen nicht erlaubt, zum Teil wegen der Hochwassergefahr, aber vor allem auch, weil die Flüsse oft von Wildtieren als Wanderkorridore genutzt werden.

EINE NACHT …

Campingplatz
100–400 N$/S. 350

Luxus-Lodge
2500+ N$/2500+ P

Backpacker-Unterkunft
N$300/P260

Farmaufenthalt

Farmaufenthalte sind eine einzigartige Option, Namibia hautnah zu erleben. Sie ermöglichen es den Gästen, auf einer der riesigen Privatfarmen des Landes zu übernachten. Im Mittelpunkt stehen der persönliche Service und uriger, ländlicher Luxus, auch wenn die Standards von Farm zu Farm stark variieren. Viele verfügen über als Wildschutzgebiet ausgewiesene Flächen und bieten daher auch Tierbeobachtungen an. Eine Vorreservierung wird empfohlen.

Gemeinschaftlich betriebene Unterkünfte

In der gesamten Region, insbesondere aber in Namibia, findet man viele Campingplätze und Lodges, die ganz oder teilweise in Gemeinschaftsbesitz sind. Zumindest ein Teil der Einkünfte fließt direkt in die Gemeinde und ein Aufenthalt dort ist eine tolle Möglichkeit, die Einheimischen zu unterstützen und zu nachhaltigem Tourismus und Naturschutzinitiativen beizutragen. Oft bieten diese Orte auch Kulturtourismus an.

PRAKTISCHE HINWEISE RUND UMS CAMPEN

Besonders im Süden und in der Mitte Namibias muss man sich auf kühle Nächte einstellen. Im Juli und August ist es nicht ungewöhnlich, dass eine außerhalb des Zeltes gelassene Wasserflasche teilweise gefriert. Ein Drei-Jahreszeiten-Schlafsack und eine Jacke werden empfohlen. Ein Dachzelt ist auch nicht verkehrt. Wer sein eigenes Bodenzelt mitnimmt, spart sich vielleicht Geld, aber in einem Dachzelt, fühlt man sich beim Campen möglicherweise sicherer. Ein weiterer Vorteil ist, dass man keine Zeltheringe in den oft felsigen oder sandigen Boden schlagen muss.

VON LINKS NACH RECHTS: JANUSZ PIENKOWSKI/SHUTTERSTOCK ©, SMITH371/SHUTTERSTOCK©, LILKIN/SHUTTERSTOCK ©, SEAONWEB/SHUTTERSTOCK ©

Reisen mit Kindern

Botswana und Namibia sind mit ihren Safaris und Naturattraktionen wunderbare Reiseziele für Familien. Was gibt es Schöneres als zu campen, in tollen Lodges zu übernachten und jeden Tag im Freien zu verbringen? Das Herumreisen ist sicher und unkompliziert und die Gesundheitsversorgung ist gut. Lange Routen können unterbrochen werden – so bleiben die Eindrücke unvergesslich.

Kindgerechte Ausstattung

Außerhalb von Windhoek und Gaborone gibt es nur wenige Wickelstationen oder andere spezielle Einrichtungen. Dem gegenüber steht eine allgemein kinderfreundliche Einstellung in der gesamten Region. Hin und wieder gibt es eine Hütte oder einen Campingplatz mit Kinderspielplätzen, und Schwimmbäder gibt es fast überall. Kinderwagen sind nicht praktikabel – es ist besser, sein Kind in einer Art Tragetuch zu tragen, wie das hier auch üblich ist.

Unterwegs vor Ort

Eine der größten Herausforderungen beim Reisen mit Kindern sind die langen Wegstrecken. Einige Unterhaltungsmöglichkeiten (Bücher, Spiele usw.) und nicht zu ambitionierte Reiserouten sind sinnvoll. Besser man konzentriert sich auf kleinere Gebiete und baut einige Übernachtungen in der Nähe von Attraktionen ein. Campingplätze und Lodges mit Pool können bei so manchen Durchhängern Wunder bewirken.

Essen

Baby- und Säuglingsnahrung sind in Städten weit verbreitet (jedoch nicht immer im Hinterland), und viele Restaurants bieten Kindermenüs an. Pasta, Burger, Chips, Chicken Nuggets und andere westliche Gerichte, die Kindern wahrscheinlich vertraut sind, sind überall erhältlich.

Praktische Hinweise

Die meisten Hotels und Lodges bieten Kinderermäßigungen an (oft 50 % auf den Erwachsenentarif), und auch die Eintrittspreise für Funparks werden ermäßigt. Bei Selbstfahrer-Mietwagen muss jedes Kind einen eigenen Sicherheitsgurt haben. Kindersitze bringt man besser von zu Hause mit.

OUTDOOR-SPASS FÜR KINDER

Abenteueraktivitäten in Swakopmund (S. 258) Dünensurfen mit Quads und Boards.

Victoriafälle (S. 174) Einen schattigen Naturspaziergang auf der simbabwischen Seite der Wasserfälle genießen.

Bootstour auf dem Chobe (S. 70) Die Tiere aus der Wasserperspektive zu beobachten, ist ein tolles Erlebnis.

Makgadikgadi-Salzpfannen (S. 116) Mit den Erdmännchen zusammen spielen.

Okavango-Lodges in Sambesi (S. 240) In fantasievoll gestalteten Lodges direkt am Flussufer eine entspannte Atmosphäre genießen und Wildtiere beobachten.

WAS ES AUSSERDEM ZU BEDENKEN GIBT ...

Vom Klettern und Dünenrutschen bis hin zum Beobachten von Wildtieren und zu Wasserfällen, Quadfahren, Bootfahren, Campingplätzen und Lodges – es gibt so viel Spaß für Kinder jeden Alters. Fast überall trifft man auf einheimische und ausländische Familien, die auch mit Kindern reisen. Zwar sind Kinder in vielen Lodges willkommen, es gibt aber auch einige in Wildschutzgebieten, wo jüngere Kinder (meist unter 12 Jahren) nicht untergebracht werden können. Für Safaris benötigt man einen Jeep. Einige Camps in Schutzgebieten, insbesondere in Botsw ana, sind nicht eingezäunt. Für einige Abenteueraktivitäten (z. B. Quadfahren) gelten Altersbeschränkungen.

VON LINKS NACH RECHTS: CFG1978/SHUTTERSTOCK ©, COPTER PIXEL/SHUTTERSTOCK ©

Sicher reisen

GESUNDHEIT UND MEDIZINISCHE VERSORGUNG

Insgesamt sind Botswana und Namibia unbedenkliche Reiseländer, sowohl was die Ernährung als auch die Gesundheit betrifft. Die geringe Bevölkerungsdichte beider Länder ist ideal für soziale Distanzierung. Es gibt keine Pflichtimpfungen. In manchen Gebieten stellt Malaria ein Risiko dar. Staatliche Websites wie fitfortravel.nhs.uk sind hilfreich.

Versicherungen

Die Gesundheitsversorgung in den großen Regionalzentren ist in der gesamten Region gut. Man muss jede Behandlung im Voraus bezahlen und später eine Erstattung von seiner Versicherung beantragen. Man sollte die Einzelheiten der Police prüfen, um zu sehen, was enthalten ist, da einige Policen Bungee-Jumping, Quadfahren und andere als „gefährlich" eingestufte Aktivitäten ausschließen können.

Wildtiere

In Schutzgebieten gilt es die offiziell geltenden Regeln zu beachten: Insbesondere in Wildschutzgebieten von Nationalparks ist das Aussteigen verboten. Auf *mokoro*-Fahrten oder bei anderen Aktivitäten, wo man Wildtiere aus nächster Nähe erleben kann, sind die Anweisungen des Guides stets zu befolgen. Auch auf eingezäunten Campingplätzen sollte man auf seine Umgebung achten.

TOP-TIPP

Meist begegnet man Schlangen und Skorpionen nicht, aber es gibt sie. Schuhe immer ausschütteln, festes Schuhwerk tragen und beim Überklettern von Felsen gut aufpassen!

STRASSENSCHILDER

Verkehrssicherheit

Vor Trunkenheit am Steuer und Autofahrern, die ihr Handy benutzen muss man sich in Acht nehmen. Beides ist illegal, kommt aber häufig vor. In ländlichen Gebieten stellt Wildwechsel eine Gefahr dar. Auf Nebenstraßen kommen zu schnell fahrende Autos oft ins Schleudern. Kurven sind oft schärfer als erwartet und Böschungen sind oft steil.

SICHERHEITSVORKEHRUNGEN

Während das Reisen in dieser Region meist sicher ist, gibt es große regionale Unterschiede im Einkommensniveau und leider auch Raubüberfälle; darum gilt es Wertsachen gut zu verbergen sowie Autotüren und Fenster zu verriegeln, insbesondere in Städten. Seriöse Transportunternehmen werden von Hotels empfohlen.

Essen, Trinken & Feiern

Braai-Grillplätze

Das Braai (Grillen) ist hier ein nationaler Zeitvertreib und gehört in beiden Ländern zur hohen Kunst des Kochens. Auf Camping- und Selbstversorgerplätzen gibt es fast immer Braai-Plätze und Supermarktketten wie Checkers und Cymot Camping Store verkaufen Kühlboxen und alles andere, was man fürs Grillen im Busch benötigt, während man zum Sundowner ein kühles Bier schlürft.

Wo essen & trinken?

Streetfood-Stände Die geselligste Art zu essen; oft haben Straßenverkäufer ihre kleinen Tische unter einem schattigen Akazienbaum aufgestellt. Dort gibt es unter anderem Fat Cakes (in Namibia auch *oukuki* oder *vetkoek* genannt bzw. *magwinya* in Botswana), also frittierte vegane Teigbällchen.

Cafés Dank seiner deutschen Bevölkerung ist Namibia vor allem für seine Cafés bekannt, in denen deutsches Gebäck verkauft wird.

Cuca-Shops Kleine, nicht lizenzierte Bars oder Kaschemmen, benannt nach der angolanischen Biermarke Cuca, die dort traditionell verkauft wurde; oft fantasievoll benannt.

KULINARISCHES

Mealie Pap Es gibt viele Varianten dieses dicken Maismehlbreis, so etwa *oshifima* (mit Hirse) und *bogobe* (mit Dari). Er wird meist mit Gemüsesoße oder Fleisch serviert. In einigen ländlichen Gegenden wird er traditionell mit der rechten Hand gegessen, in dem man etwas *pap* zu einer Kugel formt und diese dann in die Soße taucht.

Mopane-Würmer In Namibia als *omagungu* und in Botswana als *mashonja* bekannt, ist dies eine würzige Delikatesse mit gebratenen Tomaten und Zwiebeln; dazu gibt es *mealie pap*.

Potjie (Afrikaans für „kleiner Topf") Diese südafrikanische Leibspeise ist auch in Namibia verbreitet. Meist wird Potjie mit Wildfleisch, Kartoffeln, Gemüse und Gewürzen stundenlang in einem dreibeinigen gusseisernen Topf geschmort.

Vleis Afrikaans für „Fleisch"; auf fast allen Speisekarten.

Kleines Getränke-Glossar

Namibia verfügt über sein eigenes Mineralwasser der Marke Oasis, das aus einer Quelle in der Nähe von Omaruru stammt. In beiden Ländern gibt es lokale Kaffeeröstereien.

Südafrikanische Weine sind weit verbreitet und günstig. Während es in Namibia einige Weingüter gibt, stammen die meisten hier gekelterten Trauben aus Südafrika.

Zu den Klassikern gehören Namibias *oshikundu* (aus *mahangu* oder Hirse und auch alkoholfrei), *tambo* (fermentierte Hirse und Zucker) und *walende* (destillierter Saft aus der Makalani-Palme). In Botswana gibt es *bojalwa* (ein Bier namens Chibuku aus Sorghumkeimen), meist am selben Tag gebraut und getrunken. In Namibia gibt es viele lokal gebraute Lagerbiere, darunter das leichtere Windhoek Lager, das Tafel-Lager und das bittere Windhoek Export. In Botswana gibt es das lokal gebraute St. Louis Special Light und Lion Lager.

In Botswana sollte man *madila* probieren, eine eingedickte Sauermilch (pur oder als Würze). Das namibische Pendant ist *omashikwa*. Botswanas Eistee *mosukujane* soll gesundheitsfördernd sein, ebenso wie der koffeinfreie Rooibos-Tee.

VON LINKS NACH RECHTS: ANDYD/GETTY IMAGES ©, ANDERSPHOTO/SHUTTERSTOCK ©

Unbedingt probieren!

Seswaa – zerstoßenes, zerkleinertes und gewürztes Rindfleisch – ist Botswanas Nationalgericht und wird zu besonderen Anlässen wie Hochzeiten normalerweise mit Brei und Gemüse serviert. Vor allem in Windhoek und im Norden Namibias gibt es *kapana* – gehacktes, gegrilltes und gewürztes Rindfleisch. Der Verkauf erfolgt traditionell durch Gruppen von Anbietern, die zusammenarbeiten. Es werden zunächst ein paar Stücke gegrillt und Kostproben angeboten, damit man sich für einen bestimmten Anbieter entscheiden kann. Sobald die Wahl getroffen ist, wird auf Bestellung gegrillt– die Portionen kosten je nach Menge zwischen 20 und 40 N$. Sowohl in Namibia als auch in Botswana gibt es Boerewors (Bauernwurst), ein Braai-Klassiker. An der Küste Namibias, insbesondere rund um Lüderitz, sollte man nach lokalen Austern Ausschau halten, die als besonders schmackhaft gelten, sowie nach Seehecht und Kabeljau. In den Gebieten Sambesi und Okavango findet man Tilapia und Brassen.

Mopane-Würmer sind proteinreich, kommen überall vor und werden trocken und knusprig gegessen oder mit Tomaten und Zwiebeln als Eintopf geschmort, obwohl dies für viele Reisende und Restaurantgäste ein gewöhnungsbedürftiger Geschmack sein dürfte.

Kalahari-Trüffel

Kalahari-Trüffel, auch als „N'aabas" bekannt, sind den San seit Langem bekannt, erfreuen sich aber in letzter Zeit auch internationaler Beliebtheit. Die Saison geht von März bis April. Dann werden sie überall auf den Märkten angeboten.

VEGETARISCH UND VEGAN ESSEN

Im fleischliebenden Namibia und in Botswana kann es schwierig sein, vegetarische Küche zu finden, aber mit etwas Aufwand kann es klappen und somit ist das Reisevergnügen gerettet! Dabei handelt es sich hauptsächlich um Selbstverpflegung. In den Großstädten verkaufen die Supermärkte eine gute Auswahl an frischem Gemüse und Produkten; getrocknete Bohnen sind überall leicht zu bekommen. Bio-Produkte sind in Fachgeschäften und auf Wochenmärkten in Städten erhältlich.

Traditionelle vegetarische Gerichte sind gedünsteter Spinat, der in Botswana als *morogo* bekannt ist und in Namibia *ombidi* oder *omboga* heißt. Er wird oft mit Kartoffeln, Zwiebeln und Tomaten gekocht und mit *mealie pap* serviert, was eine sättigende, gesunde Mahlzeit ergibt (vorausgesetzt, bei der Zubereitung wurde nicht zu viel Öl hinzugefügt). Botswanas *matemekwane* (gewürzte Teigtaschen) sind oft mit Fleisch gefüllt, aber manchmal gibt es auch vegetarische Versionen. Sowohl in Namibia als auch in Botswana gibt es vegetarische Samosas, sowohl in Supermärkten als auch manchmal auf der Straße.

In der gesamten Region gibt es viele nahrhafte Bohnengerichte; dazu gehören Botswanas *dikgobe*, ein gekochter *samp* (Mais) und Bohnen sowie *ditloo* (gekochte und gesalzene Erdnüsse, die als Snack gegessen werden) und Namibias *oshingali* (Bohnenpüree).

Garnish hat Filialen in Windhoek und Swakopmund, und es gibt auch mehrere indische Restaurants in Gaborone und Maun. Bis auf ein paar kleinere Kreise in Windhoek und Gaborone ist die vegane Szene in der Region noch nicht ganz angekommen, außer auf Bauernmärkten, wo man sich ganz gut selbst versorgen kann.

WIE VIEL KOSTET...

ein Bier
1,70 US$

ein Kudusteak
7 US$

eine Flasche Wein
ab 9 US$

ein kleiner Beutel Biltong
5 US$

eine Pizza
ab 7 US$

ein Kaffee
2 US$

Fat Cake (frittiertes Teigbällchen)
0,35 US$

Nachhaltig reisen

Reisen & Klimawandel

Wann immer möglich, sollten wir unser Reiseverhalten so ändern, dass es dem Klimaschutz dient. Lonely Planet fordert alle Reisenden auf, sich mit ihrem CO_2-Fußabdruck auseinanderzusetzen. Im Internet gibt es zahlreiche CO_2-Rechner, mit denen Reisende ihre CO_2-Emissionen abschätzen können, siehe z. B. resurgence.org/resources/carbon-calculator.html. Viele Fluggesellschaften und Buchungsportale bieten Reisenden die Möglichkeit, die Auswirkungen von Treibhausgasemissionen durch einen Klimaobulus auszugleichen. Wir kompensieren weiterhin den CO_2-Fußabdruck aller Lonely-Planet-Mitarbeiterreisen, wohl wissend, dass dies die Problematik nur lindert, aber nicht löst.

Kunsthandwerk zum Kaufen

Die **Namibia Community Skills Development Foundation** (Cosdef, cosdef.org.na) verfügt über Zentren zur Kompetenzförderung benachteiligter Gemeinschaften in ganz Namibia. Durch den Kauf von Schmuck oder anderen Objekten in Swakopmund oder in Filialen im ganzen Land werden Kunsthandwerker direkt unterstützt.

Gemeindewirtschaftlicher Nutzen & Erhaltung der Ökosysteme

Das selbstverwaltete Nata-Vogelschutzgebiet (S. 121) am Rande der Sowa Pan kommt sowohl den dortigen Ökosystemen als auch der örtlichen Gemeinde zugute, da das gesamte Besuchergeld in den Schutz von Feuchtgebieten und die Gemeindeentwicklung fließt.

Kunsttraditionen der San

Das Kuru Art Project (S. 141) zugunsten von San-Kunstschaffenden, die in und um D'kar leben, unterstützt die San bei der Herstellung und Vermarktung ihrer Objekte – mit beeindruckenden Erfolgen für die lokale Wirtschaftsentwicklung und großer internationaler Anerkennung.

Berufsausbildung für gefährdete Frauen

WAYAWAYA (S. 185) liegt zwischen Livingstone (Sambia) und Victoria Falls. Der Kauf von schönen handgefertigten Taschen, Lederwaren und anderen Accessoires, die sie herstellen, ist eine Möglichkeit, ihre Arbeit direkt zu unterstützen.

Kavango-Zambezi TFCA

Das TFCA-Schutzgebiet Kavango-Sambesi hilft den örtlichen Gemeinden nicht nur dabei, vom Artenschutz zu profitieren, sondern bekämpft auch Wilderei und entfernt Zäune, damit Wildtiere ihren natürlichen Migrationsrouten folgen können.

Das Sustainable Wildlife Management (swm-programme.info) konzentriert sich auf das TFCA-Schutzgebiet Kavango-Zambezi Transfrontier Conservation Area.

Achte auf Lodges, die durch das Ökotourismus-Zertifizierungssystem der Botswana Tourism Organization als „Green", „Green+" oder (höchstes) „Eco" bezeichnet werden.

Fast 40 % der Landfläche Botswanas sind Nationalparks oder Wildschutzgebiete und fast genauso viel sind es in Namibia mit seinen Nationalparks oder kommunalen Naturschutzgebieten, was beide Länder zu globalen Spitzenreitern im Naturschutz macht.

VON LINKS NACH RECHTS: DUNDANIM/SHUTTERSTOCK ©, GUALBERTO BECERRA/SHUTTERSTOCK ©

In diesem Buch haben wir versucht, Camps und Lodges hervorzuheben, die ganz oder teilweise im Besitz der örtlichen Gemeinde sind oder gemeinwirtschaftlich geführt werden. Indem Reisende diese unterstützen, können sie einen direkten Gemeindebeitrag leisten und oft auch Einheimische kennenlernen.

Sternenbeobachtung in Namibia

Namibias NamibRand Nature Reserve, ein Dark Sky-Reservat, und Botswanas !Ae!Hai Kalahari Heritage Park, ein Dark-Sky-Naturerbepark, sind Afrikas einzige offiziell ausgewiesene Dark-Sky-Orte – abgelegene, dunkle Orte, deren Erhaltungszustand fragil ist. Durch den Schutz dieser Gebiete wird sichergestellt, dass künftige Generationen wunderbare Sternenhimmel beobachten können. Ebenso wichtig ist der Schutz der Lebensräume einer Vielzahl von Wildtieren, darunter nachtaktive Vögel und Zugvögel, die durch künstliches Licht irregeführt und gefährdet werden können.

In Botswana, wo sich der Tourismus auf geschützte Wildtiergebiete konzentriert, wird der individuelle (hochwertige) Ökotourismus gefördert.

Die Living Culture Foundation Namibia (lcfn.info) setzt sich durch ihre „lebenden Museen" für die Erhaltung traditioneller Kulturen und den interkulturellen Austausch ein.

114/116

Namibia und Botswana belegen im Ranking des neuesten Nachhaltigkeitsberichts den 114. bzw. 116. Platz von 163. Obwohl diese Bewertung niedrig ist, verbessern sich mehrere individuelle Indikatoren für beide Länder, darunter auch der Klimaschutz.

Nashornwilderei

Nach erheblichen Erfolgen bei der Bekämpfung der Nashornwilderei mussten sowohl Namibia als auch Botswana Rückschläge hinnehmen. Botswana hat zwischen 2017 und 2022 ein Drittel seiner Nashornpopulation durch Wilderei verloren. In Namibia wurden im Jahr 2022 87 Nashörner gewildert, darunter 61 Spitzmaulnashörner.

WEITERE INFOS

conservationtourism.com.na Initiativen zum Schutz von Wildtieren und Gemeinden.

kcs.org.bw Förderung der Artenvielfalt in Botsuana.

Namibia ist seit Langem weltweit führend im Bereich des gemeindewirtschaftlichen Managements natürlicher Ressourcen. Die ersten kommunalen Naturschutzgebiete des Landes wurden 1998 amtlich bekannt gegeben, und mittlerweile bedecken ähnliche Naturschutzgebiete 20 % der Landfläche Namibias.

LGBTIQ+

Botswana und Namibia gehören zu den einladendsten Destinationen der Region für LGBTIQ+-Traveller. Das Rechtsempfinden hat sich in den letzten Jahren entspannt, da Botswana 2019 gleichgeschlechtliche Sexualität legalisierte und Namibia ablehnende Gesetze nicht einführte. Trotz des vorherrschenden Konservatismus ist das Gesellschaftsklima von Toleranz und Gastfreundschaft geprägt.

Mehr Toleranz

Die allgemeine Stimmung ist positiv und zukunftsorientiert. Betroffene, mit denen wir sowohl in Botswana als auch in Namibia gesprochen haben, stellten fest, dass das Klima vor allem in Hauptstädten und Touristenhotspots entspannt ist und sie ganz offen leben können. Allerdings sind in vielen Bereichen traditionelle Moralvorstellungen tief verwurzelt, und diese sollten von allen respektiert werden, indem man auf öffentliche Zuneigungsbekundungen verzichtet. Dies aber wirkt sich auf das Reisen kaum negativ aus.

NAMIBIA-PRIDE

Die Namibia Pride findet jährlich Anfang Dezember (Sommer) statt, mit den meisten Veranstaltungen in Windhoek – wo sich alles um die Tal Street und den Alten Brauereien-Komplex konzentriert – und in Swakopmund. Außerdem gibt es im Juni eine Pride-Woche, die mit dem internationalen Pride-Monat zusammenfällt.

GABORONE-PRIDE

In Botswana fanden 2019 die ersten Pride-Events statt, um die neue Gesetzgebung zu feiern. Jetzt findet die Gaborone-Pride im Oktober statt. Das Festival konzentriert sich rund um das Three Dikgosi Monument im Hauptgeschäftsviertel von Gaborone. @GaboronePride.

Kontakte in Botsuana

LeGaBiBo (legabibo.org.bw) ist Botsuanas zentrale LGBTIQ+-Anlaufstelle und bietet auf seiner Website auch hilfreiche Hintergrundbeiträge. **Gaborone Pride** (prideofafrica.co.bw) ist eine weitere gute Adresse, insbesondere seine Social-Media-Portale, ebenso wie **Ditshwanelo – the Botswana Centre for Human Rights** – das in den letzten Jahren eine wichtige Rolle bei der Lobbyarbeit für LGBT-Rechte und die rechtliche Anerkennung von LeGaBiBo gespielt hat.

REISEVERANSTALTER

Gute Kontakte für LGBTIQ+-Reisen in Namibia und der gesamten Region sind **OUT Namibia – LGBTQ+ Travel** (facebook.com/outnamibia) und **About Africa** (aboutafrica.co). Andere sind **Out2Africa** (out2africa.com), die Luxusreisen für LGBTIQ+-Reisende in Namibia und Botswana organisieren; **Namibia JJ Tours** (namibiajjtours.com), die in allen Preisklassen arbeiten und auch Camping-Safaris anbieten; und **Rhino Africa** (rhinoafrica.com) mit gehobenen Reiserouten in Botswana und Namibia.

Kontakte in Namibia

Out-Right Namibia (outrightnamibia.org.na) betreibt Lobbyarbeit und berät rund um LGBTIQ+. **@EqualNamibia** informiert rund um Veranstaltungen und **Sister Namibia** (sisternamibia.org) ist für Lesben da.

ALEXANDER SPATARI/GETTY IMAGES ©

Barrierefrei reisen

Bei vielen Reisen geht es hier einfach darum, die Landschaft und die Tierwelt zu erleben. Eine gute Verkehrsinfrastruktur sowie ein wachsendes Bewusstsein für die Bedürfnisse der Reisenden sorgen dafür, dass dies jeder genießen kann.

Barrierefrei Transportmittel

Große Kleinbusse sind in der Region weit verbreitet und speziell umgebaute Fahrzeuge für Safaris und Touren sind leicht erhältlich. Einige verfügen über hydraulische Aufzüge für (mehrere) Rollstühle.

Flughafen

Die internationalen Flughäfen in Gaborone, Victoria Falls, Livingstone und Windhoek sind barrierefrei und das Personal bietet allgemeine Hilfestellung. Wenn besondere Unterstützung erforderlich ist, sollte dies vor Ankunft über den Reiseveranstalter arrangiert werden.

Übernachten

In der Nähe der meisten wichtigen Touristenattraktionen der Region gibt es barrierefreie Lodges. Die Reiseveranstalter können weiterhelfen. Zwei Ausgangspunkte sind die Sossusvlei Lodge mit mehreren rollstuhlgerechten Zimmern und das Okakuejo Resort des NWR im Etosha-NP.

Lodges & Camps

Dein Reiseveranstalter kann dir am besten sagen, ob die von dir genutzten Lodges und Camps deinen Anforderungen genügen. Angesichts des relativ hohen regionalen Handicap-Bewusstseins, ist es ratsam, direkt bei den Lodges anzufragen. Sandige oder holprige Zufahrtswege und lange Wege zwischen Zimmern und Gemeinschaftsbereichen sind problematisch. Gepflasterte Wegen sind geeigneter.

Barrierefreie Mobilität in den Städten

Die Straßen in Windhoek und Gaborone sind alles andere als barrierefrei. Die Gehwege haben keine Bordsteinrampen. Beide Städte eignen sich gut für Besichtigungen mit dem Auto. Namibias Swakopmund ist mit seinen flachen, breiten Straßen, Ladeneingängen auf Straßenniveau und einer gepflasterten Strandpromenade am angenehmsten.

RUNDFLÜGE & BOOTSTOUREN

Flugzeug-Charter-Unternehmen können in der Regel mit ausreichend Vorlauf Rundflüge für Behinderte anbieten. Viele Bootssafaris werden auf breiten Booten mit flachem Boden durchgeführt, die über ausreichend Platz an Deck verfügen, um einen Rollstuhl rutschfest zu fixieren.

WEITERE INFOS

Lonely Planets **Accessible Travel Online Resources** sind eine hervorragende Informationsquelle. Die Infos von lonelyplanet.com können kosternlos heruntergeladen werden. Ein weiterer empfehlenswerter regionaler Reiseveranstalter ist **Endeavour Safaris** (endeavour-safaris.com) mit Reiserouten in Botswana und Namibia. Weitere gute Kontakte, die regionale Reiserouten anbieten, sind **Blue Baobab Safaris** (bluebaobabsafari.com), **Extraordinary Journeys** (extraordinaryjourneys.com) und **Access2Africa Safaris** (access2africasafaris.com).

In puncto Barrierefreiheit gelten Botswana und Namibia neben Südafrika als die besten Destinationen Afrikas.

Nachhaltige Safaris

Namibia und Botswana sind seit Langem Vorreiter beim Schutz von einheimischen Gemeinschaften, Wildtieren und Lebensräumen sowie bei der Förderung nachhaltigen Reisens. Die persönliche Reiseplanung kann Teil dieser spannenden Arbeit sein.

UNTERWEGS VOR ORT

Angesichts der großen Entfernungen und der Knappheit öffentlicher Verkehrsmittel abseits der Hauptstrecken ist es wahrscheinlich, dass man zumindest für einen Teil der Reise ein Fahrzeug mieten oder an einer organisierten Tour teilnehmen muss. Dennoch gibt es viele Möglichkeiten, ökologisch korrekt zu reisen. Sobald man ein Ziel erreicht hat, kann man es mit dem Fahrrad, zu Fuß oder mit dem Boot erkunden. In den Länderkapiteln dieses Buches sind Wandergebiete wie der Fish River Canyon (S. 295), die Naukluft Mountains (S. 274) und der Tok Tokkie-Wanderweg (S. 277) erwähnt. Auf diese Art kann man die Gegenden naturschonend erleben. Die Hauptgebiete für Bootsfahrten sind der Oranje River (S. 302), der Sambesi (S. 237) und das Okavango-Delta (S. 86). Fast alle Lodges in Flussgebieten bieten *mokoro*-Fahrten (siehe oben) und Bootstouren an, die umweltfreundlicher sind als Jeep-Safaris.

Nachhaltige Lodges

Immer mehr Lodges legen Wert auf Solarenergie, Minimierung der Wasserverschwendung, Verwendung lokaler Materialien und Beschäftigung von Locals, Bereitstellung von Kompetenztraining, Beitrag für die umliegenden Gemeinden, Gewährleistung einer nachhaltigen Abfallbewirtschaftung, Verbot oder Minimierung von Plastik und Verwendung lokaler Zutaten. **Eco Awards Namibia** (ecoawards-namibia.org) zeichnet regelmäßig Lodges aus, die ökologisch geführt werden. Einen Blick auf die Mitgliederliste zu werfen, lohnt sich! **Botswana Tourism** (botswanatourism.co.bw) zertifiziert Lodges und andere Einrichtungen, die sich für Nachhaltigkeit engagieren.

Schutz der Gemeinwirtschaft

Es ist wichtig, in Lodges oder Camps zu übernachten, die ganz oder teilweise in Gemeinschaftsbesitz sind. Wer diese Orte auswählt, kann sicher sein, dass sein Besuch einen direkten Beitrag zu den umliegenden Gemeinden leistet. Ein weiterer Aspekt ist die Teilnahme an Kulturtourismusprogrammen, die von und für lokale Gemeinschaften organisiert werden.

PIONIERARBEIT

Namibia war das erste Land in Afrika, das den Umweltschutz in seine Verfassung aufgenommen hat, und es hat ein äußerst wirksames Programm zur Erneuerung der Tierwelt umgesetzt, das sich auf private und kommunale Naturschutzgebiete konzentriert. Botswana ist mit seiner nationalen Ökotourismus-Strategie und seinem überaus erfolgreichen, hochwertigen Tourismus jenseits der Massen auch weltweit führend im Naturschutz. Es gibt eindeutig eine regionale Atmosphäre, die Umwelterziehung, Naturschutzunterstützung und Kulturaustausch als Hauptschwerpunkte des Tourismus fördert. Gemeinschaftsgeführte, nachhaltige Initiativen aktiv mitzugestalten, sind einer der besten Aspekte am Reisen hierher.

Radwandertouren

Ein hervorragender Ansprechpartner für Fahrradtouren in Namibia ist **Mabaruli African Safaris** (mabaruli.com), die festgelegte und maßgeschneiderte Radtouren im ganzen Land anbieten. Ein anderer Anbieter ist **Mountain Bike Namibia** (mountainbikenamibia.com). In Botswana organisiert **Natural Selection** (naturalselection.travel) Radsafaris im Okavango-Delta und **Horizon MTB** (mtbsafaris.com) Radtouren im Northern Tuli Game Reserve. In Windhoek wie auch in Gaborone gibt es aktive Radgruppen und mehrere Fahrradgeschäfte für Ausrüstung und Zubehör.

JIRI HAURELJUK/SHUTTERSTOCK ©

Kurz & knapp

ÖFFNUNGSZEITEN

Botswana

Banken Mo–Fr 8.30–15.30 Uhr, Sa 8.15–10.45 Uhr

Nationalparks April–Sept. 6–18.30 Uhr, Okt.–März 5.30–19 Uhr

Restaurants Mo–Sa 11–23 Uhr; einige Lokale haben auch sonntags geöffnet.

Namibia

Banken Mo–Fr 8–15 Uhr, Sa 8–12.30 Uhr

Nationalparks Sonnenaufgang bis Sonnenuntergang, sofern nicht anders angegeben.

Tankstellen Nur wenige haben 24 Stunden geöffnet; in abgelegenen Gebieten ist es nach Geschäftsschluss oder am Sonntag schwierig, Treibstoff zu finden.

Leitungswasser

Offiziell gilt es in Botswana und Namibia als trinkbar (jedoch nicht immer in abgelegenen Gebieten). Es kann jedoch unangenehm schmecken, stattdessen wird Wasser aus der Flasche empfohlen.

GUT ZU WISSEN

Zeitzone
GMT+2

Ländervorwahl
+267 (Botswana); +264 (Namibia)

Notrufnummer
999 (Botswana); 10111 (Namibia)

Einwohnerzahl
2,35 Mio. (Botswana); 2,53 Mio. (Namibia)

Internetzugang

In größeren Zentren einigermaßen gut, in der Wildnis gibt es oft keinen Empfang. Bush-Lodges haben meist nur ein schwaches WLAN.

Maße & Gewichte

In Namibia und Botswana gilt das metrische System.

Elektrizität 230V/50Hz

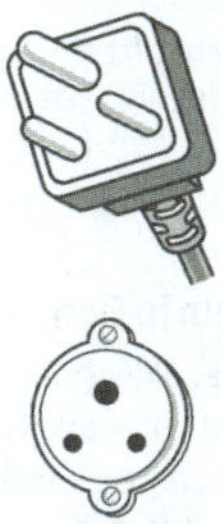
Type D
220V/50Hz

Type G
230V/50Hz

FEIERTAGE

Neujahr
1. Januar

Unabhängigkeitstag
21. März (Namibia)

Karfreitag, Ostersamstag (Botswana), **Ostersonntag, Ostermontag** März/April

Christi Himmelfahrt
Mai/Juni

Tag der Arbeit 1. Mai

Cassinga-Tag 4. Mai (Namibia)

Afrika-Tag 25. Mai (Namibia)

Sir-Seretse-Khama-Tag 1. Juli (Botswana)

Präsidenten-Tag
Dritter Freitag im Juli (Botswana)

Heldentag 26. August (Namibia)

Tag der Unabhängigkeit Botswanas von Großbritannien
30. September (Botswana)

Tag der Menschenrechte
10. Dezember (Namibia)

Erster Weihnachtsfeiertag
25. Dezember

Zweiter Weihnachtsfeiertag (Stephanitag)
26. Dezember

Sprachen

In Botswana ist Englisch die Amtssprache, während Setswana (Tswana) am häufigsten gesprochen wird. In Namibia ist Englisch die Amtssprache, obwohl weniger als 5 % der Bevölkerung Englisch als Muttersprache sprechen. Die am häufigsten gesprochenen Landessprachen sind Oshiwambo und Afrikaans. Die Wörter und Ausdrücke auf dieser Seite sind Afrikaans.

Nützliches

Hallo. Hallo. *ha·loh*
Tschüss! Totsiens. *tot·siens*
Ja. Ja. *yaa*
Nein. Nee. *ney*
Bitte. Asseblief. *a·si·blief*
Danke. Dankie. *dang·ki*
Tut mir leid. Jammer. *ya·min*
Wie heißt du / Wie heißen Sie? Wat's jou naam? *vats yoh naam*
Ich heiße … My naam is … *may naam is …*
Sprechen Sie Englisch? Praat jy Engels? *praat yay eng·ils*
Ich verstehe nicht. Ek verstaan nie. *ek vir·staan ni*

Unterwegs

Wo ist (der Bahnhof)?
Waar's (die stasie). *vaars (die staa·sie)*
Wie lautet die Adresse?
Wat is die adres? *vat is di a·dres*
Können Sie das bitte schreiben?
Kan jy asseblief dit neerskryf? *kan yay a·si·blief dit neyr·skrayf*
Können Sie mir das (auf der Karte) zeigen?
Kan jy my (op die kaart) wys? *kan yay may (op dee kaart) vays*

Uhrzeit & Datum

Wie spät ist es? Hoe laat is dit? *hu laat is dit*
Es ist (10) Uhr. Dis (tien-)uur. *dis (tien-)ewr*
Halb drei (3). Half (drie). *half (drie)*
Vormittag oggend. *aw·khint*
Nacht nag. *nakh*
Gestern gister. *khis·tir*
Heute vandag. *fin·dakh*
Morgen môre. *mo·ri*

Notruf

Hilfe! Help! *help*
Ich hab mich verirrt. Ek is verdwaal. *ek is fir·dwaal*
Können Sie mir bitte helfen?
Kan jy my help, asseblief? *kan yay may help a·si·blief*
Rufen Sie …! Kry. *kray*
einen Arzt 'n dokter. *i dok·tir*
die Polizei die polisie. *di pu·lie·sie*

Essen & Ausgehen

Können Sie mir ein Gericht empfehlen?
Kan jy 'n gereg aanbeveel? *kan yay i khi·rekh aan·bi·feyl*
Haben Sie vegetarisches Essen?
Het julle vegetariese kos? *het yi·li fe·gi·taa·ri·si kos*
Die Rechnung, bitte!
Ek wil asseblief die rekening hê. *ek vil a·si·blief di rey·ki·ning he*

Grußformeln in Oshiwambo

Guten Morgen! Mwa lala po.
Guten Abend! Mwa tokelwa po.
Gute Nacht! Lalii po nawa.
Hallo/Wie geht's? Ongiini.Onawa.

ZAHLEN

1 **een** *eyn*
2 **twee** *twey*
3 **drie** *drie*
4 **vier** *feer*
5 **vyf** *fayf*
6 **ses** *ses*
7 **sewe** *sie·vi*
8 **agt** *akht*
9 **nege** *ney·khi*
10 **tien** *tien*

AFRIKAANS IM ENGLISCHEN

Diese Wörter sind übernommen worden: aardvark (Erdferkel), commando, trek, meerkat (Erdmännchen).

GESCHICHTE

Afrikaans entwickelte sich aus dem Dialekt, der ab dem 17. Jh. von den niederländischen Siedlern in Südafrika gesprochen wurde.

Namibia

Als Muttersprache sprechen die meisten Namibier eine der vielen afrikanischen Sprachen der Region. Die meisten sind mehrsprachig, viele sprechen auch Englisch und Afrikaans. Deutsch ist auch weit verbreitet.

Botswana

Nach Setswana ist Sekalanga, die zweithäufigste Bantusprache, eine Ableitung der Shona-Sprache, die vom Bakalanga-Volk gesprochen wird, das rund um Francistown lebt.

Slang

Aweh – Ja, wirklich wow, Ausdruck des Staunens; auch ein Gruß
Bra – Bruder, Freund, Kumpel
Nxa – damit sagt man, dass etwas gut ist
Shandie – Ding, Objekt
Sjoe – Wow, großartig!
Meme – respektvolle Bezeichnung für eine ältere Frau
Tate – respektvolle Bezeichnung für einen älteren Mann
Kama – Ich meine wie
Lekker – gut, lecker
Eish – Huch!
Bakkie – LKW mit offener Ladefläche
Root – (rote) Ampel

WER SPRICHT AFRIKAANS?

Afrikaans ist eine der Amtssprachen des benachbarten Südafrika und in Namibia die Muttersprache von etwa 150 000 Menschen, obwohl es weithin verstanden wird. Über die Hälfte aller in Namibia lebenden Menschen haben Oshiwambo oder das verwandte Otjiherero als Muttersprache. Etwa 11 % sprechen Khoekhoegowab (Damara). Knapp 1 % sprechen San-Sprachen.

48 % der Namibier sprechen Oshiwambo als Muttersprache.

Über 70 % der Botswaner sprechen Setswana als Muttersprache.

BOTSWANA, NAMIBIA & VICTORIAFÄLLE

STORYBOOK

Unsere Autorinnen beleuchten eingehend unterschiedliche Lebensaspekte in Botswana, Namibia und bei den Victoriafällen.

Verlassenes Haus, Kolmanskop (S. 292), Namibia

TAVARIUS/SHUTTERSTOCK ©

DIE GESCHICHTE DER REGION ANHAND VON 15 ORTEN

Eine Reise durch die Geschichte Botswanas, Namibias und der Victoriafälle ist eine Expedition zu unseren Urahnen, auf den Spuren großer Entdecker und im Schatten der einstigen Kolonialmächte. Und sie erzählt von der Stärke des menschlichen Geistes und der Natur. Von Narina Exelby

DENKT MAN AN Botswana, Namibia und die Victoriafälle, sieht man weite Landschaften, mächtige Gewässer und sehr große Tierherden vor sich. Die Geschichte der Region scheint da zunächst irrelevant.

Wer aber etwas genauer hinschaut, erkennt, dass das, was diese Region so faszinierend macht, tatsächlich der Lauf der Zeit ist. In Äonen haben geologische Kräfte das Land, das wir heute sehen, geformt: die Täler und Wüsten, die Ebenen und Gebirge, die die vielfältige Flora und Fauna beherbergen, die so viele Besucher in diese wilden, stimmungsvollen Regionen im Süden Afrikas locken.

Nach Meinung einiger Archäologen waren die trockenen Salzebenen der Makgadikgadi-Pfannen – einst feuchtes, fruchtbares Terrain – vor rund 200 000 Jahren die Geburtsstätte des modernen Menschen. Die Nachkommen haben an den Felsen faszinierende Zeugnisse ihrer Spiritualität hinterlassen, die natürlichen Ressourcen ausgebeutet, Kriege geführt, Reiche gegründet, Denkmäler errichtet und den Lauf der Geschichte bestimmt.

Namibia und Botswana teilen eine komplizierte, ebenso gewalttätige wie spannende Geschichte, und eine Reise in die Vergangenheit dieser Region kann zu einem grandiosen Erlebnis werden.

1. Fish River Canyon

AFRIKAS MAJESTÄTISCHSTER CANYON

Der 160 Kilometer lange Fish River Canyon in Süd-Namibia ist ein topografisches Wunder: ein Canyon in einem Canyon und einer der weltweit größten. Das älteste Sedimentgestein hier entstand vor etwa zwei Milliarden Jahren, und vor 500 Millionen Jahren zwang der tektonische Druck es, sich zu spalten und zu neigen, wodurch eine breite Schlucht entstand. Den zweiten, 270 Meter tiefen Canyon grub der Fish River, der sich durch den neu entstandenen Talboden schlängelte.

Mehr über den Fish River Canyon siehe S. 295.

2. Tsodilo Hills

DER LOUVRE DER WÜSTE

Mitten in Botswanas Kalahari-Wüste erheben sich die Tsodilo Hills, eine Ansammlung von Quarzit-Felsen mit einer der weltweit höchsten Konzentrationen an Felsenkunst – rund 4500 Malereien auf zehn Quadratkilometern. Archäologen glauben, dass die Hügel vor 100 000 Jahren Menschen Schutz boten. Ausgrabungen belegen, dass Vorfahren der San schon vor 30 000 Jahren und Bantu-Völker um 500 n. Chr. hier waren. Die San verehren die Hügel als heiligen Ruheplatz ihrer

Ahnen, die vermutlich die wunderbaren Felsenkunstwerke schufen.

Mehr über die Tsodilo Hills siehe S. 108.

3. Twyfelfontein

RITUELLE ZEUGNISSE DER SAN

Eine der afrikaweit größten Konzentrationen an Felsenbildern erstreckt sich am Rand des breiten Twyfelfontein-Tals in Damaraland (Nordwest-Namibia). Die spektakulären Sandstein-Galerien umfassen rund 2000 Felsritzungen, von denen einige wohl 5000 Jahre alt sind. Sie zeigen geometrische Muster sowie Tiere wie Elefanten, Nashörner, Strauße und Zebras und sind Zeugnisse der Rituale und des Glaubens des Jäger-Sammler-Volks der San, die hier seit Jahrtausenden leben.

Mehr über Twyfelfontein siehe S. 227.

4. Welwitschia Plains

LEBENDE FOSSILIEN

Die strubbeligen Welwitschia-Gewächse *(Welwitschia mirabilis)* sind keine Schönheiten, dafür aber umso interessanter, denn diese bizarren Wüstenpflanzen gehören zu den ältesten der Erde. Einige Exemplare auf den Welwitschia Plains – von Swakopmund (Namibia) 30 bis 50 Kilometer landeinwärts gelegen – werden auf 2000 Jahre geschätzt. Botaniker halten sie für Relikte der Jurazeit vor etwa 200 Millionen Jahren, als Dinosaurier die Erde bevölkerten.

Mehr über die Welwitschia Plains siehe S. 265.

Diaz Point (S. 289), Namibia

HANG DINH/SHUTTERSTOCK ©

5. Dias-Spitze

ZEUGNIS DER ERSTEN ENTDECKER

1488 segelte der portugiesische Entdecker Bartolomeu Dias in die Lüderitzbucht (Namibia). Er war auf dem Rückweg von seiner Pionierreise um die südlichste Spitze Afrikas, die den Seeweg über das Kap der Guten Hoffnung nach Asien eröffnete. Auf der westlichen Landzunge der Bucht errichtete Dias einen *padrão*, eine Kreuzsäule, die den Seefahrern mindestens 333 Jahre lang als Navigationshilfe diente. Heute steht hier eine Kopie des Originalkreuzes. Dias nannte die Bucht Angra das Voltas, doch der erste prominente deutsche Kolonialherr, Adolf Lüderitz, der an dem natürlichen Hafen einen Handelsposten errichtete, benannte sie um.

Mehr über das Dias Cross siehe S. 289.

6. Ovahimba Living Museum

HIER WERDEN TRADITIONEN GEPFLEGT

Die Weiten des Kaokoveld (Nordwest-Namibia) sind die Heimat der Himba, einer Stammesgruppe, die im 16. Jahrhundert im Zuge der frühen Bantu-Wanderungen von Angola ins nördliche Namibia kam. Die Himba, eine der zwölf größten ethnischen Gruppen Namibias, pflegen noch immer einen halbnomadischen Lebensstil, und das Ovahimba Living Museum bringt Besuchern ihre Traditionen näher. Es ist eines von sieben „lebendigen Museen", die von der Living Culture Foundation unterstützt werden, die Namibias traditionelle Kulturen erhalten will.

Mehr über das Ovahimba Living Museum siehe S. 247.

7. Kolobeng Mission

RUINEN VON DAVID LIVINGSTONES MISSION

Heute erinnern nur noch Ruinen an die Missionsstation in Kolobeng bei Gaborone, sie ist aber eng mit der Entwicklung der Region verwoben: Hier, im späteren Botswana, wurden die erste Kirche und die erste Schule erbaut. Die Station wurde 1847 vom schottischen Missionar Dr. David Livingstone und seiner Frau, Mary Moffat Livingstone gegründet, die die Bakwena zum Christentum bekehrten und in der Region Bewässerungstechniken und europäische Baumethoden einführten. Livingstone baute in Koboleng eine Kirche und ein Wohnhaus, von dem aus er zu seinen Expeditionen aufbrach. Nach einem Angriff der Buren wurde die Missionsstation 1852 aufgegeben.

Mehr über die Kolobeng Mission siehe S. 161.

8. Baines Baobabs

WAHRZEICHEN DER KALAHARI

1862 kampierte der englische Künstler, Naturforscher und Kartograf Thomas Baines in einer Enklave aus sieben Affenbrotbäumen (Baobabs) im Süden von Botswanas Nxai-Pfanne. Baines verewigte die mächtigen Baobabs (die heute seinen Namen tragen) in Wasserfarben und schuf damit ein stimmungsvolles Zeugnis dieser Bäume, die jahrhundertelang von Jägern, Sammlern und Reisenden genutzt wurden. Ihre gewaltigen Stämme boten Wasser und Schutz, und ihr Laub und ihre Rinde dienten als Nahrung und Medizin. Die Bäume, die bis zu 2000 Jahre alt werden, waren auch Orientierungspunkte für Jäger und Forscher, die häufig ihre Namen und Botschaften in die Stämme ritzten. Baines' Bilder hängen heute in Londons Natural History Museum.

Mehr über Baines Baobabs siehe S. 124.

9. Old Palapye

EINST DAS BOLLWERK DER BANGWATO

Die eindrucksvolle Ruine der aus rotem Ziegel erbauten gotischen London Missionary Church in Old Palapye (Ost-Botswana) mag an eine einstige Kolonialsiedlung erinnern, tatsächlich aber markiert sie den Ort, an dem sich die blühende Hauptstadt der Bangwoto befand. Phalatswe, wie der Ort damals hieß, entstand, als der christliche Herrscher Khama III. und sein Volk 1889 aus Shoshong hierher kamen und sich nahe der Tswapong-Hügel niederließen. Innerhalb von 13 Jahren wuchs die Siedlung auf 30 000 Einwohner an, aber dann wurde das Wasser knapp, und Khama ließ sein Volk nach Serowe umziehen und befahl, Phalatswe niederzubrennen.

Mehr über Old Palapye siehe S. 132.

10. Three Dikgosi Monument

BOTSWANAS UNABHÄNGIGKEITSKÄMPFER

Über Gaborones Stadtzentrum wachen stolz die 5,40 Meter hohen Bronzestatuen dreier Männer, die in Botswanas Kampf um Unabhängigkeit von Cecil John Rhodes' ausbeuterischer British South Africa Company entscheidende Rollen spielten. In Sorge, dass das Protektorat Bechuanaland von Rhodes' Reich eingenommen wird, segelten die *dikgosi* (Häuptlinge) Khama III., Sebele I. und Bathoen I. 1895 nach England, um an das britische Parlament zu appellieren, dass Bechuanaland unter Verwaltung der britischen Krone bleibt. Mit Unterstützung der London Missionary Society und anderer christlicher Gruppierungen gelang es ihnen schließlich.

Mehr über das Three Dikgosi Monument siehe S. 160.

11. Waterberg-Plateau

GENOZID AN DEN HERERO

Das Waterberg-Plateau war Schauplatz der entscheidenden Schlacht im deutschen Feldzug gegen die Herero. Zehn Jahre lang hatte die Kolonialmacht Aufstände unterdrückt, aber 1904 sah sich die 750-köpfige deutsche Armee einem Heer aus 8000 Herero gegenüber. Die Herero unter dem Anführer Samuel Maharero waren zwar mit modernen Waffen ausgerüstet, aber die Deutschen errangen den Sieg, nachdem ihre Verstärkung eingetroffen war. Etwa 120 deutsche Soldaten und Siedler kamen ums Leben, woraufhin General Lothar von Trotha den Befehl gab: „Innerhalb der deutschen Grenze wird jeder Herero mit oder ohne Gewehr, mit oder ohne Vieh erschossen." Bis 1908 wurden zwischen 65 000 und 80 000 Herero – etwa Dreiviertel der Population – umgebracht.

Mehr über das Waterberg-Plateau siehe S. 213.

12. Victoria Falls Bridge

MEHR ALS EIN WAHRZEICHEN

Die ikonische 198 Meter lange Stahlbrücke über das Sambesi-Tal verbindet Simbabwe mit Sambia und ist seit ihrer Errichtung im

NATE HOVEE/SHUTTERSTOCK ©

Christuskirche (S. 197), Windhoek, Namibia

Jahr 1905 die wichtigste Handelsroute zwischen den Ländern nördlich und südlich des mächtigen Sambesi. Die Victoria Falls Bridge war als wichtige Verbindungsstrecke in Rhodes' Vision der Kap-Kairo-Eisenbahnlinie zwischen den Kohlefeldern im Hwange-Gebiet in Simbabwe und dem Kupfergürtel in Sambia geplant. Der Bau dauerte 14 Monate, und die in England gefertigten Einzelteile wurden nach Beira in Mosambik verschifft und von dort per Eisenbahn zu den Victoriafällen tansportiert.

Mehr über die Victoriafälle siehe S. 187.

13. Christuskirche

WINDHOEKS INOFFIZIELLES SYMBOL

Windhoeks Christuskirche (auch Christ Church genannt) mit ihrem hohen Glockenturm und ihrer Lebkuchenhausfassade ist ein schönes Relikt aus der deutschen Kolonialzeit Namibias. Die Pläne für die evangelisch-lutherische Kirche erstellte der Regierungsarchitekt Gottlieb Redecker bereits 1900, der Bau wurde jedoch wegen der Kriege der Deutschen gegen die Herero und Nama verschoben. 1907 wurde dann der Grundstein gelegt und das Gebäude aus lokalem Sandstein errichtet. Bei der Einweihung drei Jahre später wurde sie Friedenskirche genannt.

Mehr zur Christuskirche siehe S. 197.

14. Omugulugwombashe

WIEGE DER NAMIBISCHEN UNABHÄNIGKEIT

Der Ort Omugulugwombashe im Norden Namibias spielte in der Geschichte des Landes eine wichtige Rolle. Nach dem Ersten Weltkrieg stand Namibia unter der Verwaltung der Südafrikanischen Union. Doch als 1966 dieses Mandat der Vereinten Nationen endete, weigerte sich Südafrika, das damalige Südwestafrika aufzugeben. Die South West African People's Organisation (SWAPO) brachte die Angelegenheit vor den Internationalen Gerichtshof, der Südafrikas Recht, Südwestafrika zu regieren, bestätigte. Als südafrikanisches Militär am 26. August 1966 das Ausbildungslager des bewaffneten Flügels der SWAPO, der South West African Liberation Army (SWALA), in Omugulugwombashe angriff, begann die SWALA einen Guerillakrieg. 1990 wurde Namibia endlich unabhängig.

Mehr über Omugulugwombashe siehe S. 235.

15. Orapa

VOM TELLERWÄSCHER ZUM MILLIONÄR

Als 1967 in Orapa Diamanten gefunden wurden, änderte dies das Schicksal von Botswana, damals eines der ärmsten Länder Afrikas (Pro-Kopf-BIP unter 200 US-Dollar), dramatisch. In den folgenden 40 Jahren führte Botswana die Liste der am schnellsten wachsenden Volkswirtschaften der Welt an, und 2021 lag das Pro-Kopf-BIP bei über 6800 US-Dollar. Die Einnahmen aus dem Diamantenabbau wurden ins Bildungs- und Gesundheitssystem und in die Infrastruktur gesteckt. Heute ist Botswana der größte Lieferant dieser Edelsteine und fördert rund ein Viertel des weltweiten Diamantenangebots.

Mehr über Orapa siehe S. 119.

ZWISCHEN DEN ZEILEN

Eine literarische Reise durch Botswana und Namibia.
Von Narina Exelby

DIE TRADITION DES Geschichtenerzählens ist in Afrika tief verwurzelt – so tief, dass Geschichten in Felsen geritzt wurden und vom spirituellen Glauben der San erzählen, die seit Jahrtausenden in der Region leben. Die ältesten Felsenbilder im namibischen Twyfelfontein (S. 227) entstanden vor etwa 5000 Jahren, und in den Tsodilo Hills (S. 108) in Botswana erzählen Tausende von Malereien die Mythen von Afrikas frühen Jägern und Sammlern. Sie werden gern „Louvre der Wüste" genannt, könnten aber auch „Bibliothek der San" heißen.

1911 veröffentlichten der deutsche Sprachwissenschaftler Wilhelm Bleek und die Schriftstellerin Lucy Lloyd *Specimens of Bushman Folklore,* die vermutlich erste schriftliche Sammlung von San-Mythen. Die 87 Geschichten der |Xam-Buschmänner (deren Sprache inzwischen ausgestorben ist) erzählen beispielsweise, wie Sonne, Mond und Sterne geschaffen wurden oder wie der Tod entstand. Der in Südafrika geborene Entdecker und Naturschützer Sir Laurens van der Post (1906–1996) bezeichnete die Sammlung als „eine Art Steinzeit-

Im Uhrzeigersinn von oben links: San-Jäger, Namibia; Felsenmalerei, Twyfelfontein (S. 227), Namibia; Behausung der San, Namibia; alte Bücher

bibel". In *Die verlorene Welt der Kalahari* (1958) und *Das Herz des kleinen Jägers* (1961) brachte van der Post selbst das Wissen der San der westlichen Welt nahe.

Mündliche Erzählungen überliefern im südlichen Afrika seit Jahrtausenden die Geschichte und Folklore, aber die moderne Literatur steckt in Botswana und Namibia noch in den Kinderschuhen. Namibias erste Druckerpressen waren im Besitz von Missionaren, die wie in Botswana auch zunächst nur religiöse Texte in lokalen Sprachen produzierten. Erst 1959 erschien mit *Omahodhi Gaavali* (Elterliche Tränen) von H. D. Namuhuja das erste nicht religiöse Buch eines schwarzen Namibiers.

Der wohl bekannteste Roman aus dieser Region ist Alexander McCall Smiths *The No. 1 Ladies' Detective Agency* (1998). Aus dem Buch, dessen fiktionale Hauptfigur die erste von einer Frau geführte Detektei in Botswana gründet, entstand eine 23-teilige Romanreihe, ein Film und eine Fernsehserie. Bei allem Erfolg lässt sich die Reihe nicht ohne Weiteres in die botswanische Literatur einordnen, denn McCall Smith wuchs im Nachbarland Simbabwe auf und lebte nur ein paar Jahre in Botswana – ebenso wie der US-Amerikaner Norman Rush, der mit den Erzählungen *Whites* (*Weiße oder Allein in Afrika*, 1986), die in Botswana spielen, 1987 Finalist beim Pulitzer-Preis für Belletristik war.

Bessie Head (1937–1986) wuchs ebenfalls nicht hier auf, gilt aber in Botswanas Literaturkreisen als einflussreichste Autorin des Landes. Sie verließ 1964 Südafrika als politische Exilantin und verarbeitete ihre Erfahrungen als gemischtrassige Frau in Geschichten über Armut, Macht und Diskriminierung. Ihre berühmtesten Werke sind *When Rain Clouds Gather* (*RegenWolkenZeit*, 1968), *Maru* (1971) und *A Question of Power* (*Die Farbe der Macht*, 1973).

Von Mitte der 1970er- bis in die 1980er-Jahre hinein wurde in Botswana viel geschrieben. 1960 war Botswana unabhängig geworden, und da viele südafrikanische Künstler und Schriftsteller hierher ins Exil gingen, wurden literarische Zirkel und Zeitschriften gegründet, und Autoren wie Andrew Sesinyi (*Love on the Rocks*, 1981) und der Dichter Barolong Seboni verschafften sich Gehör. 1976 veröffentlichte Mvula Ya Nangolo (1943–2019), der Vater der namibischen Dichtkunst, *From Exile* (in Sambia) – dies war der erste namibische Gedichtband in englischer Sprache.

Namibias Literaturszene ist noch im Entstehen begriffen, und wie in Botswana werden häufig politische und soziale Themen verarbeitet. In ihrem fesselnden Debütroman *The Purple Violet of Oshaantu* (2001) schrieb Neshani Andreas (1964–2011) über den Kampf einer Frau um Gleichberechtigung in den patriarchischen Strukturen des ländlichen Nord-Namibia. Andreas war die erste namibische Autorin, die in die renommierte African Writers Series aufgenommen wurde; der erste Titel dieser Buchreihe war Chinua Achebes *Things Fall Apart (Alles zerfällt)*. Union Dow, Juristin und früher Richterin am Obersten Gerichtshof, behandelt in ihren in Botswana spielenden Romanen wie *Far and Beyon'* (2000) und *The Heavens May Fall* (2006) das Machtungleichgewicht und die Identitätssuche. Die mehrfach ausgezeichnete Schriftstellerin Lauri Kubuitsile, die in Amerika aufwuchs, aber seit 1989 in Botswana lebt, verfasst Kinderbücher, setzt sich aber auch mit sozialen Fragen auseinander. *The Scattering* (*Zerstreuung*, 2016) ist ein Historienroman über eine junge Herero-Mutter, die dem Massaker der Deutschen entkommt, dann aber im Konzentrationslager Lüderitz stirbt. Leichterer Stoff mit wunderbarem Sinn für Humor ist *The Eternal Audience of One* (2019) des ruandisch-namibischen Autors Rémy Ngamije. „Das ist die Zukunft der afrikanischen Literatur", schrieb Mukoma Wa Ngugi, Autor von *The Rise of the African Novel,* über Ngamijes Debütroman.

Botswanas und Namibias Schriftsteller schreiben zwar erst das erste Kapitel ihres Beitrags zur modernen Weltliteratur, aber eines ist sicher: Es ist spannend zu lesen.

IM UHRZEIGERSINN VON OBEN LINKS: VADIM PETRAKOV/SHUTTERSTOCK ©, VERONIKA_FABRYOVA/SHUTTERSTOCK ©, HECKE61/SHUTTERSTOCK ©, REINHOLD LEITNER/SHUTTERSTOCK©

Himba-Frau

R.M.NUNES/SHUTTERSTOCK ©

STOFFE, KLEIDER & IDENTITÄT

Afrikas Mode ist farbenfroh und tief in der Kultur des Kontinents verwurzelt. Von Sarah Kingdom

AFRIKAS TRADITIONEN DRÜCKEN sich in vielen Künsten aus – Musik, Tanz, Malerei, Bildhauerei, Perlenstickerei und natürlich Mode. Mit der Kleidung kann man Herkunft, Kultur, Stil und vieles andere bezeugen. Das südliche Afrika ist kulturell vielfältig, und traditionelle Kleider und Stoffe spielen in diesen Kulturen eine große Rolle. In Afrika variiert die Kleidung zwischen Nord und Süd und zwischen Ost und West, je nach Glauben und Bräuchen. Früher wurde sie aus Tierhäuten angefertigt, aber ab dem 16. Jahrhundert wurden durch europäische und asiatische Einflüsse unterschiedlichste Textilien eingeführt. Von den Herero in Namibia bis zu den Ndebele in Simbabwe, von *Shweshwe*-Stoffen in Botswana bis zu *chitenje* in Sambia – Kleidung und Stoffe reflektieren die Geschichte, Bräuche und den Glauben der Menschen. Auch wenn sie sich heutzutage weniger tratitionell anziehen, gibt es nach wie vor eine Verbindung zwischen Kleidung und Identität, und in der Bewahrung nationaler Werte und des kulturellen Erbes hat sie eine wichtige symbolische Funktion.

Namibia: viel Leder und Schmuck

Die traditionelle Kleidung spielt im kulturellen Erbe von Namibias zehn indigenen Völkern und Stammesgruppen – mit jeweils eigenen Stoffen und Kleidern – eine wichtige Rolle.

Die San waren die ersten Menschen in Afrika; die Nachfahren des ursprünglichen *Homo sapiens* leben hier schätzungsweise seit über 30 000 Jahren. Die San sind für ihre Kleidung aus Tierhäuten bekannt. Männer tragen Antilopenröcke, Ledermäntel und Umhängetaschen für persönliche Gegenstände. Frauen tragen ebenfalls Röcke und lange Hosen aus Tierfell, Ledermäntel und eine doppelte Lederschürze, die sie vorne und hinten bedeckt, sowie viele Ringe und Halsketten.

Einer der einzigartigsten Stämme Namibias sind die Himba mit einer Population von etwa 50 000 Personen, die im Norden des Landes leben. Sie sind sofort an ihrer terrakottaroten Haut zu erkennen: Sie reiben sich mit einer Paste namens *otjize* ein, die aus Butterfett, Ockerpigmenten und duftenden Harzen besteht. Zum Anziehen favorisieren sie wie die San Leder – die Männer tragen Kalbslederkleidung und häufig Sandalen mit Sohlen aus alten Autoreifen. Männer wie Frauen schmücken sich mit vielen Ketten und Armreifen aus Straußeneierschalen, Gras, Stoff und Kupfer. Erwachsene Frauen tragen Fußkettchen aus Perlen, um ihre Beine vor

giftigen Tierbissen zu schützen. Das wichtigste und wertvollste Schmuckstück einer Himba-Frau ist eine Halskette, *ohumba,* mit einer großen Muschel aus Angola. Sie ist ein Fruchtbarkeitssymbol und wird einer Mutter nach der Geburt ihres ersten Kindes geschenkt.

Das Volk der Herero gehört zu den bekanntesten in Namibia. Ihre ursprüngliche Tracht bestand aus Lederschürzen (vorne und hinten) aus Schaf-, Ziegen- oder Wildhaut. Sie waren bekannt für ihre mit Straußeneierschalen verzierten Überröcke und ihre Metall-Perlen-Arbeiten sowie für Manschetten aus Messing, Kupfer und geschnitztem Horn an Hand- und Fußgelenken. Mit Ankunft der deutschen Kolonisatoren im späten 19. Jahrhundert wurden die Herero-Frauen jedoch gezwungen, ihre traditionelle Kleidung zugunsten des viktorianischen Stils aufzugeben. Daraus entstand schließlich *ohorokova,* ein bodenlanges Kleid mit farbenfrohen Mustern, unter dem mehrere Unterröcke getragen werden und das heute als traditionelle Herero-Bekleidung gilt. Die *ohorokova* ist aber nicht nur ein extravagantes Kleid, sondern erinnert auch an die schreckliche Geschichte der Herero und ihrer deutschen Kolonialherren, die zwischen 1904 und 1907 im Rahmen einer ethnische Ausrottungskampagne 50 000 bis 65 000 Herero und 10 000 Nama massakrierten. Dieser Genozid löschte dieses einst florierende Volk nahezu aus, und heute tragen sie die kulturellen Kleider als Zeichen der Stärke und als Protest gegen Unterdrückung. Dazu gehört auch ein Hut, *otjukaiva* genannt, der einem Kuhhorn ähnelt und ein Symbol des Respekts und der Ehrerbietung für die Kühe ist, die das Volk der Herero seit je ernähren.

Botswana: präkoloniale Pracht

In Botswana stellten die vorkolonialen Tswana wie ihre Nachbarn im Norden und Westen Namibias Kleider aus Tierhaut her. Was sie trugen und wie sie es trugen, repräsentierte ihre soziale Klasse, ihr Geschlecht, ihr Alter und ihren Status. Ärmere Stammesmitglieder trugen weniger und aus Antilopenhaut gefertigte Kleidungsstücke. Jene von höherem Rang trugen Mäntel aus Wildkatzen-, Schakal- oder Hasenpelz, manchmal aus 15 bis 18 zusammengenähten Fellen. Auch der Schmuck, meist aus Kupfer, Leder und Tierzähnen, spielte eine große Rolle – Menschen aller Altersstufen und Geschlechter trugen teilweise viele Schmuckstücke auf einmal. Wie die Himba in Namibia färbten auch die präkolonialen Tswana ihre Kleidung und ihre Haut mit einer Mischung aus Ocker und Tierfett.

Mit der Ankunft der Missionare Mitte des 19. Jahrhunderts änderte sich der Kleidungsstil in Botswana gravierend. Die Missionare brachten europäische Traditionen mit und versuchten, die indigenen Völker von europäischer Mode zu überzeugen. Nach und nach begannen die Tswana, die Stile zu vermischen, und kombinierten einfache europäische Kleidung mit *Karossen* (traditionellen Pelzumhängen) oder gewebten Tüchern. Tswana-Kleider im alten Stil wurden immer weniger getragen, und heute sieht man sie nur noch bei besonderen Anlässen wie Hochzeiten und anderen traditionellen Zeremonien.

Heute ist die traditionelle Damenbekleidung in Botswana für gewöhnlich ein Rock, als *khiba* bekannt. Er besteht normalerweise aus *Shweshwe*-Tuch (in der Setswana-Sprache *leteisi* igenannt), das Mitte des 19. Jahrhunderts von deutschen Einwanderern eingeführt wurde. Frauen tragen nach wie vor die *kaross,* und stillende Mütter tragen ihre Babys in einem Tuch aus Tierhaut *(thari)* auf dem Rücken. Junge Mädchen ziehen häufig einen aus kleinen Tswana-Perlen gefertigten Minirock namens *makgabe* an.

Simbabwe: Tradition & Erbe

Jenseits der Grenze war das präkoloniale Simbabwe eine multiethnische Gesellschaft aus Menschen verschiedenster Völker und Königreichen. Die Tatsache, dass es in dem Land 16 offizielle Sprachen gibt, zeugt von der kulturellen Vielfalt und erklärt auch, warum es keine einheitliche Nationaltracht gibt.

Die Shona und Ndebele bilden heute die größten Bevölkerungsgruppen in Simbabwe – die Shona machen rund 70 Prozent aus, die Ndebele etwa 20 Prozent. Die traditionelle Kleidung der Shona waren früher Tierhäute, *mhapa* und *shashiko* genannt. Dies änderte sich, als die Shona anfingen, mit anderen Stämmen Tücher zu tauschen. Die traditionellen Stoffe der Shona *(Jira reRet-*

so) sind als Tücher der Vorfahren bekannt – es handelt sich um schöne, zumeist rote Stoffe mit einem charakteristischen geometrischen Schwarz-Weiß-Muster, das der heiligen roten Schlange nachempfunden ist. *Jira reRetso* wird zu Umhängen, Kopfbedeckungen und Schals verarbeitet.

Die traditionellen Kleider der Ndebele-Frauen sind farbenfroh und mit vielen Perlenarbeiten verziert. Die Bekleidung einer Frau repräsentiert ihr Alter und ihren Status in der Gemeinschaft. Junge Mädchen tragen perlenbesetzte Schürzen oder Röcke, nach der Initiation haben sie dann viele *isigolwani* – dicke Perlenreifen aus geflochtenem Gras – um Hals, Arme, Beine und Taille und tragen *isiphephetu,* eine Perlenschürze mit geometrischem Muster, die sie von der Mutter als Symbol für den Eintritt in die Weiblichkeit bekommen. Verheiratete Frauen tragen traditionell einen gestreiften Umhang *(nguba)* in Grün, Rot, Blau, Gelb und Braun über den Schultern, viele *isigolwani* um den Hals und die Beine sowie Kupfer- und Messingringe, *dzilla,* um Arme, Hals und Beine. Die Anzahl dieser Ringe weist auf den Reichtum des Ehemanns hin: Je wohlhabender der Mann, umso mehr Ringe trägt die Frau. Die traditionelle Kleidung der Ndebele-Männer ist weit weniger kunstvoll und aufwendig als die der Frauen. Sie besteht aus einer Schürze aus Ginster- oder Zibetkatzenhaut mit geometrischem Perlenmuster. Früher trugen sie auch Kopfbedeckungen aus Leder oder Pelz und einen kleinen Umhang, diese sind heute aber nur noch selten zu sehen.

MEUNIERD/SHUTTERSTOCK ©

Herero-Frau

TRADITIONELLE KLEIDUNG SPIELT IN DER ERHALTUNG DES KULTURELLEN ERBES EINE GROSSE ROLLE.

Sambia: Schönes aus Chitenje

In Sambia hat jedes Volk seine eigene traditionelle Bekleidung, und angesichts der mehr als 70 Stammesgruppen im Land ist die Vielfalt schier unermesslich. Für gewöhnlich tragen die Frauen weite Kleider oder lange Röcke mit Blusen und die Männer lange Hosen und locker sitzende Baumwollhemden. In ganz Sambia weitverbreitet ist das *chitenje,* ein zwei Meter langes Tuch, das Frauen sich um den Körper wickeln, als Kopftuch oder sogar als Babytragetuch verwenden. Die Breite dieses Tuchs reicht aus, um einen Menschen von der Taille bis zu den Knöcheln zu bedecken – dies dient dem Anstand, hat aber auch praktische Gründe, weil die Kleidung darunter sauber bleibt. Das Tuch stammt zwar ursprünglich aus Indonesien, ist aber in ganz Afrika so beliebt, dass es inzwischen als kulturelle Bekleidung gilt.

Im ländlichen Sambia beginnen Frauen, wenn sie erwachsen werden, ein *chitenje* zu tragen, als Zeichen dafür, dass sie nun eine Frau sind und sich anständig kleiden müssen. Anständig heißt, dass die Beine bedeckt sein sollten, und in einem Dorf auf dem Land wäre es absolut ungewöhnlich, eine Frau ohne *chitenje* zu sehen. Die in Massenproduktion hergestellten *Chitenje* sind farbenfroh, leicht und bestehen zu 100 Prozent aus Baumwolle. Sie dienen als preiswertes, informelles Kleidungsstück, werden aber häufig zu zweiteiligen, maßgeschneiderten Kleidern verarbeitet, in der Regel aus einem Oberteil und einem Rock. Die Farben und Muster – zuweilen sind sogar politische Slogans zu lesen – sind unglaublich vielfältig. Ein *chitenje* kostet nur um die vier Euro und ist somit ein wirklich preiswertes Accessoire – und ein Souvenir, das im Koffer nicht viel wiegt und wenig Platz einnimmt. *Chitenje* sind ein fester Bestandteil der sambischen Kultur, und zwar von der Wiege bis zur Bahre: Auf dem Land werden häufig neugeborene Babys darin eingewickelt, und wenn jemand stirbt, kann er in sein Lieblings-*chitenje* gehüllt bestattet werden.

Spitzmaulnashorn

JASON BUSA/SHUTTERSTOCK ©

AM SEIDENEN FADEN

Orte, an denen einige der vom Aussterben bedrohten Tierarten in Namibia und Botswana noch zu sehen sind. Von Narina Exelby

DIE STATISTIK DER Roten Liste bedrohter Arten der International Union for Conservation of Nature (IUCN) ist alarmierend. Mehr als 42 100 Arten sind weltweit vom Aussterben bedroht: 27 Prozent der Säugegiere, 13 Prozent der Vögel, 69 Prozent der Palmfarne. Diese Zahlen können mutlos machen, sie können aber auch inspirieren. Und sie können Anlass zu einer Reise sein – um diese Arten im schlimmsten Fall noch zu sehen, ehe sie verschwunden sind, oder auch um zu ihrem Überleben beizutragen, indem man Geld in gefährdete Gebiete bringt und Organisationen unterstützt, die sich unermüdlich für den Schutz der biologischen Vielfalt, die Entschärfung von Konflikten zwischen Mensch und Tier, das Ändern alter Denkweisen und die Bekämpfung der Wilderei einsetzen.

Über 19 Prozent von Namibias Landfläche stehen heute unter Schutz, und 25 Prozent der Fläche Botswanas sind als Nationalparks und Wildreservate ausgewiesen. In beiden Ländern wird Unglaubliches geleistet, um empfindliche Ökosysteme zu erhalten und bedrohte Arten wie Erdferkel, Geparden, Schuppentiere, Giraffen, Nashornvögel und Elefanten zu schützen. Nachfolgend sind ein paar der bedrohten Tier- und Pflanzenarten aufgeführt.

Afrikanischer Wilhund

IUCN-STATUS: STARK GEFÄHRDET

Der scheue Afrikanische Wildhund *(Lycaon pictus)* ist das am stärksten bedrohte große Raubtier im südlichen Afrika. Einst lebten in 39 afrikanischen Ländern eine halbe Million Wildhunde, heute sind es nur noch 6600 Exemplare in 14 Ländern. Laut Forschern leben die größten Populationen im nördlichen Botswana und im östlichen Namibia, und allein in Botswana lebt wohl ein Drittel aller noch verbliebenen Wildhunde des Kontinents.

Diese auffälligen Tiere – jedes hat seine eigene, individuelle Zeichnung – sind Afrikas erfolgreichste Säugetier-Raubtiere. Sie sind hoch organisierte Jäger und haben, angeführt vom dominanten Weibchen im Rudel, eine Erfolgsquote von 75 Prozent. Löwen, ihre natürlichen Feinde, fangen ihre Beute nur in 25 Prozent der Fälle.

Erwartungsgemäß trägt der Mensch eine Mitschuld am Rückgang der Wildhunde. Jahrzehntelang galten sie als Schädlinge, die Farmer machten sie für den Verlust von wertvollem Vieh verantwortlich und erschossen oder vergifteten die Tiere als Vergeltung (manche tun das immer noch). Aber nicht dieser direkte Tier-Mensch-Konflikt ist ihre größte Bedrohung, sondern

die Zerstückelung und der Verlust ihres Lebensraums. Wildhunde haben einen Aktionsradius von bis zu 1400 Kilometern, und da sich Städte ausdehnen und immer mehr Flächen landwirtschaftlich bearbeitet werden, schrumpft der Raum, den sie zum Überleben brauchen. Ihre Jagd und ihr Aktionsradius (sie legen am Tag bis zu 50 Kilometer zurück) spielen eine wichtige Rolle für das natürliche Gleichgewicht der Ökosysteme: Sie ernähren sich von schwachen und kranken Tieren, und während sie durch ihr Revier ziehen, verlagern sie ihre Beute und tragen so zur Regulierung der Vegetation bei.

Hier sind Wildhunde zu sehen:
Botswana Moremi Game Reserve (S. 97), Chobe National Park (S. 66)
Victoriafälle Zambezi National Park (S. 175)
Namibia Khaudum National Park (S. 239), Bwabwata National Park (S. 240)

Riesenköcherbaum (Aloe pillansii)

IUCN-STATUS: VOM AUSSTERBEN BEDROHT

Mit seinen hellen, schlaksigen Gliedmaßen, die mit dicken Blätterbüscheln besetzt sind, ähnelt der Riesenköcherbaum (*Aloidendron pillansii* oder *Aloe pillansii*) eher einer Skulptur als einer Pflanze. Die stattliche Sukkulente, die über zehn Meter hoch und um die 150 Jahre alt wird, ist die seltenste Aloe-Art in Afrika und in der Natur nur noch in den extrem trockenen Bergen im südlichen Namibia und im nordwestlichen Südafrika zu finden.

Der Riesenköcherbaum gehört zu den Schlüsselarten: Viele andere Arten sind für ihr Überleben auf ihn angewiesen, und wenn er ausstirbt, würde sich die Umwelt dramatisch verändern. In dieser ansonsten baumlosen Gegend nutzen Greifvögel ihn als Aussichtsplatz, kleinere Vögel nisten darin, und Insekten finden darin Schutz, Nahrung und Feuchtigkeit. Ameisen und Honigfresser ernten den Nektar, wenn der Baum im Frühjahr blüht, und bei Trockenheit sind viele Arten auf das Wasser angewiesen, das Riesenköcherbäume in ihren Ästern speichern.

Die Anzahl der Riesenköcherbäume in freier Natur schrumpft zusehends. Zwischen 1937 und 2004 halbierte sich die Zahl erwachsener Exemplare – sehr wahrscheinlich durch äsendes Vieh, von Pavianen und Stachelschweinen angerichtete Schäden, illegales Fällen und den Klimawandel. Laut IUCN gibt es in der Natur nur noch 6000 bis 9000 Riesenköcherbäume.

Zu sehen sind sie im |Ai-|Ais Richtersveld Transfrontier Park (S. 301).

Weißrückengeier

IUCN-STATUS: VOM AUSSTERBEN BEDROHT

Weißrückengeier *(Gyps africanus)* gehören zu den bedrohtesten Vogelarten im südlichen Afrika. Laut IUCN ging ihr Bestand in den letzten drei Generationen (eine Lebensspanne beträgt etwa 20 Jahre) um bis zu 89 Prozent zurück – und dieser Trend verlangsamt sich nicht.

Weißrückengeier spielen eine wichtige Rolle in der Kontrolle der Ausbreitung von Krankheiten und der Erhaltung eines gesunden Ökosystems. Sie fressen das Aas, ehe sich auf dem Kadaver schädliche Bakterien bilden können, und ihre Magensäure neutralisiert Pathogene, wodurch sich Krankheiten in der Umgebung nicht ausbreiten können. Die Nahrungsquelle der Geier ist jedoch an ihrem Untergang beteiligt, denn die meisten sterben an Kadavern, die mit Giftstoffen belastetet sind.

Wenn Geier ein totes Tier entdecken, kreisen sie hoch über ihm. Wilderer wissen, dass dieses Verhalten Anti-Wilderei-Einheiten aufmerksam machen kann, und präparieren Kadaver häufig mit Gift – mit katastrophalen Folgen. 2019 starben in der Nähe von Simbabwes Hwange-Nationalpark 537 Geier (davon 468 Weißrückengeier), nachdem sie drei vergiftete Elefanten gefressen hatten.

Auch Lebensraumverlust, Rückgang der Wildtierpopulationen und der Handel mit traditionellen afrikanischen Heilmitteln bedrohen diese Art.

Hier sind Weißrückengeier zu sehen:
Botswana Central Kalahari Game Reserve (S. 140), Khutse Game Reserve (S. 164), Kgalagadi Transfrontier Park (S. 150)
Victoriafälle Geier-Futterstation der Victoria Falls Safari Lodge (S. 176)
Namibia Etosha National Park (S. 218), Namib-Naukluft National Park (S. 272), Sambesi-Region (S. 237), Gebiete in Zentral- und Nord-Namibia (S. 211 und S. 233)

Otjikoto-Tilapia

IUCN-STATUS: VOM AUSSTERBEN BEDROHT

Der hübsche Otjikoto tilapia (auch Nguni-Fisch oder Afrikanischer Koi genannt) ist eine seltene Fischart, die im nördlichen Namibia heimisch ist und in zwei kleinen Seen östlich von Tsumeb lebt.

Um das Überleben der Art zu sichern, wurde sie in den kleinen Lake Otjikoto (daher ihr Trivialname) eingesetzt. Zuvor war sie einzig im Lake Guinas (daher der wissenschaftliche Name, *Tilapia guinasana*) heimisch. Auch in ein paar privaten Talsperren in der Gegend wurde der Fisch eingeführt.

Der Otjikoto tilapia entwickelte sich in der Einsamkeit des Lake Guinas völlig ohne Bedrohung durch Fressfeinde, und laut Ichthyologen ist dies der Grund dafür, dass diese Art keine Tarnfarbe aufweist. Die Fische sind zwischen neun und 14 Zentimeter lang, die Farbgebung variiert von Dunkelblau und Blau-Gestreift über Olivgrün und Oliv-Gestreift bis zu Gelbtönen mit weißen oder schwarzen Flecken.

Die größte Bedrohung dieser seltenen Art ist die Entnahme von Grundwasser für die Landwirtschaft; eine potenzielle weitere Gefahr ist die Einführung anderer Fische, die Otjikoto tilapia fressen oder ihnen die Hauptnahrungsquelle streitig machen könnten: Algen, die an den Dolomitwänden des Sees wachsen.

Lake Otjikoto und Lake Guinas, die einzigen dauerhaften natürlichen Seen in Namibia, sind tatsächlich Dolinen, die durch den Einsturz von Kalksteinkarst entstanden sind. Lake Guinas ist etwa 120 Meter tief, die Tiefe des Lake Otjikoto ist jedoch nicht bekannt, weil er sich am Grund zu einem horizontalen Höhlensystem verengt.

Mehr über Lake Guinas und Lake Otjikoto siehe S. 216.

KOBUS PECHE/ALAMY STOCK PHOTO ©

Köcherbaum

NASHÖRNER SIND FÜR DIE GESTALTUNG UND ERHALTUNG DER UMWELT WICHTIG.

Spitzmaulnashorn

IUCN-STATUS: VOM AUSSTERBEN BEDROHT

Trotz des alarmierenden Rückgangs des Bestands des Breitmaulnashorns *(Ceratotherium simum)* listet die IUCN die Art nur als gefährdet auf, das angriffslustige Spitzmaulnashorn *(Diceros bicornis)* wird jedoch als vom Aussterben bedroht eingestuft. 1973 gab es auf dem afrikanischen Kontinent noch 37 807 Spitzmaulnashörner, aber aufgrund von Jagd und Wilderei sank diese Zahl Mitte der 1990er-Jahre auf gerade einmal 2354. Dank hartnäckiger Schutzbemühungen verdoppelte sich die Population der Spitzmaulnashörner bis 2017, und trotz Wilderei steigt sie weiter an. (Der Breitmaulnashorn-Bestand liegt bei 10 000.)

Nashörner sind eine Schlüsselart und als solche für die Gestaltung und Erhaltung der Umwelt immens wichtig. Sie tragen zur Pflanzenvielfalt in Dickichten und Savannen bei, und ihr Kot düngt Böden und verteilt Nährstoffe. Um sich abzukühlen und Parasiten loszuwerden, wälzen sie sich in schlammigen Wasserlöchern und halten dadurch diese wertvollen Wasserquellen für andere Tiere offen. Die abgewälzten Insekten werden von Schildkröten gefressen, und die auf den Nashörnern verbliebenen ernähren Madenhacker.

Auch für das ökonomische Ökosystem sind die Nashörner unglaublich wichtig. Sie locken Touristen an und sorgen so für wertvolles Einkommen, das den Gemeinden zugutekommt und die Erhaltung der Naturgebiete fördert.

Hier sind Spitzmaulnashörner zu sehen:
Botswana Moremi Game Reserve (S. 97)
Victoriafälle Stanley and Livingstone Private Game Reserve (S. 177)
Namibia Etosha National Park (S. 218), Damaraland (S. 223)

Tanz, Sambesi-Region (S. 237), Namibia
FABIAN PLOCK/SHUTTERSTOCK ©

DER KLANG AFRIKAS

Überhört bei allem Sightseeing und Aktivitäten nicht die Klänge dieser Orte. Jedes Reiseziel ist mit allen Sinnen zu erfahren. Namibias Austern schmecken nach der Kraft des Atlantiks, und ein Löwe strahlt wilde Kraft aus, selbst wenn er im Schatten eines Baums döst. Aber wie ist der Pulsschlag eines Ortes zu hören? Musik ist da ein guter Anfang. Von Melanie van Zyl

Rasseln, Beats, Rock & Roll

Folklore und jahrhundertealte mündliche Überlieferungen erzählen uns, dass sich die frühesten San-Gemeinschaften in Botswana und Namibia um Lagerfeuer versammelten. Sie spielten auf Lamellophonen *(mbira)* und Musikbögen und kommunizierten mittels heiliger Lieder, Trance und Tänzen (die sich häufig mit der Nahrungssuche beschäftigten) mit den Ahnen.

Jazz, Reggae, Gospel und Hip-Hop sind populäre moderne Musikgenres und tönen überall aus den Radios (viele davon solarbetrieben). Aber in der Zentralkalahari sind überraschende Kompositionen im Stil von Black Sabbath, Iron Maiden, Alice Cooper und Def Leppard zu hören – das Resultat einer dynamischen Heavy-Metal-Subkultur namens MaRock, die sich in den botswanischen Städten Ghanzi und Rakops an den Grenzen des Central Kalahari Game Reserve entwickelte.

Bands wie Overthrust, Skinflint, Wrust und Vitrified zeichnen sich durch kehlige Vocals, ausgedehnte Gitarren-Soli und pathetische Riffs aus und widmen sich heiklen Themen wie der Korruption. Kleine, lokale Festivals brachten die ausgeprägte Subkultur in Schwung, und das Winter Metal Mania Fest ist nach wie vor sehr beliebt (wenn es auch etwas unregelmäßig stattfindet). Für diese engagierten Musiker sind Lederjacken, Nieten, Ketten und Jeanswesten ebenso typisch wie ihr Sound. Dazu tragen sie verzierte Cowboyhüte und -stiefel, die der regionalen hohen Bedeutung der Viehhaltung Rechnung tragen.

Botswana bedeutet „Land der Tswana", und etwa 80 Prozent der Bevölkerung hat Tswana-Wurzeln. Als Landbesitzer sind die Tswana Bauern und Viehzüchter, und Rinder sind in vielerlei Hinsicht noch immer das Maß für den Status einer Familie.

Die Bakalanga, mit elf Prozent Botswanas zweitgrößte ethnische Gruppe, sind Landbesitzer, die vermutlich vom Rozwi-Reich abstammen – der Kultur, die für die Errichtung Groß-Simbabwes verantwortlich war.

Die Baklanga, die bei rituellen Tänzen ebenfalls Leder tragen, aber in traditionelleren Outfits mit komplizierten Perlenstickereien anstelle von Metallnieten, leben in Botswanas dicht bewaldetem Nordosten (nahe Francistown) mit vielen Mopane-Bäumen. Dicke Raupen, die die proteinreichen Blätter dieser Bäume fressen, gelten als saftige Delikatesse. Die Insekten, die es bis zur Entpuppung schaffen, werfen ihre geräumigen (etwa daumengroßen) Kokons ab, und die Bakalanga sammeln diese seidigen Schlafsäcke und nähen sie an eine

Schnur aus geflochtenem Garn oder Lederstreifen, um daraus Beinrasseln herzustellen. Diese zuweilen *mishwayo* genannten Rasseln tragen Musiker, die dann synchron zu eingängigen Rhythmen aufstampfen und Steinchen oder Kerne in den Kokons der Mopane-Motten schütteln.

Das Maitisong Festival, Botswanas größtes Kunstfestival, findet alljährlich Ende März in Gaborone statt und ist eine eigene Klanglandschaft. Wahre Lachkonzerte beginnen mit witzigen Stand-up-Comedy-Acts, die Füße klatschen bei energiegeladenen Tänzen im Gleichschritt auf die Bühnenbretter, und bei den Auftritten des hoch gelobten Mophato Dance Theatre ist sogar wehleidiges Klagen zu hören. Die musikalische Hauptproduktion steht jedes Jahr unter einem anderen Thema (2023 drehte sie sich um Regen).

Ungestüme Vögel

Eine weitere saisonale Performance findet auf den flirrenden Makgadikgadi-Salzpfannen und den glitzernden Seen am Atlantik statt. Kleine und große Flamingos kommen zu den nahrungsreichen Epizentren in flachen Pfannen und Lagunen, überfluten schier die Wüstenküste und ziehen in die Salzwiesen von Walvis Bay, Lüderitz und Etosha in Namibia sowie die Sua Pan in Botswana. Ihre langen Beine und Hälse krümmen sich elegant, wenn sie durch das Wasser staken und nach Snacks suchen. Aber lasst euch nicht von ihrer Anmut täuschen: Schnatternd und kreischend versammeln sich die lautstarken, ungestümen Vögel zu Tausenden und klingen dabei wie schreiende Esel. Die Kakophonie ist über große Entfernungen zu hören und signalisiert die Fitness, Dominanz und Paarungsbereitschaft der männlichen Flamingos.

Schrille Schreie von Abenteuerlustigen

An den Victoriafällen ist es ein Leichtes, seine Muskelkraft, Geschicklichkeit und Fitness unter Beweis zu stellen. Die Partnersuche kann jedoch etwas komplizierter sein. Schrille Schreie verraten selbst die Mutigsten, die sich in der Batoka-Schlucht ins Nichts stürzen. Das Kreischen der Begeisterung (oder der Panik!) dröhnt durch Mark und Bein, wenn Nervenkitzel-Suchende in dieser unbestrittenen Adrenalinkapitale durch die Luft oder das Wasser stürzen, sausen, schweben, rutschen und schwirren. Bei einem der berühmtesten Bungee-Sprünge der Welt stürzen sich die Mutigen von der ikonischen Victoria Falls Bridge ganze 111 Meter in den Sambesi-Fluss hinab. Der Weg nach unten ist lang und lässt das Herz höher schlagen. Zu den weiteren Aktivitäten, die für schnelleren Puls sorgen, gehören Ziplining und Swinging (bei dem man in die Tiefe stürzt und dann wie ein menschliches Pendel über der Schlucht schwingt) und ein Wildwasser-Rafting-Abenteuer der Extraklasse – erfahrene Rafter und Neulinge kommen auf Stromschnellen der Kategorie V mit tiefen Stürzen und vielen Nervenkitzeln auf ihre Kosten.

Donnerndes Wasser

Die dröhnenden Victoriafälle tragen zum ganzen Spektakel bei. Mit über 1,7 Kilometer Breite und 108 Meter Höhe stürzt der Sambesi in einem mächtigen Rauschen über die Basaltbarriere und bildet dabei Dunstwolken, die noch aus mehreren Kilometern Entfernung zu sehen sind. Manchmal ist der Dunst so dicht, dass es von bestimmten Blickwinkeln schier unmöglich ist, die Fälle selbst zu erkennen.

Ein besserer, anschaulicherer Name der Wasserfälle in der lokalen Toka-Leya-Sprache ist Mosi-oa-Tunya, was so viel bedeutet wie „Donnernder Rauch". Übertroffen wird dieses Donnern nur noch von dem regelmäßigen Schlagen der darüber schwebenden Helikopterblätter. Aus den Hubschraubern ist das grandiose Drama des „Engelsflugs" von oben zu sehen.

Das Rattern der Eisenbahn

Weit beruhigender ist das rhythmische Rattern von Zügen auf den Gleisen. Die Victoria Falls Bridge ist ein wichtiger Knotenpunkt des historischen Eisenbahnnetzes, das sich durch das südliche Afrika zog. Die Strecke windet sich am Rand des zerklüfteten Terrains der Victoriafälle entlang und bietet immer wieder wunderbare Ausblicke auf den Sambesi-Fluss und von der Brücke aus auf den Wasserfall. Die Passagiere genießen in luxuriösen Zügen die Romantik vergangener Tage oder steigen in die Bamba Tram, um in den offenen Waggons das Rattern aus nächster Nähe zu hören.

Robben & Wüstengesänge

Ein Chor aus Keuchen und Rülpsen ist im Westen zu vernehmen. Zuerst steigt ihr stechender Geruch in die Nase, aber das unverwechselbare Bellen und Grunzen der Robbenkolonien an der Skelettküste übertönt das Getöse der Brandung. Mit den Lauten verständigen sich die Robben im ohrenbetäubenden Lärm und unheilvollen Nebel, der schon so manches Schiff ins Unglück stürzte. Hat man etwas Glück, machen die geselligen Tiere einen noch gewaltigeren Krach, der darauf hinweist, dass sich ein Feind nähert. Die imposanten, an die Wüste angepassten Löwen dieser Gegend sind auf die Jagd nach den fetten Meerestieren spezialisiert, aber die kläffen, klatschen und spritzen, um Eindringlinge einzuschüchtern.

ANOUKI/SHUTTERSTOCK ©

Namibgecko

GECKOS ZIRPEN UND SCHNALZEN, UM SICH ZU UNTERHALTEN.

Weitaus würdevoller ist das Trillern der anmutigen Dünenlerche. Trotz der unwirtlichen Bedingungen wurden in Namibia über 700 Vogelarten gezählt. Nur eine Art ist hier wirklich endemisch, das heißt, die gesamte Population lebt innerhalb der Landesgrenzen. Der kleine braune Dünenlaufvogel ist im Sandmeer der Namib-Wüste nicht leicht auszumachen. Zu erkennen ist er am besten an der typischen Reihe aus zehn bis 13 einfachen stakkatoartigen Tönen, gefolgt von einem kurzen Pfiff. Die Dünenlerche ist mit Dünengräsern und !Nara-Melonen vergesellschaftet und sucht unter diesen Pflanzen nach Insekten. Spitzt rund um die Elim Dune beim Sesriem Canyon (auf dem Weg nach Sossusvlei) die Ohren – vielleicht seht ihr sie zwischen den Grasbüscheln über den nackten Sand huschen.

Geschwätzige Reptilien

In Botswanas und Namibias Trockengebieten leben auch über 150 Reptilienarten, darunter 72 Schlangen wie die giftigen Mosambik-Speikobra und Schwarze Mamba. Echsen sind überall zu finden. Die größten sind gutmütige, bis zu zwei Meter lange Wasserwarane, und eine der kleinsten Arten macht wahrhaftig Krach. Die meisten Reptilien (außer der Puffotter, die bedrohlich zischt, wenn sie gestört wird) sind lautlos, aber wenn die Flammen des Lagerfeuers in den sternenbedeckten Himmel über der Wüste lodern, erfüllt ein eigentümliches Klappern die Luft, das wie aneinanderschlagende Steinchen klingt. Geckos zirpen und schnalzen, um sich zu unterhalten, und am lautesten hallen diese Chöre kurz nach Sonnenuntergang und kurz vor Sonnenaufgang. Sie leben in trichterförmigen, in den feinen Sand gegrabenen Höhlen und sind zwar zu hören, aber nur selten zu sehen – wenn, dann hocken die Tiere mit dem seltsamen (aber freundlichen) saurierähnlichen Gesicht mit großen Augen vor ihrer Höhle. Der stundenlange *Kek-kek-kek*-Ruf, mit dem die Männchen ihr Territorium markieren, bildet den Soundtrack zum Camping in der Kalahari und der Namib.

Die Stille der Wüste

Dann ist da noch der am meisten bedrohte Klang von allen: Stille. Der endlose Sand der Namib-Wüste unterdrückt alle Geräusche. Abseits von Fahrzeugen, menschlichem Geplapper und Tierlauten ist der pfeifende Wind die einzige Musik.

Es sei denn, die Stille wird vom Zischen eines Heißluftballons unterbrochen, der über der Wildnis schwebt – eine unvergessliche Art, die atemberaubende Wüstenlandschaft zu bestaunen: Der Ballon steigt zum Fauchen des Heliumbrenners auf, der die Luft im Ballon erwärmt und für Auftrieb sorgt. Dieses außergewöhnliche Abenteuer zeugt vom wunderbaren Zusammenspiel der Natur und des menschlichen Einfallsreichtums in Botswana und Namibia und an den Victoriafällen.

REGISTER

Karten **000**

Karten **000**

Karten **000**

Elefanten durchqueren den Chobe River (S. 70) in Botswana.

Eine faszinierende Landschaft bietet das NamibRand Nature Reserve (S. 277) in Namibia.

LINKS: STEVE ALLEN/SHUTTERSTOCK ©, RECHTS: MARK DUMBLETON/SHUTTERSTOCK ©

Alle Rechte vorbehalten. Das Werk einschließlich all seiner Teile ist urheberrechtlich geschützt und darf weder kopiert, vervielfältigt, nachgeahmt oder in anderen Medien gespeichert werden, noch darf es in irgendeiner Form oder mit irgendwelchen Mitteln – elektronisch, mechanisch oder in irgendeiner anderen Weise – weiterverarbeitet werden. Es ist nicht gestattet, auch nur Teile dieser Publikation zu verkaufen oder zu vermitteln, ohne schriftliche Genehmigung des Herausgebers.

Lonely Planet und das Lonely Planet Logo sind eingetragene Marken von Lonely Planet und sind im US-Patentamt sowie in Markenbüros in anderen Ländern registriert.

Lonely Planet gestattet den Gebrauch seines Namens oder seines Logos durch kommerzielle Unternehmen wie Einzelhändler, Restaurants oder Hotels nicht. Bitte informieren Sie uns im Fall von Missbrauch unter www.lonelyplanet.com/legal/intellectual-property.

ÜBER DIESES BUCH

Lonely Planet Global Limited

Digital Depot, Roe Lane (off Thomas Street)
Digital Hub
Dublin 8
D08 TCV4
Ireland

Verlag der deutschen Ausgabe:
MAIRDUMONT
Marco-Polo-Str. 1
73760 Ostfildern

www.lonelyplanet.de,
www.mairdumont.com,
lonelyplanet-online@mairdumont.com

Namibia & Botswana

5. deutsche Auflage März 2024 übersetzt von *Botswana & Namibia 5th edition*, November 2023, Lonely Planet Global Limited

Deutsche Ausgabe © Lonely Planet Global Limited, März 2024

Fotos © wie angegeben 2023

Printed in China

Redaktion und technischer Support: CLP Carlo Lauer & Partner, Valley

Übersetzer: Beatrix Gehlhoff, Christiane Gsänger, Dr. Annegret Pago, Dr. Thomas Pago, Jutta Ressel M.A., Beatrix Thunich, Karin Weidlich, Renate Weinberger, Linde Wiesner

MIX
Paper from responsible sources
FSC® C124385
FSC www.fsc.org

Dieses Buch wurde auf FSC® zertifiziertem Papier gedruckt. FSC® ist ein internationales Zertifizierungssystem für nachhaltigere Waldwirtschaft. Das Holz für diese Papier kommt aus Wäldern, die verantwortungsvoller bewirtschaftet werden.

Obwohl die Autoren und Lonely Planet alle Anstrengungen bei der Recherche und bei der Produktion dieses Reiseführers unternommen haben, können wir keine Garantie für die Richtigkeit und Vollständigkeit dieses Inhalts geben. Deswegen können wir auch keine Haftung für eventuell entstandenen Schaden übernehmen.